云南省哲学社会科学规划项目（省社科研究基地项目）《〈资本论〉元伦理思想研究》（YB2022001）阶段性成果。云南民族大学一流马克思主义学院建设工程资助项目。

资本与伦理

——《资本论》对『利己主义』叙事的批判

曾俊●著

黑龙江大学出版社
HEILONGJIANG UNIVERSITY PRESS

哈尔滨

图书在版编目（CIP）数据

资本与伦理 ：《资本论》对"利己主义"叙事的批
判 / 曾俊著． -- 哈尔滨 ：黑龙江大学出版社，2024.5（2025.3 重印）
ISBN 978-7-5686-1095-7

Ⅰ．①资… Ⅱ．①曾… Ⅲ．①《资本论》－马克思著
作研究 Ⅳ．① A811.23

中国国家版本馆 CIP 数据核字（2024）第 030755 号

资本与伦理——《资本论》对"利己主义"叙事的批判
ZIBEN YU LUNLI——《ZIBENLUN》DUI "LIJI ZHUYI" XUSHI DE PIPAN

曾俊　著

责任编辑　刘　岩
出版发行　黑龙江大学出版社
地　　址　哈尔滨市南岗区学府三道街 36 号
印　　刷　三河市金兆印刷装订有限公司
开　　本　720 毫米 ×1000 毫米　1/16
印　　张　23
字　　数　384 千
版　　次　2024 年 5 月第 1 版
印　　次　2025 年 3 月第 2 次印刷
书　　号　ISBN 978-7-5686-1095-7
定　　价　89.00 元

本书如有印装错误请与本社联系更换，联系电话：0451-86608666。

前　言

　　《资本论》面世已逾一百五十年，仍旧吸引着无数研究者从众多角度对其展开孜孜不倦的研究。《资本论》具有经久不衰的理论魅力，不仅是因为马克思运用唯物史观展开政治经济学批判研究所取得的最高理论成果，而且是因为唯物史观作为一种方法论，是其他学科研究的枢纽与桥梁。故而长久以来，众多研究者从哲学、政治学、美学、史学等方面阐释了《资本论》的理论意义。这些研究成果不仅丰富了马克思主义理论体系，而且也对这些学科的发展产生了重大影响。

　　笔者同样是从伦理学的视角澄明《资本论》中的伦理维度问题。诚然，作为一部经济学著作，《资本论》并未对伦理学问题展开直接、系统的论述。但是，正如柏拉图"洞穴之喻"中的苏格拉底一样，马克思的政治经济学批判戳穿了人类社会中各式各样"投影"在"洞壁"中的"幻象"，从而超脱"锁链"与"洞穴"的限制，达到对人类社会历史发展根源认知的目的。如果以此来类比《资本论》中的学术探索，那么作为现代人的"苏格拉底"，马克思的政治经济学批判一方面需要对人类社会历史发展真正规律的探索与求证（如"洞穴之喻"中的苏格拉底冲破洞穴世界中的重重束缚，逃出洞穴之外，终于发现人世间的真知——"太阳"之所在），另一方面也要揭示资本主义社会各种流俗思想和偏见对人的思想、价值观、世界观的遮蔽（正如"洞穴之喻"中那些在洞穴中生而被锁链捆绑，头被固定，一生只能用眼睛看洞壁上"假象"的囚徒）。长久以来，学界对《资本论》的研究聚焦于前者，也就是马克思对资本主义政治经济制度的批判；但容易忽视后者，也就是《资本论》中对"洞穴世界"所存在的"假象"的批判。特别是"洞穴世界"中各种"假象"所产生的思想前提，也是《资本论》所批判的重要主题。但是与"揭示现代社会的经济运动规律"这一主要目标相比，《资本论》中对资本主义社会各种意识形态的"祛蔽性"批判，乃是一种间接的"思想前提批判"。因此对《资本论》伦理维度的揭示，无法通过直接的文本研究建构出一种规范性体系。相反，我们只能通过"元伦理学"①的方式，对《资本论》及其手稿中的伦理逻辑、伦理思想所可能存在的研究立足点与出发点进行探索。当然，在展开这一探索之前，还缺乏一个中介环节，就是对《资本论》伦理批判主题的定位。

《资本论》伦理批判所针对的目标，乃是整个资本主义社会伦理秩序产生的思想前提——利己主义思想。利己主义不仅是现代资本主义社会伦理原则建构的理论前提，因为只有在承认人的"利己本性"前提下，现代伦理学才能展开关于功利问题、义务问题、美德问题的探讨；同时也是资本主义生产方式得以成立的前提——只有在承认利己主义的前提下，资本与劳动之间的不平等交换才能具有表面化、形式化的所谓"平等性"。笔者的观点是：资本主义社会中的利己主义不仅是与资本主义社会联系在一起的特定历史阶段的产物，而且是一种"元叙事"。这种"叙事"的诞生有其现实的历史根源，但不代表其是永恒的真理；同时，这种"叙事"又是一种具有抽象性、片面性与遮蔽性的语言游戏，是整个资本主义制度体系所赖以维系的基础性叙事理论。这种叙事是历史性的，因为它是与资本主义生产方式紧密相关的；同时它又是基础性的"元叙事"，因为其构成了资本主义社会意识形态的思想基础。

当然，《资本论》对利己主义的批判，并不能将其当作是马克思针对人的利己本性的道德批判。马克思没有主观上的意愿，也没有理论上的动机，去批判人的"利己本性"，因为如此一来这种"批判"将会成为马克思所厌恶的"道德说教"。同时马克思也没有打算否认人的"利己本性"，因为抛开具体的历史境遇、现实的社会关系，空谈人生存活动中自我存续

① 元伦理学不是对我们日常所熟知的伦理规范原则（如"助人为乐""己所不欲勿施于人"）本身的内容及其依据进行探索的学问。元伦理学所关注的是伦理规范原则确立的理论背景与论证前提。

之本能是没有意义的。马克思所反对的是从人的"利己本性"中直接推理出"利己主义"的合法性。这就好比食用食物乃是人维系基本生存的活动，但如何食用——是茹毛饮血、还是精心烹饪——则是另外一个问题，更不能将食用食物这一不可违背的人的生存本能，用于佐证某种烹饪方式乃是"历史的永恒"。因此，利己主义只是在资本主义社会的历史条件下人的"利己本性"的特殊表现形式。在前资本主义社会和后资本主义社会，人对"利己本性"的实现都有不同的表现形式，其中最重要的便是对于自身利益的理性认识。正如马克思所说："既然正确理解的利益是整个道德的基础，那就必须使个别人的私人利益符合于全人类的利益。"① 因此，问题不在于人是否有利己心，而在于如何调解个人利益与社会利益之间的矛盾。前资本主义社会以禁欲主义对个人利益的绝对否定方式，试图消解二者之间的这一矛盾，而后资本主义社会则反其道而行之，试图以绝对肯定个人利益来调和个人利益与社会利益之间的矛盾。无论哪种方式，都在形而上学绝对论的影响下，显示出其狭隘性与片面性。而《资本论》则在超越资本主义生产方式的基础上，实现私人利益与社会利益在更高层面上的协调发展。

本书主旨并不在于建构一种马克思主义理论体系下的伦理规范系统，正如《资本论》绝大部分篇幅都没有讨论有关共产主义社会具体的制度设计，而是着力于揭示资本主义生产关系的本质及内在矛盾一样。本书的目的在于，揭示资本主义伦理体系中最具代表性的思想前提——利己主义——作为一种伦理学"元叙事"的建构过程。同样，本书也不是反对"利己主义"的一种道德劝喻，而是基于《资本论》的政治经济学批判视角，对"利己主义"作为现代伦理学发展前提的现实基础的反思。因此，本书主要从以下几个方面对"利己主义"的"历史叙事性"展开讨论：

第一，我们将探讨"资本主义"与"利己主义"之间的关系问题。这一论题一方面是为了探寻利己主义的"发生学"，另一方面，也构成了探讨《资本论》超越"利己主义"的理论背景。青年时期的马克思已经认识

---

① 马克思，恩格斯. 马克思恩格斯全集：第 2 卷［M］. 中共中央马克思恩格斯列宁斯大林著作编译局，译. 北京：人民出版社，1957：167.

到"利己主义"作为一种历史叙事的虚假性，并从哲学视角展开了批判。但随着唯物史观思想的确立，马克思摆脱了"意识形态批判"的桎梏，对"利己主义"的批判也融入到政治经济学批判的背景中。

第二，马克思之所以能够产生从政治经济学角度透视"利己主义"历史叙事的灼见，与其深厚的古希腊哲学以及德国古典哲学思想背景密不可分。亚里士多德的社会共同体思想，启发马克思从社会结构与社会发展的角度看待伦理问题。黑格尔则从人与人之间关系的视角出发，对社会结构、社会关系和人与人之间关系的辩证理解，启迪马克思从人类历史的宏大视野中看待伦理思想、伦理原则的历史发展性问题。二者之间的结合点在于，伦理思想的发展伴随着社会共同体结构的变迁，从历史角度审视这种变迁必须以对社会政治经济学的剖析而展开。

第三，从政治经济学批判视角展开对利己主义的批判，首先需要以劳动价值论作为切入点，展开对利己主义"叙事"的"价值解构"。利己主义叙事作为一种语言游戏规则，其支点在于价值论层面上的"契约"，而这种"契约"则是基于古典政治经济学"劳动创造财富"的原则。这一原则在资本主义社会发展的早期具有其合理性，但在劳动与资本的矛盾运动中不断"异化"，最终导致工人"剩余价值"被资本家无偿占有的"不平等"现象。这种藏于资本主义生产关系中的价值论矛盾，不仅是资本主义生产方式的必然产物，而且还是资本关系不断在思想层面与现实层面扩张的"动力源泉"。

第四，从思想层面上说，资本主义社会在价值层面上的基本矛盾导致了"利己主义"思想成为"资本形而上学"的底层逻辑。"三位一体"分配公式中的逻辑矛盾性就根源于劳动价值论中的现实矛盾性，但在分配层面上的矛盾就导致了消费层面上的"拜物教"。同时，在生产、分配与消费层面上表现出来的"资本形而上学"，又成为"主体形而上学"在理论上的支撑，二者在意识形态领域相互呼应，从而建构出整个资本主义思想意识形态"大厦"的地基。

第五，从现实层面上说，资本主义生产方式中所蕴含的价值矛盾，却表现为以"不断占有剩余价值"为驱动力的强大生产力，在现实世界的时间和空间层面上不断建构出密如蛛网的资本主义生产关系。这种现实建构并不能消解资本主义生产方式中固有的矛盾，却在利己主义"元叙事"的扭曲之下，导致了人生活方式的"原子化""殖民化"。由于无法超越"利己主义"叙事，现代西方思想界对生活方式的"殖民化"批判始终停留在空想与理论的领域。与之相反，《资本论》对资本主义生产方式的批判，则切中了资本扩张的内在"动力之源"，将被"利己主义"所遮蔽的"资本逻辑"展现出来。

第六，《资本论》对"利己主义"叙事的批判所带给我们的启示在于，超越"利己主义"叙事是建构人类文明新形态伦理规范性的前提，同时，对"利己主义"的批判关键在于对资本主义社会"劳动模式"的批判，在马克思主义视域下的"劳动解放"，才是超越"利己主义"叙事的现实路径。

限于笔者的学术理论水平，对本书观点之论证难免简单粗陋，加之时间仓促，细节方面的错误在所难免，恳请各位读者批评指正。

曾　俊

二〇二四年一月二十五日

目　　录

导言

作为一种
"历史性元叙事" 的 "利己主义"

资本与伦理
——《资本论》对"利己主义"叙事的批判

当今社会，我们不断质疑各种我们曾经深信不疑的事实，并且越来越习惯于以一种"质疑"的眼神看待我们周遭的人与事。质疑本身是一件好事，无论它所针对的对象是真是假。通过质疑，可以消解我们对于真相的疑问；通过质疑，可以剔除蒙蔽我们思想的"假象"。因此如笛卡儿所言，"只要我们在科学里除了直到现在已有的那些根据以外，还找不出别的根据，那么我们就有理由普遍怀疑一切"①。因而，质疑作为一种强大的认知工具获得了现代社会的广泛认可。然而让人奇怪的是，直到今天，我们能够"大胆"质疑人类登陆月球的真实性、质疑古希腊文明存在的真实性、质疑"日心说"的真实性，但鲜有人质疑"利己主义"这一现代社会饱受非议的伦理学前提的客观真实性。

的确，对"利己主义"是否合理提出质疑、批判是很轻松的事情，但要从客观真实性的角度证明或证伪其合理性，则颇为困难。众所周知，"利己心"是我们人类都具有的"天性"，以此为基础，每个人都为了自己存续、发展与享受而展开的社会实践活动，似乎是不言而喻的真理。然而，将"利己心"视为人类天性，并不意味着从中就能直接推导出"利己主义"的客观实在性。"利己主义"是一种社会思想的前提，"利己心"则是一种个人内心基于生存本能而产生的天性。本书的目标并不是去否认作为天性的人的"利己心"的真实性，而是意在说明：由个体"利己心"出发推导出"利己主义"的合理性是不合法的。

针对这一论题，我们无须创造一种"理论"去否定"利己主义"的客观真实性。相反，我们伟大的革命导师马克思，已经在《资本论》及其政治经济学研究中解决了这一问题，马克思通过政治经济学批判研究，探究了"利己主义"作为一种意识形态的基础，揭示了"利己主义"作为一种"历史性元叙事"的本质特征。对这种批判性的揭示则成为《资本论》伦理维度展开的基础。笔者基于马克思在《资本论》中奠定的基础，揭示"利己主义"作为一种"历史性"的"元叙事"的建构逻辑，同时希望以此为切入点，更为全面深刻理解马克思的道德伦理观念。

---

① 笛卡尔. 第一哲学沉思集：反驳和答辩 [M]. 庞景仁，译. 北京：商务印书馆，1986：10.

一、我们的知识是"合法"的吗？

之所以将"利己主义"称为一种"元叙事"，主要原因在于"利己主义"在资本主义社会总是发挥着一种"阐释框架"作用。在整个现代社会中，人与事之间关系的处理，都离不开这一"阐释框架"。举例而言：当一位消费者在面对 A、B 两种牛奶时，如果他选择价格较便宜的牛奶 A，而放弃价格较贵的牛奶 B，我们从利己的角度解释其行为，就会认为他为了保留更多的现金，而选择较为便宜的牛奶 A，存蓄更多现金的行为是"利己的"；但如果他选择价格较贵的牛奶 B，而放弃价格较便宜的牛奶 A，我们同样从利己的角度解释其行为，就会认为他为了获得品质较好的牛奶 B，而放弃了较为便宜的牛奶 A，消费好品质商品的行为同样是"利己的"。从这个例子中不难看出，"利己主义"在我们评价、解释消费者行为时起到了极为关键的作用，它既是评价消费者行为的出发点，同时又是解释消费者行为的落脚点。虽然两种情况在现实中是截然相反的［情况（1）选择较便宜牛奶 A，情况（2）选择较贵牛奶 B］，但这丝毫没有影响我们将其行为的理由归因于"利己主义"，因此，利己主义在此充当的不仅仅是一种"标准"，更是一种"阐释框架"，同时还是一种"知识基础"的角色。也就是说，"利己主义"已经在不知不觉间成为一种公认的伦理认知标准，无论我们如何反对"利己主义"，但在针对他人行为动机做出判断时，"利己主义"又往往成为人们的首选标准。仍然以之前的例子来说明，虽然在现实中，消费者选择较贵的牛奶 B 并不一定出于自利的原因（如：购买较贵牛奶赠送他人以表达尊敬之意），但这种个别性的情况，除非有其他明确的证据支撑，否则也难以对行为判断采取"非利己"的标准。从社会学角度说，在对作为群体的人的行为进行判断时，更多情况下也是采取"利己"原则作为预测与解释的标准。因而，无论存在多么大的争议，"利己"作为一条对人性假设的基本判断，在众多学科中扮演着知识基础的角色。

正因为"利己主义"作为一种社会思想前提，在现实中充当着"知识基础"的功能，也就意味着我们可以从后现代主义所提出的"元叙事"视角，对一方面作为伦理思想前提，另一方面作为现代伦理知识基础的"利己主义"进行"质疑"。通过这种质疑来探究利己主义思想的合法性。

"元叙事"（meta-narration）是当代法国后现代主义哲学家利奥塔提出的概念。他的主要观点是：现代社会知识的基础都是由一些所谓"大叙事"（也就是"元叙事"）所构成的，这些"元叙事"以一些宏大而抽象的观念（如"进步""自由""解放"）作为基础，赋予某种特定的主导思想以"合法性"，但从理论上说这种"合法性"乃是受到质疑的，甚至是经不起推敲的。对"元叙事"的批判就是要祛除这些抽象、形式化的宏大概念，重新确立知识的基础。因此，利奥塔的观点如果用通俗的语言加以概括，就是提出了这么一个问题：我们的知识是"合法"的吗？

利奥塔并不是第一个提出知识合法性问题的人，在其之前的托马斯·库恩（Thomas Kuhu）、保罗·费耶阿本德（Paul Feyerabend）、尤尔根·哈贝马斯（Jürgen Habermas）都对当代知识的"意识形态化""合法性"等问题提出过质疑。如果仅仅只是对知识基础展开质疑，那么我们甚至可以追溯到大卫·休谟（David Hume）、乔治·贝克莱（George Berkeley）。但利奥塔则是首次从政治学的视角展开对知识合法性的探讨。利奥塔借助了维特根斯坦的语言-游戏理论，在否定知识客观性的基础上，以"政治叙事"来解释知识体系得以建立"合法性"的原因。因此，利奥塔以"元叙事"作为论证起点，而以将"元叙事"知识活动合法化为终点，因而利奥塔对元叙事一词自己的解释是"我说的元叙事或大叙事，确切地是指具有合法化功能的叙事"①。

利奥塔认为，首先当代社会知识发展的模式已经发生了巨大的变化，知识的两种功能——研究与传播已经因为科学技术的发展而变得面目全非。现代社会知识无论是产生数量还是传播速度都是传统社会无法比拟的。知识的研究与传播因此也变得"市场化"，即知识不再以知识本身或者说是求知为最高目标，而是更多地按照市场化的运作模

---

① 利奥塔. 后现代性与公正游戏：利奥塔访谈、书信录 [M]. 谈瀛洲，译. 上海：上海人民出版社，1997：169.

式进行创造、传播与分配。对知识"商业化"价值的关注高于对知识教育价值、政治价值的关注。因而利奥塔认为现代社会知识本质发生了根本性的变化。

因为知识产生了如此大的变化,知识在社会中的地位也发生了改变。在马克思之后的资本主义世界,知识越来越与统治阶级的统治力量相关联。自近代以来,知识在政治领域所发挥的更多是思想启蒙、理性决断、明辨是非的作用。但随着资本逻辑不断渗透到二战后资本主义社会文化意识形态领域,知识的"商业化"、知识本身的"合法性"越来越成为主要问题,知识反映的是否是真理已经成为次要问题,而知识是否有利于现代资本主义社会的统治成为首要考量的问题。但在现代,一方面现代科学不断追求知识中性化、非价值化,这一努力反而导致学界开始追求一种与现实无关、价值无涉的"纯知识",另一方面,身处资本主义社会之中的科学家本身显现出一种"萎靡不振",这就导致了现代科学的"合法性"不足。所谓的"合法性"不足是指科学无法被认可为对人行为具有规范性的东西。在此情况下,知识与科学更加受制于社会的统治力量。资本主义社会政治权力与知识之间相互缠结,导致了知识丧失了原有的天然"合法性",使得现代社会中科学与知识失去了对人行为的规范能力。

利奥塔将其"叙事理论"所使用的分析方法与维特根斯坦的"语言-游戏"理论结合起来。"语言-游戏"说是维特根斯坦后期转向日常语言语义规则研究之后,反驳传统哲学家(如奥古斯丁)对语言误解而列举的一种譬喻(以通俗易懂的比喻说明较深刻道理)。传统哲学以中世纪教父哲学家奥古斯丁为代表,将语言理解为一幅图画,语言由句子构成,句子由词语构成,每个词语对应某类事物的名称或者某种意义。词语组成句子,句子组成语言,事物与词语具有一一对应的关系,奥古斯丁将这种词义的理解方式称为"指称",即通过将词语与实际事物联系起来的方式,赋予词语词义。维特根斯坦认为这种对于语言的理解是狭隘的。虽然在语言中的确存在一部分词语与实际事物相对应的情况,但在大部分的词语中都不存在与实际事物一一对应的关系。这种对语言的狭隘认知图式限制了人类对语言的全面认识。

　　维特根斯坦用三个"语言-游戏"来说明语言使用中的各种规则，以证明语言的使用不是单纯的"词语-事物意义"的关系。在第一个游戏"五个红苹果"中，维特根斯坦指出，对词语理解有不同的行为方式。我们理解"苹果"是用奥古斯丁所述之方式，即按照词语-事物这样直接指认客体方式赋予词语意义。但是，我们理解"红"时，必须通过在与不同的颜色的对比中，识别出"红"这一颜色。最后，对于"五个"这一个词语，我们必须心中默数一到五，从而识别出"五"，也就是以"计数"的方式理解"五"的含义。所以，词语含义的产生至少有"指称"（苹果）、"比较"（红）与"计数"（五）三种方式。在第二个游戏"建筑者"中，维特根斯坦又指出，在日常语言使用中，奥古斯丁所认为的词语-事物对应关系是存在的。比如，在建筑工地上，当建筑者需要砖头、锤子、支架等材料或工具展开工作时，他只会简单对其助手说"砖头"，其助手就会将砖头拿给建筑者，而建筑者的语言想表达的意思是："我需要这块砖头来砌这堵墙。"在这一场景中，助手只需听到"砖头"一词就可以理解建筑者一整句话的意思。这一情况也是奥古斯丁建立"词语-事物"狭隘对应关系的原因，因此，奥古斯丁所犯的错误是可以理解的，因为以"词语-事物"狭隘对应关系理解语义经常存在于我们的日常生活场景之中。在第三个游戏中，维特根斯坦进一步指出，在经过长期训练之后，人的语言可以通过某个词语替代"比较"与"计数"等词义理解方式，例如建筑者可以经常将红色的一类事物表述为"D-某物"，以此训练助手，最终助手会认识到，一旦建筑者说"D-某物"，助手便会自动联想到红色的某物。第三个游戏说明，在第一个游戏中的"比较""计数"的词义理解方式可以在日常生活的不断训练中，以"指称"方式来替代"比较""计数"等词义理解方式。但这种替代成立的条件是在人的实际行动中实现的。奥古斯丁将指称与被指称替代的"比较""计数"等词义理解方式混淆，很大程度上是由于只考虑到语言在日常生活中和实际行动中的应用。因此维特根斯坦认为"语言-游戏"揭示了语言用法在现实中的多样性、历史性与实践性，语言与人的日常生活行动联系在一起：

> 我也将把由语言和动作交织成的语言组成的整体称为"语言游戏"。①

利奥塔认为，维特根斯坦的"语言–游戏"提示我们在语言研究中，需要重视的是语言–游戏的规则及其产生的效果。语言–游戏的规则隐藏在语言当中，游戏规则是游戏中的"参赛者"通过订立契约而形成的。没有规则就没有游戏，也就没有语言。但由于规则不是客观的，而是"参赛者"制定的，因而其合法性是缺失的，或者换言之，其合法性无法通过语言–游戏自身来确立。同时，语言–游戏的规则本身就成为社会规范。而基于语言与规范的知识，其"合法性"自然也是受到质疑的。利奥塔认为知识不仅是一种"陈述"，更是一种能力，这种能力可以使人认识事物、评价事物并做出判断。但传统知识的合法性在于其本身符合语言–游戏知识，因而是一种"叙述性的知识"，传统知识事实上是由身处不同位置的主要陈述者、聆听者以及叙事中的主人公三者所构成的叙事场景所得出的。

与传统知识不同，科学知识虽然也遵守语言–游戏规则，但只保留一种——即"定义指称"性规则。此外，同传统叙事知识相比，科学知识与社会规范之间不再关联，这就使得科学与社会之间的关系变得更加复杂（如伦理学上的"事实"与"价值"之间的区分）；同时，在科学知识中，陈述者、聆听者与叙事中的主人公中只有陈述者居于主动地位，而其他两者居于被动地位。由于科学知识与叙事知识如此不同，因此两者之间不存在"互证"关系，也就是既无法通过科学知识证明叙事知识，也无法通过叙事知识证明科学知识。

然而，现代科学知识的不断发展，却以或直接或间接的方式，重新返回叙事知识领域，曾经以"实证"为基础的科学知识，开始依赖于叙事知识。利奥塔认为这是一种必然，因为随着科学知识不断深化，科学仅仅凭借"实证性""经验性"的方法无法证明其自身的合法化。科学从本质上说也是一种"语用学"：一方面在科学知识的形成过程中，对科学问题的

———————————

① 维特根斯坦. 哲学研究 [M]. 汤潮，范光棣，译. 北京：生活·读书·新知三联书店，1992：11.

讨论，本身也是语言-游戏的运用，不接受在科学语用学范畴之内游戏规则的人，将会被排除在科学研究之外；另一方面，语言-游戏规则本身就包含科学的本质，利奥塔将哲学历史发展过程中的"洞穴之喻"本身就视为对"叙事"问题的反思。哲学史上著名的"洞穴之喻"为柏拉图所提出，指出俗世中的人被囚禁于洞穴之中，并将投影在洞穴墙壁上的幻影视为"现实"，只有一人（意指柏拉图的老师苏格拉底）在挣脱锁链后看到了洞穴之外的真实世界。利奥塔以这一比喻说明，早在古希腊，柏拉图就意识到了古典科学中"叙事结构"的存在，并将其老师视为意图突破这种叙事结构的人。而之后哲学、科学的不断发展，不但没有解决科学知识中叙事成分的问题，反而不断发现自身合法性的缺失，比如贝克莱的"存在就是被感知"、休谟对于因果关系的怀疑，都在证明科学知识不能从自身中找到证实其存在的依据。因而现代科学越来越倾向于从叙事知识中找到自身基础。

后工业社会以来，科学知识的合法性受到越来越多的挑战，但人们已经接受了将"实证科学"作为知识的普遍假设，同时，也承认实证科学知识具有某些形式性与原则性的假设。实证科学因此而成为一种自设规则的语言-游戏。这使得在语言-游戏的场景中，不同的学科、不同的学问直接遵循自己所设定的语言-游戏规则，导致整个科学知识领域呈现出一种支离破碎的状态。后工业社会的科学已经不再依赖具体的措施实现普遍的合法化，而是通过总结语言-游戏规则建构科学自身的合法化道路。

综上所述，利奥塔通过"语言-游戏"这一切入点，分析传统"叙事知识"产生于语言-游戏的机制。这种机制近代以来似乎受到挑战，因为随着自然科学的兴起，"实证性"的自然科学知识看起来似乎可以超越传统语言-游戏规则，建立新的"非叙事性"的知识体系。但是随着自然科学与哲学研究的深入，人们发现即便是自然科学知识也深陷于"语言-游戏"规则体系之中，同时其也无法在自身内部证明其知识的合法性。因此，随着自然科学知识的发展，知识的合法化问题不但没有解决，反而越发严峻。这迫使自然科学知识只能从叙事知识中寻求自身的合法性基础，进而造成了自然科学知识也成为一种叙事。

二、"元叙事"与意识形态批判

纵观利奥塔对后现代知识体系的批判，我们可以发现其中两个关键节点：其一，利奥塔主张知识的"叙事性"，不仅是有关于社会规范的传统知识，甚至是近代以来的自然科学知识都需要从叙事中获得"合法性"，其原因在于知识都遵守语言–游戏规则。其二，无论是科学知识还是叙事知识，都可以从语言中获得合法性，而不是从事实中获得合法性。

但需要注意的是，后现代主义的"元叙事"批判与马克思主义理论体系中的"意识形态批判"理论大相径庭。虽然利奥塔的论断可以视为对当代资本主义社会中科学知识本质的批判，但历史唯物主义的"意识形态批判"与其最大的不同点是并不否定知识本身与事实相符的本性，认为知识只能从语言中获得合法性的论断是马克思主义所坚决反对的。

众所周知，历史唯物主义的基本原则可以归结为"社会存在决定社会意识"。社会上层建筑绝不可以脱离经济基础而独立存在。因此，利奥塔将现代知识的合法性归因于语言–游戏，与马克思主义对于知识的基本认知是相背离的。历史唯物主义不否认经验性知识的合法性。马克思在《德意志意识形态》中就指出：

> 这是一些现实的个人，是他们的活动和他们的物质生活条件，包括他们得到的现成的和由他们自己的活动所创造出来的物质生活条件。因此，这些前提可以用纯粹经验的方法来确定。①

同时，在《资本论》中，马克思明确指出"本书的最终目的就是揭示现代社会的经济运动规律"，是"自由的科学研究"，而马克思一生所钻研的政治经济学批判，也是一种对客观社会发展规律的研究。甚至在利奥塔划定的所谓"叙事知识"领域内，马克思、恩格斯等经典理论家也没有完

---

① 马克思，恩格斯. 马克思恩格斯全集：第3卷［M］. 中共中央马克思恩格斯列宁斯大林著作编译局，译. 北京：人民出版社，1960：23.

全否认关于社会知识的客观性，恩格斯在《反杜林论》中指出："在这里没有人怀疑，在道德方面也和人类知识的所有其他部门一样，总的说是有过进步的。"① 由此我们不难发现，无论是马克思还是恩格斯对于知识本身的客观性都持有肯定性态度，而不像后现代主义者那样对于知识抱着极端否定性的态度。造成这种区别的关键原因在于马克思主义对于语言的态度。

由前文所述我们不难得知，利奥塔将知识视为语言–游戏的产物，其思想依据是维特根斯坦所提出的"语言–游戏"理论，这一理论提出的背景是分析语言中语义的来源，以及词语含义与客观事物之间如何"交互"的问题，但在利奥塔的理论中，语言–游戏似乎与人的实际行动、客观事物之间缺乏关联性，语言–游戏中起到核心作用的是游戏规则，其仅仅只是游戏"参与者"之间订立的契约关系，而与现实的人与人之间的行动缺乏联系，这构成了利奥塔的语言–游戏与维特根斯坦"语言–游戏"两种思想之间的重大差别。

马克思对于语言的态度与利奥塔语言–游戏思想之间的差别性也与之类似。马克思将语言视为人类共同体在实践活动中不断发展的产物，认为"语言是思想的直接现实"②。语言同人的物质生活过程、人的劳动实践过程都密不可分。社会中人的物质生活、交往活动是人的语言产生的前提。同时，语言又是一种与人的意识活动同样历史悠久的东西。语言与意识一样都是社会的产物。二者的"独立性"是一种相对的独立性，马克思认为：

> 　　分工只是从物质劳动和精神劳动分离的时候起才开始成为真实的分工。从这时候起意识才能真实地这样想像：它是同对现存实践的意识不同的某种其他的东西；它不想像某种真实的东西而能够真实地想像某种东西。从这时候起，意识才能摆脱世界而去构造"纯粹的"理

---

　　① 马克思，恩格斯. 马克思恩格斯全集：第20卷［M］. 中共中央马克思恩格斯列宁斯大林著作编译局，译. 北京：人民出版社，1971：103.
　　② 马克思，恩格斯. 马克思恩格斯全集：第3卷［M］. 中共中央马克思恩格斯列宁斯大林著作编译局，译. 北京：人民出版社，1960：525.

论、神学、哲学、道德等等。①

也就是说，语言与意识的独立性事实上来源于现实的社会分工，社会分工创造了物质性劳动与精神性劳动相互分离的前提，使得精神劳动者逐渐远离物质性劳动，从而产生了精神性劳动独立于甚至高于社会物质性劳动的"幻觉"。因此在马克思的思想观念中，语言来自人的意识，人的意识产生于人的实践、劳动活动中。因此，语言与现实之间并不是平等关系，而是依存关系，语言以社会现实为基础而存在。

但社会存在相对于意识与语言存在的"前提性"，并不意味着人的语言与意识能够准确反映社会的现实存在。相反，人的意识在反映社会存在时会出现种种歪曲与幻想。这些假象形成了所谓的"意识形态"，"因为几乎整个意识形态不是曲解人类史，就是完全撇开人类史。意识形态本身只不过是人类史的一个方面"②。"意识形态"一词出自法国大革命时期思想家托拉西（Destutt de Tracy），其本意为"观念学"，主要研究人类认识的起源、界限和认识的可靠程度，其思想的主要来源是其老师孔狄亚克，同时也受到洛克、康德等人的影响。在托拉西的理论中"意识形态"一词本身是中性的，主要指影响人的观念形成的各种要素。马克思认为资本主义社会中的意识形态起到的是遮蔽真理、维护资产阶级统治的作用。以托拉西为代表的意识形态研究者虽然并没有否定意识形态与现实之间的直接关系，但指出意识形态是一种将客观的社会现实与社会关系扭曲、遮蔽乃至于神秘化的学问。

马克思对意识形态的理解可以划分为以下几个方面：

首先，意识形态是一种对人与社会、人与现实关系的歪曲反映，而科学反映的是人与自然之间的关系，科学的实证性、经验性决定了科学的客观性。因而如利奥塔那样认为科学知识也需要从语言-游戏中获得自身存在合法性的观点，在马克思主义理论中是无法获得支持的，因为从休谟

---

① 马克思，恩格斯. 马克思恩格斯全集：第3卷 [M]. 中共中央马克思恩格斯列宁斯大林著作编译局，译. 北京：人民出版社，1960：35-36.
② 马克思，恩格斯. 马克思恩格斯全集：第3卷 [M]. 中共中央马克思恩格斯列宁斯大林著作编译局，译. 北京：人民出版社，1960：20.

对因果关系的怀疑到利奥塔的语言-游戏，对于科学知识的合法性质疑并未影响自然科学本身的发展，科学经验的有效性也并未在现实中遭遇挑战，而所谓"合法性"的质疑仅仅停留在理论层面上。马克思的历史唯物主义以社会的现实发展规律为研究对象，不是对知识有效性的纯理论研究，因而所谓科学知识的"合法性"问题在唯物史观的理论体系中仍然不存在。

其次，意识形态是以语言为载体的。正如利奥塔认为科学知识与叙事知识都处于语言-游戏之中一样，马克思既不否认科学知识的语言本性，也不否认叙事知识的语言本性。但是，利奥塔的思路是通过批判科学知识、叙事知识的"语言本性"，进而证明两者无法从自身中找到合法性基础。马克思则恰恰相反，马克思区分了语言的"意识形态性"与"非意识形态性"，科学知识、实证知识中所使用的语言并不具有"意识形态性"，是"非意识形态性"的语言。这意味着自然科学知识因为主要涉及处理人与自然、人与外在客观事物之间的关系，其实证性、经验性是保证其合法性的核心，因而是"非意识形态性"的存在。但对于处理人与人之间关系、人与社会之间关系的叙事知识，由于这种客观性缺乏现实中实体支撑的知识，无法通过经验性的证据证明其存在，所以此类知识中必然存在"意识形态性"。也就是由人的主观意志不同而导致的对现实社会关系（如道德、伦理、法律等关系）的主观理解。这样的理解不可避免带有"意识形态性"。

再次，意识形态是一种社会中占统治地位的阶级思想。由于涉及人与人、人与社会之间关系的知识，所以这种知识本身具有"意识形态性"。而一个社会中占据主导地位的阶级，从客观方面来讲，是掌握着社会上占统治地位的物质力量的阶级，同时也是社会上占统治地位的精神力量的掌握者，因为统治阶级拥有创造社会上最高水平精神产品的物质条件。因而，统治阶级的统治地位不仅反映着对物质生产的支配地位，而且反映着对精神生产的支配地位。因而统治阶级思想必然体现并服务于阶级统治。这就导致一个社会占据主导地位的意识形态与统治阶级思想存在"同构性"。因此，意识形态不同于科学知识：一方面，其无法运用实证研究与经验研究证实自身存在的合法性；另一方面，它因与统治阶级思想的密切联系，而无法摆脱其与生俱来的主观性、片面性、政治性与阶级性。

最后，意识形态是对现实社会中人与人之间关系的遮蔽或扭曲的反映。意识形态所具有的政治性与阶级性导致其无法真正反映出现实的社会关系。意识形态发展过程本身就存在着对该阶级特殊利益自觉不自觉的掩盖，同时，将代表自身阶级利益的"语言"上升为一种代表普遍利益的"幻象"。马克思认为统治阶级就是依靠这样的语言，达到对现实社会关系的遮蔽与扭曲，从而实现自身统治的目的。统治阶级编造的所谓的"共同利益"幻想和基于这种幻想所编造的"叙事"，成为资产阶级的意识形态确立自身合法性的基础。

综上所述，马克思对意识形态的批判与利奥塔的"元叙事"批判理论有两个方面的重要不同：其一，马克思意识形态思想局限于非科学的知识之中；其二，意识形态虽然也是一种"叙事"，但这一叙事遮蔽了人真实存在的社会关系，可以通过在社会科学领域展开实证的、经验的研究（政治经济学批判研究）而实现"祛蔽"，从而超越"意识形态"，批判资本主义社会的"元叙事"，得到对人类社会客观发展规律的正确认知。

以上比较了马克思的意识形态批判与利奥塔"元叙事"批判理论之间的异同。我们可以发现马克思在认识论层面上抱有一种"有节制"的怀疑主义：一方面，马克思没有彻底否定客观知识的基础，甚至从某种程度上，期望通过引入自然科学领域中实证性、经验性的研究方法，来解决哲学社会科学领域研究所面临的主观性、抽象性的问题。另一方面，马克思却又坚持在现实层面上的彻底的批判精神，与休谟、利奥塔等人致力于从理论层面上批判知识合法性的研究思路相反。马克思的"批判性"显现为一种"现实的批判性"，这种批判寻求的是对社会现象进行本质性、根源性的认知，而不是在纯思想领域去"证明"或"证伪"某种思想、理论，因为"他们只是用词句来反对这些词句，既然他们仅仅反对现存世界的词句，那末他们就绝不是反对现实的、现存的世界"①。也就是说，马克思的意识形态批判理论从始至终都立足于在现实中发现问题、解决问题，而不

① 马克思，恩格斯. 马克思恩格斯全集：第3卷 [M]. 中共中央马克思恩格斯列宁斯大林著作编译局，译. 北京：人民出版社，1960：22—23.

是拘泥于理论层面的所谓"知识的合法性"问题。因而，马克思的意识形态批判主要的理论焦点在于揭示出关于人与人之间关系中所存在的"幻象""怪想"。意识形态批判作为一种理论工具，其存在的意义便是揭示"幻象"背后的"真相"，而真相之所以为真，关键就是立足于人类社会的现实基础之上。

因此，利奥塔"元叙事"批判理论对于马克思理论研究而言，最为重要的理论意义是以其为视角，切入马克思对资本主义社会意识形态的批判理论之中，以"元叙事"批判理论丰富完善马克思主义的意识形态批判理论。同时又要避免后现代主义中虚无主义、不可知论对马克思主义理论的影响。因此，笔者借用了利奥塔的"元叙事"理论来描述资本主义社会的"利己主义"思想，就是为了将其纳入马克思主义"意识形态批判"的理论视野之中，并进而探究马克思的《资本论》是如何在政治经济学批判中，消解"利己主义"这一"历史性元叙事"的思想历程。

三、《资本论》对利己主义元叙事的批判

我们借用利奥塔"元叙事"这一术语来描述马克思对"利己主义"的批判，是为了说明所谓的"利己主义"，虽然被认为基于人与生俱来的天性——"利己心"，但作为一种具有社会规范性的思想前提，其依据正如利奥塔所述乃是一种基于语言-游戏规则的"叙事"，而且对于"利己主义"而言，其构成了资本主义社会中伦理规范乃至于世界观的基础，因而其是一种思想层面上的"元叙事"。这一"元叙事"奉行的原则并不是其自身内部的知识合法性或者逻辑自洽性，而是基于主体的实用需求而达成的语言-游戏规则。马克思将"利己主义"视为一种"意识形态"，但这一意识形态一方面不是纯粹的"虚构"，其根源在现实的社会历史实践之中，另一方面，这种意识形态又是对现实的一种"歪曲"反映，这种反映是在特定历史条件下产生的。这种历史条件核心的部分便是人类社会的经济活动，需要通过政治经济学的视角才能真正揭示这些错误意识形态的根源。因此，利己主义作为资本主义社会伦理思想的前提，其根源必然要在对资本主义社会政治经济状况的批判中探求。

　　马克思的政治经济学批判研究以经济学作为对象，看起来似乎与伦理学之间几乎不存在理论上的交集。但我们需要注意的是，经济学特别是政治经济学——从其诞生伊始，就是为了调节经济领域内人与人之间关系而产生的。广义的伦理关系包含了人类社会各种各样的关系，经济关系也是其中重要的内容。同时，伦理关系相对于经济关系而言起着基础性的规范作用。资本家支付给工人多少工资，是一个经济学问题。但资本家为何要支付给工人工资，就是一个伦理学问题，因为工资的支付意味着工人与资本家之间缔结了一种至少是形式上的平等契约。同样，贷款人为何要支付给放贷人利息、租地人为何要支付给土地所有者地租，这些问题都涉及基础性的伦理问题。经济学止步于交易的"公平性"，而伦理学则需要进一步探讨这一公平性是如何实现的。同时，伦理学也并非虚浮于人世之上的"空中楼阁"，伦理学作为一门学问虽早在古希腊时期就由亚里士多德界定为一门独立的学科，但其发展与整个人类社会现实的形态、客观的交往关系密切相关。如亚里士多德伦理学体现了对自由平等的强调、对公平正义的追求，但其实现奠基于城邦民主的现实秩序上，同时又建构在古希腊奴隶制经济基础之上，奴隶群体是被彻底排除于自由公平的价值原则适用范围之外的。同样，古罗马伦理学从快乐主义发展到禁欲主义，也折射出了罗马从对外扩张的上升期到故步自封的衰落期的社会精神变迁过程；还有，中世纪基督教伦理，基于超验的"上帝"概念建构整个基督教伦理体系。而到了近代，资本主义生产方式的崛起与西方新教伦理的诞生几乎同步，甚至新教伦理本身和资本主义生产方式的发展与壮大都存在内在联系。由此可见，伦理学是一门强调现实性的学问，是现实的社会精神在伦理领域的展现。

　　因此，伦理学本身与人类社会的生产活动存在着密切的关联关系。《资本论》以及马克思的政治经济学批判研究同样在分析社会经济生产关系的过程中，不可避免地会直接或间接与伦理学发生关系，问题在于如何把握这种关系。

　　无论是在《资本论》文本本身，还是在马克思政治经济学批判研究的手稿中，都难以找到马克思对道德伦理问题发表意见的直接论述。而恩格斯除了在《反杜林论》中专门就道德问题发表看法之外，也从未将研究的重点聚焦于道德问题之上。所以在经典理论家的著作之中难以找到成系统、成体系的道德伦理观理论，更难以找到他们对于道德、伦理以及社会规范等问题的具体论述。因此，我们所面对的难题就是：一方面经济学研究从传统上就与伦理学研究有着千丝万缕的关系，况且历史唯物主义本身认为"社会存在决定社会意识"，故而马克思的政治经济学批判研究不可能与伦理学毫无关联。另一方面，在《资本论》及相关的手稿中，我们又无法找到马克思关于伦理问题的系统论述。二者之间的理论张力更加体现出从《资本论》出发探究马克思伦理思想、伦理逻辑的必要性。但这种探究需要一个立足点与出发点，它既是作为沟通伦理学与经济学之间相互关系的桥梁，又必须是贯穿马克思主义理论始终的批判对象，还必须体现在资本主义伦理原则的思想基础之中。而满足这一要求的，非"利己主义"莫属。

首先，利己主义既是一个经济学概念，又是一个伦理学命题。经济学以利己作为任何现代经济理论展开的不可置疑的前提；同时在伦理学方面，利己主义的兴起也代表着近代伦理学的重要转折，个人首次替代"神"而成为伦理学研究与反思的主体。在经济学上，利己主义是古典政治经济学展开的前提，比如在经济学中对人的行为进行预测，就必须首先认同："他可能是一个理性经济人，其选择一直与其内在的偏好相符"① 的人性假设。经济学家只能基于这一假设对人的经济行为达到普遍性的理解。从伦理学方面来说，利己主义也与功利主义伦理具有密切的联系，虽然功利主义伦理学一直否认其思想来源于利己主义，同时也否认功利主义所追求的"最大幸福原则"等同于个人的"经济利益"，而是指"最大多数人的最大幸福"。但同时，"功利主义要求首先法律和社会安排应当尽可能地让个人的幸福或个人利益（按照实践说法）与全体利益趋于和谐"②。也就是说，功利主义中的"最大多数人的最大幸福"是以承认每个人的"幸福""快乐"为前提的，因而在现实功利主义的实践中，坚持功利主义思想的个人往往将自身实际利益放在其所追求的"功利"的首位，而极少

---

① 森，威廉姆斯. 超越功利主义 [M]. 梁捷，等译. 上海：复旦大学出版社，2011：72.
② 穆勒. 功利主义 [M]. 叶建新，译. 北京：中国社会科学出版社，2009：28.

如穆勒等人所设想的那样以"最大多数人的最大幸福"为目标，因而正如马克思所言"功利关系具有十分明确的意义，即我是通过我使别人受到损失的办法来为我自己取得利益"①。功利主义伦理学事实上成为一种"合理化"的利己主义伦理学。因此，利己主义事实上也成为资本主义伦理学的重要基础。由此我们不难看出，近代以来资本主义社会无论是在现实经济学领域，还是在理论伦理学领域，都无法摆脱利己主义的影响，因此，对利己主义的批判是《资本论》无法回避的主题。

其次，马克思主义理论始终将利己主义作为重要的批判对象。在《〈黑格尔法哲学批判〉导言》中，马克思在论述为何资产阶级无法作为彻底的革命阶级来领导德国革命时指出："德国的道德和忠诚——不仅是个别人的而且也是各个阶级的道德和忠诚——的基础，反而是有节制的利己主义；这种利己主义表现出自己的狭隘性，并用这种狭隘性来束缚自己。……未等表现出自己的宽宏大度的本质，就表现了自己心胸狭隘的本质……以致一个阶级刚刚开始同高于自己的阶级进行斗争，就卷入了同低于自己的阶级的斗争……资产者同所有这些人斗争的时候，无产者已经开始了反对资产者的斗争。"② 早期马克思认为正是利己主义所导致的资产阶级的"狭隘性"，使得资产阶级无法代表人类普遍利益，故而无法承担德国解放的任务。而在《共产党宣言》中，马克思指出"资产阶级……把宗教虔诚、骑士热忱、小市民伤感这些情感的神圣发作，淹没在利己主义打算的冰水之中"③。这说明马克思已经不是将利己主义单单视为一个阶级狭隘性的意识形态因素，同时也是切实改变社会结构、生活方式的重要的历史因素。而在《资本论》中，马克思将利己主义与资本、劳动的分析结合在一起。劳动力的买和卖是资本得以由货币转化而成的前提条件。在货币与资本的交换过程中，利己主义正是保障这一交易的"平等""自由"形式的基础。劳动力的买卖双方都是在利己心的推动下展开交易，表面上呈

---

① 马克思，恩格斯. 马克思恩格斯全集：第3卷［M］. 中共中央马克思恩格斯列宁斯大林著作编译局，译. 北京：人民出版社，1960：479.
② 马克思，恩格斯. 马克思恩格斯选集：第1卷［M］. 中共中央马克思恩格斯列宁斯大林著作编译局，译. 北京：人民出版社，2012：13-14.
③ 马克思，恩格斯. 马克思恩格斯选集：第1卷［M］. 中共中央马克思恩格斯列宁斯大林著作编译局，译. 北京：人民出版社，2012：402-403.

现出互惠互利、共同利益的假象，实际上却在维系着劳动被资本所宰制的体系。由此可见，对利己主义的关注贯穿于马克思理论研究的整个过程。不同的阶段表现出的是马克思对于利己主义对社会影响的更为深入的认识。

最后，利己主义是现代伦理学最重要的时代特征。现代伦理学发端于对基督教伦理的反思与批判，同时也发源于主体性哲学的崛起。黑格尔在《哲学史讲演录》中指出，宗教改革之后，"人与上帝发生了关系，在这种关系中，人必须作为这个人出现、生存着：即是说，他的虔诚和他的得救的希望以及一切诸如此类的东西都要求他的心、他的灵魂在场"①。人在宗教信仰中第一次以主体形象出现，主体的价值、主体的需求作为哲学、伦理学研究的主题也开始进入理论家的研究视野。而在现实中，对人的尊严、人的价值的追求也必然引发对于自身价值追求的思考。从总体上来说，利己主义与资本主义一样，对于人类社会而言也"曾经起过非常革命的作用"。其将人从宗教禁欲主义中解放出来，对于社会而言释放出了空前强大的社会生产力，同时对于人而言也激发出了个体无与伦比的创造力。但与之相伴而行的却是人与人之间关系的全面异化（虽然这种异化并不直接由利己主义构成）。现代人的"原子化"生活方式——每个个体在社会中的孤立存在趋势——正在不断增强。"社会"与他人在主体意识中不断被忽视，甚至成为主体意识的"对立物"，资本主义社会中个体对于外在于自身世界的看法，也呈现出"只见树木不见森林"的趋势，只将社会中的每个个体（包括自己在内）视为自利的"个体"，每个人都为自身利益而不断争夺与斗争。但如果我们从总体上慎思这种"自利"活动，就会发现如果人的任何活动都以争取"自身利益"作为唯一的行为动机，那么人的活动与动物的"觅食"活动就难以有本质的区别，因为争取自身利益的最大化，与动物争取自身所占有食物最大化的行为，只有数量、种类这种"定量"的区别，而没有"定性"的差异。因此，利己主义是现代资本主义社会各种意识形态问题的"显性"表征，同时也是现代伦理学探讨

① 黑格尔. 哲学史讲演录：第 3 卷 [M]. 贺麟，王太庆，等译. 北京：商务印书馆，1959：412.

的重要论题，在规范伦理学的层面上，无论对任何问题的讨论，对利己主义的肯定或者否定都隐含于其理论背景之中。

因此，《资本论》中对利己主义叙事的批判是马克思主义伦理学研究一个不可回避的论题。但同时在《资本论》中的这一批判又不是直接、显性的批判，而是包含在对资本主义生产方式的政治经济学批判过程中。对这一批判的把握，需要以《资本论》及其手稿为核心，以马克思政治经济学批判相关文献为主体，以唯物史观为方法论，对其展开全面性的探究。因此我们可以从价值解构、理论祛蔽与历史溯源三个层面对这一批判的内在逻辑进行探索。

首先，从价值解构层面上说，马克思是通过对现代利己主义的价值基础进行解构，从而探究现代利己主义的价值基础的。利己主义思想不是产生于资本主义时代，但前资本主义时期的利己主义都是处于被禁欲主义、宗教伦理观的压制之下，存在于人性的"暗面"之中的。利己主义在资本主义社会之所以能够从社会伦理体系的"幕后"走向"台前"，除了思想层面上的人性解放因素之外，现实层面上社会生产关系变迁因素起到了决定性作用。其中根本性的转变在于人对于自身劳动的支配与交易。资本主义生产方式中价值的增值离不开劳动力的买卖，这一方面要求劳动能由劳动者自由支配，另一方面要求劳动者能够与资本家交易自己的劳动能力。只有在承认人的"利己本性"，并将这种本性升华为社会制度的建构基础之后，资本主义生产方式得以存在发展的前提条件——劳动力的买与卖才能够实现。剩余价值的剥削也因此能够获得形式上的"合理性"，因为剩余价值代表了资本家有权无偿占有在"公平"交易过程中获得的劳动所创造价值，而两者间交易的"公平性"的唯一保证就是双方都出于"自利"的目的。因此资本主义社会劳动价值论的建构就此打下了第一块基石。只有出于"自利"考量，劳动者与资本家之间的劳动交易才能称为"公平"，只有基于"自利"，资本家才能理直气壮地声明其占有剩余价值的合理性——因为交易双方都基于"自利"之目的才能达成契约。因而利己主义乃是资本主义劳动价值论得以成立之基础。

其次，从理论祛蔽层面上说，《资本论》揭示了利己主义上升为思想层面的形而上学的历史路径。从现实中古典政治经济学分配制度的"三位一体"公式到资本形而上学，利己主义经历了从"现实话语"——也就是现实政治经济学分配理论到"哲学话语"的理论表达过程。这一不断上升的过程又与近代社会"主体形而上学"的思维框架相呼应，最终构成了经济领域的"资本形而上学"与思想领域的"主体形而上学"相互呼应的关系，建构了资本主义社会对剩余价值的理论与现实的"双重遮蔽"。

最后，从历史溯源层面上说，这种"双重遮蔽"保障了资本主义生产关系在"合理性"外观掩蔽之下的无限扩张。然而这种扩张在思想层面上被掩盖与遮蔽，但其造成的矛盾却在现实层面上以"殖民化""原子化"的现代社会人的病态生存方式展现出来。虽然资本的扩张在前述之双重"形而上学"的遮蔽之下获得了形式上的"合理性"，但人在生活世界中的危机又将资本主义社会中植根于劳动价值论中的矛盾再度显现出来。《资本论》正是将二者之间的关联性通过政治经济学批判而表征出来，从而揭示出现代人生存困境的现实根源。

至此，我们就可以勾勒出《资本论》对超越利己主义批判的基本轮廓：政治经济学批判通过生产过程中的劳动价值论批判，揭示掩盖劳动者与资本家之间不公平交易的思想基础——利己主义。而利己主义在资本主义生产、分配过程中作为一种扭曲意识形态，不断异化现实中人与人之间的关系，从而形成一种双重"形而上学"遮蔽，在《资本论》中，这种遮蔽的揭示是通过政治经济学批判中对劳动"社会化"过程的反思而实现的。

因此，《资本论》对于现代社会超越利己主义叙事的启蒙意义在于，如何在重新认识劳动的本质与价值的前提下，实现"劳动的解放"与"人的解放"之间的衔接。对《资本论》中劳动价值论的思考，需要站在超越利己主义的立场之上，同样，对现代社会利己主义的扬弃，也必须从《资本论》的政治经济学批判视角入手，深刻揭示其内在的现实与经济根源。而要做到这一点，我们首先有必要简要介绍一下资本主义与利己主义之间相互"缠结"关系生成的历史。

第一章
资本主义与利己主义

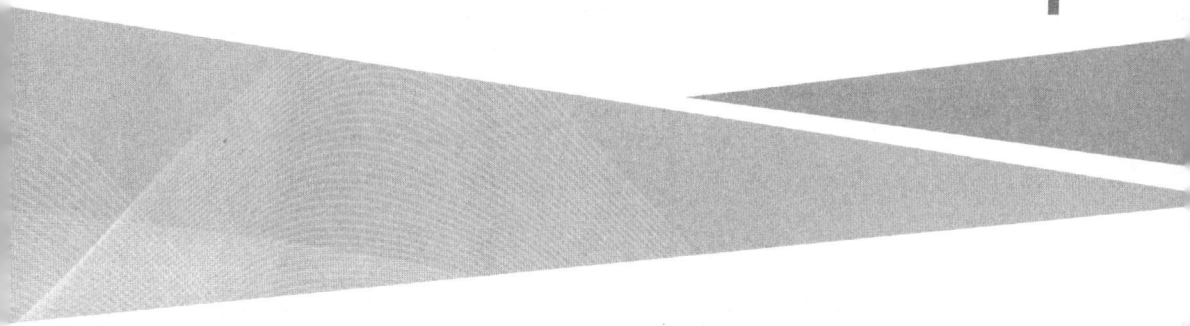

理智与情感

　　《理智与情感》是英国著名作家简·奥斯汀的首部小说。这部作品构思巧妙，表达的情感真挚细腻，展现了 18 世纪末 19 世纪初英国传统乡绅家庭出身女性的情感生活。在文本中对于男女爱情观念描写的背后，却显露出近代资本主义社会中普遍存在的情感与理性分离甚至对立的生活方式。

　　小说故事围绕姐姐埃莉诺与妹妹玛莉安的情感经历展开。姐姐埃莉诺因性格持重内敛，对于自己倾心的男士爱德华从不表露情感，后来发现爱德华已经与另一位女士有婚约。此时埃莉诺虽然非常伤心，但用理智控制自己的情感，若无其事地专心处理其他事务。直到爱德华遭到其未婚妻抛弃，在其备受打击之际埃莉诺仍然对其不离不弃，一往情深，最终二人终成眷属。妹妹玛莉安性格活泼奔放，多愁善感，对爱情抱有浪漫的期许。对风度翩翩而又轻薄多情的富家公子威洛比一见倾心；对慕名而来追求自己，老实巴交却忠实可靠的布兰登上校不屑一顾。最终玛莉安被威洛比抛弃，伤心欲绝的她自暴自弃，几乎送掉性命，还好在众人劝解之下，重回生活正轨，并嫁给了对她一直默默饱含爱慕之情的布兰登上校。

　　《理智与情感》中作者所希望表达的主旨是在现代社会中人的情感应该受到理智的制约。事实却是在资本主义社会中人的理智与情感高度分离。小说中人在感情生活上的"情感"与"理智"的分离，只不过是现代人孤立、压抑生活方式的冰山一角。所谓"理智"与"情感"的矛盾，在道德哲学层面上表现为"事实"与"价值"之间的"二分"，正是因为我们情感的根源"价值"无法与理智产生的根源"事实"相互协调一致，这一社会现实才是造成现代社会"理智"与"情感"分离的真正原因。

　　然而，"事实"与"价值"之所以会在现代社会成为问题，恰恰是因为"利己主义"与"资本主义"深度融合。

资本主义制度与利己主义思想相伴相随。虽然"利己心"被认为是自古以来人类的"本性",但承认这一"本性",将其视为一种世界观,并以理论形式表现出来,则是近代资本主义制度产生之后的事情。同时,和资本主义制度相匹配的经济学与伦理学,都无法回避"利己主义"这一命题,前者最基本的"经济人"假设,后者影响最大的"功利主义"伦理学,都离不开"利己主义"思想的支撑。利己主义既是二者相互衔接的天然"中介",又是二者之间相互排斥的"根源"。

第一节 经济学与伦理学

一般而言,经济学与伦理学是两个有很大差别的学科。但从现代经济学与伦理学的学科发展史来看,两个学科不仅在它们诞生的早期紧密相连,更在发展过程中相互关联,衍生出了一种复杂的"缠结"关系。这一关系的产生需要追溯到资本主义制度诞生之初。

一、基督教伦理的瓦解与个人主义思潮的兴起

资本主义制度的建立不能简单视为封建经济模式被资本主义经济模式所取代的经济学过程。事实上,纵观 16—18 世纪资本主义从兴起到占据统治地位的历程,西方社会经历了历史上最为剧烈、最为广泛、最为深刻的社会结构转型。其范围涉及政治、经济、文化、社会、宗教、科学、艺术等诸多领域。与哲学、经济学、政治学、伦理学、社会学等学科发生的革命性巨变相比,利己主义不过是时代大潮中一朵不起眼的小浪花。然而,其兴起却深远影响之前所述相关学科的发展。在当代人文社会科学领域,

有人将利己主义视为圭臬，有人弃之如敝屣。但可以肯定的是，与利己主义直接或间接相关的论题，至今仍然争论不休。不论哲学、经济学、政治学、伦理学研究还是社会学研究都无法摆脱利己主义这一"阴影"。但正如导言中所述，利己主义不是自始至终就存在的"绝对真理"，其本质是与特定历史阶段相联系的"历史性叙事"，或者说，是与资本主义生产方式相适应的意识形态本身的"逻辑自洽"。因而可以首先在近代伦理学发展的历史背景中探求其产生根源。

近代伦理学的兴起可以追溯到17—18世纪的欧洲启蒙时代，其中一些重要的思想家如洛克和卢梭开始强调个人的自由和人权。他们认为道德和伦理应该建立在人的自主和理性基础上，而不应受制于宗教的教义和教规。基督教伦理以一个"假说"为基础："只要上帝不仅是善的，也是无所不知的，他的智慧就使他能从道德上引导人们，为任何人所不及。"① 这个"假说"是人们追求善的根本基础。但这种宗教性质的道德基础在新的时代面临内外两方面的困境。从外在方面来说，宗教改革运动与近代哲学的发展，使人们对"上帝"概念有了更为深入的认识。经过了"去人格化""去意志化"的宗教改革过程，上帝对人在现实生活中的道德约束力变得越来越弱。而更大的问题在于这种伦理观的内在方面：

> 上帝的力量既是一个有用的也是一个危险的概念。这危险部分在于这点：如果我不遵从上帝的命令，我就会被送进地狱，那么因为完全自私自利，我是以败坏了的动机来追求善。当私利是追求善的主要动机时，其他的动机就有可能失去其重要性，宗教道德也就不攻自破了。②

也就是说，以对上帝的信仰为基础的基督教伦理观本质上是一种以自利为基础的伦理观，这种伦理体系需要一种外在约束（如上帝）作为基础才能发挥作用。这事实上是中世纪的社会结构、经济结构相互结合的必然

---

① 麦金太尔. 伦理学简史 [M]. 龚群，译. 北京：商务印书馆，2003：160.
② 麦金太尔. 伦理学简史 [M]. 龚群，译. 北京：商务印书馆，2003：161.

结果。在专制主义的政治形态、蒙昧主义的文化形态和禁欲主义的经济形态相结合的封建社会，这种带有信仰主义色彩的伦理思想自然难以受到挑战，而且这种伦理思想反过来又成为教会禁锢思想的手段。对此，马克思是如此评价中世纪伦理观的特征的："基督教的社会原则颂扬怯懦、自卑、自甘屈辱、顺从驯服，总之，颂扬愚民的各种特点。"①

显然，这种伦理观念在推崇"人性解放"与"人的发现"的资本主义时代，已很难在人的精神世界中找到坚实的立足之地。社会结构与经济结构的巨大变迁，表征了资本主义生产方式对近代西方精神世界产生了巨大的影响——"它无情地斩断了那些使人依附于'天然的尊长'的形形色色的封建羁绊，它使人和人之间除了赤裸裸的利害关系即冷酷无情的'现金交易'之外，再也找不到任何别的联系了。它把高尚激昂的宗教虔诚、义侠的血性、庸人的温情，一概淹没在利己主义打算的冷水之中"②。

在近代思想的发展中，人们对个体和人类的本质、存在和意义进行了深入的思考，这与宗教观念有密切的关系。正如黑格尔所说："人与上帝发生了关系，在这种关系中，人必须作为这个人出现、生存着：即是说，他的虔诚和他的得救的希望以及一切诸如此类的东西都要求他的心、他的灵魂在场。"③ 黑格尔的观点强调了人与上帝之间存在的关系，人必须在这种关系中以一个有灵性的存在出现。他对人的虔诚和对得救希望的强调表明了宗教在个人探索和存在意义方面的重要性。资本主义性质的经济活动诞生于宗教改革后的新思潮之中，马克斯·韦伯在《新教伦理与资本主义精神》中如此描述宗教改革对资本主义精神的影响："从基督教禁欲主义中，诞生了近代资本主义精神，乃至整个近代文化精神的一个基本要素：以天职概念为基础的理性行为。"④ 但与此同时，这种新教伦理观自诞生开始就带有强烈的资本主义"逐利"色彩："赢利和挣得被看作上帝通过自

---

① 马克思，恩格斯. 马克思恩格斯全集：第4卷［M］. 中共中央马克思恩格斯列宁斯大林著作编译局，译. 北京：人民出版社，1958：218.
② 马克思，恩格斯. 马克思恩格斯全集：第4卷［M］. 中共中央马克思恩格斯列宁斯大林著作编译局，译. 北京：人民出版社，1958：468.
③ 黑格尔. 哲学史讲演录：第3卷［M］. 贺麟，王太庆，等译. 北京：商务印书馆，1959：412.
④ 韦伯. 新教伦理与资本主义精神［M］. 赵勇，译. 西安：陕西人民出版社，2009：140.

己的'拣选者'并在其身上所表现出来的对人世施极为强烈的权力;但是,倘若加尔文主义的精神气质没有首先把'证实'得救之确切性的超巨额奖赏施加到赢利和挣得的行动上去的话,又怎么可能会称心如意呢?"①这就导致了现实层面上的逐利行为与精神世界中的传统道德意识之间产生了巨大的矛盾张力。

个人的"在场"与履行"天职"的理性行为,为强调个人主义的新教徒自由追求财富创造了条件。但这种变革在解放人自由个性的同时,也随之产生了一个新的问题,当"上帝"不再能作为人道德行为的基础时,人们进行道德实践的根据何在?

这是一个伦理学问题,同时也是很多古典主义政治经济学家所关注的问题。在资本主义社会发展早期,经济学家们确实面临如何统一经济人的自利行为和社会伦理所要求的利他属性的问题。亚当·斯密是古典政治经济学的奠基人之一,他认为协调二者关系的基础是"同情心"。——"只有当全社会的成员都具有同情心,以此作为行为的准则时,社会才会有和谐、安定和进步。……以自利为基础的市场机制必须用以他利为基础的道德情感来协调。"② 同情心在斯密的理论框架中扮演了重要的角色。他认为,人类具有一种天生的同情心,即对他人痛苦与喜悦的感同身受。这种同情心使得人们关注他人的利益,而不仅仅追求自身利益。斯密认为,这种同情心在社会中起到了关键的纽带作用,推动了人们之间的互动和合作。当然,我们不能据此把斯密以同情心为核心的道德理论视为另一套替代基督教伦理标准的体系。事实上,这种转变意味着在基督教宗教伦理瓦解之后,西方社会伦理思想发展成为"一种朝着和进入一种不再有任何明确标准的境地的运动"③。对于资本主义"新时代"而言,以"同情心"作为伦理基础显得太过模棱两可;传统道德家们又认为"同情心"这样的词语根本不具备道德约束力。在资本主义的社会现实中,只有将道德与"自利""个人"这些核心价值观念紧紧捆绑在一起,才能

---

① 舍勒. 资本主义的未来 [M]. 罗悌伦, 等译. 北京: 生活·读书·新知三联书店, 1997: 59.
② 斯密. 道德情感论 [M]. 谢祖钧, 译. 西安: 陕西人民出版社, 2004: 丛书总序 5.
③ 麦金太尔. 德性之后 [M]. 龚群, 戴扬毅, 等译. 北京: 中国社会科学出版社, 1995: 297.

发挥其强大的道德约束力，正如斯图亚特·穆勒在《功利主义》中宣称的一样："我们内心的主观感受就是一切道德的终极约束力"① ——任何资本主义道德只有建立在"自我""自利"的基础上，才具备在现实生活中践行的可能。

二、经济行为与伦理行为

长久以来，经济学都被大众误解为一门与追求财富相关的学问。但事实上经济学诞生至今，其理论内涵已经被扩展。最初，经济学的确是以"致富技艺"的面貌出现的。但值得注意的是，亚里士多德在《政治学》中就曾经对经济学做了两种区分——"家政学"与"致富术"。"家政学"就是通过管理家务而维持或增加财产，而"致富术"则是考虑从何处得到财富和财产，二者的关系是"一个所使用的质料，就是另一个所提供的质料"②。"家政学"有两个构成部分——人与财产，因为家庭的组成部分就是人与财产。财产首先是自然财富，以农业为首，其次是采矿和其他技艺。其中，农业被亚里士多德认为是最公正的，因为在农业财富的实现过程中，不需要掠夺、剥削他人，而只是"合乎自然地"从自然之中获取生活资料。同时对于家庭中人的因素来说，亚里士多德首先关注的是"女人"，也就是妻子。在家庭中男人与女人共同承担生育责任，但各自承担不同抚养义务，女性承担哺育责任，男性承担教育责任。可见，在人类历史上最早的经济论述中，财产关系与夫妻关系结合在一起，财富与家庭息息相关，这足以证明经济学与伦理学之间存在着天然联系。

伦理学与经济学之间的天然联系不是偶然存在的，而是可以追溯到伦理学基本问题——苏格拉底问题。苏格拉底首先提出"一个人应该怎样活着"这一命题，被当代伦理学家、古典学家伯纳德·威廉斯指认为伦理学的核心问题。③ 伦理学是对人类生活的一种"终极关怀"，思考的是人如何

---

① 穆勒. 功利主义 [M]. 叶建新，译. 北京：中国社会科学出版社，2009：46.
② 参见亚里士多德. 亚里士多德全集：第9卷 [M]. 苗力田，主编. 北京：中国人民大学出版社，1994：16.
③ 参见威廉斯. 伦理学与哲学的限度 [M]. 陈嘉映，译. 北京：商务印书馆，2017：5.

生活的问题。但人的生活问题永远离不开人的生活资料，正如伟大革命导师马克思所言：

> 一当人们自己开始生产他们所必需的生活资料的时候（这一步是由他们的肉体组织所决定的），他们就开始把自己和动物区别开来。人们生产他们所必需的生活资料，同时也就间接地生产着他们的物质生活本身。①

物质生活及生活资料不可能不涉及经济学问题。经济学与伦理学之间的关系是一种无法割裂的联系。在近代经济学诞生之初，经济学一直作为道德哲学学科之下的分支学科，与社会学、政治学并列。最早的古典政治经济学家威廉·配第的两部最重要的代表作——《政治算术》与《赋税论》——都不是单纯的经济学作品。其中，《赋税论》是配第为了"让爱尔兰理解一下各种租税的性质和征收标准"而写成的著作，主要阐述各种赋税的征收原因，而《政治算术》则可视为配第对自己政治经济学研究方法的一个总结，同时也是对配第政治经济学思想成果的汇总。在《政治算术》中，配第阐述了自己的政治经济学方法论——政治算术的方法，他认为，凡是有关政治统治或者公共管理乃至整个国家的强盛等事项，都是可以用数学计算的方法来加以论证的。②

从经济学的角度而言，其本身所关注的核心问题也与伦理学密切相关。首先，经济学研究需要关注人的行为动机问题。从广义上说，人的行为动机都与伦理相关联，从狭义上说，经济动机与道德动机都对人的行为产生了重要影响。因而从行为动机角度而言，经济学无法完全回避伦理学研究。其次，经济学需要关注社会价值评价问题。经济学研究离不开对利益的研究，而利益问题首先涉及价值与价值评价问题。价值问题既是一个经济学概念，也是一个哲学或伦理学概念。在经济学中的价值概念主要指的是劳动产品或者商品的"使用价值"，而在哲学领域关注的则是价值的

---

① 马克思，恩格斯. 马克思恩格斯全集：第3卷 [M]. 中共中央马克思恩格斯列宁斯大林著作编译局，译. 北京：人民出版社，1960：24.
② 参见配第. 政治算术 [M]. 陈冬野，译. 北京：商务印书馆，1978：3-4.

本质，在伦理学领域关注的是价值实现的前提——社会关系，因为绝大部分的"价值"——无论是货币、珠宝还是各种各样的商品——其价值都必须在一定的社会关系中实现。因此可以说"价值"是具有社会性的。剔除在极端的情况下，也就是单个的人与自然物对人的有用性的"价值"，绝大部分"价值"，无论是人与物之间的价值满足，还是人与人之间的价值交换，都必须在一定的社会关系中实现。因而1998年诺贝尔经济学奖获得者——阿马蒂亚·森将与社会关系相关的价值观称为"伦理相关的社会成就观"。

因此，正是因为经济学与伦理学之间存在着天然的联系，森总结了现代经济学的两个"根源"：其一是传统经济学，认为伦理观念是经济研究中一个不可回避的重要问题。其二是"工程学"的经济学，彻底剔除经济学研究中的伦理学问题，将主要理论关注点聚焦于经济概念之间的逻辑关系，而不关心人类生活的最终目的、人类美德在经济关系中的实现等伦理学问题，并且单纯假定人只是关心自身物质利益得失的独立个体，同时假定人的行为动机完全由物质利益驱使。① 在这两个前提之下展开经济学研究。后一种前提下展开的经济学研究被阿马蒂亚·森则称为"实证"的经济学。两种经济学"根源"不存在孰优孰劣的问题，在现代经济学研究中都占据着重要的地位。在经济学家那里只是表现为研究侧重点的不同。

在此我们可以先暂时抛开两种经济学传统的争论，聚焦于经济学中的行为动机问题。如前所述，经济学中对人行为动机的研究，无论是传统经济学还是实证经济学都无法回避，只不过前者除了考虑经济利益驱动人的行为之外，还要考虑道德、伦理关系对人行为的影响，而后者则直接依赖于"人性假设"（迄今为止经济学领域中最常用的人性假设即——"理性人"假设）。但无论是传统经济学抑或实证经济学，在考察人的行为动机时，都会将人视为一个理性主体，依据理性做出选择。二者的区别在于前者考虑理性行为的原因时会纳入道德理由，而后者则只会将经济、物质的利益作为首要的考虑因素。

无论是在经济学还是在伦理学的领域内，将道德、伦理考量作为一种

---

① 参见森. 伦理学与经济学 [M]. 王宇，王文玉，译. 北京：商务印书馆，2000：9-12.

理性缘由比之于单纯将物质理由作为理性缘由要复杂得多。从伦理学角度来说，人是否能依据一个理性的缘由进行道德判断与行为选择，是自近代以来伦理学研究所聚焦的重要理论问题。比如英国著名哲学家休谟所提出的"是"与"应当"的区别，简单地说就是科学理性的知识与道德伦理原则之间存在着鸿沟，我们难以通过科学理性或者从对一个事实的描述中，推理出道德行动判断的理由。自基督教对西方民众精神世界的统治逐步瓦解之后，理性主义成为西方主流意识形态，但随之而来的是以神学世界观为基础的基督教伦理学失去了对人精神世界的绝对统治地位。此时近代伦理学何以找到新的基础成为其研究的重要问题。为了寻求在新的基础上建构普适的伦理学基础，在伦理学研究领域出现了如直观主义、情感主义、普遍规定主义等伦理学基础理论研究学派。这些学派关于伦理学理性基础的观点千差万别，因而难以达成一致意见。这样的情况投射到经济学领域也造成了传统经济学在探讨人的理性行为动机时，无法从伦理与道德的角度论证人们采取理性行为的确定基础。故而，在现代西方经济学领域中，以"自利"原则为基础而展开的人的行为动机预测仍然是实证经济学所主要依赖的研究方法。

自利主义的核心观点在于"实际行动必定是自利最大化行为"，是所有自利行为以自身利益最大化作为理性行动的基础，也就是人的行为中的最普遍的行为动机。但这种自利的人性假设在经济学领域内外都受到了广泛质疑，突出的问题在于：自利是否等同于自私？或者自利行为是否就一定能够代表理性？如何证明自利行为就是人类最佳行为？凡此种种，都不断质疑着自利行为是否能够解释经济领域主体的行为动机。虽然有诸多的质疑，但目前在经济学研究中所取得的共识是：自利动机在正常的经济交易活动中起着决定性作用，在现存的经济生产方式之下（资本主义生产方式），自利原则的缺乏会导致正常的经济交易活动无法展开。因此，自利原则就成为现实经济生产活动中，既饱受质疑却又不可或缺的行为动机原则。

第二节　利己主义：古典政治经济学中的"伦理话语"

　　即便是同一时代不同的思想家，其思想体系都针对共同的问题而展开，针对这些问题的研究与阐释，构成了同时代哲学研究的"语境"。青年时代的马克思在通过《德意志意识形态》实现了对其"从前的哲学信仰"清算之后，全面开始了政治经济学批判方面的研究。而这一研究最早是通过对古典政治经济学家的批判而开始的。与青年黑格尔派"为反对'词句'而斗争"不同，古典政治经济学家一开始就从经济现实出发研究各种社会现象，因此至少在理论形态上具有唯物主义特征（尽管这种唯物主义是以英国经验论哲学为基础的、机械的、朴素的唯物主义）。对此，在研究马克思的政治经济学、伦理思想时，剖析古典政治经济学内在所具有的隐性的唯物主义逻辑及其局限性，是理解马克思伦理思想以及马克思对古典政治经济学超越之处的重要切入点。

　　在之前的论述中我们看到，在现代经济发展过程中，在思想方面，现代经济离不开近代利己主义所给予的理论支撑，在实践方面，经济行为与伦理行为本身又存在着密切的关联性，因而，在资本主义政治经济学诞生之初，"利己主义"就与其形影相随，直至以边沁为代表的"功利主义"伦理学的诞生。

一、威廉·配第："政治算术"

　　首先，我们可以从被称为"英国政治经济学之父"（马克思语）的配第的思想中理解功利主义伦理学的诞生。配第的政治经济学思想主要体现在其《政治算术》与《赋税论》两部著作中。其中,《赋税论》是配第为了让爱尔兰人理解各种赋税性质和征收标准而写的著作。在这本书中,配第主要阐述了不同赋税的征收原因和其对经济的影响。他通过对赋税的分析,探讨了赋税的公平性、效率性和经济发展之间的关系。《政治算术》可以被视为配第对自己政治经济学研究方法论的总结,同时也是对他的政治经济学思想的重要总结。配第在该书中阐述了自己提出的政治算术方法论,他认为凡是与政治统治、公共管理以及国家强盛等相关的事项都可以通过数学计算进行论证。他强调利用定量方法和数据分析来深入理解政治经济问题,并提出了运用数学模型和计量经济学的方法来研究政治经济学。配第的这一研究方法在当时而言具有划时代的意义,同时这种方法论的形成也得益于他与因果经验论的典型代表霍布斯的交往。配第将数学运算方法运用于对国家经济社会现象研究,其思想根源在于早期英国经验论的机械唯物主义思想——"这些运算法并不限于数字方面,而是所有可以相加减的事物全都适用,……政治学著作家把契约加起来以便找出人们的义务,法律学家则把法律和事实加起来以便找出私人行为中的是和非。总而言之,不论在什么事物里,用得着加减的地方就用得着推理,用不着加减法的地方就与推论完全无缘"①。正是基于这种机械论式的唯物主义方法,配第运用算术方法对国家经济的要素进行实证研究,并进而得出了很多对政治经济学具有重要意义的理论。

配第作为古典政治经济学重要的创始人之一,提出了"劳动是财富的来源"这一古典政治经济学的基本原则,并为后世的斯密、李嘉图、穆勒等人所继承。同时,他将社会中的各个成员明确区分为"生产者"与"非生产者",虽然不能将其视为"无产阶级"与"资产阶级"的前身,但毫无疑问这一区分对日后马克思的两大阶级对立理论是有一定的影响的。而"劳动是财富的来源"这一命题的提出,也成为"劳动价值论"产生的重要基础。基于劳动创造价值这一理论,配第提出了人口决定国家财富的思想,但配第将一个国家的人口区分为两个概念:自然人口与社会人口。自

---

① 霍布斯. 利维坦 [M]. 黎思复,黎廷弼,译. 北京:商务印书馆,1985:28.

然人口指的是一个国家的人口数量，而社会人口指的是一个国家参与财富生产的人口数量。一个国家的财富多寡由社会人口数量决定而不由自然人口数量决定。配第认为国家政策特别是赋税政策应该向创造财富的人口倾斜，从而最大程度上增加国家的劳动人口。与此同时，配第的劳动价值论更为深远的意义在于，将劳动作为一切价值的抽象基础，配第认识到了任何一种商品与另一种商品之所以能够相互交换，是因为它们都是劳动创造的产物。可以说配第的劳动价值论在很早就阐明了劳动对于国家财富方面的意义，并开始论证人的劳动与商品的价值之间的联系，虽然这种论证还是一种较为朴素的论证。

同时我们也应该看到，配第的劳动价值论具有很大的局限性，这一点马克思在《剩余价值理论》中做了很明确的说明。作为重农学派的代表——配第"是从作为包括利润在内的剩余价值一般形式的地租出发的，所以他不能把资本的利息作为既定的东西，反而必须把利息当作地租的特殊形式从地租中推出来"[①]。配第虽然在其理论中发现了人的劳动价值可以作为抽象的价值标准衡量劳动产品的价值，甚至在某种程度上接近于发现剩余价值。但重农主义的理论立场使其不得不"把作为交换价值的源泉的劳动和作为以自然物质（土地）为前提的使用价值的源泉的劳动混为一谈"[②]。这样才能够回到将"劳动"与"土地"等同起来的重农主义立场，从而将整个国家的政治经济体制与财富创造归结为农业劳动。配第的这种做法一方面是由于受到早期政治经济学发展的局限性影响，另一方面也是由于受到政治经济学研究方法上的机械唯物主义思想影响。配第政治经济学的机械论思想内容是试图用简单的数学运算来描述人类社会复杂的经济运动过程（这也是之后庸俗经济学的主要方法论基础），最终的结果也只能导致其回到自身政治经济学的基本立场——重农主义上，因而无法在劳动价值论领域实现革命性的突破。

---

① 马克思，恩格斯. 马克思恩格斯全集：第26卷（第一册）[M]. 中共中央马克思恩格斯列宁斯大林著作编译局，译. 北京：人民出版社，1972：383.
② 马克思，恩格斯. 马克思恩格斯全集：第26卷（第一册）[M]. 中共中央马克思恩格斯列宁斯大林著作编译局，译. 北京：人民出版社，1972：386.

二、亚当·斯密："看不见的手"与"利己心"

　　亚当·斯密是古典政治经济学研究史上里程碑式的人物，同时也是马克思自开始接触政治经济学研究就一直关注的重要的政治经济学家，马克思的《资本论》深受其影响。值得注意的是，这位对古典政治经济学的发展有巨大影响的经济学家并非我们想象中的经济学专业人士，而是在格拉斯哥大学长期工作的道德哲学教授。在当时，伦理学研究与经济学研究乃是从属于同一门学科：道德哲学，从学科划分角度来说，亚当·斯密同时研究伦理学与经济学并不矛盾。在亚当·斯密的时代，"道德哲学"作为一门学科，包含了相当丰富的内容，其所涉及的学科包括神学、伦理学、法学与政治学等哲学社会科学学科，而当时的政治经济学研究又被包含在政治学的学科分支之下。因此，从学科角度分析，斯密在研究伦理学的同时研究政治经济学是完全合理的。因此，斯密的第一部著作就是1759年出版的《道德情操论》，先于1776年出版的《国富论》，同时亚当·斯密对《道德情操论》的修改多达六次，直到逝世之前的几个月才完成了第六版的修改，足见他终其一生也未放弃伦理学研究。

　　纵观斯密的整个学术生涯不难发现，斯密早在1748年秋就因为讲座需要开始关注经济学研究，后来又在1751—1764年担任了格拉斯哥大学道德哲学教授长达十三年，并于1759年出版了成名作《道德情操论》，而就在该书出版的四年后，斯密又做了"关于法律、警察、岁入及军备的演讲"，分析了英国经济社会的基本问题。之后斯密作为英国财政大臣养子巴克勒公爵的家庭教师，陪同其游历整个欧洲大陆，遍访当时欧洲重要思想家如伏尔泰、狄德罗、达朗贝、孔狄亚克、霍尔巴赫、爱尔维修、魁奈、杜尔哥等等，又经过了近七年的潜心研究，于1773年完成《国富论》的初稿，但由于北美殖民地问题的爆发，斯密又补充了大量内容，使得书稿于1776年才正式出版。在《国富论》撰写过程中斯密又两次修订了《道德情操论》，而自1776年《国富论》出版到1790年斯密逝世，这位学术巨匠的余生都在不断修正这两部巨著。

　　斯密所撰写的《国富论》被认为是政治经济学研究领域的经典，同时，斯密又是一位重要的道德哲学家，其先于《国富论》出版的《道德情操论》，被认为是标志现代伦理学诞生的代表性著作。然而，围绕为何斯密作为一位"道德哲学"教授要研究政治经济学问题，学界展开了所谓的对"亚当·斯密"问题的争论——也就是为何斯密被"看作是伦理学上的利他主义者，经济学上的利己主义者"①。

事实上，无论是在《道德情操论》中，还是在《国富论》中，斯密都是一个"利己主义者"。在前者中斯密写道"毫无疑问，每个人生来首先和主要关心自己"②；而在后者中，斯密也指出"我们每天所需的食料和饮料，不是出自屠户、酿酒家或烙面师的恩惠，而是出于他们自利的打算"③。因此利己主义贯穿了《道德情操论》与《国富论》的始终。而利己主义在其中最明显的表现莫过于在两部著作中都各自出现过"看不见的手"这一概念。在《道德情操论》中，斯密指出，富人为了满足自己的欲望，必须雇用成千上百人为自己劳动，但是在创造财富并消费财富的过程中，富人为了满足自己的欲望——如为了享用美食必须将自己的财富分给厨师，为了建造豪华居所必须将财富分给建筑师、工人，为了获得满足自己虚荣的财宝、服装必须将自己的财富分给工匠。在整个过程中富人在主观上只是满足自己的欲望，但在客观上使得很多人获得了财富，斯密认为只是"一只看不见的手引导他们"。而在《国富论》中，斯密也指出存在"一只看不见的手"，它"指导"人们去促进自身利益的实现并不打算去促进公共利益的实现，只是为了自身的利益而做出选择。比如资本家宁可投资本国的产业而不投资外国的产业，原因不在于资本家多么热爱自己的国家，而在于投资本国其资本的安全性可以得到保障，同样其他产业和行业的资本家与劳动者，都在为自己的利益而行动，当人人都为自己的利益行动时，"他受着一只看不见的手的指导"，去尽力达到一个并非其本意想要达到的公共目的——有效促进社会利益。

---

① 斯密. 道德情操论 [M]. 蒋自强，钦北愚，朱钟棣，等译. 北京：商务印书馆，1997：译者序言 1.
② 斯密. 道德情操论 [M]. 蒋自强，钦北愚，朱钟棣，等译. 北京：商务印书馆，1997：101-102.
③ 斯密. 国民财富的性质和原因的研究：上卷 [M]. 郭大力，王亚南，译. 北京：商务印书馆，1972：14.

在《道德情操论》与《国富论》中的这两只"看不见的手",事实上指的都是同一个东西——受每个人"利己心"驱动而形成的一种社会潮流与趋势。在道德伦理层面上,"利己心"的存在促使人必须分享自己的财富,因为其奢侈享乐创造的需求将会为更多的人提供劳动的机会。从政治经济学角度而言,"利己心"驱动资本家将资本投入到能为其获取最大化利益的产业,这一举动从主观上说可以使资本家本人利益达到最大化,而从客观上说则能够促进社会的整体利益的实现。在斯密的眼中,个体追求利益的行为与社会利益最大化的实现不但不是相互矛盾的,而且是相互实现的,因此"在每一个私人家庭的行为中是精明的事情,在一个大国的行为中就很少是荒唐的了"[①]。在斯密思想的世界中,私人利益与社会利益从整体上是协调一致的。因而,"利己心"既是推动人类伦理道德发展的动力,同时也是推动人类经济发展的动力。从这一角度而言,"利己心"是沟通《道德情操论》与《国富论》的真正桥梁,同时也是"亚当·斯密问题"的真正答案。

综上所述,"利己心"是亚当·斯密经济学思想与伦理学思想理论的核心要义,他的经济学理论与伦理学理论的建构发展都以"利己心"为基础。因此,在斯密的思想中事实上存在着两只"看不见的手":一只是广为人知的经济学层面的"看不见的手"——市场资源配置调节;另一只是鲜为人知的伦理学层面上的"看不见的手"——社会伦理关系中的财富调节。斯密认为通过这两只看不见的手,人类可以"自发"地调节市场关系与社会关系,并形成一个总体上协调、有序的社会共同体。

马克思在《剩余价值理论》及政治经济学批判研究中,对斯密的理论进行了深入的研究,也对其"利己主义"思想进行了批判,并且指出了斯密思想的进步意义与局限性。

马克思对于亚当·斯密的研究,首先是详尽分析了其作为一位古典政治经济学家的理论贡献。斯密相比于其前辈,最重要的经济学发现莫过于将劳动视为社会财富创造的最重要来源。斯密之前的配第,将社会财富的

---

① 斯密. 国民财富的性质和原因的研究:下卷 [M]. 郭大力,王亚南,译. 北京:商务印书馆,1972:28.

来源分为两个：土地与劳动，也就是"土地是财富之母，劳动是财富之父"的论断。而亚当·斯密则更进一步，将人的劳动视为社会财富创造的唯一来源——"一国国民每年的劳动，本来就是供给他们每年消费的一切生活必需品和便利品的源泉"①。斯密将社会财富的来源定为人的劳动，从根本上确立了人在社会生产体系中的核心位置，从而大大推进了人们对于社会生产的认识。同时，斯密超越了传统重农学派仅仅将农业产品视为社会财富的做法，将社会财富视为任何能够满足人的需求的效用。一个国家的财富来源于人的劳动，而且一个国家的强盛在斯密看来不仅取决于一定时期内所创造的劳动产品的总量，更取决于一定时期内的劳动生产率。对于财富分配问题，斯密是首个认真分析各种生产要素与收入分配之间关系的政治经济学家。斯密认为，促进社会生产的三个关键性要素有资本、劳动与土地，任何社会财富都由这三种要素创造，那么理所当然这些社会财富的分配也必须依据这些生产要素来分配，也就是资本—利润、劳动—工资、土地—地租这三对相匹配的劳动分配关系。马克思后来将这命名为资本主义生产的"三位一体"公式。更为重要的是，亚当·斯密是古典政治经济学家中第一个注意到"剩余价值"问题的研究者，他将资本主义生产看作是价值与剩余价值生产。以上几点，是亚当·斯密超越其前辈的重要标志之所在。

虽然亚当·斯密相较于其前辈，在理论上取得了重大进步，但其在劳动价值论方面所导致的"混淆"限制了其进一步理解现代社会劳动的本质：

　　亚·斯密在两种不同的交换价值规定之间摇摆不定：一方面认为商品的价值决定于生产商品所必要的劳动量，另一方面又认为商品的价值决定于可以买到商品的活劳动量，或者同样可以说，决定于可以买到一定量活劳动的商品量；他时而把第一种规定同第二种规定混淆

---

① 斯密. 国民财富的性质和原因的研究：上卷 [M]. 郭大力，王亚南，译. 北京：商务印书馆，1972：1.

起来，时而以后者顶替前者。①

也就是说，亚当·斯密虽然认识到了创造社会财富的唯一来源是劳动，并且劳动是不同商品之间能够进行价值交换的基础——也就是说劳动是交换价值的基础，但问题在于，在斯密的著作中，其对于劳动的价值的认识一直是摇摆不定的：一方面认为劳动产生的量是商品价值的基础；另一方面又认为商品的价值取决于可以买到商品的活劳动的量。也就是说，决定商品价值的关键要素，到底是凝结在商品生产过程中的劳动量，还是交换中所消耗的劳动量，亚当·斯密对此问题没有进行详细的说明。

但马克思认为斯密在这些方面的混淆并不影响斯密对剩余价值的发现。斯密认识到资本家投入到生产中的成本必然会以更高的价值返回到资本家的手中。斯密虽然看到了这一现象，但他不是从劳动价值论的角度去考察这一问题，而是从所谓"劳动产品扣除"来理解剩余价值的存在，也就是说，将利润、地租看作是资本家从工人劳动产品中"扣除"的部分。斯密认为工人的劳动量从一开始就划分为两部分：一部分是支付工人工资的劳动量，工人以工资的形式获得这部分劳动量的价值。另一部分是资本家所获得的"利润"，也就是从工人的劳动产品中"扣除"的部分。也就是说，斯密承认工人自己所付出的劳动中，要有一部分与资本家无偿分享，这就与斯密本身所坚持的基本原则——劳动创造社会财富矛盾。既然工人创造了财富，那么为何工人劳动所创造的财富不能由工人独享呢？由此我们可进一步推知，斯密的理论还与其收入分配的公式存在着矛盾，社会财富的唯一创造者是工人的活劳动，但参与财富分配的除了工人，还有不付出劳动，只付出资本、土地的资本家与土地所有者，这两个阶层都不靠付出劳动而获得社会财富的分配权，这显然又与斯密的劳动创造财富的基本原则相背离。

马克思在总结斯密的经济学理论时指出：

---

① 马克思，恩格斯. 马克思恩格斯全集：第 26 卷（第一册）[M]. 中共中央马克思恩格斯列宁斯大林著作编译局，译. 北京：人民出版社，1972：47.

　　斯密的功绩在于，他强调指出了下面这一点（而这一点也把他弄糊涂了）：随着资本积累和土地所有权的产生，因而随着同劳动本身相对立的劳动条件的独立化，发生了一个转变，价值规律似乎变成了（从结果来看，也确实变成了）它的对立面。如果说，亚·斯密的理论的长处在于，他感觉到并强调了这个矛盾，那末，他的理论的短处在于，这个矛盾甚至在他考察一般规律如何运用于简单商品交换的时候也把他弄糊涂了；他不懂得，这个矛盾之所以产生，是由于劳动能力本身成了商品，作为这种特殊的商品，它的使用价值本身（因而同它的交换价值毫无关系）是一种创造交换价值的能力。[①]

　　斯密发现了在资本主义生产关系中，人的劳动与资本的对立关系，也察觉到了资本主义社会基本价值原则——劳动创造财富——与其现实的分配制度之间的矛盾。但与此同时，斯密对这一矛盾所采取的态度不是去进一步批判这种不公正、不平等现实的真正根源，而是希望从另外的角度去解释这种"矛盾"，这就造成亚当·斯密在劳动价值论上的认识混乱。马克思指出：

　　应当注意亚·斯密书中的奇怪的思路：起先他研究商品的价值，在一些地方正确地规定价值，而且正确到这样的程度，大体上说，他找到了剩余价值及其特殊形式的源泉——他从商品价值推出工资和利润。但是后来，他走上了相反的道路，又想倒过来从工资、利润和地租的自然价格的相加数来推出商品价值（他已经从商品价值推出了工资和利润）。正由于后面这种情况，斯密对于工资、利润等等的波动给予商品价格的影响，没有一个地方做出了正确的分析，因为他没有基础。[②]

---

　　① 马克思，恩格斯. 马克思恩格斯全集：第26卷（第一册）[M]. 中共中央马克思恩格斯列宁斯大林著作编译局，译. 北京：人民出版社，1972：67.
　　② 马克思，恩格斯. 马克思恩格斯全集：第26卷（第一册）[M]. 中共中央马克思恩格斯列宁斯大林著作编译局，译. 北京：人民出版社，1972：78.

亚当·斯密在政治经济学研究中批判性的缺乏，导致了其劳动价值论无法突破前人的框架，也使得斯密在距离发现"剩余价值"秘密前的最后关头止步不前。但无可否认的是，斯密对古典政治经济学的理论贡献，特别是在劳动价值论方面的贡献，为马克思的进一步的政治经济学批判奠定了坚实的基础，同时马克思在斯密劳动价值论的基础上，认识到劳动者作为社会价值创造者，在社会收入分配过程中却居于从属性的地位，并由此发现，劳动与资本之间的对立关系。由于劳动力成为商品，被拿来进行买和卖，从而颠倒了现实社会中的价值关系，使作为"死劳动"积累的资本，能够不断掌控人的活劳动，因此导致了现代社会劳动价值关系的扭曲。

斯密的问题在于对劳动与劳动价值之间的关系的混淆。马克思认为在斯密的政治经济学体系中包含了两种对于商品价值的定义，其一为"价值决定于商品中包含的已耗费的劳动量"[①]，其二为"价值决定于用这个商品可以买到的活劳动量"[②]。简单地说，前者指的是商品价值是由商品中所蕴含的人类劳动决定的；后者指的是商品价值是由购买注入商品的活劳动量（也就是工资）决定的。如果二者是一致的，那么代表着工资等同于商品中包含的劳动量，意味着资本家给予了工人与其劳动价值相等的工资，同时资本家投入到生产过程中的原材料、机器等商品生产要素也与其自身价值相等同，那么也意味着商品的价值就等同于工资与劳动资料之和，换言之，就等于资本家为他的生产所付出的一切。在此过程中资本家将无法获得利润，因为生产出来的商品价值与资本家投入到商品中的价值一致，只要假定流通过程不产生任何利润（马克思在《资本论》第二卷中使用的大量篇幅证明了这一问题），那么古典政治经济学就无法解释其利润的来源。也因为这个理论上的困难，斯密在之后关于物化劳动（也就是商品）与"活劳动"（工人实际付出的劳动）进行交换时，又认为因为"分工"，商品的价值不再取决于其内在所包含的劳动者的劳动量，而取决于这个商品

---

① 马克思，恩格斯. 马克思恩格斯全集：第26卷（第一册）[M]. 中共中央马克思恩格斯列宁斯大林著作编译局，译. 北京：人民出版社，1972：46.

② 马克思，恩格斯. 马克思恩格斯全集：第26卷（第一册）[M]. 中共中央马克思恩格斯列宁斯大林著作编译局，译. 北京：人民出版社，1972：46.

可以买到的别人的"活劳动"量。也就是说，斯密在涉及劳动交换的问题上，开始认为商品所具有的价值应由其所能交换到的活劳动价值量决定，而不由其本身所包含的活劳动量决定。

这标志着斯密商品价值论从"内在论"向"外在论"的转变。所谓的"内在论"是指商品价值量由商品本身所包含的活劳动构成，而"外在论"则是指商品价值量由商品在市场上可以交换到的活劳动量构成。简而言之，前者将商品价值视为由自身决定，后者则认为商品价值由外在交易活动决定。产生这种变化的理由表面上看来是由分工体系的复杂化导致的，但事实上从斯密本身的"利己主义"逻辑框架而言，斯密犯下这样的错误几乎是必然的。

如前所述，斯密无论是在伦理学领域还是在经济学领域，都认为人的理性行为（包括但不限于经济行为）的根本动机在于人的"自利性"，但人的自利性是在各种社会交换关系中实现的。穷人需要交换，富人也需要交换，商品的价值需要在交换关系中实现，在交换关系中的双方，"自利"的个体必然实现自身利益的最大化，因此，在斯密看来，商品只有在交换过程中才能实现自身的价值。更进一步说，由于分工的存在，每个个体只有通过与他人进行劳动交换才能获得自身所需生活资料，而其所拥有可用于交换的劳动产品，只有通过交换获得他人的劳动，才能体现其劳动价值。因而斯密在此之后才不得不在不顾及"劳动创造价值"与"资本无偿占有剩余价值"之间矛盾的情况下，将剩余价值与利润混为一谈，并将利润和地租视为对工人劳动的一种"扣除"；甚至将利润、地租与工资视为价值的源泉。因此，斯密及以其为代表的古典政治经济学家，表面上所犯的是经济学领域的错误，但事实上其错误的根源在于其视之为理所当然、自古就有的人之"本性"——利己主义的思维框架。马克思的《资本论》所针对的也不仅仅是经济学层面上斯密的错误而展开批判（如果是这样马克思也只能作为一个卓越的经济学家，而不是一个伟大的思想家），而是深入到产生这种错误的社会经济关系中，去批判其产生的现实根源。

三、大卫·李嘉图："将人变成帽子"

李嘉图作为将古典政治经济学推向高峰的人物，其理论也具有突破性的意义。李嘉图学说对于马克思的重要价值不仅仅在于在政治经济学研究领域彻底贯彻了唯物主义原则（旧唯物主义），更在于其确立了劳动价值论的核心地位，并从这一原则出发来研究资本主义社会中其他经济关系的本质内涵。李嘉图首先认识到劳动是创造商品价值量的重要源泉，而价值量决定于劳动时间，从这一基本规则出发，推导出其他经济关系与这一个价值原则是否存在矛盾。这是经济学史上的一个重要进步，但与此同时也展现出李嘉图没有能够更进一步探讨的问题：劳动时间与劳动如何创造价值的问题。李嘉图政治经济学理论中的正确性与局限性一样明确，在两者之间的冲突中，凸显出了古典政治经济学存在着巨大的"反思空间"。而马克思正是从这一"空间"入手，展开对资本主义政治经济学的全面批判。要弄清这一问题，我们首先要从李嘉图所处的社会历史背景中说起。

李嘉图身处于与亚当·斯密完全不同的历史时期。亚当·斯密处于封建社会与资本主义社会更迭的历史时期。在这一时期，新兴资产阶级正急于取得在社会生产关系中的统治地位。故而斯密的学说从总体上看偏向于对生产过程的讨论，而李嘉图将分配问题引入到政治经济学的讨论中，体现了不同时代背景对不同思想家们的影响。斯密所处历史时期中封建农业经济的影响仍然非常强大，其政治经济学主要的批判指向于封建农业经济对资本主义性质工商业经济发展的限制。但李嘉图所处的时代已经进入了资本主义工业化大生产时期，封建经济与资本主义经济的对立已经下降为次要矛盾，与之相反，资本主义大工业生产的内部矛盾日益凸显出来，也就是工人阶级与资产阶级对立加剧。李嘉图的学说因此开始注重社会财富分配的问题，同时在其学说中重新阐释亚当·斯密的相关理论时，开始注意如何通过政治经济学分析来调和工人阶级与资产阶级之间的矛盾。因此在其理论中我们可以看到明显的两面性与妥协性特征：一方面是坚持古典政治经济学所固有的唯物主义思想特征，另一方面则站在资产阶级的立场上对资本主义生产关系进行阐述。这两个方面在李嘉图理论中的同时存在反映了古典政治经济学的内在矛盾。

作为工业资产阶级的代表,李嘉图最大的特点在于"唯生产力论",其政治经济学主张几乎都围绕着提高劳动生产率而展开。如在其代表作《政治经济学及赋税原理》中,李嘉图首先明确区分了财富与价值的概念:"价值与财富在本质上是不同的,因为价值不取决于数量多寡,而取决于生产的困难或便利。制造业中一百万人的劳动永远会生产出相同的价值,但却不会永远生产出相同的财富。"① 在李嘉图看来,价值只能产生于生产过程中,更确切地说是与注入商品中的劳动量有关。同时,李嘉图系统批判了政治经济学中几种错误的价值概念:比如货币主义者将"货币"视为衡量价值的标准;重农主义者将"谷物"(农产品)视为衡量价值的标准;早期古典政治经济学家将"劳动"视为衡量价值的标准;等等。李嘉图认为一个事物要成为价值标准,首先其作为价值的"尺度",其本身应该是不变的。货币作为物物交换的媒介,其本身的价值谈不上"永恒不变";同样,谷物与劳动的价格都受相关市场价格行情的影响,故而其价值都是变动不居的,难以作为不变的价值标准来衡量商品自身的价值。李嘉图认为:"唯一不变的商品就是生产时所要付出的辛劳和劳动永远都相同的商品。这种商品我们还没有听说过。但我们无妨就象有这种商品一样假定地加以讨论。"② 李嘉图这种"虚构的商品"到底是什么,我们可以暂且不表。但我们可以明显看到李嘉图认为资本主义社会价值的生产(而不是财富的生产)是产生于工业生产的过程之中的。更进一步,对于国家财富的增长,李嘉图则认为:增加国家收入可以通过两种办法,一是用更多的收入来维持生产劳动,也就是通过扩大劳动的投入,增加劳动产品的数量,二是保持生产性劳动数量不变,提高劳动生产效率,增加产品产量。③ 事实上,李嘉图所区分的两种增加国家财富的方式,类似于马克思所说的绝对剩余价值生产与相对剩余价值生产。但由于李嘉图始终没有发现资本生

① 李嘉图. 政治经济学及赋税原理 [M]. 郭大力,王亚南,译. 北京:商务印书馆,1962:232.
② 李嘉图. 政治经济学及赋税原理 [M]. 郭大力,王亚南,译. 北京:商务印书馆,1962:234.
③ 参见李嘉图. 政治经济学及赋税原理 [M]. 郭大力,王亚南,译. 北京:商务印书馆,1962:236-237.

产过程中的剩余价值理论，他只能对资本剩余价值生产进行一种极为肤浅的解释：第一种方式是通过所谓的"节约"来促进国家财富的增加，也就是将更多的资本利润投入到再生产过程中，而不是将其用于消费；李嘉图认为这种方式确保了作为生产的结果——劳动产品的增加，由于劳动产品的这种增量是通过资本的加大投入（加大对生产产品过程中劳动量的投入）而实现的，因此注入商品生产过程中的劳动量得到增加，使得商品的价值也增加了。第二种方式是通过提高劳动生产效率的方式来增加作为财富的社会总产品，这种方法既不涉及消费的减少，也不涉及增加社会生产所投入的总的劳动量，因此蕴含在商品中的劳动不会增加，故而在增加社会财富的同时，社会消费没有减少。显然，李嘉图倾向于后一种增加财富的方式。

无论是李嘉图对于价值与财富的二分，还是其对提高劳动生产率以增加社会财富方法的偏好，都体现出其作为大工业时代的资产阶级政治经济学家对生产的推崇。李嘉图的理论事实上具有两面性：一方面，李嘉图的"唯生产力论"迎合了大资产阶级对发展资本主义工业生产方式的理论需求，消除了早期重商主义、重农主义政治经济学家对资本主义生产发展方式错误理论的影响。同时，对生产力发展的强调也在一定程度上体现出政治经济学的唯物主义特征。另一方面，李嘉图对生产的强调是一种"为生产而生产"的片面抽象的强调，而不是历史唯物主义理论中对生产力"第一性"作用的强调。李嘉图对劳动价值论理解的片面性，导致其无法弄清楚人类社会生产发展的真正本质。

让我们再次回到上文所提到的李嘉图的"虚构的商品"。马克思认为李嘉图对价值论研究的缺陷在于"他完全不是从形式方面，从劳动作为价值实体所采取的一定形式方面来研究价值，而只是研究价值量，就是说，研究造成商品价值量差别的这种抽象一般的、并在这种形式上是社会的劳动的量"[①]。熟悉马克思价值理论的人都不难发现，李嘉图为了论证价值在生产过程中的形成，而幻想出了那作为价值标准的"虚构的商品"，事实

---

① 马克思，恩格斯. 马克思恩格斯全集：第26卷（第二册）［M］. 中共中央马克思恩格斯列宁斯大林著作编译局，译. 北京：人民出版社，1973：190.

上与李嘉图自身理论产生了明显的矛盾。李嘉图在前文明确反对将"劳动"作为价值评价的标准——这是因为李嘉图在其著作开篇就明确表示："土地产品——即将劳动、机器和资本联合运用在地面上所取得的一切产品——要在土地所有者、耕种所需的资本的所有者以及以进行耕种工作的劳动者这三个社会阶级之间进行分配。"① 这就是说，劳动、资本与土地是社会生产的三个主要因素，而资本主义社会的分配制度也是基于这三要素进行社会财富的分配。在此情况下，在财富的分配过程中，劳动是与资本、土地一样平等参与分配的生产要素。而在劳动价值论中，李嘉图又承认劳动创造价值的基础——"规定各种物品的现在相对价值或过去相对价值的，是劳动所将生产的各种商品的相对量，而不是给与劳动者以换取其劳动的各种商品的相对量"② 。这就说明，李嘉图的学说至少是在劳动价值论与分配理论上存在着矛盾。一方面认为劳动量是商品价值产生的基础，但另一方面又反对将"劳动"作为衡量价值的标准。因为这样做无法解释与劳动无关的资本参与社会财富分配的理由。同时，这一矛盾的产生也是由于李嘉图劳动价值论本身的缺陷——没有区分劳动与劳动力商品的不同性质。李嘉图的"虚构的商品"事实上就是马克思政治经济学理论中"抽象劳动"概念的雏形，但李嘉图没有发展出"劳动二重性"理论，因此始终无法找到衡量各种不同商品的统一标准。李嘉图所面临的这一难题，使他最终在距离剩余价值理论只有一步之遥的地方停了下来。同时，李嘉图的利润理论由于其没有能够区分资本中购买劳动力产品的部分（可变资本）与购买原材料的部分（不变资本），使得其在利润分配理论上也存在着混乱。

由此我们就不难理解，马克思为何这样评价李嘉图的政治经济学研究："一方面具有科学的合理性和巨大的历史价值，另一方面，它在科学上的缺陷也是很明显的。"③ 所谓的"科学的合理性和巨大的历史价值"在

---

① 李嘉图. 政治经济学及赋税原理 [M]. 郭大力，王亚南，译. 北京：商务印书馆，1962：3.
② 李嘉图. 政治经济学及赋税原理 [M]. 郭大力，王亚南，译. 北京：商务印书馆，1962：12.
③ 马克思，恩格斯. 马克思恩格斯全集：第26卷（第二册）[M]. 中共中央马克思恩格斯列宁斯大林著作编译局，译. 北京：人民出版社，1973：183.

于，李嘉图从生产与交往关系的角度，揭示了资本主义社会各个阶级之间的经济对立关系。而他在"科学上的缺陷"则在于，对劳动的理解只是单纯从将劳动变成一种生产性元素的片面理解出发，将人的劳动所创造的巨大价值选择性忽视，换言之，就是将劳动等同于"物"——正如马克思在《哲学的贫困》中所言"把人变成了帽子"。缺乏对劳动二重性的认识，最终导致李嘉图在"剩余价值"前止步，从而无法真正对整个资本主义社会政治经济体系进行彻底批判。

四、安·罗伯特·雅克·杜尔哥："农业是一切财富的唯一源泉"

法国重农学派代表人物杜尔哥（又译为：杜阁）在其代表作《关于财富的形成和分配的考察》中，将农业生产视为社会生产过程中创造财富的唯一源泉——"唯有农人的劳动才能生产出超过劳动工资以外的东西。因此，他是一切财富的唯一源泉"[①]。同时，杜尔哥对农业生产给予了极大的关注，并试图用农业生产方式的演变来说明社会形态的变迁。杜尔哥将社会区分为"生产阶级"与"不生产阶级"，"生产阶级"指的是在土地上耕作的农业工人，而"不生产阶级"则是不直接从事农业生产的社会成员，如商人、工匠、军人以及土地所有者。土地所有者不直接从事农业生产后，就产生了其所拥有的土地由谁耕作的问题。在人类社会形成的早期，国家中人口稀少、社会规模较小，难以找到足够的劳动力为土地所有者耕作土地，唯一的办法就是通过战争获取俘虏作为奴隶，为土地所有者提供劳动力。之后随着社会规模的不断扩大，奴隶数量远远不能满足农业发展的需求。此时，为了"使自己更自由地、更轻松地、而且更安全地享用他的产业"[②]，土地所有者与奴隶之间的关系开始发生了变化，土地所有者不再无偿压榨奴隶，而将奴隶转换为依附于其土地之上的劳动者。杜尔哥认为此时奴隶转化为两种新的社会阶层：农奴与佃农。农奴所耕作的土

---

① 杜阁. 关于财富的形成和分配的考察 [M]. 南开大学经济系经济学说史教研组，译. 北京：商务印书馆，1961：21.
② 杜阁. 关于财富的形成和分配的考察 [M]. 南开大学经济系经济学说史教研组，译. 北京：商务印书馆，1961：31.

地仍然属于土地所有者，只不过给了农奴自由耕作的权利，土地所有者随时可以"收回"土地所有权。同时，另一些土地所有者则长期让渡了自己的土地，使在土地上耕作的人成为佃农。无论采用哪种方式，土地所有者都是为了榨取地租，这种生产形式与奴隶制时代对奴隶的残酷压榨已经产生了巨大变化。之后，随着生产的发展，土地交换使得土地所有者不得不再一次以更为优惠的利益让渡来吸引自由人到其田产中工作，这就导致了"分佃耕制"的出现。随着农业生产技术的进步，要获得更好的收成，就必须投入更多的人力与物力到土地之中。因此，土地所有者不得不将土地租给"聪明而富裕"的土地耕种者（此时的土地耕种者已经不是之前的佃农，而是马克思所说的农业资本家）。此时的土地已经成为资本主义生产方式下的农业生产中的生产资料。这也成为杜尔哥所谓的"最后一种农业生产方法"。

　　杜尔哥的历史分析方法具有明显的唯物主义特征，他首先将生产方式的变化视为人类社会形态、社会关系变化的重要原因。其认为，土地所有者与现实农业耕作活动分离之后，解决农业劳动力来源问题成为推动社会变化的主要原因。其分析了奴隶制社会、农奴制（封建）社会，以及资本主义社会在此问题框架下产生的原因。如奴隶制社会是由于农业生产力低下、奴隶主用压榨奴隶方式促进农业生产；而在封建社会，奴隶制度不足以解决当时社会农业生产劳动力来源时，封建领主就用农奴制取代奴隶制；而到了资本主义社会，农业生产不仅要解决劳动力问题，还要解决农业生产技术与生产成本的问题，因此就形成了将土地租种给农业资本家耕作的制度。同时，杜尔哥的理论还在暗示：奴隶主-奴隶、领主-佃农、土地所有者-农业资本家这些社会关系的形成，不是凭空产生的，而是与当时社会的生产方式，特别是农业生产方式密切相关。这在一定程度上已经勾勒出历史唯物主义生产力决定生产关系基本理论的雏形。

　　但杜尔哥为什么没能将自己带有一定历史唯物主义色彩的思想彻底贯穿在其理论中呢？首先是杜尔哥的重农学派立场所导致的"农业生产本位主义"，杜尔哥错误地将农业生产视为资本主义生产的核心生产方式，而看不到资本主义农业生产已经成为资本主义大工业生产的一个部分。坚持

"农业本位"思想的杜尔哥自然无法看到资本主义大工业生产发展的趋势，故而其研究只能局限于对资本主义农业生产的分析之中。其次是杜尔哥犯了与所有古典政治经济学家一样的错误：将资本主义的生产方式视为"超历史"的"永恒"的生产方式，因此其历史分析只是一种单纯的对社会历史活动的简单阐述，而无法上升到对现实的生产方式的反思——也就是对社会历史现象的辩证思考。

五、古典政治经济学中"利己主义"叙事的显现

从以上分析中不难看出，在古典政治经济学家的思想中，存在着种种矛盾，使其要么难以将自身所坚持的政治经济学原则（如劳动创造财富）贯彻其理论始终，要么难以发现现实中，资本主义财富生产与财富分配的不对等性。这些内在矛盾的产生不是单纯的经济学问题，而根源于古典政治经济学家思想中的经济关系与伦理原则之间的矛盾。

虽然从主观意愿上说，亚当·斯密并不认为自身道德哲学理论与政治经济学研究之间存在着矛盾。但不可否认的是，亚当·斯密的政治经济学观点确实存在一些争议和不完善之处。他的著作中的确缺乏对伦理学与政治经济学之间关联的详细说明。这导致后人对其理论的解释存在着不同的观点。一些学者（如熊彼特）认为，斯密的著作缺乏逻辑结构和内在一致性，这使得他的理论在阐述上显得有些模糊。而斯密之后的边沁、斯图亚特·穆勒等政治经济学家则试图弥补这一漏洞，阐述古典政治经济学与伦理学之间的联系。穆勒强调了经济学与伦理学之间的相互关系，并主张在经济活动中考虑社会福利的最大化。他提出了"最大幸福原则"，将伦理理念引入政治经济学研究之中。边沁则从社会稳定和公正的角度来重新思考政治经济学的问题，试图弥补斯密理论中的一些不足之处。

以边沁为例，边沁是斯密之后重要的政治经济学家，同时也是"功利主义"伦理学重要的归纳者与总结者。边沁通过"功利原则"将古典政治经济学与伦理学研究紧密地联系在一起，边沁代表作《道德与立法原理导论》中指出，以"人类的构造，决定了他们自己的快乐或幸福是他们为了

自己的利益，希望获取或实际追求的唯一东西"①。将功利原则作为衡量一切道德原则的基础性原则。功利原则的核心是"功利"概念，边沁指出："功利是指任何客体的这么一种性质：由此，它倾向于给利益有关者带来实惠、好处、快乐、利益或幸福（所有这些在此含义相同），或者倾向于防止利益有关者遭受损害、痛苦、祸患或不幸（这些也含义相同）；如果利益有关者是一般的共同体，那就是共同体的幸福，如果是一个具体的个人，那就是这个人的幸福。"② 与斯密将人的道德情感来源界定为"同情"不同，边沁更加具体地将人的道德动机归结为追求"幸福"与避免"痛苦"，这就将"经济人"假设中人的"趋利避苦"倾向与道德动机结合了起来。同时，边沁还提出了将人的快乐与幸福进行抽象的"数值化"界定，也就是研究如何确定幸福与痛苦之间的数值关系。边沁从以下几个方面来估算幸福值的大小：

（1）看来由该行动最初造成的每项可辨认的快乐的值；

（2）看来由它最初造成的每项痛苦的值；

（3）看来由它随后造成的每项快乐的值，这构成最初快乐的丰度以及最初痛苦的不纯度；

（4）看来由它随后造成的每项痛苦的值，这构成最初痛苦的丰度以及最初快乐的不纯度；

（5）把所有的快乐之值加在一起，同时把所有的痛苦之值加在一起。如果快乐的总值较大，则差额表示行动之有关个人利益的、好的总倾向；如果痛苦的总值较大，则差额表示其坏的总倾向。

（6）确定利益有关者的人数，对每个人都按照上述程序估算一遍。③

边沁将人的"幸福"与"痛苦"进行数值化计算，其作用是更进一步将"功利"现实化、具体化，将功利作为一个客观、现实与可见的要素和

---

① 边沁. 道德与立法原理导论 [M]. 时殷弘，译. 北京：商务印书馆，2000：16.

② 边沁. 道德与立法原理导论 [M]. 时殷弘，译. 北京：商务印书馆，2000：58.

③ 边沁. 道德与立法原理导论 [M]. 时殷弘，译. 北京：商务印书馆，2000：88.

政治经济学研究所指向的物质对象关联起来，从而将二者更为紧密地联系在一起。

斯图亚特·穆勒则在继承边沁的功利主义思想的同时，进一步深化了对快乐和幸福的理解，并试图弥补边沁将幸福概念界定过于偏重物质利益的缺陷。穆勒强调了快乐和幸福具有更广泛的内涵，不仅仅局限于对物质利益的追求。他认为，快乐和幸福应该包括身体上的愉悦感、情感上的满足感、心灵上的舒适感以及人际关系的和谐感等诸多方面。换句话说，快乐和幸福是多维度的，涵盖了个体的多个层面。穆勒提出："总体而言功利主义信奉者们在将精神愉悦置于肉体愉悦之上时，主要注重的是广义上的永恒、安全、节俭等精神因素，言下之意即更为追求符合环境的善而非依赖于自身的内在本性。"① 因此，穆勒在边沁的功利主义基础上，加深了对快乐和幸福内涵的理解，将其拓展到包括物质、情感、心灵和社会关系等多个维度上。这样的认识有助于解决边沁观念偏重于物质利益的问题，并更全面地定位快乐和幸福在个体与社会层面的意义。

穆勒更加具有开创性的论证在于，使得"功利原则"贴近于唯物主义思想。"唯一能证明一件物品可以看见的理由是人们确实看到了它，唯一能证明一种声音可以听见的理由便是人们听到了它。对于其他经验来源的证明亦是如此。同样，我认为，唯一可能证明一样事物值得渴望的理由就是人们的确渴望它。"② 可以说，穆勒的证明将人的道德情感的基础归结为外在的"唯物主义"因素之上，这一规定的进步意义不言而喻，马克思在《德意志意识形态》中如此评论功利主义的进步意义："我们第一次在边沁的学说里看到：一切现存的关系都完全从属于功利关系，而这种功利关系被无条件地推崇为其他一切关系的唯一内容。"③ 而穆勒带有唯物主义色彩的功利主义理论正是将边沁学说中的唯物主义特质更进一步地表现了出来。

斯图亚特·穆勒是一位杰出的哲学家和经济学家，被广泛认为是功利

① 穆勒. 功利主义 [M]. 叶建新，译. 北京：中国社会科学出版社，2009：13.
② 穆勒. 功利主义 [M]. 叶建新，译. 北京：中国社会科学出版社，2009：58.
③ 马克思，恩格斯. 马克思恩格斯全集：第3卷 [M]. 中共中央马克思恩格斯列宁斯大林著作编译局，译. 北京：人民出版社，1960：483.

主义思想的重要代表之一。他对伦理学、政治经济学和社会哲学的贡献具有深远意义，对现代社会和伦理问题的思考具有重要影响。首先，穆勒对功利主义思想进行了深入的研究和发展。他将快乐和幸福的概念拓展到多个层面，超越了简单地追求物质利益的范畴，注重个体内外的多重维度。他的观点强调个体和社会的整体福祉，并主张通过合理的社会和政治结构来促进公正和稳定。其次，穆勒对社会和政治问题的关注也表现出他对社会公正和个体自由的重视。他主张在维护社会秩序稳定的同时，保护个体的自由和权利，通过合理的政策和制度改革促进社会进步并增加人类福祉。此外，穆勒对教育的重要性有着深刻的认识。他强调教育的必要性，认为通过教育可以培养人们的智力、道德和社会责任感，从而推动社会进步并促进个人发展。然而，有些批评指出，穆勒对利益计算的偏重可能导致对权利和正义的忽视。他的功利主义思想在一定程度上侧重于结果的量化评估，可能忽视了其他价值观和伦理原则的重要性。此外，对于如何平衡个体利益和整体福祉的问题，穆勒的观点也面临一些争议。总的来说，斯图亚特·穆勒作为一位思想家和经济学家，对现代伦理学和政治经济学有着重要的贡献。他的功利主义思想和关注社会公正与个体自由的立场，为我们思考社会伦理和政治问题提供了有价值的理论框架。然而，他的理论也存在一些局限性和争议，需要在不同的价值观和伦理原则之间进行平衡和讨论。

虽然从表面上看斯图亚特·穆勒对利己主义持有一定的批评态度。利己主义是指个体追求个人利益最大化的倾向或道德观念。穆勒认为，纯粹的利己主义在伦理上是有缺陷的，因为它无视了他人的利益和社会义务。

穆勒认为，人们的行动应该基于对他人幸福的关心。他强调人是社会性的动物，人们的行为应该考虑他人的利益，并通过合作和共享来实现整体社会的福祉。他主张个体的利益应该与社会整体的利益相协调，而不是只关注个体的利益最大化。穆勒认为，个体的利益不能被简单地看作是个人欲望的满足，而应该是符合长期幸福和社会整体利益的行为。穆勒主张个体在追求自身利益的同时，应该考虑到他人的利益和整个社会的福祉。这种更高级的利己主义，强调个体与社会的相互依存和相互影响，并将个体的利益与社会整体的利益联系起来。因此，穆勒对纯粹的利己主义持批评的态度，并提出了更加综合和包容的利己观。他认为个体的利益应该与社会的利益相一致，而不是互相排斥。这一观点强调了个体和社会的共同利益，以及合作和协作的重要性。但从总体上说，穆勒的思想仍然在功利主义的框架之内，其伦理思想根源于其政治经济学思想。

斯图亚特·穆勒的利己主义观点与他的政治经济学主张存在一定的联系。穆勒的政治经济学主张强调社会公正、个体自由和社会进步的问题，而这些观点与他对利己主义的批评是一致的。首先，穆勒在其重要的政治经济学著作《政治经济学原理》中提出了功利主义的道德原则，即最大程度地增进整体社会的福祉。这一原则认为，个体的行为应当以增进整体社会的福祉为最终目标。这与纯粹的利己主义追求个人利益最大化的倾向有所不同。其次，穆勒的政治经济学强调个人自由和社会利益的平衡。他认为个体具有自由意志和自主权利，应当享有相应的权利和自由，但这种自由不得损害他人的利益和整体社会的福祉。他主张建立合理的社会和政治结构，以确保个人的自由和社会的公正。此外，穆勒的政治经济学主张注重社会进步和公共利益。他认为，政府应该采取公正和合理的政策和制度，以促进社会的发展和个体的繁荣。穆勒的观点与纯粹的利己主义追求个体私利的观点背道而驰，穆勒强调整体社会的利益和长期福祉。总的来说，从表面上看，穆勒的确对利己主义持有一定的批评态度，强调个体与整体社会的相互关系和相互依存。他的政治经济学主张也强调社会公正、个体自由和社会进步的问题，呼吁在个人自由和整体社会福祉之间寻找平衡点。这种观点可以被看作是对纯粹的利己主义思想的修正和补充。但这种批判是有局限性的，只是从价值利益角度强调社会的共同利益，而没有真正从社会共同体的角度强调利益。穆勒关注社会的发展和公共利益，强调政府应采取合理的政策和制度来促进社会进步。他认为政府的作用不仅是维护秩序和保护个体权利，还应在经济和社会领域扮演积极的角色，提供公共产品和服务，解决市场失灵问题，推动社会的公正和繁荣。穆勒的政治经济学思想强调社会公正、个体自由和社会进步的问题。他的平衡思想为后来的社会政策和制度改革提供了有益启示，对增进社会福祉的目标具有积极的价值。然而，他的思想没有深入到资本主义生产方式的内涵之中，只是寻求对社会现象的解释，例如个人受到的限制与政治经济关系之间的联系，以及对市场机制作用的理解等等，资产阶级的立场限制了穆勒进一步深入探讨资本主义生产关系问题。因而其对利己主义、功利主义的理解也是肤浅的，无法深入到现实的政治经济关系中去理解利己主义思想产生的根源。利己主义强调个人的权利和自由，认为每个人有权自主决定自己的行为并追求自己的利益。这种观点强调个体的自主性，认为个体应自由选择自己的生活方式并追求自己的幸福。利己主义（如杰里米·边沁）主张，将个人追求自身利益与功利主义联系起来。他们主张通过最大化整体幸福和福利来评估个人行为的合理性。这种看法认为个人追求自身利益的行为应当对社会产生正面的影响。利己主义是一种以个体的自主性和权利为基础的思想观点。它强调个体追求自身利益的合理性，但在实践中需要考虑到社会责任和公共利益，以实现更加平衡和谐的社会。虽然对于利己主义的看法因个人观点和价值观念的不同而有所差异，但可以肯定的是，资本主义社会是一个以利己主义为基本伦理思想框架的社会，因为利己主义思想与资本主义社会生产方式是最为契合的。马克思正是以此为切入点展开对利己主义的批判。

六、马克思早期思想中对"利己主义"叙事的批判

马克思很早就注意到了古典政治经济学背后的"利己主义"基础，对利己主义的分析与批判，也是马克思早期思想的重要切入点，甚至在某种程度上，马克思从早期的"哲学批判"转向"政治经济学批判"也受到了对利己主义进行反思这一论题的影响。如马克思在供职于《莱茵报》期间，关于当时轰动一时的社会事件——"林木盗窃"事件，撰写过多篇言辞犀利的社论。这一事件缘起于19世纪三四十年代的普鲁士资本主义市场经济的高速发展，传统封建庄园经济逐步瓦解，大量的山林成为资本家私有财产。还有资产阶级对生产、生活资料的垄断导致作为社会主体的农民的生活成本日益增高，农民处于破产的边缘。迫于生计，大量贫困的农民故意违反普鲁士关于林木盗窃法律的规定，到私人所有的山林中进行盗伐、盗猎活动，一方面可以通过"林木盗窃"获取经济利益，另一方面即使被抓，也可以通过让警察将自己关进监狱的方式获得一份"免费餐"。

由此导致大量普鲁士农民开始进行"林木盗伐",而普鲁士统治阶级对此的应对措施是进一步扩大对"林木盗伐"行为的认定范围,并将捡拾树枝等行为列为盗窃行为。普鲁士统治者的倒行逆施引起了整个社会的高度关注,由此"林木盗窃"法案成为社会热点问题。马克思也参与到了这场辩论之中,1841年,马克思根据《第六届莱茵省议会会议记录》,于1842年10月写下《关于林木盗窃法的辩论》一文,谴责立法机关偏袒林木所有者的利益,剥夺贫民捡拾枯枝等习惯的权利,在该文中马克思不仅坚定站在贫民一边,而且还深刻反思了以"利己主义"为基础的资本主义现代财产权观念。众所周知,"林木盗采"问题的核心乃是财产权问题,而资本主义社会的财产权就是保护财产被私人所占有。但是财产权的界限在哪里?某个个体对自身财产权的占有是否导致他人利益的受损?马克思在文中指出了这一问题:

> 如果对任何侵犯财产的行为都不加区别、不作出比较具体的定义而一概以盗窃论处,那么,任何私有财产岂不都是盗窃吗?我占有了自己的私有财产,那不就是排斥了其他任何人来占有这一财产吗?那岂不就是侵犯了他人的财产权吗?①

从表面上看资产阶级的财产权概念保障了私人权利,但如果进一步探究会发现,私人财产权只有在社会层面上才会有意义,单个的个体无所谓财产权的问题。正如漂流孤岛的鲁滨逊,整个孤岛上的任何东西在事实上都归其所有,因为没有人可以限制鲁滨逊取用这些资源;但同时任何东西在理论上都不归其所有,因为按照洛克劳动产品归将劳动注入自然物的劳动者所有的原则,岛上任何东西都没有鲁滨逊注入的劳动。但关键问题是在实践中这种矛盾根本不存在,只有当鲁滨逊处于社会联系之中时,才会出现上述问题。因此,只有在人与人之间相互联系的社会共同体中,财产关系才能建立,与之相对应的财产权才能实现。

---

① 马克思,恩格斯. 马克思恩格斯全集:第1卷 [M]. 中共中央马克思恩格斯列宁斯大林著作编译局,译. 北京:人民出版社,1995:245.

然而，在社会关系中得到实现的私有财产权利，必然涉及人与人之间的利益问题，对自身财产权的垄断占有，必然代表着对他人权利的排斥。因而围绕财产权之间的斗争实质上反映了在社会普遍联系的情况下，社会各成员之间的利益争夺关系。而调节社会成员利益关系的法权，是否能公正地调节社会成员之间的利益关系？对此马克思持有否定态度：

> 某项法律规定由于对我有利，就是好的，因为我的利益就是好事。而某项法律规定由于纯粹从法理幻想出发，也应该适用于被告，那就是多余的、有害的、不实际的。既然被告对我是有害的，那么不言而喻，凡是使被告受害较少的事情，对我都是有害的。①

众所周知，马克思从不认为资本主义社会的法律是围绕正义、平等与公平等抽象概念展开，而是统治阶级意志的体现，故而马克思指出："当特权者不满足于制定法而诉诸自己的习惯法时，他们所要求的并不是法的人类内容，而是法的动物形式，这种形式现在已丧失其现实性，变成了纯粹的动物假面具。"② 此时的马克思已经深刻认识到资本主义制度下法权制度的阶级局限性，同时也开始探求利己主义、法权制度、生产关系之间的内在联系。之后，马克思通过撰写《黑格尔法哲学批判》的导言及其手稿，认识到法权制度与国家制度等规范社会关系的法律设施，其根源并不在于其"自身"，也不像黑格尔所认为的那样，是人类精神领域中概念的辩证运动发展的产物，而是植根于人类社会之中、人在一定社会关系中所从事的物质性实践活动中。基于这一认识，马克思放弃了对"青年黑格尔派"政治改革主张的认同，同时，由于在关于"林木盗采"案的争论中，马克思"遇到了要对所谓物质利益发表意见的难事"，马克思开始关注人类最重要的实践活动——经济活动，开始从人类的经济活动中寻找财产权的起源，这也直接导致马克思开始将其研究从哲学批判转向政治经济学

---

① 马克思，恩格斯. 马克思恩格斯全集：第1卷 [M]. 中共中央马克思恩格斯列宁斯大林著作编译局，译. 北京：人民出版社，1995：247-248.
② 马克思，恩格斯. 马克思恩格斯全集：第1卷 [M]. 中共中央马克思恩格斯列宁斯大林著作编译局，译. 北京：人民出版社，1995：249.

批判。

马克思自 1844 年开始研究政治经济学，在《詹姆斯·穆勒〈政治经济学原理〉一书摘要》中马克思指出："在私有权关系的范围内，社会的权力越大，越多样化，人就变得越利己，越没有社会性，越同自己固有的本质相异化。"① 马克思自始至终认为，在私有财产关系中，人的社会性与利己性存在固有的矛盾，这一矛盾将会导致人的实践与人的本质相排斥，同时由于社会分工，人成为高度抽象的存在物，使得劳动者在肉体与心灵上都成为畸形的存在。同时，马克思对资本主义社会的"利己主义"的批判也在著名的《1844 年经济学哲学手稿》中得到体现，马克思认为："每个人都力图创造出一种支配他人的、异己的本质力量，以便从这里面找到他自己的利己需要的满足。"② 但是正是在这种"利己心"的驱使下，人不得不为别人的商品注入劳动，人不得不压制自己本质的力量而服从于"他在"的智慧。在资本主义社会中，劳动者服从于资本家，资本家服从于非人的劳动，而强迫所有人都服从于资本这一异己力量的，恰恰是人自身的"利己心"，工人的"利己"以自身工资的最大化为目标，资本家的"利己"以剥削工人的剩余价值为目标，正是由于人人都为了"利己"而展开自己的活动，人反而被"异己的""外在的"的力量所控制。而人生产出来的劳动产品"就是同一个异己的、敌对的、强有力的、不依赖于他的对象的关系"③。马克思在《1844 年经济学哲学手稿》中非常直接地指出了利己主义在人的劳动异化过程中所产生的作用，同时也非常明确指出利己主义所导致的人与自身本质相分裂的严重后果。因此，马克思在这一阶段对资本主义的"人道主义批判"过程中，利己主义仍然发挥着枢纽性的作用，是沟通马克思哲学批判与政治经济学批判的重要枢纽。

而在不久之后，马克思"天才的世界观"——唯物史观在《德意志意识形态》这一手稿中得到了完整的阐述。马克思日后对于这部著作的描述

---

① 马克思，恩格斯. 马克思恩格斯全集：第 42 卷 [M]. 中共中央马克思恩格斯列宁斯大林著作编译局，译. 北京：人民出版社，1979：29.

② 马克思，恩格斯. 马克思恩格斯全集：第 42 卷 [M]. 中共中央马克思恩格斯列宁斯大林著作编译局，译. 北京：人民出版社，1979：132.

③ 马克思，恩格斯. 马克思恩格斯全集：第 42 卷 [M]. 中共中央马克思恩格斯列宁斯大林著作编译局，译. 北京：人民出版社，1979：99.

是一篇"把我们从前的哲学信仰清算一下"的文献。随着唯物史观的提
出，马克思的思想相较于撰写《1844年经济学哲学手稿》时更为成熟且系
统。通过唯物史观，马克思对资本主义社会及其生产方式有了更为深入的
理解，同时也认识到，从以哲学"反注"政治经济学的研究思路行不通，
必须站在唯物史观的立场上，批判资本主义生产方式，才能对社会历史的
发展规律有准确的理解。在此情况下，利己主义作为一种意识形态，已经
不再是马克思研究的重点，但作为马克思所批判的"德国哲学的意识形
态"所关注的焦点问题，马克思仍然给予其极大的关注。一方面，马克思
在《德意志意识形态》中认为："功利论至少有一个优点，即表明了社会
的一切现存关系和经济基础之间的联系。"① 但另一方面马克思也认识到：
"功利关系具有十分明确的意义，即我是通过我使别人受到损失的办法来
为我自己取得利益"②，对于功利主义或其前提——利己主义中矛盾性的理
解，需要从其产生的经济关系或生产方式中探究。因为"一个人的发展取
决于和他直接或间接进行交往的其他一切人的发展；彼此发生关系的个人
的世世代代是相互联系的，……总之，我们可以看到，发展不断地进行
着，单个人的历史决不能脱离他以前的或同时代的个人的历史，而是由这
种历史决定的"③。因此资本主义时代的利己主义，不是被掩盖已久的人类
本性的"发现"，而是一定历史条件下，人在特定生产方式下所产生的意
识形态，其产生与发展需要从资本主义的生产方式中寻求根源。

综上所述，"利己主义"曾经是马克思早期思想中重要的理论关注点，
但在唯物史观形成后，马克思认识到"利己主义"不过是资本主义生产方
式在人的意识形态层面上的一种表现。所以当马克思全面转入政治经济学
研究之后，"利己主义"研究就逐渐隐匿于政治经济学批判的理论背景之
中。但这并不表明在政治经济学批判语境中研究"利己主义"已经没有意
义。马克思所关注的政治经济学批判是对现代社会发展规律的准确把握，

---

① 马克思，恩格斯. 马克思恩格斯全集：第3卷 [M]. 中共中央马克思恩格斯列宁斯大林
著作编译局，译. 北京：人民出版社，1960：484.

② 马克思，恩格斯. 马克思恩格斯全集：第3卷 [M]. 中共中央马克思恩格斯列宁斯大林
著作编译局，译. 北京：人民出版社，1960：479.

③ 马克思，恩格斯. 马克思恩格斯全集：第3卷 [M]. 中共中央马克思恩格斯列宁斯大林
著作编译局，译. 北京：人民出版社，1960：515.

但在意识形态层面上，要把握马克思如何在伦理道德领域批判近代资本主义伦理思想的"利己主义"前提，以及马克思如何通过政治经济学批判实现对"功利论"的超越，必须重新站在政治经济学的视野之上，审视《资本论》等马克思政治经济学批判文献背后所存在的超越"利己主义"的伦理逻辑。

七、从"利己主义"到"功利主义"：马克思的思想转向

《德意志意识形态》是标志着马克思思想发生重大转向的理论著作，马克思将其称为"清算以前思想"的重要作品。也正是这一作品，展现了经典理论家对于功利主义、利己主义的深刻批判，同时自此以后，在马克思政治经济学批判中对于功利主义、利己主义的批判逐步隐入背景。很明显，马克思"清算"了他以前对于利己主义意识形态的批判，但这种"清算"并不代表马克思已经不再关注利己主义问题，而恰恰说明马克思在更为深刻的政治经济学批判层面上展开了对此问题的思考。

早期马克思对"利己主义"的批判思想在《德意志意识形态》中转化为对"功利主义"伦理学的批判，这一转向是伴随着唯物史观的系统表达而展现的。虽然从功利主义伦理学自身而言，其非常排斥将自身作为一种"利己主义"的思想形态，竭力证明自身所追求的福利是"最大多数人"的"最大幸福"。正如我们之前所看到的，大部分功利主义者与古典政治经济学家极为排斥"利己主义"，认为功利主义是为了实现社会共同体的最大利益。但其学说中同样隐含着将"私人利益"作为公共利益实现前提这一特征。比如功利主义最大特点就是将人的幸福解构为可量化的物质利益，如边沁在计算群体最大利益时就提出一个重要原则，就是首先确定一项活动所造成的快乐或痛苦的量，通过加减法比较二者多寡，而在社会总体层面上评估一项活动好坏，则只需要计算活动涉及者的人数，然后以每个人为单位计算活动所造成的快乐与痛苦的量，以此确定一项活动对于社会的利弊。① 从这里可以很明显看出边沁对于社会最大幸福的计算，不过

---

① 参见边沁. 道德与立法原理导论［M］. 时殷弘，译. 北京：商务印书馆，2000：88.

是对每个人的幸福加总求和而已，这也意味着功利主义的"最大幸福原则"是以"利己主义"为前提条件的。

功利论重要依据乃是"幸福"，而"幸福"作为功利主义的基础只能被狭隘理解为被引起个人幸福情感的"物"。在资本主义高度发达的背景之下，西方理论家们选择了"同情"作为建构新时代伦理学的基础，亚当·斯密就认为"引起我们同情的也不仅是那些产生痛苦和悲伤的情形。无论当事人对对象产生的激情是什么，每一个留意的旁观者一想到他的处境，就会在心中产生类似的激情"①。同情原则是功利主义的一个值得重视的基础，因为其追求"最大多数人的最大幸福"，如何保证人们在"幸福"问题上的一致性，唯有假设"同情"的社会成员，能够在确定最大的"幸福"问题上取得一致，在此情况下，确定"最大幸福"才有理论上的可能。而功利主义最大的特点，就是它把人类伦理行为动机归结为人主观意识世界之外的经验世界，经验性、感性的客体能够成为人们道德行为的动机。因此，所有道德行为都可以归因为功利性的动机，人的幸福可以通过功利而物化和量化。功利主义是近代伦理学彻底摆脱基督教伦理学的重要标志，同时也是与资本主义社会所宣扬的"利己主义"原则最为适应的伦理学理论形态。因为私人物质利益是功利主义唯一可以取得共识的"功利"标准。

在马克思看来，在资本主义社会中利己主义本身就与功利主义存在着"一体两面"的关系。马克思在《德意志意识形态》中指出："功利论一开始就带有公益论的性质，但是只有在开始研究经济关系，特别是研究分工和交换的时候，它才在这方面有充实的内容。……但在进一步谈论剥削方式时，它只能采用空洞的说教。"② 因为在马克思看来，功利主义者无法摆脱资本主义意识形态对于其的限制，无法看到功利主义背后掩盖的剥削机制，所以，所谓功利主义的"最大利益"不过是私人利益的最大化，因为"功利关系具有十分明确的意义，即我是通过我使别人受到损失的办法来为我自己取得利益……对资产者来说，只有一种关

① 斯密. 道德情操论 [M]. 蒋自强，钦北愚，朱钟棣，等译. 北京：商务印书馆，1997：7.
② 马克思，恩格斯. 马克思恩格斯全集：第3卷 [M]. 中共中央马克思恩格斯列宁斯大林著作编译局，译. 北京：人民出版社，1960：484.

系——剥削关系——才具有独立自在的意义"①。因此，功利主义本质上是包装为"伦理学"的"利己主义"。由此我们不难理解，之后在马克思的政治经济学批判中，对功利主义的批判与对利己主义的批判几乎融为一体，正是由于无论是功利主义还是利己主义，在马克思看来都只不过是资本主义生产方式在伦理学领域的理论表达，二者相互关联，相互佐证，形成了一种事实上的"互文"关系。马克思对功利主义的批判，也是对利己主义的批判。

马克思对功利主义的批判主要集中在《德意志意识形态》《神圣家族》《詹姆斯·穆勒〈政治经济学原理〉一书摘要》等经典文本中，同时，马克思在《共产党宣言》《资本论》《巴黎手稿》等经典文本中也直接或间接对功利主义进行过批判，但对于马克思功利论批判而言，还需要将其放到整个唯物史观的批判体系的大背景中去理解。

马克思对功利主义的批判是显而易见的，他主要从以下三个方面展开了对功利主义的批判。

首先，在理论层面上，对功利主义思想抽象性进行了批判——"这种看起来是形而上学的抽象之所以产生，是因为在现代资产阶级社会中，一切关系实际上仅仅服从于一种抽象的金钱盘剥关系"②。功利主义原则将物质利益作为人道德实践活动追求的终极目标，功利主义者与古典政治经济学家们都认为，交换是人类的自然倾向，"这种倾向就是互通有无，物物交换，互相交易"③。但是，现实的交换活动中——"进行交换活动的人的中介运动，不是社会的、人的运动，不是人的关系，它是私有财产对私有财产的抽象的关系，而这种抽象的关系是价值"④。人与人之间的关系在功利主义的视野下成为一种单纯的物与物之间的交换关系，这种抽象性在现实生活中的表现就是"合理机械化的和可计算性的原则必须遍及生活的全

① 马克思，恩格斯. 马克思恩格斯全集：第3卷［M］. 中共中央马克思恩格斯列宁斯大林著作编译局，译. 北京：人民出版社，1960：479-480.

② 马克思，恩格斯. 马克思恩格斯全集：第3卷［M］. 中共中央马克思恩格斯列宁斯大林著作编译局，译. 北京：人民出版社，1960：479.

③ 斯密. 国民财富的性质和原因的研究：上卷［M］. 郭大力，王亚南，译. 北京：商务印书馆，1972：12.

④ 马克思，恩格斯. 马克思恩格斯全集：第42卷［M］. 中共中央马克思恩格斯列宁斯大林著作编译局，译. 北京：人民出版社，1979：20.

部表现形式"①。这种生活方式导致人必须以一种"可计算"的方式在社会中生存，人的个性、思维与行为都被有意识地用"量化"的方式表达，现代人这种抽象的生活方式归根究底来源于功利论的价值思维，将人的欲望、幸福用可"量化"的物质形式表达，最终的结果也必然是人在现实中的各种关系被"物化""量化"与"功利化"，正如马克思和恩格斯在《共产党宣言》中指出的那样"它使人和人之间除了赤裸裸的利害关系即冷酷无情的'现金交易'之外，再也找不到任何别的联系了"②。而这种人与人之间相互关系的变化恰恰是打着功利主义旗号的资本主义生产关系对人与人之间传统关系不断侵蚀的结果。这一过程最根本的体现就在于人的类本质活动被"异化"。

其次，马克思在人本学层面上，对功利主义思想的"物化""异化"性展开了批判。这一层面上的功利论批判寓于马克思的异化劳动批判之中。马克思认为劳动的异化首先表现为"劳动力的商品化"——劳动（力）"是一种商品，是由其所有者即雇佣工人出卖给资本的一种商品。他为什么出卖它呢？为了生活"③。劳动作为人的本质性的活动，本来应该是人"自由的生命表现，因此是生活的乐趣"，但劳动的异化却使"劳动在这里也仅仅是一种被迫的活动，它加在我身上仅仅是由于外在的、偶然的需要，而不是由于内在的必然的需要"④。劳动的这种异化与资本主义社会"泛功利化"追求是分不开的，劳动力与劳动对象的分离是割裂人劳动这种本质性活动与人本身的第一步，而国民经济学家及其所代表的功利主义思想，却极力掩盖、粉饰这种异化现象的本质，比如"在政治经济学里已经提出了一种思想：主要的剥削关系是不以个人意志为转移，是由整个生

①　卢卡奇. 历史与阶级意识：关于马克思主义辩证法的研究［M］. 杜章智，任立，燕宏远，译. 北京：商务印书馆，1999：159.
②　马克思，恩格斯. 马克思恩格斯全集：第4卷［M］. 中共中央马克思恩格斯列宁斯大林著作编译局，译. 北京：人民出版社，1958：468.
③　马克思，恩格斯. 马克思恩格斯全集：第6卷［M］. 中共中央马克思恩格斯列宁斯大林著作编译局，译. 北京：人民出版社，1961：477.
④　马克思，恩格斯. 马克思恩格斯全集：第42卷［M］. 中共中央马克思恩格斯列宁斯大林著作编译局，译. 北京：人民出版社，1979：38.

产决定的，单独的个人都面临着这些关系"①。功利主义一直试图为资本主义的剥削关系的存在找到一种超越历史的永恒理由，甚至是将其作为颠扑不破的"自然规律"来佐证资本主义制度的"合理性"。但问题在于，这种看似"亘古不变"的"客观规律"，在真正从现实的社会生活中上升到上层建筑的意识形态层面时，却显示出其内在难以回避的"矛盾性"与"自反性"。

最后，马克思在第三个层面上，也就是现实社会关系层面上，对功利主义所表现出的"矛盾性"进行批判。早在《詹姆斯·穆勒〈政治经济学原理〉一书摘要》中，马克思就以资本主义信贷制度为例，在对其的剖析中点明了功利论的这种矛盾性所在——"信贷是对一个人的道德作出的国民经济学的判断。在信贷中，人本身代替了金属或纸币，成为交换的媒介，但这里人不是作为人，而是作为某种资本和利息的存在。……人的道德本身既成了买卖的物品，又成了货币存在于其中的物质"②。马克思从信贷制度入手，真实反映了在功利主义条件下，道德的"物化"与"异化"状况，在信贷关系中，人的道德水平表现为人的"还款能力"，因此道德本身成为可以交易的商品，这种扭曲道德观的成立在功利主义的框架内却完全没有理论上的障碍。同样，在《资本论》中，马克思提到资本主义理论家们如何以"'惊喜若狂'的心情叙述荷兰的一所济贫院曾怎样雇用一个4岁的儿童做工，而且这种'应用于实际的道德'的例子，直到亚·斯密时代为止，在一切马考莱式人道主义者的著作中都有过"③。这一反讽并不仅仅揭露资本主义社会的"虚伪性"，更重要的是，它事实上反映了功利论在现实社会关系上所暴露出的"自反性"——由谋求人类"最大幸福"的功利主义所导致的，恰恰是一种打着"幸福""功利"的旗号，掩盖人与人之间不平等、不人道的剥削关系。因此，在《1844年经济学哲学手稿》中马克思就明确指出："按照斯密的意见，大多数人遭受痛苦的社

---

① 马克思，恩格斯. 马克思恩格斯全集：第3卷［M］. 中共中央马克思恩格斯列宁斯大林著作编译局，译. 北京：人民出版社，1960：483.

② 马克思，恩格斯. 马克思恩格斯全集：第42卷［M］. 中共中央马克思恩格斯列宁斯大林著作编译局，译. 北京：人民出版社，1979：22-23.

③ 马克思，恩格斯. 马克思恩格斯全集：第23卷［M］. 中共中央马克思恩格斯列宁斯大林著作编译局，译. 北京：人民出版社，1972：303.

会是不幸福的, 既然社会的最富裕的状态会造成大多数人的这种痛苦, 而国民经济学 (一般是私人利益占统治地位的社会) 又会导致这种最富裕的状态, 那么国民经济学的目的也就在于社会的不幸。"① 由此可见, 马克思早在其政治经济学研究的初期就对功利主义的局限性与矛盾性有了非常清醒的认识。

综上所述, 纵观经典理论家的文本, 其在理论、人本学与现实层面上都展开了对功利主义的深刻批判, 这一理论逻辑从《穆勒手稿》一直贯穿到《资本论》中。但同时我们也应该看到, 马克思对功利主义的批判不能从整个历史唯物主义现实批判的大背景中剥离出来理解, 而要以更为全面的视角审视这种批判。

与之相对应, 马克思也对当时流行于德国的"观念论"进行了更为严厉的批判。在《德意志意识形态》开篇马克思就指出: "本书的目的在于揭穿同现实的影子所作的哲学斗争, 揭穿这种如此投合沉溺于幻想的精神萎靡的德国人民口味的哲学斗争, 使这种斗争得不到任何信任。"②

首先, 如果说功利主义是从物的方面使人"抽象化", 那么德国的哲学就是从相反的, 也就是从精神的方面使人"抽象化"。德国的哲学家们认为"历史上始终是思想占统治地位, 这样一来, 就很容易从这些不同的思想中抽象出'一般思想'、观念等等, 而把它们当作历史上占统治地位的东西, 从而把所有这些个别的思想和概念说成是历史上发展着的'概念'的'自我规定'。在这种情况下, 人们的一切关系都可能从人的观念、想象的人、人的本质、'人'中引申出来, 那就是十分自然的了。思辨哲学就是这样做的"③, 故而人被单纯归结为思想意识的集合体, 变成一种"纯粹"的意识。这种对人的"抽象"甚至比功利主义将人抽象为"物的集合"更为保守与落后。

其次, 基于这种抽象化的人的概念, 德国哲学同时也将现实的历史抽

---

① 马克思, 恩格斯. 马克思恩格斯全集: 第42卷 [M]. 中共中央马克思恩格斯列宁斯大林著作编译局, 译. 北京: 人民出版社, 1979: 53-54.

② 马克思, 恩格斯. 马克思恩格斯全集: 第3卷 [M]. 中共中央马克思恩格斯列宁斯大林著作编译局, 译. 北京: 人民出版社, 1960: 15-16.

③ 马克思, 恩格斯. 马克思恩格斯全集: 第3卷 [M]. 中共中央马克思恩格斯列宁斯大林著作编译局, 译. 北京: 人民出版社, 1960: 55.

象为精神、观念与思想的运动——"这些纯粹的思想后来在圣布鲁诺那里也被看作是一连串的'思想',其中一个吞噬一个,并最后消失于'自我意识'中"①。因此基于德国"观念论"——青年黑格尔派的所谓"革命"本质上就是"认为宗教、观念、普遍的东西统治着现存世界。不过一派认为这种统治是篡夺而加以反对"②。而功利主义则认为:"但由于人类的情感,无论是爱或是憎,都深受那些被认为会左右人类幸福之事物的影响,故'功利原理',或如边沁近来所称的'最大幸福原理',一直以来在道德教义的形成过程中起着举足轻重的作用。"③ 其主张将现实的"幸福"作为衡量功利与道德行为的终极标准,而不是从人内在的"精神世界"找到道德与意识形态的基础。因此,德国观念论的"精神基础",决定了无论是康德、黑格尔还是之后的黑格尔主义者都无法突破精神世界的桎梏,他们对精神世界的批判始终无法从"精神批判"转化为"现实革命"。

最后,德国"观念论"颠倒了"观念"与"现实"之间的顺序——"根据青年黑格尔派的幻想,人们之间的关系、他们的一切举止行为、他们受到的束缚和限制,都是他们意识的产物,所以青年黑格尔派完全合乎逻辑地向人们提出一种道德要求,要他们用人的、批判的或利己的意识来代替他们现在的意识,从而消除束缚他们的限制"④。因此青年黑格尔派始终致力于在精神世界里与所谓的"幻想""圣物"进行斗争,从而实现人的解放,而不是从"现实的个人",以及他们的"现实生活"和"物质生活条件"前提出发来考虑"批判"与"革命"的问题。故而这种颠倒使得德国的"观念论"永远无法像唯物史观那样在现实中升华为"改变世界"的精神力量。故而,从本质上说,唯物史观与观念论走上了不同的,甚至是截然相反的理论道路,开启了以实践、现实为导向的哲学新领域。

综上所述,在《德意志意识形态》中,揭示了限于"纯粹思想"领域

---

① 马克思,恩格斯. 马克思恩格斯全集:第3卷 [M]. 中共中央马克思恩格斯列宁斯大林著作编译局,译. 北京:人民出版社,1960:45.
② 马克思,恩格斯. 马克思恩格斯全集:第3卷 [M]. 中共中央马克思恩格斯列宁斯大林著作编译局,译. 北京:人民出版社,1960:22.
③ 穆勒. 功利主义 [M]. 叶建新,译. 北京:中国社会科学出版社,2009:5.
④ 马克思,恩格斯. 马克思恩格斯全集:第3卷 [M]. 中共中央马克思恩格斯列宁斯大林著作编译局,译. 北京:人民出版社,1960:22.

内的"观念论"、"功利论"与唯物史观理论路线之间的对立性，这种对立关系在德国自由主义运动与英法资本主义运动、德国社会主义运动与英国无产阶级运动中同时存在。而在这种对立中，"功利主义"在其中所处的地位非常微妙。它既被以康德为代表的德国自由主义"观念论"所反对，同时又被马克思的历史唯物主义所批判。在此背景下，应该如何理解经典作家在《德意志意识形态》中对功利论的超越呢？

我们需要注意到：经典作家在《德意志意识形态》中对功利主义进行批判的同时，也第一次系统表述了唯物史观的基本原理。二者并非巧合。功利主义与利己主义批判在早期马克思批判思想中占据重要地位，但在马克思展开政治经济学批判之后却隐入背景。这一伦理思想层面上的重大转向说明：马克思对利己主义与功利主义的批判，已经从早期的外在形式批判转为内在本质根源批判，这与马克思在当时的另一思想转向——即唯物主义转向是具有密切关系的。这同时也表明马克思对功利主义的批判站在了新的出发点之上——即"社会现实性"之上，这一伦理观上的现实主义转向乃是与马克思哲学观上的历史唯物主义转向相契合的。

首先，无论是功利主义还是历史唯物主义，都是以现实经验为自己的理论出发点。功利主义认为"功利是指任何客体的这么一种性质：由此，它倾向于给利益有关者带来实惠、好处、快乐、利益或幸福（所有这些在此含义相同），或者倾向于防止利益有关者遭受损害、痛苦、祸患或不幸（这些也含义相同）；如果利益有关者是一般的共同体，那就是共同体的幸福，如果是一个具体的个人，那就是这个人的幸福"①。功利主义将功利视为外在于人的客体的一种性质，承认了人的道德情感不是纯主观的东西，而是受到外在感性经验的影响；而历史唯物主义也认为"经验的观察在任何情况下都应当根据经验来揭示社会结构和政治结构同生产的联系，而不应当带有任何神秘和思辨的色彩"②。因此马克思认为"功利论至少有一个优点，即表明了社会的一切现存关系和经济基础之间的联系"③，对经验性

---

① 边沁. 道德与立法原理导论 [M]. 时殷弘，译. 北京：商务印书馆，2000：58.

② 马克思，恩格斯. 马克思恩格斯全集：第 3 卷 [M]. 中共中央马克思恩格斯列宁斯大林著作编译局，译. 北京：人民出版社，1960：29.

③ 马克思，恩格斯. 马克思恩格斯全集：第 3 卷 [M]. 中共中央马克思恩格斯列宁斯大林著作编译局，译. 北京：人民出版社，1960：484.

的承认是马克思历史唯物主义思想与功利主义理论相互联系的桥梁，也是二者优于青年黑格尔派唯心论、义务论伦理学的重要共同点。正是基于这种共同的承认，历史唯物主义与功利主义才能在理论基础方面找到共通点。所以马克思得出结论："法国人和英国人至少抱着一种毕竟是同现实最接近的政治幻想，而德国人却在'纯粹精神'的领域中兜圈子，把宗教幻想推崇为历史的动力。"①

其次，功利主义将经验视为单纯的感性体验，没有在实践的、历史的框架内看待经验问题，导致了其在现实生活中，对功利的追求最终被"化约"为对"物"的追求，甚至进一步地使人也抽象成为物，使其从根本上走向了与历史唯物主义截然不同的道路。反观历史唯物主义，现实性寓于人的实践性之中，把现实"当作人的感性活动，当作实践去理解"。因而能够以一种全面性、历史性的姿态来看待现实问题，从而在现实性层面上实现了对功利主义的超越。但与此同时，功利主义本质上却是为了掩盖人与人之间相互剥削关系而存在的——"功利关系本来是联盟中个人与个人之间唯一的关系，可是一下子又改成互相'吞食'。当然，联盟里的'完善的基督教徒'也吃圣餐，只不过不是大家都在一起吃，而是相互吞食"②。功利论与唯物史观虽然有共同的出发点——从现实经验出发探讨社会关系与结构问题，但前者是为了掩饰，后者是为了批判，无论是早期爱尔维修与霍尔巴赫的功利主义，还是晚期穆勒与边沁的功利主义，其目的都是将资本主义的剥削关系、将资本控制人的现实用"功利""幸福"等抽象的概念加以掩饰，而不是如历史唯物主义那样追求"消灭现存状况的现实的运动"。人与人之间不正常、不合理的社会关系在马克思看来根源于现实的社会矛盾，这种矛盾根源并不在于停留于表层的社会现象，而更在于现象背后深层次的生产关系内在矛盾之上，人的最基本的行为是社会劳动行为，同时劳动也是人的类本质的最直接体现，但人的这种劳动行为在资本主义社会关系之中却被异化为一种"对象性"的劳动，劳动本身与

①　马克思，恩格斯. 马克思恩格斯全集：第3卷［M］. 中共中央马克思恩格斯列宁斯大林著作编译局，译. 北京：人民出版社，1960：44.
②　马克思，恩格斯. 马克思恩格斯全集：第3卷［M］. 中共中央马克思恩格斯列宁斯大林著作编译局，译. 北京：人民出版社，1960：478.

劳动目的相互分离，导致了"大工业不仅使工人与资本家的关系，而且使劳动本身都成为工人所不堪忍受的东西"①。这种人与人之间相互关系的紧张，导致了资本主义社会内部难以调和的矛盾，而这种矛盾是无法依靠功利主义的所谓"最大幸福原则"来克服，只能通过对以生产关系为代表的整个社会关系的彻底变革才能实现。

最后，功利主义的核心是"效用原则"或"最大幸福原则"，但无论是效用原则还是最大幸福原则，都是基于对人的抽象化理解之上，这种"抽象性"是基于对人的需求的片面理解。而历史唯物主义不反对人们对现实利益的追求，"既然人是从感性世界和感性世界中的经验中汲取自己的一切知识、感觉等等，那就必须这样安排周围的世界，使人在其中能认识和领会真正合乎人性的东西，使他能认识到自己是人。既然正确理解的利益是整个道德的基础，那就必须使个别人的私人利益符合于全人类的利益"②。与此同时，不能将历史唯物主义追求的利益"抽象"为功利主义范畴内的"物质利益"或者"幸福"。事实上，历史唯物主义所追求的"利益"从不是一种抽象的利益，而是一种与人的现实社会关系、人的现实生活密切相关的"利益"，在历史唯物主义的框架内，个人的现实性体现为"这是一些现实的个人，是他们的活动和他们的物质生活条件，包括他们得到的现成的和由他们自己的活动所创造出来的物质生活条件。因此，这些前提可以用纯粹经验的方法来确定"③。但是，功利主义的经验性与唯物史观的经验性有着本质的区别：功利主义的"经验性"是一种狭义的经验性，是继承自"经验主义"哲学的一种机械性的经验原理，将经验等同于单纯个体的主观感受。与此相对应的是，唯物史观中的经验性则包含着更为广泛的内容，这种"经验性"不是单纯的经验知识，而是主体在与客体的互动交往过程中所形成的"现实"；这种"经验性"也不是单纯的感觉，而是主体在实践过程中所建构的与客体之间的"社会关系"。因此，马克

---

① 马克思，恩格斯. 马克思恩格斯全集：第3卷 [M]. 中共中央马克思恩格斯列宁斯大林著作编译局，译. 北京：人民出版社，1960：68.

② 马克思，恩格斯. 马克思恩格斯全集：第2卷 [M]. 中共中央马克思恩格斯列宁斯大林著作编译局，译. 北京：人民出版社，1957：166-167.

③ 马克思，恩格斯. 马克思恩格斯全集：第3卷 [M]. 中共中央马克思恩格斯列宁斯大林著作编译局，译. 北京：人民出版社，1960：23.

思眼中的"现实"观念涵盖了人类的整个社会生活与实践活动。

正是在对"经验性"不同理解的基础上,马克思"现实的个人"这一历史唯物主义的出发点,包含了比功利主义的"效用原则"更为丰富的内涵。这也构成了历史唯物主义超越功利主义的基础,比之于"效用"原则,"现实的个人"展现出更为丰富的内容,"效用""幸福"都必须面向"人"才有意义,而"人"本身并不是抽象的数据、被动的对象,而是一个能动的、具有自我意识的主体;同时,"现实的个人"不是一成不变的主体,因为"不管个人在主观上怎样超脱各种关系,他在社会意义上总是这些关系的产物"①。错综复杂的社会关系决定了人的需求的复杂性,也决定了人追求"幸福"形式的多样性,因此"幸福"并非功利主义者眼中单纯的物质利益的表现,而是在具体的社会关系形式下才有意义的概念。因此,无论是从内在的"人的丰富性"方面,还是从外在的"人的幸福"方面,"现实的个人"都展现出了比"效用原则"更为广泛的超越性和包容性。

综上所述,历史唯物主义不是一种功利性的思想理论,但不能否认历史唯物主义与功利主义存在内在的关联性,因为从《德意志意识形态》的批判逻辑来看,马克思主要批判和继承了义务论思想的青年黑格尔派所进行的那种在精神意识领域的"批判"与"革命",马克思认为这种意识形态甚至落后于英法等发达资本主义国家的功利论伦理学。而历史唯物主义正是在"观念、思想与意识"与"现实经验"的斗争中,在坚持经验性、现实性批判原则基础上,用"现实的个人"原则超越了功利主义的"效用原则",为历史唯物主义这一新世界观的构建奠定了坚实的伦理思想基础。因此,在《德意志意识形态》中,马克思完成了自己思想的重大转向,伴随着这一转向,马克思对"利己主义"的批判站到了全新的立足点之上——"现实的个人",这意味着马克思对"利己主义"叙事的批判与政治经济学批判融为一体,马克思思想进入了全新的发展阶段。

---

① 马克思,恩格斯. 马克思恩格斯全集:第23卷 [M]. 中共中央马克思恩格斯列宁斯大林著作编译局,译. 北京:人民出版社,1972:12.

第三节　事实与价值的二分法：
古典政治经济学面临的伦理问题

　　马克思早期思想对古典政治经济学中"利己主义"的批判，虽然不乏对资本主义社会人的生存困境的反思，但仍然陷于人道主义框架，难以对"利己主义"与"反利己主义"思想展开更为深入的理解。直到马克思在形成唯物史观这一"新世界观"并将其融入政治经济学批判研究之后，马克思才得以在政治经济学层面上对"利己主义"展开更为细致的分析。但在此之前我们需要暂时将探索的目光聚焦到困扰现代伦理学的一个重要问题：事实与价值二分法上来。对这一问题的探索，不仅能够展示现代伦理学在基础理论层面上所面临的关键性问题，而且能够帮助我们更为充分地理解：马克思如何基于唯物史观理论，在政治经济学批判层面上超越了这一问题。

一、处于事实与价值对立中的古典政治经济学

　　古典政治经济学家对道德伦理问题的关注绝非偶然。因为任何经济基础的变动都会对社会伦理秩序造成影响："国民经济学和道德之间的对立本身不过是一种假象，它既是对立，同时又不是对立。国民经济学不过是以自己的方式表现着道德规律。"① 马克思在《1844 年经济学哲

---

　　① 马克思，恩格斯. 马克思恩格斯全集：第 42 卷 [M]. 中共中央马克思恩格斯列宁斯大林著作编译局，译. 北京：人民出版社 1979：137.

学手稿》中对政治经济学与道德之间关系的剖析，展示了近代以来的资本主义社会所一直存在着的经济学与伦理学之间的一种紧密的"缠结"关系。经济生活与道德伦理之间的相互联系是生产社会化发展的必然产物——生产越来越高的社会化程度，不断渗透到人类生活的公共领域中，故而经济学研究与伦理学之间的"缠结"关系已经越来越成为一种趋势。但是在这种"缠结"关系中，经济人与社会人、自利与他利之间的伦理矛盾始终夹杂其中。

很多经济学家如穆勒、边沁等功利主义者，企图通过共同利益最大化实现社会最大多数人的幸福，来化解个人与社会之间的矛盾，但这种观点被直觉主义伦理学创始人摩尔驳斥为"自然主义谬误"，摩尔反对将"善"的定义与任何外在的客观自然物或自然物的属性联系起来。同时，摩尔认为之前的伦理学要么将"善"的定义与事物的自然属性联系起来，要么将引起人们快乐、幸福感觉的事物或其自然性质联系起来，甚至于直接用这些事物的自然性质来定义善（如功利主义伦理学的前提是将物质利益与人类福祉等同于"善"）。这在摩尔看来，就如同通过"树叶是绿色的"这个事实，推导出"绿色"等同于"树叶"的论证一样荒谬。因此，功利主义，甚至包括古希腊快乐主义伦理学，在他看来都犯了这种自然主义谬误。这种谬误的共同特征是将事实与价值朴素、独断地等同起来。更为确切地说，是将作为事物性质的"价值"与人类社会中的各种"事实"——追求经济利益的事实，追求心理上满足的事实，追求自由的事实——等同起来。摩尔所代表的直觉主义伦理学却将"善"界定为不可描述的人类直观，"善"本身没有对应的自然物或自然属性，而只是人心目中的一种主观情感。这种区分事实上将外在的社会现实与人的内心道德情感之间的联系分割开来，这种分割也成为近代以来元伦理学发展的重要基础。

同时，这种分割揭示了近代伦理学家在寻求道德行为确定基础过程中所发现的一个潜在问题：就是与亚当·斯密同时期的哲学家大卫·休谟所提出的"休谟问题"。在《人性论》中，怀疑主义色彩浓厚的休谟指出——他"大吃一惊地发现"："在我所遇到的每一个道德学体系中，我一向注意到，作者在一个时期中是照平常的推理方式进行的，确定了上帝的存在，或是对人事作了一番议论；可是突然之间，我却大吃一惊地发现，我所遇到的不再是命题中通常的'是'与'不是'等连系词，而是没有一个命题不是由一个'应该'或一个'不应该'联系起来的。"① 这就是事实与价值二分法的最初表述，并就此成为近代以来道德哲学与伦理学最基本的思想前提。

这一前提的产生不是偶然的，而是与近代资本主义政治经济状况的现实发展密切相关，马克思这样总结资本主义社会中人与人之间的关系：

> 活动的社会性，正如产品的社会形式以及个人对生产的参与，在这里表现为对于个人是异己的东西，表现为物的东西；不是表现为个人互相间的关系，而是表现为他们从属于这样一些关系，这些关系是不以个人为转移而存在的，并且是从毫不相干的个人互相冲突中产生出来的。活动和产品的普遍交换已成为每一单个人的生存条件，这种普遍交换，他们的互相联系，表现为对他们本身来说是异己的、无关的东西，表现为一种物。②

因此，在这种人与物相互依存同时又相互排斥的关系下，人所追求的伦理价值与社会经济事实表现出的是一种相互分离的倾向，在伦理学上表现为一种人的"碎片化"趋势——人与人之间关系的相互异化，使人与社会呈现一种相互"分离"的状态。这种状况不仅导致了社会经济境遇的变迁，更导致人所生存的社会伦理环境发生了巨大的改变——"每一种需求都是被当作支点来运用的，凭借此支点，个体进一步融入到了体系里头，道德关系化约为商品关系"③。资本主义社会中所追求的道德价值——如自由、平等——也在这种社会经济体制之下产生了"异化"，马克思如此评价这种被异化了的道德价值：

---

① 休谟. 人性论 [M]. 关文运, 译. 北京：商务印书馆, 1980：509.
② 马克思, 恩格斯. 马克思恩格斯全集：第46卷（上册）[M]. 中共中央马克思恩格斯列宁斯大林著作编译局, 译. 北京：人民出版社, 1979：103.
③ 麦卡锡. 马克思与古人：古典伦理学、社会正义和19世纪政治经济学 [M]. 王文扬, 译. 上海：华东师范大学出版社, 2011：232.

自由！因为商品例如劳动力的买者和卖者，只取决于自己的自由意志。他们是作为自由的、在法律上平等的人缔结契约的。契约是他们的意志借以得到共同的法律表现的最后结果。平等！因为他们彼此只是作为商品所有者发生关系，用等价物交换等价物。所有权！因为他们都只支配自己的东西。边沁！因为双方都只顾自己。①

因此，事实与价值的二分的这一近代伦理学思想前提，事实上就是资本主义经济体制的内在根本矛盾——社会化大生产与生产资料私有制之间的矛盾——在社会伦理层面上的表征，这种现象在学术层面上表现为道德哲学中"事实""价值"相互对立的状态。这种对立状态，在个人层面上，表现为人的社会生活处于一种"碎片化"的状态；在社会层面上，表现为资本主义社会普遍存在的伦理危机与道德危机。

二、现代伦理学对事实与价值二分法的反思

"事实"与"价值"之间的关系问题是当代道德哲学与元伦理学共同面对的基本问题。这一问题起源于哲学史上休谟对"是"与"应当"两者之间关系的追问。休谟的这一追问被后世称为"休谟法则"（普特南语），它的提出将伦理学研究推向了一个全新的阶段，预示在伦理学传统上所赖以生存的形而上学基础逐步瓦解之后，伦理学开始寻求将自身发展建构于理性基础之上，但由此付出的理论代价是将标志事实的"是"与体现价值的"应当"区分开来，由此形成了宰治现代道德哲学的"二分法"（dichotomies）建制。自此以后，康德道德形而上学中对自然因果律与自由因果逻辑的探讨、现代元伦理学对"道德属性"如何还原为"自然属性"的研究、胡塞尔对逻辑学与伦理学关系的反思、阿马蒂亚·森对经济学与伦理学之间理论"同源性"的追溯，都流露出现代思想家们试图超越伦理

---

① 马克思，恩格斯. 马克思恩格斯全集：第 23 卷 [M]. 中共中央马克思恩格斯列宁斯大林著作编译局，译. 北京：人民出版社，1972：199

学"二分法"的思想倾向。其中，现代哲学家希拉里·普特南对超越"事实"与"价值"二分法的"厚伦理"论证具有代表性。

"厚伦理"论证思路来源于伯纳德·威廉斯对伦理问题中的"厚概念"（thick concept）与"薄概念"（thin concept）的区分。威廉斯认为，坚持事实与价值二分的哲学家们必须依赖于某些对于伦理概念的"贫乏"（impoverished）理解才能得以成立，这些对于伦理概念的"贫乏"理解就是"薄概念"，指的是伦理学研究中的抽象概念，如"正当""恶"等等，这些概念中不包含事实性要素，因此被称为"薄概念"。但是"我们通常会以更复杂的概念来思考美德，错误行为的类型，等等，比如偷窃的概念，懦弱，忠诚，或工作职责。有了这些更实质的概念，如果我们使用相同的概念，我们就有更大的希望达成协议，或至少达成我们可以合理预期的、不那么令人不安的分歧"①。这种"更实质的概念"（more substantial concepts）就是所谓的"厚概念"。"厚概念"从元伦理学的角度来理解，就是一些包含着事实性内容的价值性词语，这些词语蕴含着事实与价值之间的"互渗"关系。而试图基于这种"互渗"关系来解决道德与价值二分问题的论证就可以被称为"厚伦理"论证。

希拉里·普特南一直致力于解决事实与价值二分的难题。其解决思路就是通过证明在真理或者事实性的概念中，包含着价值性因素，来论证事实与价值之间的二分并不成立，因此这一论证思路遵循的是典型的"厚伦理"论证路径。普特南首先在《理性、真理与历史》一书中，探讨了如何从科学真理与价值的关系中论证超越"二分法"的问题。普特南指出："事实和价值的二分法至少是极为模糊的，因为事实陈述本身，以及我们赖以决定什么是、什么不是一个事实的科学探究惯例，就已经预设了种种价值。"② 实证主义认为真理是"适真性"的，事实也就等价于真理，但普特南认为"真理不是终极之物"，真理必须从外部获得支持其"适真"的

---

① WILLIAMS B. Morality: An Introduction to Ethics [M]. New York: Harper and Row, 1972: 32.

② 普特南. 理性、真理与历史 [M]. 童世骏，李光程，译. 上海：上海译文出版社，2016: 145.

标准，普特南将此标准称为"合理可接受性"（reasonable acceptability），换言之，科学的真理不是因为其是纯粹客观的而被接受，而是因为其对人类而言具有某种评价性"优点"而被接受，这就证明所谓的"真理"与"事实"不是纯粹"价值无涉"的，而是在其被人所接受的过程中，就包含了评价性、价值性的因素。长久以来被认为与价值无关的事实描述中实际上隐含着价值因素。因而"事实"与"价值"是"缠结"（tanglement）在一起的。之后普特南反过来论证了价值的客观性问题，其列举了诸如"融贯性""已被证明为正当的"这些陈述性词语中所包含的价值性因素，并且认为在科学中陈述性的词语与美学上价值性的词语一样，是受到历史条件限制的。因而某些价值性词语是具有客观性的。普特南因此指出"事实"与"价值"之间并不如休谟主义者、实证主义者认为的那样存在着不可逾越的"二分"，而是存在着相互"缠结"的关系。同时，从主观主义的认识路线出发，普特南认为科学的陈述中都隐含了价值的陈述，人类关于世界的事实性的描述之中都预设了价值性的前提。因此普特南关于科学真理与价值关系的简要论证如下：

（1）所有的客观事实陈述中都预设了价值。

（2）科学真理是由对事实的客观陈述构成的。

所以：

（3）关于科学真理的知识隐含着价值陈述。[①]

之后在《事实与价值二分法的崩溃》一书中，普特南更为直接地将论题指向了事实与价值之间的二分法。他指出："我批评了赞成事实与价值二分法的论证。我首先表明，无论从历史上还是从概念上看，那些论证起源于一种贫困的经验主义（后来是同样贫困的逻辑实证主义）的事实观；其次，如果我们不把事实与价值看作深刻地'缠结'在一起的，我们就将与逻辑实证主义者误解价值的本性一样糟糕地误解事实的本性。"[②] 普特南

[①] 参见朱志方. 价值还原为事实：无谬误的自然主义 [J]. 哲学研究, 2013 (8)：111-118.

[②] 普特南. 事实与价值二分法的崩溃 [M]. 应奇, 译. 北京：东方出版社, 2006：59.

首先从对事实的"误解"出发，认为持有"二分法"观点的经验派与逻辑实证主义者，对于"事实"的理解过于狭隘，认为'"事实'就是可由单纯的观察或者甚至是感官经验的一种单纯的报告证明的某种东西"①。但在现实中很多事实陈述中都"包含"着价值评价，因此事实与价值之间存在着缠结关系，单纯客观的"事实"并不存在。普特南的论证可以重构为如下推理：

（1）"事实与价值的二分法"起源于经验主义与逻辑实证主义对"事实"概念的狭隘理解。

（2）认识的价值也是价值，一些词语（如"冷酷"）既能描述性地使用，也能评价性地使用，这种"混杂的伦理概念"证明事实与价值之间存在着"缠结关系"。

那么：

（3）事实与价值之间的"二分"关系从未存在。

从普特南的论证中不难看出，普特南试图通过证明事实陈述中所包含的价值因素以及主观性的价值渗透于客观性的事实之中，来说明价值相对于事实具有优先性。我们姑且可以将普特南对于"事实"通达"价值"论题的证明归结为一种"主观主义论证"。

历史唯物主义主张社会存在决定社会意识，因此事实与价值之间不是"二分"的关系，而对于二者谁具有优先性的问题，马克思会从两个方面对普特南的论证质疑：其一是价值优先性何以成立的问题，其二是普特南提出的"合理可接受性"真理观的客观性问题。

首先，关于价值优先性何以成立问题的质疑。在《德意志意识形态》中经典理论家们就指出："人并非一开始就具有'纯粹的'意识。'精神'从一开始就很倒霉，注定要受物质的'纠缠'，物质在这里表现为震动着的空气层、声音，简言之，即语言。"② 直到分工产生之后，"意识才能摆

---

① 普特南. 事实与价值二分法的崩溃［M］. 应奇，译. 北京：东方出版社，2006：23-24.
② 马克思，恩格斯. 马克思恩格斯全集：第3卷［M］. 中共中央马克思恩格斯列宁斯大林著作编译局，译. 北京：人民出版社，1960：34.

脱世界而去构造'纯粹的'理论、神学、哲学、道德等等"①。站在唯物史观的立场上，不是事实陈述的前提中都包含着价值性因素，而是恰恰相反价值评价中都包含着事实因素。可见历史唯物主义自始至终强调物质性的"事实"相对于观念性的"价值"的优先性。由此不难得出结论，在面对事实与价值关系问题时，历史唯物主义自始至终坚持由事实到价值的"客观主义"路线。在历史唯物主义中始终强调客观物质性的"事实"在任何价值性的陈述（语言）中都居于主词的位置，任何价值评价都必须依赖于客观事实性的"主词"才能成立，如"F是好的"作为一种价值性评价，只在涉及主词F时才有意义，而"好的"这一价值性的谓词在没有事实性的主词的情况下没有意义，因而马克思认为一切历史的第一个前提就是"物质生活本身"，而通过语言，意识得以产生，并在物质性生产方式——分工产生之后，才有"纯粹的"道德等等意识形态要素。在马克思的语境中，事实相对于价值是前提性的存在，其先在性是一种现实与实践层面上的"先在性"。因此，"事实"相对于"价值"的优先性体现在前提性与先在性上，在唯物史观中事实相对于价值的前提性体现在客观物质世界作为前提先于人的观念。

其次，对于普特南提出的真理的"合理可接受性"标准也是值得质疑的。普特南在解释"合理可接受性"时指出："我们即使要有一个经验世界，也必须有合理的可接受性标准，而这些标准揭示了我们的最佳思辨理智这个概念的一部分内容。简言之，我现在要说的是：实在'世界'是依赖于我们的价值的（反之亦然）。"② 在普特南看来科学真理不是纯粹客观的，而是一幅满足"合理可接受性"标准的图景，这一图景赋予了具体真理的客观性，换言之，真理是在满足一定主观的评价性价值要求之后才能具有意义。因此普特南在真理是否与客观相符的问题上持有保留态度，也

---

① 马克思，恩格斯. 马克思恩格斯全集：第3卷［M］. 中共中央马克思恩格斯列宁斯大林著作编译局，译. 北京：人民出版社，1960：35-36.

② 普特南. 理性、真理与历史［M］. 童世骏，李光程，译. 上海：上海译文出版社，2016：152.

就是说，从本体论上说，普特南仍然没有突破现代哲学意识内在性的基本框架，认为人对存在的认识依赖于意识，因而"现实世界"的存在依赖于价值。与之相对，马克思明确反对意识先于存在的说法，认为"意识在任何时候都只能是被意识到了的存在，而人们的存在就是他们的实际生活过程"①。但马克思眼中的"存在"是人的现实生活而非单纯的科学真理所构成的世界的集合，并且马克思以"实践"为立足点对现实加以概括和阐述。同时"人的思维是否具有客观的〔gegenständliche〕真理性，这不是一个理论的问题，而是一个实践的问题。人应该在实践中证明自己思维的真理性，即自己思维的现实性和力量，自己思维的此岸性"②。因而马克思是站在实践的立足点上看待真理的客观性问题，而没有如普特南那样在客观真理性之前预设主观标准的"合理可接受性"。

至此不难看出，普特南所认为的事实与价值之间不是绝对的二元对立，而是相互"缠结"的关系，与历史唯物主义的基本立场具有相似之处。但历史唯物主义会坚持事实对于价值的"优先性"，同时强调事实陈述中包含价值评价这一论断得以成立的前提是真理的客观性，而不会是真理"合理可接受性"的主观性标准。换言之，当面对事实如何通达价值问题时，从历史唯物主义的观点看：事实与价值毫无疑问是统一的，其中价值是通过价值评价前提中所隐含的事实陈述因素实现的。因而，在历史唯物主义语境中证明事实通达价值的路径采取的是与普特南主观主义"厚伦理"论证完全相反的"客观主义路径"。

三、解决事实与价值二分问题的马克思方案

从普特南的厚伦理论证中不难看出，其试图通过论证所有事实陈述中都包含价值陈述从而实现"事实"通达（accessing）"价值"的推理。其

① 马克思，恩格斯. 马克思恩格斯全集：第3卷［M］. 中共中央马克思恩格斯列宁斯大林著作编译局，译. 北京：人民出版社，1960：29.
② 马克思，恩格斯. 马克思恩格斯选集：第1卷［M］. 中共中央马克思恩格斯列宁斯大林著作编译局，译. 北京：人民出版社，2012：134.

推理虽然通过将"价值"要素"渗透"到事实陈述中实现二者统一，这一论证可以从内涵层面上证明价值与事实之间的联系性，但无法从价值中"还原"出事实，而且从逻辑形式上看其论证也不是有效的。普特南的论证虽然没有完全达到目的，但是其论证提供了一种思路：从被相互区分的价值或事实陈述中，找出其前提中所隐藏的"二分法"另一方的要素。虽然普特南从事实陈述中寻求价值要素的努力失败了，但"相反的路线更优越"——从历史唯物主义立场出发，从价值陈述中寻求作为前提的事实要素也许更能够接近实现"事实"通达"价值"的无谬误推理，换言之，就是尝试以"事实优先性"为前提探索二者的"通达"关系。

事实上，这一路径在英国现代道德哲学家黑尔的"道德语言"论证中就有所体现。黑尔反对英国哲学家艾耶尔将道德语言视为"非理性"的"情感喷射"的提法，认为"道德判断和祈使句与事实性前提之间，却存在某种比蕴涵更为松散的关系"①；同时黑尔也反对"自然主义"将祈使句直接还原为陈述句的理论倾向，因为"如果把道德体系的原则视为纯事实性的，那么，任何道德体系都将不能履行其调节我们行为的功能"②。因此黑尔认为"价值语言的基本特征是其规定性；人们使用价值语言的目的便是规定或指导各种行为。从这个意义上说，价值语言也即是规定语言。它包括祈使句（命令句）和道德语言两大类。规定不单是评价，也是描述，且两方面相互渗透相互作用。某一语句通过'价值词'（value-words）表达着人们（说话者）对某一对象的主体评价，又给人们（听者）提供某种事实性描述的信息"③。因此我们不难看出，黑尔也注重"事实"命题与"价值"命题之间的"互渗"关系。同时希望以这种关系证明二者之间的通达关系。当然之后黑尔对这一问题的论证转向了语言分析路径，同时也没有更进一步强调事实的"优先性"。

与之相比，马克思主义以唯物史观为基本原理，从理论的出发点上就

---

① 黑尔. 道德语言 [M]. 万俊人，译. 北京：商务印书馆，1999：46.
② 黑尔. 道德语言 [M]. 万俊人，译. 北京：商务印书馆，1999：45.
③ 黑尔. 道德语言 [M]. 万俊人，译. 北京：商务印书馆，1999：中译本序言 4.

显现出对事实相对于价值优先性的强调。这种强调体现在经典理论家在对人类社会活动的历史性分析、人类认识活动的认识论分析以及人类道德原则的现实性分析三个方面。

首先，在人类社会活动的历史性分析中，经典理论家强调了事实现实相对于人类活动的"优先性"："所以我们首先应当确定一切人类生存的第一个前提也就是一切历史的第一个前提，这个前提就是：人们为了能够'创造历史'，必须能够生活。……因此第一个历史活动就是生产满足这些需要的资料，即生产物质生活本身。"[①] 人类社会本身所具有的"事实优先性"特征体现在：一是从前提层面上说，事实相对于人类社会的"前提性"与"条件性"，"事实"是一切历史活动的前提条件，没有"事实"就不会有人的历史活动，因而人类历史活动的前提是"事实性的"。二是从历时态的层面上说，人的历史活动是人在现实层面上的物质需求不断产生与得到满足的过程，人类社会发展的历史过程就是人类物质需求不断产生与满足的时间序列，因此历史活动的内容也是"事实性的"。三是从共时态的层面上说，社会活动生产了社会关系，社会关系从最原始的"家庭关系"到最具决定性的"生产关系"，都是事实性的，也就是说社会关系的内容也是"事实性"的，因此人类历史活动产生的社会关系也是"事实性"的。因此经典作家对于物质作为"第一历史前提"的论述，从前提、内容与关系层面上都体现出"事实优先性"的原则。

其次，在人类认识活动的认识论分析中，经典唯物史观同样强调了在认识论过程中"事实优先性"。马克思和恩格斯在《德意志意识形态》中认为："思想、观念、意识的生产最初是直接与人们的物质活动，与人们的物质交往，与现实生活的语言交织在一起的。观念、思维、人们的精神交往在这里还是人们物质关系的直接产物。表现在某一民族的政治、法律、道德、宗教、形而上学等的语言中的精神生产也是这样。"[②] 在《资本

---

① 马克思，恩格斯. 马克思恩格斯全集：第3卷［M］. 中共中央马克思恩格斯列宁斯大林著作编译局，译. 北京：人民出版社，1960：31.
② 马克思，恩格斯. 马克思恩格斯全集：第3卷［M］. 中共中央马克思恩格斯列宁斯大林著作编译局，译. 北京：人民出版社，1960：29.

论》第二版跋中马克思更明确指出:"观念的东西不外是移入人的头脑并在人的头脑中改造过的物质的东西而已。"① 可见唯物史观自始至终强调物质性的"事实"在人认识过程中的优先性。这种优先性表现为作为认识得以产生的前提条件,不存在独立于或者说高于"事实"的知识存在。同时认识的内容也是物质性的,也就是说知识的形式虽然是主观性的,但其内容仍然是客观性的。因此在认识领域事实仍然具有"优先性""前提性"的地位。

最后,在人类道德原则的现实性分析中,伦理学重要的表现形式道德语言体现着"事实优先性"。作为包含道德语言的语言范畴本身具有客观性:"语言和意识具有同样长久的历史;语言是一种实践的、既为别人存在并仅仅因此也为我自己存在的、现实的意识。语言也和意识一样,只是由于需要,由于和他人交往的迫切需要才产生的。"② 语言的发展离不开与他人的交往,语言产生于人的交往中所产生的现实需求。同时语言所身处其中并得以运用的共同体也是客观性的。"语言本身是一定共同体的产物,正象从另一方面说,语言本身就是这个共同体的存在,而且是它的不言而喻的存在一样。"③ 同时,道德语言作为语言的一部分,其本身产生的根源也是"事实性"的——"既然正确理解的利益是全部道德的原则,那就必须使人们的私人利益符合于人类的利益"④。由此可以看出,在伦理领域历史唯物主义仍然将事实的"优先性"贯穿于其理论的始终,在道德语言产生的根源、展开的共同体,以及其得以确立的原则方面,都体现着"事实优先性"原则。

由此,在历史唯物主义的语境中,"事实优先性"作为一个隐含的前

---

① 马克思. 资本论:第 1 卷 [M]. 中共中央马克思恩格斯列宁斯大林著作编译局,译. 北京:人民出版社,2004:22.
② 马克思,恩格斯. 马克思恩格斯全集:第 3 卷 [M]. 中共中央马克思恩格斯列宁斯大林著作编译局,译. 北京:人民出版社,1960:34.
③ 马克思,恩格斯. 马克思恩格斯全集:第 46 卷(上册)[M]. 中共中央马克思恩格斯列宁斯大林著作编译局,译. 北京:人民出版社,1979:489.
④ 马克思,恩格斯. 马克思恩格斯文集:第 1 卷 [M]. 中共中央马克思恩格斯列宁斯大林著作编译局,译. 北京:人民出版社,2009:335.

提居于任何对马克思主义理论阐释之前，伦理学自然也不会例外。当我们将这一隐含前提带到对事实与价值通达关系的论证中时，我们可以站在唯物史观的立场上，通过对人类社会历史活动、人类认识活动与伦理反思活动中"事实优先性"的确认，建构出如下论证：

（1）每一个价值判断都是对价值主体与价值客体之间关系的判断。

（2）价值主体与价值客体都是具有事实性的要素。

那么：

（3）每一个价值判断中都包含了事实性的要素。

这一论证从逻辑形式上说是有效的，而其前提的内涵也是可以得到证明的。任何价值判断都不可能脱离事实性要素而独立存在，马克思在《资本论》中指出："直到现在，还没有一个化学家在珍珠或金刚石中发现交换价值。可是那些自以为有深刻的批判力、发现了这种化学物质的经济学家，却发现物的使用价值同它们的物质属性无关，而它们的价值倒是它们作为物所具有的。"① 价值在现实的社会关系中不可能作为实体性的要素独立存在，同时在逻辑上也不可能脱离事实性主词或谓词而独立表述一种价值关系。就此而论，这一推理体现了唯物史观在价值判断问题上所坚持的"事实优先性"原则，同时沿着与普特南"厚伦理"论证相反的路径，从现实的角度将黑尔所提出的"评价性陈述"中包含"描述性陈述"的论断进行了论证。从唯物史观的角度来说，通过揭示价值陈述中的事实性前提，实现从"事实"通达"价值"的无谬误推理。

我们在今天之所以要从马克思的唯物史观基本原理出发，探究其对于事实与价值二分法的超越性，目的就是说明唯物史观的"社会存在决定社会意识"原理，从根本上颠覆了传统伦理学的思想前提，同时也开启了伦理学研究的全新路径——从社会存在出发，理解作为社会意识的伦理学问题。只有采取这一研究路径，才能真正超越传统伦理学的"二分法"思维；也只有通过这种研究路径，才能实现将《资本论》这样的政治经济学

---

① 马克思. 资本论：第1卷［M］. 中共中央马克思恩格斯列宁斯大林著作编译局，译. 北京：人民出版社，2004：101-102.

批判研究与马克思主义伦理学联系起来。那么，从社会现实领域中探求伦理学产生的根源，其切入点何在？对此，只有在《资本论》中马克思对劳动价值理论的批判与分析中寻找。

利己主义作为一种意识形态与资本主义生产方式高度绑定。但在现实中，我们对利己主义的道德批判往往止步于理论，早期马克思与同时代的很多思想家一样，看到了金钱至上主义、利己主义的阴暗面，但对其的批判往往走上形而上学的"云端之路"，高举"平等""理性""真理"等旗帜，最终成为曲高和寡的"空中楼阁"。马克思早期也对利己主义与资本主义制度展开了激烈的批判。但在《德意志意识形态》中，以"新世界观"——唯物史观的形成作为标志，马克思走上了对利己主义批判的"现实之路"，也就是批判利己主义意识形态产生的历史与现实根源——政治经济学根源，由此开创了揭示、批判与扬弃利己主义的全新路径。

第二章
从亚里士多德到黑格尔：
《资本论》伦理维度的"思想前史"

资本主义社会的"帽子戏法"

马克思曾经在《哲学的贫困》一文中指出：

"如果说有一个英国人把人变成帽子，那末，有一个德国人就把帽子变成了观念。这个英国人就是李嘉图，一位银行巨子，杰出的经济学家；这个德国人就是黑格尔，柏林大学的一位专任哲学教授。"

马克思的这句话，将当时资本主义社会中政治经济学与哲学之间的关系以很幽默的手法展现了出来。所谓"一个英国人把人变成帽子"，指的是英国著名政治经济学家李嘉图的一个论断：

"如果把帽子的生产费用减少，即使需求增加两三倍，帽子的价格结果也会降到新的自然价格的水平。如果用减少维持生活的粮食和衣服的自然价格的办法来减少人们的生活费用，即使对劳动力的需求大大增加，结果工资也会下降。"

李嘉图言辞刻薄地将帽子的生产费用和人的生活费用混为一谈，却意外将资本主义生产关系中，人被"物化"为生产资料的事实揭示出来。马克思将其称为"资产阶级最大的秘密"。

但将"帽子"变为观念的人是著名的德国古典哲学家黑格尔。黑格尔从唯心主义哲学的角度阐释了人类社会"物化"的观念基础。也就是说用"观念"这一唯心哲学概念遮蔽了资本主义政治经济学的物质根源，由此，"帽子"又异化成为"观念"。政治经济学将"人"变为"帽子"，而哲学将"帽子"变为"观念"，这一过程解释了资本主义意识形态领域的"帽子戏法"，现代人被深刻遮蔽在这种意识形态的"帽子戏法"当中，而马克思之所以能够揭示这一"秘密"，源于马克思继承了亚里士多德传统，即从唯物主义视角看待人与社会之间的关系。

考察《资本论》对"利己主义"叙事的批判,不能脱离马克思主义理论的思想史背景,《资本论》的伦理维度之所以表现为一种"元伦理学批判"的理论形态,与马克思伦理思想独特的来源有很大的关系。众所周知,作为马克思思想理论的重要来源——亚里士多德哲学、黑格尔哲学与古典政治经济学都有着属于自己的伦理思想,这些伦理思想虽然来源于不同的时空、不同的理论背景,却在马克思身上产生了共同的理论影响。马克思批判性地继承了前人的伦理思想,从而使其"元伦理学批判"式的伦理思想有了重要的理论支撑点。因此,要理解马克思伦理思想与《资本论》的伦理维度,必须首先对影响马克思主义理论的思想来源进行一番"梳理"。

第一节　亚里士多德伦理学
对马克思伦理思想的影响

对于马克思思想与亚里士多德哲学之间的关联性问题,很多理论家都进行过探讨,姑且不论马克思早期的哲学启蒙就是从古希腊哲学开始这一事实,即使是从理论本身来说,马克思理论与亚里士多德理论之间复杂的关联性,就足以说明二者之间存在着千丝万缕的联系。长久以来,关于亚里士多德伦理学与马克思伦理学之间的关系,学界进行了丰富且卓有成效的研究,乔治·麦卡锡(George E. McCarthy)曾经总结了亚里士多德伦理学与马克思伦理思想之间具有关联性的 12 个方面:(1) 马克思与亚里士多德的客体化理论以及亚里士多德的四因说与马克思的劳动概念之间的关系;(2) 古希腊城邦文化理想、实践与马克思的人的类存在观念之间的联系；（3）亚里士多德在《形而上学》和《尼各马可伦理学》中"行动"概念与马克思的类存在自我实现的"劳动"概念之间关系；（4）马克思的社会伦理学与亚里士多德的德性伦理学之间的"借用"关系；（5）亚里士多德在城邦公共领域的政治自由观念与马克思的人类解放概念之间的内在联系；（6）亚里士多德的"政治动物"与马克思的"类存在"概念之间的异同；（7）亚里士多德的社会自然法则与马克思的社会存在论之间的理论关联；（8）马克思与亚里士多德的唯物主义思想；（9）马克思与亚里士多德共同的哲学人类学研究出发点；（10）亚里士多德的幸福理论与马克思的人的自我实现理论之间的对比研究；（11）马克思与亚里士多德的阶级社会学分析；（12）马克思与亚里士多德在政治经济学理论上相关对比研究。① 对于亚里士多德这一"百科全书"式的哲学家而言，伦理学是其思想体系的重要组成部分。对于探索政治经济学批判的伦理维度而言，我们所关注的理论重点主要在以下两个方面：其一，亚里士多德伦理思想和马克思伦理思想之间的内在关联性；其二，亚里士多德社会共同体理论对马克思伦理思想的影响。

一、亚里士多德的社会共同体伦理思想

亚里士多德的经济理论立足于其社会共同体思想之上。其在《政治学》的开篇就指出："所有城邦都是某种共同体，所有共同体都是为着某种善而建立的。"② 城邦就是一种为了某种"善"而建立的共同体，而且是追求最权威、最崇高"善"的共同体。很明显，亚里士多德将城邦视为实现"至善"的一种载体和平台。同时，城邦的现实形成过程是一个自然的过程：在亚里士多德看来，人为了种族的延续，都要进行繁衍活动，而为了保证繁衍活动的进行，就必须组成共同体的最基本单位——家庭。家庭是满足日常生活需要而形成的自然共同体，但当单个的家庭对生活资料的

① 参见麦卡锡. 马克思与古人：古典伦理学、社会正义和19世纪政治经济学 [M]. 王文扬，译. 上海：华东师范大学出版社，2011：76-77.
② 亚里士多德. 亚里士多德全集：第9卷 [M]. 苗力田，主编. 北京：中国人民大学出版社，1994：3.

需要超出家庭范围之内所能够提供的资源时，多个家庭就会聚集在一起，从而产生了"村落"。更进一步地讲，村落对家庭所需要的物资供给也是有限的，因此家庭需超出村落范围之外寻求生活资料，至此"当多个村落为了满足生活需要，以及为了生活得美好结合成一个完全的共同体，大到足以自足或近于自足时，城邦就产生了。如果早期的共同体形式是自然的，那么城邦也是自然的"①。

从城邦形成的过程，我们可以明显看出，亚里士多德对人类社会共同体起源的解释带有强烈的目的论色彩。也就是说，人类社会的产生，是为了"生活得更美好"，是为了"自足"。由此社会的形成是一个依据"善""幸福"而自然而然实现的过程。而近现代社会的社会形成理论——如典型的"社会契约论"——则有着完全不同的社会共同体观念。近代霍布斯、洛克、卢梭乃至于现代的罗尔斯、诺奇克，其社会契约理论都不约而同地以"个人"作为出发点，每个独立的个体组成社会共同体的根本目的是保全自身的一种或几种权利（如霍布斯的生命权、洛克的财产权等等），为了实现保证自己权利的目的而签订的"社会契约"是保证社会存在的基础。社会中的个人都有着自己独立的目标，整个社会没有任何整体性的"目标"，也就是说：社会共同体存在的目标是保障个人追求自身目的的权利，而不是帮助社会共同体中的个人实现自身；或者说作为一种整体实现某种"目的"。简而言之，亚里士多德的社会形成理论是从整体出发来阐释社会共同体形成的逻辑，而现代社会契约论是从个体出发来解释社会共同体形成的缘由。

当我们理解亚里士多德社会形成理论的研究视角后，那么接下来的问题就是何为维系这样一个社会共同体的现实"纽带"？答案就是众所周知的"友爱"："友爱把城邦联系起来，与公正相比，立法者更重视友爱。他们的目的就是加强类似于友爱的团结，另一方面则是致力于仇恨的消除。"② 很明显，亚里士多德将"互爱"视为维系城邦社会的基础，而城邦

---

① 亚里士多德. 亚里士多德全集：第9卷 [M]. 苗力田，主编. 北京：中国人民大学出版社，1994：6.
② 亚里士多德. 亚里士多德全集：第8卷 [M]. 苗力田，主编. 北京：中国人民大学出版社，1994：165-166.

政治也应该以维系、巩固人与人之间的"互爱"为终极目的。但亚里士多德的"互爱"并不是空洞、抽象的"爱",他看到了现实物质利益的公正分配才是"互爱"的重要表现:"人们认为政治上的群体也是为了共同福利而开始的,并由此得以维持。"① 以"互爱"的理念为基础,城邦的每一个成员在现实利益层面上达成一致,这就构成了整个城邦的"同心"。由此,亚里士多德所设想的城邦共同体就成为一个互利互爱、追求共同目标,并且能够对重大政治问题达成共识的政治实体。

当然,亚里士多德的这种以"友爱"为基础建构的政治社会"图式"也受到人们的质疑,如当代道德哲学家麦金太尔就认为,亚里士多德一方面强调"自足性",另一方面又强调人与人之间的"友爱",但这种友爱是没有存在意义的。麦金太尔认为亚里士多德所谓的"互爱"不是现实社会中人与人之间的真实感情,而是理想社会中"伟大人物"之间的感情:"只要我们记得'具有伟大心灵的人',我们就能理解这是为什么,他赞赏所有的善,所以他也将赞赏其他人身上的善,但他不需要任何东西,他以他的德性而自足。因此,对他而言,友谊永远是一种道德上的相互尊敬,这就是亚里士多德所描述的友谊。"② 麦金太尔将亚里士多德的"友爱"视为一种"贤者之爱",也就是在孤立的个人之间的那种不涉及具体物质利益关系的"爱",是一种单纯的"赞赏""欣赏"。因此他认为亚里士多德一方面强调人的"自足性",另一方面又强调人与人之间的"互爱",二者之间存在理论上的"断裂",也就是说无法从二者之间找到相互关联性。

虽然麦金太尔对亚里士多德社会共同体理论的诘难是否完全成立还有待商榷,但其对亚里士多德理论中所存在的"断裂性"问题的思考也值得我们关注。它揭示了一个重要的伦理学问题:在社会共同体中,个体的自我实现如何促进社会内部诸个体的相互联系?我们看到,马克思对此问题所展开的思考无疑是基于亚里士多德思想的基础之上的。典型的例子如马克思对无产阶级概念的界定,是根据现实社会中生产工具与个人在社会分配关系中的地位而划定的。马克思在其研究中将社会视为一个整体来看

① 亚里士多德. 亚里士多德全集:第8卷 [M]. 苗力田,主编. 北京:中国人民大学出版社,1994:179.
② 麦金太尔. 伦理学简史 [M]. 龚群,译. 北京:商务印书馆,2003:120.

待，这种城邦社会的理念就来自黑格尔的总体性观念与亚里士多德的"有机整体"概念。① 与此同时，马克思在面对个体与共同体之间"自我实现"和"社会联系"的关系问题时，又采取了与亚里士多德和黑格尔完全不同的做法。马克思并不将人的社会共同体视为一种"永恒不变"的实体，而是一种因人的历史性实践活动而不断产生的社会联系而构成的"共同体"。在这一共同体中，其形态、人与人之间相互联系的方式、人与人之间交往的模式、人在各种社会关系中的地位等都是"时间性的""历史性的"。这种不断变化源于人类历史实践活动的不断变化，故而人的实践活动与人的社会关系"紧密相连"，人的实践活动的改变将会改变人的生活方式，乃至于人与人之间的交往方式。因此人的自我实现与社会的发展是紧密联系的，而人的自我实现的最终目的是实现"每个人的自由发展以一切人的自由发展为前提"。因此人的自我实现与社会共同体的和谐发展在此实现了统一。

当然，这并不说明马克思的社会发展理论是一种社会主观主义理论，马克思并不认为人的实践活动可以无限制地建构社会，因为人的实践活动受到历史的、社会的多种因素的制约和限制。但这种"制约"与"限制"又不是一种单向的限制，而是一种双向的互动过程，正是在这种互动中，人建构了一整套现实的社会经济体制，这一体制成为人类社会关系的真正基础，而这正是接下来我们将要讨论的问题。

二、马克思对亚里士多德社会正义理论的继承

亚里士多德的伦理学与政治哲学思想主要体现在其两部重要著作当中，也就是《尼各马科伦理学》（也称《尼各马可伦理学》）和《政治学》当中。著名政治哲学家阿伦特如此评价两部著作在亚里士多德伦理学中的相互关系："《尼各马可伦理学》和《政治学》。前者研究公民，后者研究城邦制度；前者先于后者，因为公民的'好生活'是城邦即城市制度

---

① 参见麦卡锡. 马克思与古人：古典伦理学、社会正义和 19 世纪政治经济学 [M]. 王文扬，译. 上海：华东师范大学出版社，2011：122.

的存在根据。"①

在《尼各马科伦理学》中，最令人感到惊奇的是，亚里士多德有关经济问题的论述是从对"公正"的论述开始的："不公正分为两类，一是违法，一是不均，而公正则是守法和均等。"② 亚里士多德认为，不公正一方面是对他人利益的一种侵犯，也就是违法，另一方面又是一种"不平等"，也就是不均。二者是有区别的："不均"既是"不平等"，也是一种对他人利益的侵犯；但"违法"或者说对他人利益的侵犯却并不全是"不平等"。不均的问题表现在对亚里士多德所说的"荣誉""财物"的分配不当当中。反之，每个人在社会分配中获得与其行为相适应的"荣誉""财物"就是一种"公正"。在社会范围内分配财物需要按照一定比例来进行，因此亚里士多德明确指出："公正就是比例，不公正就是违反了比例。"③

那么，这种比例关系如何确定？亚里士多德认为人类社会诞生的基础在于"友爱"与"互惠"。在现实层面上，人与人之间的交往有很大一部分是进行"互惠"活动，也就是每个人将自己的东西与他人的东西进行交换，从而实现自己的"欲求"。但是人与人之间的交换必须通过一种"中介"才能实现，进而才能推动社会范围内的大规模交换。因此，这种"中介"就是一种与所有东西都能"对等"的东西："总的说来，在不相同、不相等的东西之间才互通。应该使这些东西相对等。因此，凡是在交换中的东西，都应该在某种形式上相比较。为了作比较，人们发明了货币，它是作为中间物而出现的。"④ 同时，货币是与人的交换行为相结合的。只要存在交换行为，就有对货币的"需求"，因为"一切所需的物品都有一个定价，因而交换将是永远的，相通也将是永远的。货币作为一种尺度，可

---

① 阿伦特. 反抗"平庸之恶"[M]. 陈联营，译. 上海：上海人民出版社，2014：85.
② 亚里士多德. 亚里士多德全集：第8卷 [M]. 苗力田，主编. 北京：中国人民大学出版社，1994：98.
③ 亚里士多德. 亚里士多德全集：第8卷 [M]. 苗力田，主编. 北京：中国人民大学出版社，1994：101.
④ 亚里士多德. 亚里士多德全集：第8卷 [M]. 苗力田，主编. 北京：中国人民大学出版社，1994：104.

将一切事物公约，并加以等价化"①。亚里士多德对货币的这一认知既非常接近古典政治经济学的货币理论，也与马克思的"货币是一般等价物"的论断比较接近。甚至亚里士多德已经指出"我们用货币来公约万物，所以事物成为可公约的"②。这种对事物的"公约"，在亚里士多德看来就已经解决了万物之间的交换比例问题。因此说公正就是合乎"比例"的，而这种比例，特别是衡量物质利益时的比例就是以货币来衡量的。

据此，我们可以进一步看到，亚里士多德的"公正"的一个重要侧面："均等"抑或"不均"，都是依据货币来进行衡量的。也就是说，衡量一个"物"或物与物之间比例关系的是"货币"。据此，人们能够知道公正就是"均等"（亚里士多德明确指出均等就是算术比例的大小的中间③）。在分配过程中，公正的人会选择一种行为的原则，在这种原则之下，人将有利的东西均等地分给自己和他人，同时在交换过程中也用价值均等的东西交换别人价值均等的东西；而对于有害的东西，则不会分配给他人比自己更多的有害的东西，遵循这种原则就是遵循了比例上的公正性。也就是说，公正就在于一定量的物被公平地分配给了社会中的所有大众，这种物的分配就按照一定的比例分配，这种分配在价值上平等的保证就在于"比例"层面上的公正性，而比例之所以存在就是因为能够"公约"万物的"货币"存在。

根据以上的推论，我们似乎看到亚里士多德的伦理学具有功利主义的色彩，那么我们是否可以说亚里士多德伦理学是一种"功利主义""物质主义"的伦理学？答案显然是否定的。虽然亚里士多德从"公正"中推演出了"货币"概念，同时，亚里士多德的"公正"看似也依据货币作为"比例"来实现，但我们不能将亚里士多德伦理学简单等同于一种"物质主义"的伦理学。

---

① 亚里士多德. 亚里士多德全集：第 8 卷 [M]. 苗力田，主编. 北京：中国人民大学出版社，1994：105.
② 亚里士多德. 亚里士多德全集：第 8 卷 [M]. 苗力田，主编. 北京：中国人民大学出版社，1994：106.
③ 参见亚里士多德. 亚里士多德全集：第 8 卷 [M]. 苗力田，主编. 北京：中国人民大学出版社，1994：102.

在《尼各马科伦理学》的开篇，亚里士多德就明确指出：善并不是人们对财富的追求，财富在亚里士多德看来只是"有用的东西"，而且财富只是以他物为目的，而不是以人本身、人的德行为目的，财富可能因其效用而满足人的某些特殊的欲求，但财富本身不能给人带来幸福，同时，财富本身能够发挥一种效用，但这种效用是好的效用还是坏的效用，则取决于人本身的使用。① 因此，我们很难想象做出这种论断的亚里士多德，会将"货币"作为"公正"实现的重要因素。我们现在仍然需要对亚里士多德伦理学中有关经济学与伦理学的关系问题做进一步的探讨。对此，需要进一步分析亚里士多德伦理学中对"效用"与"价值"问题的看法。

亚里士多德的效用具有两层含义：其一是作为结果的效用，其二是作为过程的效用。亚里士多德分别列举了不同的例子来说明这两种效用。比如：建筑的效用是为人提供居所，它的效用形式是它本身的结果，因此是作为结果的效用；眼睛的效用就是看这一过程，而不是看的结果，因此是作为过程的效用。亚里士多德认为，人的德行是在效用中体现出来的——"事物的效用与它的德性的效用是相同的（但不是在相同的意义上），例如，鞋既是制鞋术，也是制鞋行为的效用；所以，如果制鞋术和好的制鞋人有某种德性，其效用就是好鞋"②。也就是说，亚里士多德将劳动（制鞋）视为实现德行的一种形式，制鞋的过程是德行，同时这一德行的结果也就是一种效用——就是好鞋。也就是说，亚里士多德将人的劳动视为实现德行的一种行为，这种行为事实上是将人与劳动结合起来，人的劳动行为是一种德行的实现，同时在这种实现德行的过程中，产生出效用——也就是作为好鞋的结果。这种"自足性"的劳动不牵扯任何对象性、外在性的东西——如工资、报酬等等。

我们发现亚里士多德对"劳动"、"效用"与"德性"的看法，都与马克思的劳动价值论思想具有相似性。马克思早期对政治经济学的探讨就

① 参见亚里士多德. 亚里士多德全集：第8卷［M］. 苗力田，主编. 北京：中国人民大学出版社，1994：6-8.
② 亚里士多德. 亚里士多德全集：第8卷［M］. 苗力田，主编. 北京：中国人民大学出版社，1994：356.

涉及了这个问题。在《1844 年经济学哲学手稿》中，马克思对"异化劳动"的批判就体现出了这种联系。其对"异化劳动"的描述是"劳动所生产的对象，即劳动的产品，作为一种异己的存在物，作为不依赖于生产者的力量，同劳动相对立。劳动的产品就是固定在某个对象中、物化为对象的劳动，这就是劳动的对象化。劳动的实现就是劳动的对象化"①。也就是说，马克思所批判的市民社会中的资本主义劳动是站在亚里士多德的立足点之上的。同时马克思认为，资本主义社会中对象化的劳动不是人自我实现的手段，而是被"矮化"成自我谋生的手段，与人的德行的自我实现分离开来，效用原本只是人追求德行的劳动过程的结果，但最后却"异化"成为商品价值的基础。

在对比了马克思与亚里士多德对效用问题的看法之后，我们自然而然会想到，基于此效用理论，亚里士多德对"价值"又有什么样的看法？如前所述，亚里士多德认识到了人类社会中相互交换劳动产品的必要性，同时劳动产品的价值又是基于其效用的表征。亚里士多德承认价值产生于交换过程中，同时认为这种交换使用的是一种共同的尺度——也就是"货币"，但问题在于，"价值"由交换过程中的谁来决定？亚里士多德将交换的双方界定为提供货币的"受益者"与提供劳动产品效用的"奉献者"。"受益者"通过给予"奉献者"货币而得到商品的效用，"奉献者"也通过奉献自己的商品而得到了"回报"。在此过程中如何体现"公正"？——亚里士多德显然认为公正由各自因为交换而取得的相等价值来确定，也就是自己所获得的快乐与自己所付出的代价相等，或者对对方而言，其所获得的利益与其所付出的努力相等同。②也就是说，亚里士多德也承认某种程度上的"等价交换"，当然，这种价值交换的"公平合理"，有赖于双方所付出的与所得到的在价值上的"相等"，而这种付出与得到要么是"利益"，要么是"快乐"。总而言之，在经济学的层面上，亚里士多德将"公

①　马克思，恩格斯. 马克思恩格斯全集：第 42 卷 [M]. 中共中央马克思恩格斯列宁斯大林著作编译局，译. 北京：人民出版社，1979：91.
②　参见亚里士多德. 亚里士多德全集：第 8 卷 [M]. 苗力田，主编. 北京：中国人民大学出版社，1994：191-192.

正"视为一种"互惠的正义"。

亚里士多德经济思想的一部分包含在其伦理思想之中。由于受限于客观历史条件，亚里士多德的经济思想难免有些粗陋，但其中也不乏一些理论上的"闪光点"。这些"闪光点"在之后以各种形式为马克思所继承，如我们在上文中所提到的"公正"问题、"货币"问题、"劳动与德性"问题、"等价交换"问题等。需要注意的是，这些问题只是零散地分布在亚里士多德的《尼各马科伦理学》之中，并未形成一个完整的政治经济学体系。之所以会出现这样的情况，从历史角度说是因为亚里士多德囿于当时的客观历史环境——简单、朴素的商业社会无法为他提供足够的理论资源。而从亚里士多德理论本身来看，则是其对劳动理论认识的不足。对此，马克思在《资本论》中做了精辟的阐释："亚里士多德不能从价值形式本身看出，在商品价值形式中，一切劳动都表现为等同的人类劳动，因而是同等意义的劳动，这是因为希腊社会是建立在奴隶劳动的基础上的，因而是以人们之间以及他们的劳动力之间的不平等为自然基础的。价值表现的秘密，即一切劳动由于而且只是由于都是一般人类劳动而具有的等同性和同等意义，只有在人类平等概念已经成为国民的牢固的成见的时候，才能揭示出来。"① 也就是说，亚里士多德一方面在伦理与劳动关系问题上显示出了惊人的预见性，同时在另一方面，也由于其身处奴隶制社会的客观环境，从而无法认识到人类劳动本身所带有的平等性、抽象性与化约性。客观的社会环境——更具体地说是奴隶制社会的现实生产关系，使亚里士多德对价值的认知止步于"货币""价值"，而对于在二者之后，作为二者"基础性"存在的人类劳动——抽象劳动的存在则"视而不见"。至此，亚里士多德思想中对经济-伦理之间关系问题看法的超越性与局限性，已经呈现在我们眼前。

---

① 马克思，恩格斯. 马克思恩格斯全集：第23卷［M］. 中共中央马克思恩格斯列宁斯大林著作编译局，译. 北京：人民出版社，1972：74-75.

第二节　马克思对黑格尔劳动伦理思想的批判性吸纳

黑格尔的社会伦理思想对于当时而言无疑是具有"断裂性"与"革命性"意义的。黑格尔的社会伦理思想表现出与西方传统伦理思想大相径庭的理论形态，他将人的伦理关系视为社会现实的产物，而不是一些"亘古不变"的道德原则的产物；同时将历史性原则引入到对伦理思想的研究之中。这些思想都对马克思产生了重大影响。众所周知，马克思的思想理论的成型是从对黑格尔法哲学思想的批判开始的，但"如果说，马克思社会政治理论的哲学奠基起源于对黑格尔法哲学的批判，那么，这不仅意味着前者对后者的批判性拒斥，而且意味着前者对后者的批判性吸收；质言之，意味着黑格尔法哲学就这两方面而言构成马克思社会政治哲学的直接理论前提"①。也就是说，马克思在批判黑格尔的法哲学思想的同时也吸收了其社会伦理思想中的有益部分。其中，黑格尔社会伦理思想中的劳动伦理思想对马克思的伦理思想产生了很大的影响。

一、黑格尔劳动伦理思想的超越性与局限性

洛维特指出："马克思把对劳动的分析集中在作为现实生存关系的表

---

① 吴晓明. 黑格尔法哲学与马克思社会政治理论的哲学奠基 [J]. 天津社会科学, 2014 (1)：23.

达的经济学问题上，同时又批判地把它奠基在黑格尔哲学的普遍的劳动概念中。"① 这一方面说明马克思理论中对劳动概念的阐发具有经济学-哲学双重内涵；另一方面说明马克思对于劳动概念的哲学阐释是"批判性"地奠基于黑格尔劳动论题之上的。因而对《资本论》中劳动概念的哲学内涵的理解，首先必须建立在对黑格尔劳动观的系统梳理基础上。

经典理论家们在《德意志意识形态》的序言中就已经提出："黑格尔完成了实证唯心主义。他不仅把整个物质世界变成了思想世界，而且把整个历史也变成了思想的历史。他并不满足于记录思想中的东西，他还试图描绘它们的生产的活动。"② 这从根本上概括了黑格尔哲学的理论路径，同时也直接点明了整个黑格尔哲学的理论局限性——"实证唯心主义"——也就是现代哲学思想的"内在性"特征。

现代哲学自笛卡儿以来，一直存在着将人的主体性预先"设定"于人的"意识"之中，人"思维意识"中的主体性成为现代社会一切知识、一切真理甚至是世界本身存在的无可置疑的前提。海德格尔在批判这种倾向时指出："这个主体性并未就其存在得到询问；自笛卡尔以来，它就是fundamentum inconcussum（禁地）。总之，源于笛卡尔的近代思想因而将主体性变成了一种障碍，它阻挠〔人们〕把对存在的追问引向正途。"③ 同样，处于德国观念论哲学顶峰的黑格尔也面临同样的问题，黑格尔对人的主体性问题进行了深刻反思，这一点在其对劳动问题的分析中就有所显现，但问题在于黑格尔始终没有彻底摆脱观念论哲学的内在理论框架，正如卢卡奇所分析的："黑格尔的方法中的辩证思维被其观念论的理论路线所主导，它复杂的诞生过程也意味着黑格尔的客观主义带有两面性。"④

黑格尔曾经明确指出："哲学的历史就是发现关于'绝对'的思想的

---

① 洛维特. 从黑格尔到尼采 [M]. 李秋零, 译. 北京：生活·读书·新知三联书店, 2006：369.

② 马克思, 恩格斯. 马克思恩格斯全集：第 3 卷 [M]. 中共中央马克思恩格斯列宁斯大林著作编译局, 译. 北京：人民出版社, 1960：16.

③ 晚期海德格尔的三天讨论班纪要 [J]. 费迪耶, 等, 辑录. 丁耘, 摘译. 哲学译丛, 2001 (3)：55.

④ LUCKÁCS G. The Young Hegel：Studies in the Relations Between Dialectics and Economics [M]. London：Merlin Press, 1975：395.

历史。绝对就是哲学研究的对象。"① 在黑格尔哲学中,"存在"一方面作为"一切皆在",乃是万物得以"持存"的始基;另一方面,存在又是一种祛除了事物全部规定性的"纯有"。在黑格尔哲学中,先于一切规定性的"纯有"就是人纯粹的"思维",由此黑格尔确认了"思想"相对于客观存在的"逻辑先在性",因为任何事物在确立自身存在的具体规定性之前,都必须以"思维"对"存在"本身的确认为基础。也因此,黑格尔认为对现实中任何具体的存在依据的溯源必须从"思维"出发,对劳动问题的本体论反思也概莫能外。

基于"思维"相对于"存在"的"逻辑先在性"出发点,黑格尔将劳动首先理解为一种在精神领域的辩证运动。在《精神现象学》中,黑格尔认为:"劳动是受到限制或节制的欲望,亦即延迟了的满足的消逝,换句话说,劳动陶冶事物。"② 这说明,在人与物的关系层面上:劳动一方面使意识通过"陶冶"而"在劳动中外在化了自己";同时也在"陶冶"过程中感受到了意识本身所特有的"否定性",以及其自身的"自为存在"。简言之,黑格尔认为人的劳动在"陶冶"外在事物的同时也在"陶冶"自身。

但劳动的"陶冶"活动不仅仅是"塑造"外物与人本身的关系那么简单,更重要的是黑格尔看到了劳动活动在"塑造"人与人之间社会关系过程中的重要作用。黑格尔在《精神现象学》中详细论述了围绕劳动这一活动所造成的"主人"与"奴隶"之间的辩证关系运动。主人意识是"自为存在着的意识",而奴隶意识是"依赖的意识"。但在人与物的关系层面上,人必须通过劳动改造物才能满足自身的需求,而在人与人的关系层面上,则是"主人通过奴隶间接地与物发生关系。……主人把奴隶放在物与他自己之间,这样一来,他就只把他自己与物的非独立性相结合,而予以尽情享受;但是他把对物的独立性一面让给奴隶,让奴隶对物予以加工改

---

① 黑格尔. 小逻辑 [M]. 贺麟,译. 北京:商务印书馆,1980:10-11.
② 黑格尔. 精神现象学:上卷 [M]. 贺麟,王玖兴,译. 上海:上海人民出版社,2013:189.

造"①。因此，奴隶节制自己的欲望，从而"陶冶"事物，而主人享受物，满足了自身欲望，由此在劳动活动中，主人以奴隶为"中介"陶冶事物。但在这一过程中，主人间接地与事物发生关系，在主人意识完成之时，从人与物关系的角度分析，主人已经不能独立与物发生关系，而只能借助于"奴隶"与物发生关系，此时的主人意识已经成为一种"非独立"的意识。与之相反，奴隶的意识由于直接与物的独立性的一面相关联，在人与物的关系层面上具有了独立性，因此从这个角度来说："独立的意识的真理乃是奴隶的意识。"② 主人意识与奴隶意识在人与物关系的层面上，最终实现了地位的转换，由此形成了劳动过程中人与人关系的辩证运动。

因劳动而形成的主奴关系的转换，并不是劳动辩证法的终点。黑格尔在此基础上更进一步论证了人的劳动活动在现实社会关系中的建构作用。

在黑格尔晚期的《法哲学原理》中：一方面在对"所有权""市民社会"等问题的论述中，更为系统全面地阐释了劳动概念；另一方面也更为深刻地阐述了劳动在历史中的建构运动。在黑格尔看来，从现代市民社会中人与人之间的关系来看，劳动是不可或缺的"中介"。市民社会是一个"需要体系"，一方面具有主观的对物的特殊需求，另一方面是客观的"外在物"。劳动是沟通二者的重要"桥梁"——劳动作为特别化了的需要和手段的中介——是一种普遍形式，因为"我"从"他人"中获得满足，同时"我"也要为满足"他人"而劳动，无论是需要还是满足需要的手段，都成为"为他人的存在"。这意味着一切人都必须是"为了"他人而存在；同时一切人也都必须"依赖"他人而存在。

在"市民社会"这一需求体系中，劳动是满足人群共同体各种"特异化了的需要"的"中介"。既然在社会中人的劳动是"为了他人"而进行的劳动，那么个人的私人劳动由此获得了一种"普遍性"的形式——"我既从别人那里取得满足的手段，我就得接受别人的意见，而同时我也不得

---

① 黑格尔. 精神现象学：上卷［M］. 贺麟，王玖兴，译. 上海：上海人民出版社，2013：186-187.

② 黑格尔. 精神现象学：上卷［M］. 贺麟，王玖兴，译. 上海：上海人民出版社，2013：188.

不生产满足别人的手段。于是彼此配合，相互联系，一切各别的东西就这样地成为社会的"①。但个人劳动获得社会的普遍形式还不是劳动在人与人之间关系领域辩证运动的终结，劳动在塑造了人与人之间社会关系的同时，也塑造了人与人之间社会关系中的等级制度。在黑格尔看来，在人的劳动的普遍形式的抽象化过程中，产生了"生产的细致化"②也就是分工，而分工导致市民社会因分享财富而产生了众多部门。同时从个人的角度来说"等级之所以重要，就因为私人虽然是利己的，但是他们有必要把注意力转向别人。这里就存在着一种根源，它把利己心同普遍物即国家结合起来，而国家则必须关心这一结合，使之成为结实和坚固的东西"③。据此而论，黑格尔将市民社会划分为三个等级——实体性等级、反思或形式性等级以及普遍等级。区分这三个等级的主要依据是通过其劳动形式：实体性等级的劳动以农业劳动为主要形式，反思或形式性等级的劳动以对自然物加工为主要劳动形式，而普遍等级的劳动以为社会提供普遍利益的劳动为其形式。由此，不同性质的劳动塑造了不同的社会等级。至此，黑格尔通过劳动将人改造世界的创造性活动、人与人之间关系的内在建构活动、社会关系与社会制度的外在创建活动联系在了一起，从而表征为一个统一的人的精神从"无"到"有"的辩证逻辑运动过程。

　　黑格尔的劳动辩证法由此完成了从人与物关系的哲学思辨"外化"到人与人关系的社会现实之中。从早期《耶拿手稿》，到《精神现象学》，再到《法哲学原理》，可以说黑格尔一步一步完成了对劳动问题的哲学阐释。这一阐释一方面使"劳动辩证法"从人的思维意识中的逻辑运动走向了社会现实运动；另一方面完成了对社会存在的思辨表达。可以说"劳动辩证法"充分体现了黑格尔哲学体系中的现实感，既突破了传统观念论哲学对于劳动、实践问题的狭隘理解，也超越了古典政治经济学家对劳动问题的"庸俗"分析。在德国古典哲学的观念论传统的影响下，黑格尔哲学的政治经济学思想与后来的历史唯物主义相比，具有很大的局限性，从而导致

---

① 黑格尔. 法哲学原理［M］. 范扬，张企泰，译. 北京：商务印书馆，1961：207.
② 黑格尔. 法哲学原理［M］. 范扬，张企泰，译. 北京：商务印书馆，1961：210.
③ 黑格尔. 法哲学原理［M］. 范扬，张企泰，译. 北京：商务印书馆，1961：212.

了黑格尔的政治经济学思想一直停留在"非批判"的理论思辨层面上。而其局限性主要表现在以下几个方面：

首先，就政治经济学自身而言，黑格尔对劳动的思辨是一种带有主观主义色彩的抽象思辨，而不是对劳动这一经济学范畴的现实批判。马克思早在《1844年经济学哲学手稿》中就明确指出："黑格尔唯一知道并承认的劳动是抽象的精神的劳动。"① "抽象的精神的劳动"点明黑格尔劳动观念的"内在性"特征———一种基于思维意识的在精神领域的活动。黑格尔这种"抽象"劳动观念的产生不是偶然的，而是与德国当时的政治与历史环境息息相关，在德国落后的政治经济环境下，黑格尔既无法找到支撑其经济理论思想的现实依据，也无法突破其理论方法上的观念论框架，更无法在政治经济学中展开对现实政治的批判。因此，在面对亚当·斯密的政治经济学理论时，虽然黑格尔很早就开始接触并进行了认真的研读和思考，但始终只能停留在对劳动概念的哲学反思基础上，特别是没能对斯密的劳动价值论进行深刻的阐发——而这恰恰是之后的马克思建立政治经济学批判体系的重要基础。事实上，黑格尔在对政治经济学的反思中，没有能够真正系统理解古典政治经济学所关注的劳动价值理论。哪怕是在其晚期的《法哲学原理》中，对劳动价值的认识也仅仅停留在"每个人在为自己取得、生产和享受的同时，也正为了其他一切人的享受而生产和取得。在一切人相互依赖全面交织中所含有的必然性，现在对每个人说来，就是普遍而持久的财富"②。对劳动价值的这种朴素的理解导致黑格尔对价值的概念具有前后不一致的理解：一方面，黑格尔认为"价值是我对事物的看法"，另一方面，黑格尔又认为"一物与他物之间的品质的抽象，所创造出的统一的与合法的状态即为价值"③。两者之间的矛盾源于黑格尔没有区分一个事物对人而言的使用价值，以及对社会而言的抽象价值。对"价值二重性"认识的空白，导致黑格尔无法真正理解古典政治经济学的价值论

---

① 马克思，恩格斯. 马克思恩格斯全集：第 42 卷［M］. 中共中央马克思恩格斯列宁斯大林著作编译局，译. 北京：人民出版社，1979：163.

② 黑格尔. 法哲学原理［M］. 范扬，张企泰，译. 北京：商务印书馆，1961：210.

③ LUCKÁCS G. The Young Hegel：Studies in the Relations Between Dialectics and Economics［M］. London：Merlin Press，1975：335.

思想，从而对劳动的理解停留在思辨哲学的界限之内，而始终无法突破到现实层面上。

其次，从哲学层面上来说，黑格尔继承了德国观念论的传统，将历史、社会乃至于自然都视为人类精神的产物——"惟有精神的东西才是现实的；精神的东西是本质或自在而存在着的东西——自身关系着的和规定了的东西，他在和自为存在——并且它是在这种规定性中或在它的他在性……中仍然停留于其自身的东西；——或者说，它是自在而自为。——但它首先只对我们而言或自在地是这个自在而自为的存在，它是精神的实体"①。在此基础上，黑格尔将人类的实践活动——劳动——也视为一种"精神的东西"，将劳动所创造的"成果"视为精神"异化"的产物。"以黑格尔之见，劳动在观念的总体异化（外化）中，首先是人类的精神本质（绝对精神在现实中的次主人）得以实现的必要环节。……劳动也就是主体类意识的外化与异化（Entfremdung），因为精神性的人之类本质实现为物质性和对象性的（gegenständlich）活动，并直接外化于劳动产品之中。"② 据此而论，黑格尔缺乏对人的劳动产品的现实性的认知。对"异化"问题的中性理解，导致了黑格尔看不到劳动以及劳动产品现实性、物质性的一面。沿着将劳动产品"精神化"的路径向前推演，黑格尔在看待商品、货币、资本等问题时"在其著作中描述了一个逐次递增的层序结构，在这一结构中，从劳动开始，依次是劳动产品，交换和贸易，最终是货币"③。从这一结构中我们不难看出，黑格尔对现实经济体系的分析所使用的方法，事实上并未超越古典政治经济学家所使用的方法，即"从具体到抽象"的理论路径（而历史唯物主义在这一方面恰恰相反）。因此，黑格尔也和古典政治经济学家犯了一样的错误，也就是忽视了现代经济生活中的"拜物教问题"。黑格尔只看到了商品的外化、异化的精神形式，而

① 黑格尔. 精神现象学：上卷 [M]. 贺麟，王玖兴，译. 上海：上海人民出版社，2013：65.

② 张一兵. 回到马克思：经济学语境中的哲学话语 [M]. 南京：江苏人民出版社，2013：70-71.

③ LUCKÁCS G. The Young Hegel：Studies in the Relations Between Dialectics and Economics [M]. London：Merlin Press，1975：384-385.

没有深入研究商品交换背后所表征的人与人之间的关系，可以说，商品背后所代表的人与人之间的关系完全处于黑格尔的研究视野之外，这并非黑格尔研究过程中的主观疏忽所致，而是由其研究所依据的观念论哲学出发点与落脚点决定的。因此其政治经济学思想最终止步于"拜物教"，没能对"拜物教"展开深刻的反思与批判。

最后，处于观念论传统哲学框架下的黑格尔哲学体系，最终也没有能将黑格尔经济学研究与社会变革、政治变革联系起来，现实的政治革命成为黑格尔政治经济学思想走向现实的最后障碍。如前所述，黑格尔最终没有能够突破观念论哲学框架，超越现代哲学思维内在性的局限。这使得黑格尔政治经济学思想缺乏足够的理论张力，从而无法展开对社会现实的批判。相反，黑格尔观念论哲学体系在处理现实问题时，只能以"非批判"的方式解决现实问题。黑格尔不是没有思考过诸如贫困、阶级对立等社会矛盾问题，但因为如前所述之原因，处于现代哲学"内在性"框架内的黑格尔难以认识到现实政治经济运动过程中，个人劳动与生产关系之间内在的矛盾问题。卢卡奇将这一矛盾归结为黑格尔政治经济学思想中的两个缺陷：第一，"他（黑格尔）没有能够将阶级结构与经济之间的关系联系起来"；第二，"他没有能够将阶级结构与政府之间的关系联系起来"。[①] 黑格尔这两个缺陷的产生并非偶然，而是其理论背景决定了他无法突破这二者之间的局限。黑格尔试图用"精神"的外在化来解决思想客观性问题，这就意味着，他既无法在理论层面上突破"意识内在性"的问题，同时也无法在现实的层面上将客观经济现实、政治现实中的内在联系展现出来。其以"精神"统摄一切的做法，最终结果是忽视了人类现实的历史运动过程与经济运动过程，将二者与抽象的"主观精神"结合在一起，因此从现实层面上看，黑格尔仍然以一种内在的、主观的视角来"解释"现实问题，从而无法深入到现实问题背后，发现其中外在的、客观的现实社会联系。

综上所述，限制黑格尔政治经济学思想真正超越到现实层面的——乃是披着古典哲学观念论传统的现代哲学"意识内在性"的理论。黑格尔的

[①] LUCKÁCS G. The Young Hegel: Studies in the Relations Between Dialectics and Economics [M]. London: Merlin Press, 1975: 387.

客观唯心主义从整体上仍然没有突破"意识内在性"这一框架,也就是说,黑格尔致力于从意识、思维层面出发,寻求思想客观性的努力最后仍然在这一框架内归于失败,黑格尔政治经济学思想止步于对经济现实的理论思辨,就是这种失败的最直接表现,也是黑格尔哲学体系中最大的理论缺憾之一。后世如蒲鲁东等人试图继续沿着黑格尔的路线,用"哲学反注经济学"的方法来弥补这一缺陷,但其努力仍然没有取得任何结果。只有当马克思主义出现之后,以全新的理论原则——历史唯物主义的原则——为方法论基础;并从与黑格尔恰恰相反的理论出发点——"现实的个人"出发,才真正突破了一直困扰着近代以来哲学的"意识内在性"问题,实现了政治经济学与哲学的"双重革命"。

黑格尔对劳动概念的哲学阐释的先进性与局限性并存,且都根源于其在古典政治经济学的影响下,以哲学的语言描绘了现代资本主义社会的世界图景的思维路径。同时他也看到了资本主义社会诸多矛盾,以及这些矛盾产生的原因——异化,由于黑格尔将这种异化理解成为一种无法控制、超越的现代性力量,因此黑格尔在发现这些矛盾时也无法真正解决这些矛盾。这种局限性从主观上说根源于黑格尔的唯心主义思想框架,从客观上说是因为德国在当时的资本主义生产方式还未获得充分发展,导致了黑格尔研究视野的受限。

二、马克思伦理思想中的黑格尔伦理逻辑

如前文所述,黑格尔哲学思想因为囿于观念论思辨哲学框架,始终无法突破对政治经济学问题的思辨理解,因而与更进一步的批判性研究失之交臂。但同时,我们也应该注意到,黑格尔早年对伦理学进行了深入的研究,而其代表作《精神现象学》,以及晚期的《法哲学原理》,都对伦理学问题进行了深入的探讨,这些研究对马克思的伦理思想产生了很深刻的影响。艾伦·布坎南总结了以下几点黑格尔与马克思在伦理思想方面的共同之处:"黑格尔与马克思都相信,市民社会的恶是不可避免的,不是偶然的;他们都拒斥对私有财产的不受限制的权利;他们都相信,仅仅立基于

利己主义的相互作用的社会是无法忍受和不可运作的。……而且，马克思与黑格尔都拒斥人类作用的法权范式——其观念依据的是：所有重要的人类关系都必须理解为权利持有者之间的相互作用。"① 麦卡锡也指出："黑格尔和马克思都——用不同的方式——试图去整合伦理学与政治经济学。他们都是一只脚踏在古典自然法上，另一脚踏在现代性上。这赋予他们——很可能要多于任何其他现代思想家——一种历史和人类发展的观点，一种对过去富于洞见的理解和一种对未来的远景，这是鲜有他人曾经有过的。"② 也正是基于这个原因，我们有必要对黑格尔伦理思想的逻辑进行一个简要的梳理。

研究"个体–共同体"的关系问题贯穿了黑格尔伦理体系的始终，同时，这也正是黑格尔（包括之后的马克思）伦理思想与现代西方伦理思想在伦理观念上产生"断裂"的重要原因。黑格尔认为："在考察伦理时永远只有两种观点可能：或者从实体性出发，或者原子式地进行探讨，即以单个的人为基础而逐渐提高。后一种观点是没有精神的，因为它只能做到集合并列，但是精神不是单一的东西，而是单一物和普遍物的统一"③，因此，黑格尔伦理学与西方伦理学在最基础的伦理观念上就存在差异：比之于强调主体的后者，前者更愿意从"共同体"与"统一"的角度出发来探讨伦理问题。

黑格尔伦理思想建立在对"自我意识"的反思基础上，但与前人不同的是，黑格尔认为"自我意识"是进行一种自在自为的"否定辩证"运动。因此，"自由自觉"的个体——也就是主体，在追求"自由"的无条件运动中，必然会遭遇"普遍性"的限制，"个体"与"共同体"的紧张由此发端，主体通过自身不断实现"自由"（主观自由与客观自由），逐步建立起了关于自身、法权、道德乃至于国家的观念，这构成了理解黑格尔历史哲学的一条重要线索。

---

① 布坎南. 马克思与正义 [M]. 林进平, 译. 北京：人民出版社, 2013：15-16.
② 麦卡锡. 马克思与古人：古典伦理学、社会正义和 19 世纪政治经济学 [M]. 王文扬, 译. 上海：华东师范大学出版社, 2011：164.
③ 黑格尔. 法哲学原理 [M]. 范扬, 张企泰, 译. 北京：商务印书馆, 1961：173.

精神的运动史与现实的运动史在追求"自由"的过程中相互印证——"活的伦理世界就是在其真理性中的精神。一旦精神抽象地认识到它自己的〔伦理〕本质，伦理就在法权的形式普遍性中沉沦了。此后精神既已自身分而为二（entzweite），它就一方面在自己的客观元素亦即坚硬的现实上刻画出它的两个世界之一——文化世界或教化王国（Reich der Bildung），另一方面在思想元素上刻画出它的另外一个信仰世界亦即本质王国（Reich des Wesens）"①。黑格尔用"活的伦理世界"隐喻古希腊的城邦社会，而法权社会即罗马社会的出现则导致了精神世界中"伦理的直接性破裂"（贺麟语），在此后，从西罗马帝国灭亡到启蒙运动展开，西方社会精神世界不断地二分化，人"不再把世界以及世界本原〔或根据〕安置于它自身之外，而是让一切都消解于其自身之内"②——从而形成"个体"的主体性原则在精神世界确立了其基础性地位。

随之而来的是人的自我意识的分裂，这种分裂在伦理精神上体现为：一种代表"对其自身有所意识"的"人的规律"与另一种代表"国家伦理力量"的"自觉的行动的运动"的"神的规律"的对立。这种对立是一种既相互区分又相互联系的对立，"现实中的人"在黑格尔看来是绝不可能以独立于社会的形式存在，甚至个人的行为也将变得没有意义——"因为一个人只作为公民才是现实的和有实体的，所以如果他不是一个公民而是属于家庭的，他就仅只是一个非现实的无实体的阴影"③。

个体与共同体之间在这种主体性原则不断扩张背景下的"缠结"关系，在现实中表现为个人对社会既拒斥又依存的矛盾关系，这种关系导致共同体必须以"政府"或"法权"这种强制性的力量存在才有其意义，因为"它使它们感觉到它们自己没有独立性，并使它们意识到只在整体中它

---

① 黑格尔. 精神现象学：下卷 [M]. 贺麟，王玖兴，译. 上海：上海人民出版社，2013：8.
② 黑格尔. 精神现象学：下卷 [M]. 贺麟，王玖兴，译. 上海：上海人民出版社，2013：9.
③ 黑格尔. 精神现象学：下卷 [M]. 贺麟，王玖兴，译. 上海：上海人民出版社，2013：14.

们才有生命"①。因此，在个体与作为"政府"形式的"共同体"对立时，"抽象法"由此产生，个体与共同体之间的矛盾和对立运动到了另一个阶段，也就是黑格尔在《法哲学原理》所探讨的阶段。

首先，是以实现"客观自由"为目的的"抽象法"阶段。在黑格尔看来"任何定在，只要是自由意志的定在，就叫做法。所以一般说来，法就是作为理念的自由"②。而且现代社会的"法"的基础是"所有权"或者"财产权"，因为"作为人的自我意识需要一个他人承认他也是一个人的意识，在此意识中，它采用他人承认其作为物的主人的形式"③。现代国家的法权体系是围绕"所有权"而建构起来的，比如"契约""所有权转让"等等。"所有权"作为一种人与"物"关系的法权表现，是作为"个体"的人在"共同体"内部保持自身独立性的保障，因此以它为核心构建起来的抽象法权体现着一个"绝对命令"："成为一个人，并尊敬他人为人"④。这种自由意志依赖"外在"所获得的自由就是一种"客观自由"。

其次，经历了客观自由的实现，人的自由意志还必须在以道德为形式的人在"主观精神"中实现。道德一开始是一种受外在制约的意志，在一开始"道德意识只可具有它作为纯粹义务的对象，却不得看到它的对象和它实现了的自我或自身"⑤。道德意识的初始动因是一种"意向"，也就是"有意"或"无意"的行为，这种条件下的个人的道德还没有成为一种自觉行为，这种行为需要"对象化了的目的"。但人的道德行为不可能只出于一种"意向"作为原因，因此对道德意识的考察就要上升到其意图与后果问题上，黑格尔在法哲学中强调，要在人的自我意识外在与内在统一的原则下考察人的道德意识，也就是从内在主观意图与外在行为后果相统一的角度考察道德意识。人的自我意识中道德最终需要被发展到"良心与

---

① 黑格尔. 精神现象学：下卷 [M]. 贺麟，王玖兴，译. 上海：上海人民出版社，2013：17.
② 黑格尔. 法哲学原理 [M]. 范扬，张企泰，译. 北京：商务印书馆，1961：36.
③ 布坎南. 马克思与正义 [M]. 林进平，译. 北京：人民出版社，2013：10.
④ 黑格尔. 法哲学原理 [M]. 范扬，张企泰，译. 北京：商务印书馆，1961：46.
⑤ 黑格尔. 精神现象学：下卷 [M]. 贺麟，王玖兴，译. 上海：上海人民出版社，2013：129.

善"的阶段，道德行为的"对象化目的"被扬弃，道德行为的基础成为"纯粹的良心"，因此良心成为个体在自己本身之内的关于自我的自由，道德行为不再是为了"外在"对象化了的目的，而是为了自己本身自由，故而"善就是作为意志概念和特殊意志的统一的理念；……所以善就是被实现了的自由，世界的绝对最终目的"①。基于此，善与自由实现了统一，同时也意味着个体与共同体在道德意志层面上实现了统一，人的主观精神据此得到了"主观的自由"。

最后，到了伦理阶段，个体与共同体之间的矛盾将在此得到最终的统一，必须将黑格尔的伦理与"国家"放在同一维度上进行考察。从某种程度上说，"国家"就是一个"自觉的伦理实体"。而对于个体而言，"共同体不能被理解成是一个促进个人利益的人为约定或社会构造，或者是一个维护社会秩序的工具。相反，它被看作是人之自我实现、自我意识和社会自由得以可能的条件"②。前者是近代以来西方传统伦理学与政治哲学的理解，后者是黑格尔的理解，伦理实体——国家正是这样一个为"个体"精神意识实现自由而存在的"平台"。

黑格尔将伦理实体理解为从家庭、市民社会到国家的历史运动产物。家庭作为一种"直接的伦理存在"，是构成民族的现实性元素，也可视为组成国家最基本的伦理单位，而市民社会则只是众多"家庭"简单、机械的"聚集"，但个体在这个"聚集"中实现了与共同体的初步统一。伦理精神通过不断的分化、运动最终实现了统一，这种统一不仅仅是形式上的外在统一，更是内在的精神统一，故而"国家"在黑格尔的伦理学中，是"个体-共同体"矛盾运动的最终归宿，个体与共同体之间的矛盾最终将在"国家"内部实现和解。

黑格尔在论述个体与共同体之间辩证关系时，提出劳动塑造了社会共同体中的等级关系的观点，马克思继承并发展了这一观点。同时马克思在继承黑格尔对劳动论题哲学阐释的基础上将对劳动的阐释上升到一个全新

---

① 黑格尔. 法哲学原理 [M]. 范扬，张企泰，译. 北京：商务印书馆，1961：132.
② 麦卡锡. 马克思与古人：古典伦理学、社会正义和 19 世纪政治经济学 [M]. 王文扬，译. 上海：华东师范大学出版社，2011：190.

的层面：马克思既不是单纯从经济学角度对劳动进行经验性分析，同样也不是单纯从哲学角度对劳动概念进行思辨理解，而是从哲学、经济学乃至于社会学的层面上对劳动进行综合性的阐释。

纵观黑格尔的整个伦理思想体系可以发现，其与西方传统伦理思想在研究起点——伦理观念方面——就存在着巨大的"断裂"，黑格尔的"伦理学处理的是社会的、文化的、政治的和经济的框架，与此框架中，个人的自我实现（人的潜能和幸福）成为可能"①。而西方伦理学"处理的是在个人决定和行动的相互关系当中，关于什么是对或错的规范和价值标准"②。从总体上说，黑格尔的目的是在主体性哲学的论域内消解主体性哲学自身，而不是如西方现代伦理学那样彻底贯彻主体性原则，由此两种不同的研究起点造成了西方伦理学与黑格尔伦理学之间在研究方法、研究主题、研究目的与研究对象等方面存在巨大的差异，而在黑格尔之后的马克思，更以一种"颠倒"的方式批判了黑格尔所关切的"个体-主体"矛盾，从而将对"个体-共同体"关系的理解从"思辨"层面重新拉回到"现实"层面。"黑格尔思想的真正的力量在于（马克思所称的否定辩证法）将人类的自身的生成视为一个过程，据此理解劳动的本质，理解处于历史中的个人如何能够在显现其自身本质能力的过程中超越异化。"③ 马克思正是继承了黑格尔的这种辩证逻辑，以历史的视角对资本主义社会的现实社会关系、道德伦理与法权制度进行了有力的剖析，解决了黑格尔没有能够解决的问题，从而实现了政治经济学批判对思辨哲学、古典政治经济学的"双重超越"。

在之前的内容中，我们讨论了黑格尔早期伦理思想为何在政治经济学面前止步，而在以上论述中，我们又梳理了黑格尔中后期在《精神现象学》与《法哲学原理》中的伦理逻辑。那么，黑格尔的伦理逻辑到底对马

---

① 麦卡锡. 马克思与古人：古典伦理学、社会正义和 19 世纪政治经济学 [M]. 工文扬，译. 上海：华东师范大学出版社，2011：168.

② 麦卡锡. 马克思与古人：古典伦理学、社会正义和 19 世纪政治经济学 [M]. 王文扬，译. 上海：华东师范大学出版社，2011：161.

③ ROCKMORE T. Before and After Hegel [M]. Berkeley and Los Angeles：University of California Press，1993：158.

克思产生了什么样的影响？众所周知，马克思历史唯物主义思想的萌芽产生于对黑格尔《法哲学原理》的反思中，这一点可以从马克思早期关键性著作《〈黑格尔法哲学批判〉导言》的思想中得到佐证。但黑格尔伦理思想对马克思伦理思想的影响远不止于此。黑格尔伦理思想的核心在于呈现出了一种完全不同于近代西方功利主义伦理学的理论形态。后者植根于英国经验论哲学与资本主义商业传统，而黑格尔伦理思想则深受欧洲大陆哲学思想影响，其伦理思想没有围绕传统西方伦理“个人”与“他人”之间关系而展开，而是试图从个体与共同体、个体与个体之间关系的视角，也就是从社会关系的视角来展开论证，但遗憾的是，这种研究思路被遮蔽于“整体主义”“国家主义”的理论标签之下，同时由于黑格尔哲学自身的原因，导致这种对社会关系的反思停留于思辨层面上。而马克思的哲学思想则批判性地继承了黑格尔的这一研究视角，也就是从对政治经济学的抽象概念开始反思其背后的真实的社会关系。因此，一方面，马克思的政治经济学批判所主要聚焦的不是经济学概念与经济学活动本身，而是对这些活动背后真实的人与人之间关系的反思；另一方面，马克思伦理思想不是单纯的“道德哲学”，而是对人与人之间关系，以及这种关系所产生的现实基础以及思想前提的反思，故而对马克思伦理思想的研究不可能脱离开马克思的政治经济学批判理论，而挖掘《资本论》的伦理维度的过程，正是对马克思伦理思想中这种内在逻辑加以反思的过程。

从对马克思思想背景的分析中我们不难发现：在亚里士多德的社会共同体理论中，马克思看到分析社会经济基础和生产关系组织形式是探索社会伦理关系形成根源的根本途径；在分析社会伦理形成的根源时，将社会视为一个整体，而不是将社会视为孤立的个人的集合体，从人与人的社会关系中探索伦理道德意识产生的根源。同时，从黑格尔的劳动伦理观中，马克思发现劳动对于人和人的社会关系的双重塑造作用。从微观上说，劳动塑造了人，不仅塑造了个人的劳动技能，也塑造了人的社会地位、社会关系；从宏观上说，劳动不仅塑造了社会的经济结构，也塑造了社会包括伦理道德在内的意识形态结构。从这个角度看，“社会-劳动”这两套分别继承自亚里士多德与黑格尔的伦理思想的概念，构成了马克思伦理思想中最为重要的两大理论支柱，同时也成为《资本论》从伦理学视角剖析资本主义社会伦理关系的重要出发点。

第三节　规范伦理学与马克思伦理思想

在探讨《资本论》伦理维度之前，我们首先必须基于正确的研究视角展开对问题的讨论。对于《资本论》政治经济学批判所蕴含的伦理意涵，后世对这一问题的理解一直充满着种种误解。马克思在经典文本中对资本主义制度进行了大量的道德谴责，揭露了其中大量的"不公正"与"不平等"的社会现象。但与此同时，马克思又似乎从未直接以道德方面的理由来论证资本主义制度灭亡的必然性，更有甚者，经典理论家曾经明确拒绝用"道德教条"来约束工人阶级，这是否说明马克思是"反道德主义者"？对此，我们必须找到一种研究《资本论》伦理维度的合适"视角"，也就是说，首先要解决对马克思伦理思想进行研究的"出发点"问题。

一、规范伦理学"陷阱"与"元伦理学批判"

马克思主义伦理学研究一直面临着两个方面的困境：其一，是马克思在对历史唯物主义理论的经典阐述中，将道德与宗教、艺术、法律一道划入意识形态的范畴，从而将历史唯物主义研究的重心放在了"社会上层建筑"的基础——也就是社会生产力与生产关系方面。其二，是马克思后期政治经济学研究中，如何提炼出其"伦理思想"的问题。马克思后期研究的重点转向了政治经济学，也就是转向了传统伦理学所认为的"实然"领域，与传统伦理学所研究的"应然"领域有着天壤之别。在以探索"关于优良道德制定过程"的规范伦理研究视野之内,马克思主义理论无疑是"伦理无涉"的,而对《资本论》的研究似乎更不可能涉及伦理学问题。但近现代伦理理论发展实践证明,伦理学研究已经超越了单纯规范伦理研究的范畴,而深入到伦理原则、伦理规范、道德原则等概念的思想前提层面上,而马克思主义理论、政治经济学批判作为人类思想史上"批判哲学"的巅峰,在揭示社会时代精神、伦理理论的思想根源上具有难以比拟的理论优势。与此同时,规范伦理学是以制定人类社会"良序道德"为目标,是一种建构性的、规范性的、范导性的伦理实践研究。这种研究思路在马克思的伦理思想中是否存在?也就是说,马克思的伦理思想中是否存在着以建构一种超越资本主义社会道德为目标的伦理规范体系?这是我们接下来将要研究的重要问题。

马克思政治经济学批判不仅是对资本主义社会现实生产关系的批判,更是对基于这种社会关系所建构的伦理原则、道德体系以及价值前提的批判。要发掘出《资本论》的伦理维度,必须超越规范伦理学的研究视角,从更为深刻的元伦理学(Metaethics)①层面,也就是现代伦理学、道德哲学的思想前提层面上,来理解马克思伦理思想所具有的批判性。接下来我们将以《资本论》中所提及的"西尼耳的最后一小时"为例,来理解马克思这种带有"反讽"性质的道德批判。

二、"西尼耳的最后一小时"与马克思的"道德反讽"

在《资本论》(第一卷)第七章"剩余价值率"中,马克思在论证"剩余价值生产"时,举了一个著名的"西尼耳的'最后一小时'"作为例子,描述了代表资产阶级利益的政治经济学家西尼尔与工厂管理理论先

---

① 本书中所指的马克思的"元伦理学批判"与作为西方伦理学流派的"元伦理学"在概念上有一定的区别但二者基本含义相同。"Metaethics"的前级"meta"代表"在……之后",或"超……之外",故而二者都代表一种"超越性"的伦理理论。但"元伦理学"的主要研究方式是运用语言分析方法,对伦理学的概念、判断的逻辑关系进行澄清和区分。而马克思的"元伦理学批判"在本书中是指一种超越性的伦理批判,是对伦理理论、伦理规范思想前提的"批判",是揭示、厘清与界定当代伦理学"界限"的批判性研究,故而更接近于麦卡锡在《马克思与古人》中使用的"元伦理学"概念。

驱安德鲁·尤尔与工厂视察员就工人"十小时工作制"所进行的争论。

作为代表资产阶级工厂主利益的政治经济学家西尼耳《关于工厂法对棉纺织业的影响的书信》试图证明——资本家的利润、当时英国纺织工业的存在乃至于整个英国在世界上的地位都取决于工人为工厂主劳动的"最后一小时",仿佛工人之前一天的劳作都是为了工人自己。而管理学家安德鲁·尤尔则在其《工厂哲学》中试图证明:将年轻的工人关在工厂里干满十二小时,而不是让他们下班,不仅是为了资本家们的利润,也是为了防止工人自身受到外界"懒惰和邪恶"的不良气息影响。[①] 从工厂视察员的报告中我们可以看出,在工厂环境中找不到任何与"道德"相关的因素,但在代表资产阶级利益的管理科学家眼中却充满着"道德气氛"的环境。这种显而易见的"矛盾"正是马克思在《资本论》中引用该例证所要体现的重要内容。

从表面上看,"最后一小时"例子体现的是资本家对工人的剥削,对绝对剩余价值的追求。同时,这个例子也体现出马克思对资本主义社会的道德虚伪性的讽刺。但如果从伦理学的角度思考,就会发现:首先,资本主义生产方式与道德问题是否存在着紧张关系?其次,马克思是从科学的视角还是从道德、正义等伦理学的视角来审视、批判这种紧张?而在对"西尼耳的最后一小时"的描述中,我们看到马克思似乎是以一种"反讽"的口吻在论述资本主义社会的道德问题,而这种"反讽"的背后,究竟蕴含马克思对于道德与伦理问题什么样的理论态度?

纵观整个马克思哲学的经典文本,我们很难找到大篇幅的论证伦理问题的段落,但在整个马克思的思想历程中,有关道德问题有两条线索一直贯穿于其中:其一是对社会传统伦理观念、教条化的道德原则进行激烈的批判,其二是对资本主义制度本身进行的道德批判。这两条线索至少从表面上看是相互矛盾的。然而事实上,这种"矛盾"恰恰体现了马克思对资本主义社会中现实的道德问题的"反讽"。

对于第一条线索,熟悉马克思与黑格尔思想渊源的人都不难理解,这

---

① 参见马克思, 恩格斯. 马克思恩格斯全集:第 23 卷 [M]. 中共中央马克思恩格斯列宁斯大林著作编译局, 译. 北京:人民出版社, 1972:255.

种"反讽"事实上代表了马克思对这些道德教条背后的"形而上学"逻辑的超越。马克思对道德问题的看法很大程度上继承了黑格尔对道德的看法——即道德只是出于特定社会关系中的个人的主观道德意识，没有能够超越历史与现实的道德教条存在。事实上，抛开常识层面上的"道德"叙述，马克思在其文本中进行的道德批判时，很多情况下带有一种"反讽"语气。"反讽"作为辩证思维的一种重要形式，早在古希腊哲学时代就已经存在，现代哲学家罗蒂指出："反讽主义者是一位唯名论者（nominalist），也是一位历史主义者（historicist）。她认为任何东西都没有内在的本性或真实的本质；因此，她认为像'公正的'，或'科学的'，或'理性的'等词语在当前的终极语汇中出现，并不保证对正义、科学或理性进行苏格拉底式的探讨，会极大地超越当今的语言游戏。反讽主义者花时间担心她是不是可能加入了错误的部落，被教了错误的语言游戏。她担心，给她一个语言并使她变成人类的社会化过程，也许已经给了她错误的语言，从而使她变成了错误的人类。"①

经典文本中道德批判的这种"反讽"表述：从外在方面来看，马克思是为了在对资本主义的道德批判中，尽力避免陷入资本主义道德理论家们为无产阶级所设定的"语言游戏"之中，因此他的相关表述都带有强烈的"反讽"色彩；而从内在方面来说，道德反讽也是马克思辩证思维方式在其道德批判理论中的表现形式。在"西尼耳的最后一小时"以及后来在《资本论》引注中提到的——资本主义理论家们如何以"'惊喜若狂'的心情"描述荷兰的一所"济贫院"用雇佣童工的办法来实现所谓的"济贫"，而且类似的例子几乎都为当时人道主义者们所称道。② 这些"反讽"所要表现的，正是传统"形而上学"伦理学中的道德原则在资本主义社会现实中所表现出的虚伪性与扭曲性——经典理论家们认为，"永恒公平"的理想不过是资本家给"庸人"们自我安慰的依据，同样这种"永恒公平"也适用于商品的交换过程中。资本家们又反过来用这种"永恒公平"

---

① 罗蒂. 偶然、反讽与团结 [M]. 徐文瑞，译. 北京：商务印书馆，2003：107.
② 参见马克思，恩格斯. 马克思恩格斯全集：第23卷 [M]. 中共中央马克思恩格斯列宁斯大林著作编译局，译. 北京：人民出版社，1972：303.

的幻想来制定与资本主义社会生产方式相适应的法权制度。① 故而，在马克思看来，资本主义的道德意识形态具有很强的扭曲性、颠倒性与遮蔽性。

马克思对道德、公平等伦理概念反讽的根本目的并不是单纯地"嘲弄"，而是通过这些"反讽"来揭示形而上学道德论内部的"自反性"与"矛盾性"，而这种对道德"自反性"的批判，恰恰与马克思的道德概念的基本立场相一致："共产主义者根本不进行任何道德说教，……共产主义者不向人们提出道德上的要求，……相反，他们清楚地知道，无论利己主义还是自我牺牲，都是一定条件下个人自我实现的一种必要形式。"② 同时，马克思的这种"反讽"的辩证思维也与其对整个资本主义制度的辩证批判内在一致，故而，可以说马克思在继承黑格尔客观主义道德观的基础上，更为彻底地在道德思考中贯彻了辩证法的原则。由此构成了马克思道德批判对规范伦理学的超越：在继承辩证逻辑基础上对传统"形而上学"道德规范教条的超越。换言之，马克思在《资本论》中进行的道德反讽，所要表达的正是市民社会现实与道德伦理关系之间的"紧张。"

然而马克思不仅仅通过这种"反讽"揭示了资本主义社会关系中的道德危机，更重要的是，马克思指出了这种道德危机的现实基础。马克思在正文中从经济学的角度，用剩余价值的研究方法，揭示了西尼耳所谓"工厂的全部纯利润是由最后一小时提供的"③ 论断的荒谬性。同时在"32a"的长注释中，马克思专门罗列了有关于这"最后一劳动小时"问题的道德争论。其中不仅反映了资产阶级利益代言人"道德说辞"的虚伪性，更反映出资本主义生产方式与道德伦理之间的内在紧张关系。也就是说，"西尼耳的最后一小时"反映的不仅仅是资本家的贪婪本性，更是现实生产方式与道德伦理之间的矛盾。在资本主义生产方式中，资本家追求剩余价值

---

① 参见马克思，恩格斯. 马克思恩格斯全集：第 23 卷 [M]. 中共中央马克思恩格斯列宁斯大林著作编译局，译. 北京：人民出版社，1972：102.

② 马克思，恩格斯. 马克思恩格斯全集：第 3 卷 [M]. 中共中央马克思恩格斯列宁斯大林著作编译局，译. 北京：人民出版社，1960：275.

③ 马克思，恩格斯. 马克思恩格斯全集：第 23 卷 [M]. 中共中央马克思恩格斯列宁斯大林著作编译局，译. 北京：人民出版社，1972：251.

最大化的目标一般通过两种手段来实现：其一是通过绝对剩余价值生产，也就是延长劳动时间；其二是相对剩余价值生产，也就是提高劳动生产率。"西尼耳的'最后一小时'"明显是因前者而产生的争论。从伦理学的角度看，尤尔等人为变相延长童工的工作时间所进行的"道德辩护"，关键不在于这种辩护多么"虚伪"，也不在于工厂主们隐藏在这套"道德说辞"背后显而易见的现实原因——延长工人的劳动时间，而在于这套荒谬的"道德辩护"反映出在资本主义社会之中，"道德""正义"等伦理观念被当作"可以任意打扮的新娘"——任何人居于任何立场，都能为任何行为找出一套道德辩护的说辞，从而达到自己的任何目的。马克思在政治经济学中的批判，正是对"操控者"打扮、粉饰"道德新娘"背后的现实动机——也就是引发"道德粉饰"背后的现实基础——资本主义政治经济体制进行的批判。可以说，从伦理学角度上看，马克思揭示了现代社会重要的道德危机——道德虚无主义——的现实基础。

　　由此我们不难发现，《资本论》中所讨论的"西尼耳的'最后一小时'"并不是单纯对资本主义社会道德的谴责，而是一种"道德反讽"，反映出的是资本主义社会现实与伦理关系之间复杂的矛盾，并且这样的道德反讽绝非特例，在政治经济学批判的文本中马克思还列举了很多资本主义社会中的道德矛盾。这些例证事实上说明在资本主义社会中的伦理学与道德哲学在两个层面上存在着紧张：从外在的层面上说，是资本主义现实的生产方式与道德、正义等观念之间存在着紧张，被认为是"每个毛孔都滴着血和肮脏的东西"的资本与道德、正义等伦理学基本概念存在着根本的对立，故而，从总体上说资本与道德、正义观念之间的矛盾难以调和。而从内在的层面上说，是道德、正义观念的抽象原则与现实内容之间也存在着紧张，道德、正义的抽象概念是整个伦理学体系共同的基石。但与此同时，伦理学一旦进入到实践领域、行动领域与现实领域，道德与正义又必然要获得其实质性的内容，从而成为具体的社会行为范导，也就是从规范伦理学到伦理实践的过渡。然而，伦理理论与资本主义现实生产关系之间的矛盾，决定了在现代伦理学中形式正义与实质正义之间必然存在着紧张、矛盾甚至对立的关系。而道德、伦理的意识形态性又反过来掩盖、扭曲这种矛盾。意识形态的欺骗性至此昭然若揭。

至此，我们大致可以勾勒出马克思"道德反讽"的理论逻辑：一方面，马克思必须以反讽的方式，通过资本主义社会现实存在的道德矛盾，来揭示资本主义社会中现实与道德原则之间的矛盾。另一方面，这种矛盾在马克思看来又不是能够通过"道德教条"本身的改进能够加以解决的，而应该挖掘其更为深刻的现实根源。故而，马克思用道德"反讽"的辩证思维方式揭示资本主义社会道德教条内在的"自反性"，从而实现对传统规范伦理学的超越，同时通过"颠倒"了的黑格尔辩证思维，将对道德问题的批判拉回到了现实之中。

三、马克思"道德悖论"与规范伦理学"陷阱"

当我们厘清了马克思在《资本论》中所进行的道德批判理论逻辑时，另一个问题又呈现在我们面前，经典理论家在《德意志意识形态》中不是将道德、哲学都定义为"没有独立外观"的意识形态吗？那么马克思为何还要在《资本论》中站在无产阶级的立场对其进行道德谴责？这就是马克思理论中著名的"道德悖论"。如何突破这一悖论是每一个马克思主义伦理思想的研究者都难以回避的问题。要解决这一悖论，则必须将马克思的政治经济学批判理论纳入对马克思伦理思想的整体把握之中。

马克思将"现实的人"作为历史唯物主义哲学的基本立足点，从根本上颠覆了传统哲学的观念，也在伦理学领域颠覆了人们对正义、道德、平等等观念的传统认知。因此，立足于现实的政治经济学批判来理解马克思的伦理思想，既是历史唯物主义理论基本原则的理论要求，又是马克思主义伦理学相对于传统意义伦理学革命性之所在。理解马克思伦理思想之所以不能脱离政治经济学批判，主要基于以下几个方面的原因。

首先，道德、伦理等意识形态思想，在马克思看来是因为现实的社会关系，才有了"独立的外观"。脱离现实社会关系谈论道德问题，在马克思看来是没有意义的。我们可以以分析马克思主义经常列举的一个例子做这方面的说明："劳动力所有者和货币所有者在市场上相遇，彼此作为身分平等的商品所有者发生关系，所不同的只是一个是买者，一个是卖者，因此双方是在法律上平等的人。这种关系要保持下去，劳动力所有者就必须始终把劳动力只出卖一定时间，因为他要是把劳动力一下子全部卖光，他就出卖了自己，就从自由人变成奴隶，从商品所有者变成商品。"① 在这段话中，包含两个层面的内容：从法律层面上看，劳动力所有者（劳动者）与货币所有者（资本家）之间是平等的。从社会关系层面上看，资本家持有的是"货币"，而劳动者出卖的则是自己的"自由"，"货币"与"自由"之间是否存在真正意义上的等价交换？劳动力商品的交易过程中，劳动者与资本家除了法律上的"形式"平等之外，是否存在着法律之外的"实质平等"——也就是在现实社会关系中所实现的平等？很明显，在马克思那里这些问题的答案都是否定的（至于否定的原因我们将在之后的章节中加以讨论）。这足以说明，法律上也就是形式上的平等在马克思看来无关紧要。因此，马克思视野中的人的理想的道德状态，是现实中的人的特定的生存方式，是人在现实生活中的"状态"，所以马克思更注重的是一种"实质性"的伦理学。

其次，对马克思伦理思想的理解，不能脱离对政治经济学批判对象——现实经济关系的理解。生产方式作为一定时期内社会生产关系的总和，反映的是资本主义最基本的社会关系，马克思在《资本论》中如此描述："在商品生产者的社会里，一般的社会生产关系是这样的：生产者把他们的产品当作商品，从而当作价值来对待，而且通过这种物的形式，把他们的私人劳动当作等同的人类劳动来互相发生关系。"② 而整个社会的结构就奠基于基本的社会经济关系之上。在讨论实质正义的过程中难以避免对现实社会关系的讨论，罗尔斯就曾明言："对我们来说，正义在此的首要主题是社会的基本结构（the basic structure），或更准确地说，是社会主

① 马克思，恩格斯. 马克思恩格斯全集：第 23 卷 ［M］. 中共中央马克思恩格斯列宁斯大林著作编译局，译. 北京：人民出版社，1972：190-191.

② 马克思，恩格斯. 马克思恩格斯全集：第 23 卷 ［M］. 中共中央马克思恩格斯列宁斯大林著作编译局，译. 北京：人民出版社，1972：96.

要制度分配基本权利和义务，决定由社会合作产生的利益之划分的方式。"① 正义的实质内容有赖于作为现实社会基础的社会经济关系，因此脱离现实社会关系讨论正义是没有意义的。

最后，马克思在哲学领域实现了哲学革命，而伦理学作为建构于哲学基础上的实践理论，必然也受到这种"哲学革命"的冲击与影响，因此，马克思在哲学领域掀起的革命如何影响了马克思对道德问题、伦理问题的看法，是探讨马克思主义伦理学必须面对的问题。基于伦理学与哲学紧密的内在关联性，马克思的伦理思想也必然与其哲学思想一样，是对传统伦理学深刻的批判、全面的超越与彻底的革新。因此，对马克思伦理思想的理解不能从传统伦理的视角进行所谓的"解读""阐释"；而应该从历史唯物主义的理论基本原则出发，以政治经济学批判的成果为依托，在伦理学的领域内进行一种全新的"建构"。这一"建构"过程，就是《资本论》伦理维度的"敞开"过程。

故而，我们之前提到的问题：即所谓"道德悖论"的问题，事实上就是从规范伦理层面出发，阐释马克思伦理思想、政治经济学批判时所造成的问题。对于寻求制定人类道德行为的原则、法则的规范伦理学而言，拒斥"道德教条"的马克思主义显然是一种"道德相对主义思想"；而马克思的政治经济学批判，在规范伦理学看来属于对"事实"范畴的理解，根本不在伦理学的研究范围之内。所以，从规范伦理学的角度而言，马克思主义理论既没有能提供任何可供人类社会参考的道德规范，同时《资本论》也不过是一本科学性的经济学著作，在此情况下，历史唯物主义肯定是一种"伦理无涉"科学理论，不存在任何"伦理维度"。这也就是所谓的理解马克思伦理思想的"规范伦理陷阱"。

这种"规范伦理陷阱"的实质，如麦卡锡所言，本质上是对道德哲学与伦理学的"狭隘理解"。马克思视野中的伦理问题显然要远远超过规范伦理学所能涵盖的范围。在讨论马克思关于道德伦理问题的看法时，脱离开马克思具体的政治经济学分析——对商品、货币与资本背后所依赖的社

---

① 罗尔斯. 正义论 [M]. 何怀宏，何包钢，廖申白，译. 北京：中国社会科学出版社，2009：6.

会经济关系的分析,而只从抽象的历史唯物主义基本原理入手,对马克思经典著作中某些对道德、正义问题讨论的"片段"进行片面分析,就只会得出马克思的道德伦理思想相互矛盾的结论。只有把握马克思历史唯物主义政治批判的这条主线,同时挖掘马克思伦理思想背后的思想前提——也就是马克思的元伦理学问题——"伦理学没有政治经济学的元伦理学则盲,而元伦理学没有伦理学则空。"①——才能获得对马克思伦理思想意蕴的准确把握。

而从元伦理学的层面上对马克思伦理思想的把握,要避免两个重要的误区:其一是彻底抛开《资本论》、抛开政治经济学理论来谈论马克思主义伦理学的问题;其二是将马克思的元伦理学与西方伦理学中的元伦理学混淆,将马克思伦理思想中的"批判性"单纯理解为语言哲学意义上的"批判",理解为单纯的"语言分析",而"窒息"了马克思元伦理学批判的现实性,"遮蔽"了马克思主义理论的革命性与建构性。要避开这两个误区,强调马克思伦理思想的"批判性"特征,就需要分析《资本论》中的"元伦理学批判"对传统伦理学思想前提、逻辑框架、解释体系与话语边界的"澄清"与"界定"作用。

四、作为一种"元伦理学批判"的马克思伦理思想

之前我们已经确定,马克思的伦理思想是一种"元伦理学批判",但这种"批判"显然不是针对伦理学本身的批判,而是针对伦理学的现实基础——社会生产关系的批判。那么,在《资本论》中,马克思具体又是如何展开这种"元伦理学"式的批判?

之所以认为马克思的《资本论》中存在着一种"元伦理学批判",是因为相信马克思思想具有伦理学维度的学者,都会发现经典理论中关于伦理学的两个相互对立的事实:一方面,马克思的理论研究自始至终都以人的自由与解放为价值目标,这一点承袭自黑格尔的理论,但同时又在此基

---

① 麦卡锡. 马克思与古人:古典伦理学、社会正义和 19 世纪政治经济学 [M]. 王文扬, 译. 上海:华东师范大学出版社,2011:331.

础上实现了超越——将"思辨的自由""精神的自由"转化为"实质的自由"。但另一方面,马克思又从未明确具体地、系统地阐述过自己的道德伦理思想。后一方面恰恰是人们对马克思主义伦理学观点莫衷一是的根本原因。麦金太尔认为马克思之后的马克思主义者很多时候试图以一种"粗糙"的功利主义来填补,或者是用康德式的"绝对命令"——一种抽象的目的论来回避这两个方面的遗漏。但二者显然都是不成功的。

另一位现代西方伦理学家麦卡锡,则提出用一种"元伦理学"的阐释框架来解决这一问题,也就是跳出规范伦理学的框架,从元伦理学的角度来审视这一问题。麦卡锡与麦金太尔一样,都将亚里士多德视为马克思思想的重要来源,但麦卡锡进一步系统化、理论化了这一观点,《马克思与古人》这部著作,就切实体现了麦卡锡的这种理论上的努力。麦卡锡认为,马克思不会拘泥于分析马克思主义者所理解的狭义上的"道德原则"。但马克思的伦理学继承了亚里士多德伦理学的德性论传统,注重社会共同体的目的性。因此马克思的伦理学是一种"元伦理学"。这种伦理学并不探讨所谓的道德原则、正义、公平等抽象、狭隘的道德概念,而是考察一种实现社会伦理良序状态的结构性前提。① 马克思将自由作为一种社会性、共同性的"善",但与黑格尔、亚里士多德都不同的是,马克思的政治经济学批判赋予了马克思的伦理观念、价值观念以"力量"。② 换言之,马克思的政治经济学批判赋予了他的伦理原则、伦理观念以"现实感",成为能够促进实实在在改变社会的力量。政治经济学批判不仅不是"伦理无涉",恰恰相反,是马克思伦理观念的现实性载体,并且能够促进实现社会的结构的改变。也正是在这种意义上,麦卡锡认为马克思的政治经济学是一种"元伦理学"。

麦卡锡是为数不多的将马克思的政治经济学批判与元伦理学联系起来的理论家,同时也是极少数从伦理学的视角,系统分析《资本论》中的"劳动价值论""剩余价值论""价格理论"的理论家,同时还是少数认真

---

① 参见麦卡锡. 马克思与古人:古典伦理学、社会正义和 19 世纪政治经济学 [M]. 王文扬,译. 上海:华东师范大学出版社,2011:291.
② 参见麦卡锡. 马克思与古人:古典伦理学、社会正义和 19 世纪政治经济学 [M]. 王文扬,译. 上海:华东师范大学出版社,2011:312.

探讨马克思政治经济学批判与伦理学（指整个伦理学理论传统而非专指马克思主义伦理学）之间关系的学者。但值得注意的是，麦卡锡所运用的"元伦理学"概念与伦理学界所公认的"元伦理学"概念大相径庭。麦卡锡所认为的"元伦理学"是一种对——影响人的德性活动、伦理审慎、政治决断等伦理性活动——的社会结构进行研究的学问。[①] 这种"元伦理学"的考察方法更加趋近于历史唯物主义理论的基本原则，认为现实的客观社会关系才是伦理学的基础，因此，对伦理学现实社会基础的考察就是"元伦理学"，因此我们姑且将这种伦理学称为"实质主义"的元伦理学。与之相反，在伦理学思想史上"元伦理学"则是研究从伦理学的基本概念：如"善""价值""正当"等概念入手对伦理学基本问题展开反思。这种伦理学我们可以将其称为"形式主义"的"元伦理学"。

那么，在本书中所指称的《资本论》的伦理思想维度，是"形式主义"的还是"实质主义"的？对此，笔者认为将马克思政治经济学所内含的伦理思想定性为"元伦理学"式的理论是正确的做法，同时这种元伦理学的基础也是"实质主义"的，而不是单纯对"概念""形式"的语言分析。与此同时，我们也要看到，马克思主义理论是一种批判性的思想，麦卡锡将马克思的政治经济学视为一种对"优良道德"由以产生的社会结构进行分析的元伦理学。那么问题在于，马克思是否在《资本论》中或者其他政治经济学批判著作中阐释过这种"优良道德"由以产生的社会结构如何建构？麦卡锡是否能够证明，马克思的"元伦理学"提出了一个能够产生优良道德的社会制度的构想？马克思是否论证过这种社会结构因何能够产生出"良序道德"？很明显，马克思在《资本论》乃至于整个政治经济学批判中都没有对这种社会结构的产生进行系统性的论证（虽然在《资本论》第一卷、第三卷中有区区数百字的文献提到了"自由人联合体""股份制度对资本关系的扬弃"，但这些文献远没有能够系统论证出马克思所设想的未来社会为何）。毫无疑问，《资本论》中马克思的所谓"元伦理学"的主要目的不是"建构"某种制度，而是批判资本主义社会。故而，

---

① 参见麦卡锡. 马克思与古人：古典伦理学、社会正义和 19 世纪政治经济学［M］. 王文扬，译. 上海：华东师范大学出版社，2011：351.

本书将马克思的伦理思想视为一种"元伦理学批判"——也就是运用元伦理学方法（既包括实质主义又包括形式主义的成分）对资本主义制度进行的批判。这种批判的特性表现在以下两个方面。

首先是批判性。马克思注重"从批判旧世界中发现新世界"，这意味着没有任何现成的标准和原则能够成为历史唯物主义批判的标准。马克思对资本主义的批判旨在揭示资本主义社会的内在矛盾和剥削机制，并为解决这些问题提供理论基础。通过深入分析资本主义生产关系和资本积累的过程，马克思试图揭示资本主义制度对人们的影响和约束。马克思的批判立足于对社会现实的观察和分析，旨在揭示资本主义体制内真正的人与人之间的关系。他试图清晰地理解资本主义的界限和特征，并为消灭剥削和不平等提供道德与伦理基础。也就是说，无论是马克思的政治经济学批判还是其内在蕴含的"元伦理学"，都是一种对资本主义现实制度扭曲人与人现实社会关系的澄清，同时也是对资本主义社会发展界限的"界定"。这就能很好解释马克思为何从没有像空想社会主义者试图建构一种"理想社会制度"。因此，马克思在《资本论》中所进行的"元伦理学批判"是其"批判哲学"的一个有机组成部分。

其次是超越性。马克思的《资本论》伦理思想的超越性，一方面在于其对人类社会最高价值目标——自由与解放的追求，另一方面也在于其对于传统规范伦理的超越性，这种超越性不是"反道德论"，也不是"伦理无涉论"，而是一种对伦理学的超越性、本质性、前提性维度的把握。这就要求马克思要站在更为根本、更为本质的立场上，超越现实中的各种限制，获得对资本主义社会的本质性、整体性与全面性理解。因而，《资本论》的伦理维度是必须相对于传统伦理学具有更为深刻的"超越性"，才能最终实现对"旧世界"的批判。

那么，现在的问题是，政治经济学批判的这种"元伦理学批判"，是如何在批判过程中显现"自身"？马克思通过揭示资本主义社会中伦理规范与现实之间的矛盾，来说明资本主义社会的道德教条无法真正解决道德问题。而如何基于唯物史观，建构一种超越阶级的伦理规范体系，则需要我们深入到马克思的政治经济学批判理论当中寻求答案。

第三章
《资本论》对"利己主义"叙事中的
劳动价值论批判

沙漠中的一亿元

　　"金钱万能"口号与利己主义相伴相随，资本主义社会中很多人之所以会对"利己主义"存在幻想，一个重要的原因就是认为"金钱万能"。在很多人眼中，似乎只要有了金钱就能满足自身的一切需求。但抱有此种态度的人是否想过如下情形：如果有一亿元的现金放在撒哈拉大沙漠的中央，你是否愿意孤身一人，携带单程补给，进入沙漠中心将其取回？如果"金钱万能"，来到位于沙漠中心的这一亿元钞票旁边，你是否能够只依靠这些钞票本身而回到文明世界？我们不难发现，被称为"万能"的金钱，一旦脱离开它所依存的人的社会，就变得毫无作用。因此，金钱本身并不是"万能"的，万能的恰恰是金钱背后的东西。所谓金钱万能不仅在道德上说是站不住脚的，在现实中也没有事实根据，所以：

　　金钱不是万能的，没有钱万万不能，只有钱什么也不能。

　　马克思在《资本论》中所要寻找的，正是使得金钱能够"万能"的根本原因——劳动。"金钱"万能作为一种幻象之所以能够产生，就是因为金钱事实上是人过去劳动的凝结。自古典政治经济学诞生以来人们就认识到，劳动产品与商品之所以能够成为满足人各种需求的东西，就是因为其中凝结了人类的劳动。商品事实上是一种实体化、对象化了的劳动。而货币则是"一般等价物"，就是一种"抽象化"了的商品，或者是能够跟一切商品进行交换的"商品"。因此，所谓的"金钱万能"不过是"商品万能"，而"商品万能"事实上是创造商品的人的劳动"万能"。

在马克思看来，维系资本主义制度得以不断发展的核心要素，在于雇佣劳动制度。只有通过雇佣劳动，资本家才能在市场上购买到作为商品出售的"活劳动"（也就是劳动者被资本家雇佣的过程）。投入到生产过程中的活劳动产生的价值与资本家所付出的工资之间的差额，成为被资本家无偿占有的剩余价值。换言之，雇佣劳动制度是剩余价值产生的前提。但值得注意的是，无论从经济学角度还是从伦理学角度而言，资本家与劳动者对于活劳动的交易似乎都是"平等"的。《资本论》及其手稿对这种表面上平等的"交易"展开了反思，从对资本主义社会劳动价值论的批判中，发现资本"增殖"的秘密——对剩余价值的占有。而整个工人与资本家在劳动力商品交易中的"不平等性"，以及剩余价值占有的"合法性"，都是通过"利己主义"叙事而得到解释。因而，破除"利己主义"叙事所建构的"伦理幻觉"的切入点首先在于对劳动价值论的批判。

第一节 商品、货币、资本与资本伦理关系的"奠基"

马克思主义伦理维度围绕的核心问题，并非狭义伦理学的道德与善的问题，而是广义伦理学的人与人之间的关系问题。众所周知，政治经济学批判所研究的对象是以生产关系为核心的社会关系。资本主义社会的核心社会关系是资本关系，其特征是人与物之间的关系被颠倒。在资本主义社会中，商品首先被生产出来，然后通过交换实现价值的转化。交换过程中的货币流通进一步强化交换关系和商品的价值。资本主义的本质在于，资本家通过购买劳动力来生产商品，并通过剥削劳动力的剩余价值来实现利润的增长。《资本论》所批判的是以资本关系为代表的人与物之间相互颠倒的社会关系。这种"颠倒"的社会关系本身就是马克思政治经济学批判的重要目标。在马克思看来，资本主义社会就是建立在这种"颠倒"的关系之上的颠倒社会。这种"颠倒"的关系导致了资本主义社会的一些深层矛盾和问题。例如，资本主义经济追求无限的利润增长，导致资源过度消耗和环境破坏。资本主义导致了阶级分化和社会不平等，剥削和被剥削的矛盾成为社会的核心问题。要反思、批判这种颠倒的社会关系，只有从资本主义社会最基本的经济范畴：商品、货币与资本入手，将这些被古典政治经济学家们视为"天然法则"的范畴，放在"历史科学"的法庭上加以审视、研究，从而发现资本主义社会真正的"秘密"与未来社会"希望"之所在。我们可以发现在马克思政治经济学批判中，对商品、货币与资本三者本质的研究形成了一个重要的分析框架，正是在这个分析框架中，马克思展开了对颠倒社会关系产生的现实基础的批判。

一、"桌子"何以"起舞"？

"用木头做桌子，木头的形状就改变了。可是桌子还是木头，还是一个普通的可以感觉的物。但是桌子一旦作为商品出现，就变成一个可感觉而又超感觉的物了。它不仅用它的脚站在地上，而且在对其他一切商品的关系上用头倒立着，从它的木脑袋里生出比它自动跳舞还奇怪得多的狂想。"[1] ——马克思在分析商品问题时用的这一夸张比喻，足以令所有生活在现实中的人瞠目结舌：作为用自然物生产的劳动产品，如何会"自动跳舞"？任何一个严谨的经济学家、科学家与哲学家都不可能会相信这种"怪力乱神"般的"狂想"。然而马克思用科学的事实证明：这不仅不是虚妄的"怪想"，而且是时时刻刻发生在我们现实生活当中的事实：在现代社会自由自为的"人"变为自在自存的"商品"的"奴隶"——这一"人-物"颠倒的社会关系。在商品经济中，物品通过交换获得价值，并具

---

[1] 马克思，恩格斯. 马克思恩格斯全集：第23卷 [M]. 中共中央马克思恩格斯列宁斯大林著作编译局，译. 北京：人民出版社，1972：87-88.

有社会属性，超越了其作为自然物的本质。桌子作为一个商品，代表了商品作为劳动产品的结果，也代表了资本主义社会中的一种特殊关系。桌子不仅在自然界中是一个有形的物体，还被赋予了社会生活中的一种特殊地位。在马克思的比喻中，将桌子描述为能够"自动跳舞"的奇特现象，是为了突出桌子作为商品的社会属性。在资本主义社会中，商品不仅有实际的使用价值，还具有交换价值和潜在的价值增值。商品的存在和运作，取决于它们在市场中的价值和交换关系。马克思通过这个比喻，强调了商品在资本主义社会中的特殊地位和与人的关系的颠倒。

人与物之间的颠倒关系在马克思看来肇始于"商品"。因此，在《资本论》开篇就将商品作为自身研究的切入点。但《资本论》中所针对的"商品"并非商品本身，或者说商品的具体使用价值。因此，马克思在全书开篇就说明："商品首先是一个外界的对象，一个靠自己的属性来满足人的某种需要的物。这种需要的性质如何，例如是由胃产生还是由幻想产生，是与问题无关的。这里的问题也不在于物怎样来满足人的需要，是作为生活资料即消费品来直接满足，还是作为生产资料来间接满足。"① 这说明，商品本身的物质属性——或者说使用价值——不在《资本论》的考察范围之内。那么，马克思所考察的到底是商品的什么性质？马克思的目的是通过这种夸张的形式，揭示资本主义社会中人与商品的关系是多么异化和扭曲。他试图揭示资本主义社会中人的劳动力变成了商品，并且被剥削和控制，使人与物之间的关系颠倒。这种社会关系的颠倒是资本主义社会所固有的矛盾，马克思试图通过分析商品和资本的运作揭示这种矛盾，并探索未来社会解放的有效途径。

事实上，马克思从不关注具体的、单个商品，而是关注处于交换过程中的商品："在商品交换关系中，只要比例适当，一种使用价值就和其他任何一种使用价值完全相等。……因而不包含任何一个使用价值的原子。"② 商品的这种抽象性只有在商品的交换关系中才能存在，一旦脱离了

① 马克思，恩格斯. 马克思恩格斯全集：第 23 卷 [M]. 中共中央马克思恩格斯列宁斯大林著作编译局，译. 北京：人民出版社，1972：47-48.

② 马克思，恩格斯. 马克思恩格斯全集：第 23 卷 [M]. 中共中央马克思恩格斯列宁斯大林著作编译局，译. 北京：人民出版社，1972：50.

交换关系，商品对于人而言就是一种具有"有用性"的物品，这种物品对人而言的价值就是其纯粹的使用价值，然而，这种情况下人与商品的关系就成为满足与被满足的单纯关系，而如前所述，这种单纯关系是不在《资本论》的理论研究视野当中的。

故而，马克思所研究的商品是处于一定交换关系中的商品。而现在的问题是，如何考察这种处于一定交换关系中的商品？马克思采取的方法是首先抽去商品的一切"可感"属性。马克思为何要把"抽去"商品的可感属性作为研究商品问题的前提？事实上，作为商品的劳动产品有两个部分组成：一个部分由具体的"可感属性"构成，这一部分既包括了制作劳动产品所需要的自然物，也包括了劳动产品成型后所包括的实际效用；另一部分则是使得自然物能够成为满足人类效用需求的产品所不可少的要素——抽象的"人类劳动"。任何自然物都不可能在没有人的劳动活动介入的情况下满足人类的效用需求（举一个极端的例子：水天然具有为人类解渴的效用，但哪怕只有一步之遥，人总是要用各种方式将水送入自己口中，而在这一过程中，水在满足人类需求的同时，也"注入"了人的劳动，哪怕这一劳动的量微乎其微）。因此，在马克思的政治经济学分析当中，劳动产品是一个"二分化"的存在，即可感部分与非可感部分的二分。前者指产品的自然性质，后者指凝结在商品中的人类劳动。很明显，在商品的交换关系中，马克思将后者纳入了考虑的范围之内。

然而，更进一步的问题是，为何在商品的交换关系中，只有人的劳动被纳入考虑范围，而其自然属性或者说具体效用却不被理会？这是因为，当商品的有用性被扬弃之后："它们剩下的只是同一的幽灵般的对象性，只是无差别的人类劳动的单纯凝结，即不管以哪种形式进行的人类劳动力耗费的单纯凝结"①，也就是说，抽去人类劳动的本质乃是为了彰显出所有商品的一种同一性与普遍性。但问题在于，并不只有商品才凝结了人类劳动，任何人造物都在其自身凝结了人类的劳动，那么马克思是否将所有人造物都纳入其研究范围当中呢？答案是否定的，因为马克思使用了一个

---

① 马克思，恩格斯. 马克思恩格斯全集：第 23 卷［M］. 中共中央马克思恩格斯列宁斯大林著作编译局，译. 北京：人民出版社，1972：51.

"剃刀"——如前所述的交换关系,将商品凸显出来。一方面,任何人造物都包含有人类劳动于其中,但这些劳动产品中供生产者自身消费的部分,是不用进入到整个社会交换过程中的;另一方面,那些虽然凝结了人类劳动,但不能进入到交换过程中的劳动产品,如个人自己制作的物品、积压的产品等,都不能算作是商品。在剔除了上述两种劳动产品之后,我们自然而然就得出结论——商品必须具备两个条件:首先它必须是凝结了人类劳动的劳动产品,其次它必须是已经进入或者能够进入交换关系中的劳动产品。而这两个条件都必须具有一个共同的"前提"——社会关系的存在,因为只有"社会关系"的存在,劳动才有进行"抽象"的必要——用于不同效用之间的价值比较;同样,只有"社会关系"的存在,人与人之间的"交换关系"才成为可能,故而"社会关系"成为商品得以存在的前提。

因此,当我们从"社会关系"的角度去理解商品时,就会发现,商品产生于人与人的交换关系中,是人与人之间交换关系的"物质承担者",任何商品的背后都潜藏着一种现实的或者潜在的交换关系。而这种关系并不仅仅是一种社会关系,更重要的是它还塑造了社会上其他的社会关系——"分工发展的各个不同阶段,同时也就是所有制的各种不同形式。这就是说,分工的每一个阶段还根据个人与劳动的材料、工具和产品的关系决定他们相互之间的关系"①。

商品产生所带来的一个重要后果是人类"社会分工"的突破性发展。社会分工不是商品的产物,却因商品而发展到前资本主义社会难以想象的程度。但是,前资本主义社会的分工是一种"自然性"的分工,社会分工只是在偶然的极其有限的范围内才存在,而没有成为社会经济运行的关键性要素,这种"前资本主义形态"的分工主要存在于原始社会与小农经济社会,这种分工的特点是"产品并不成为商品"。但是资本主义社会中的"社会分工"有着完全不同的属性,而且这种"分工"是基于大规模、大范围的商品交换,劳动的抽象化则为这种交换提供了前提条件。也就是

---

① 马克思,恩格斯. 马克思恩格斯全集:第3卷 [M]. 中共中央马克思恩格斯列宁斯大林著作编译局,译. 北京:人民出版社,1960:25.

说，资本主义社会的"商品交换"本质上就是人的"劳动交换"。

商品得以交换的前提本质上是所谓的"等价交换"，而"等价交换"的核心是两个商品之间的价值相等同，也就是凝结在其中的抽象人类劳动的相等同。这成为资本主义社会商品交换的基础，而这种交换本质上是"一个商品同另一个不同种的商品（不管是哪一种商品都一样）的价值关系"①。在这种等价交换过程中，一个重要的事实在于：人的劳动被物的价值所遮蔽——商品本身作为人的劳动与物的形式的结合体——在商品的交换关系中，物的自然形式被扬弃，而人的劳动被物所取代，人与人之间的关系因而被物的关系进行了第一层的遮蔽，同时也是最初层次上的遮蔽。

但值得注意的是，"等价关系"同样也表现为人与人之间的关系的"平等性"："商品是天生的平等派和昔尼克派。"商品交换原则是两个不同类型的商品得以实现交换的前提，其依据来源于商品中所凝结的人类抽象劳动的一致性。这种商品的等价关系同时也代表了人与人之间的"平等"关系（只是形式上的平等），而反过来，也只有在人与人之间取得形式上平等的时代，才能够实现物与物之间的平等交换——"价值表现的秘密，即一切劳动由于而且只是由于都是一般人类劳动而具有的等同性和同等意义，只有在人类平等概念已经成为国民的牢固的成见的时候，才能揭示出来"②。因此，资本主义社会的"平等"观念并非来源于对前资本主义社会意识形态的批判，而是来源于现实的人与人之间的经济关系，或者更明确地说，是基于商品交换关系的需要，才使得人与人之间的"平等"关系成为可能。

资本主义社会中人的"平等"植根于商品交换关系所要求的平等性，而这种"平等"的本质是根源于人在"交换"过程中的平等性。因此，在商品的交换关系中，"交换"必须是一种"等价"的交换，但这种"等价"并非真正意义上的使用价值相等，而是抽象的"价值"也就是凝结在商品中的"劳动"的相等——"这样，物化在商品价值中的劳动，不仅消

---

① 马克思，恩格斯. 马克思恩格斯全集：第23卷 [M]. 中共中央马克思恩格斯列宁斯大林著作编译局，译. 北京：人民出版社，1972：61-62.
② 马克思，恩格斯. 马克思恩格斯全集：第23卷 [M]. 中共中央马克思恩格斯列宁斯大林著作编译局，译. 北京：人民出版社，1972：74-75.

极地表现为被抽去了实在劳动的一切具体形式和有用属性的劳动。它本身的积极的性质也清楚地表现出来了。这就是把一切实在劳动化为它们共有的人类劳动的性质，化为人类劳动力的耗费"①。这种"等价"交换成为社会发展过程中一切交换关系的核心。同时，这种交换关系并非仅存在于资本主义社会，前资本主义社会中也存在着这样的交换关系，但这种交换关系从未成为前资本主义社会关系的"主流"。因此，资本主义社会的商品交换关系与前资本主义社会最大的不同在于，人的生活与人的生产前所未有地依赖于这种交换关系，人的劳动的抽象性质对人本身的意义要大于人的劳动的具体性质，概言之，人的劳动不再是一种私人性质的劳动，而是一种社会性质的劳动。

正是在这种主导性的商品交换关系中，商品开始具有了之前所阐述的"起舞"的条件，也就是说，并不是商品本身所具有的"神秘力量"使其能够"起舞"；而是商品身上所代表的那种社会关系赋予了其"神秘性质"——"人类劳动的等同性，取得了劳动产品的等同的价值对象性这种物的形式；用劳动的持续时间来计量的人类劳动力的耗费，取得了劳动产品的价值量的形式；最后，劳动的那些社会规定借以实现的生产者的关系，取得了劳动产品的社会关系的形式"②。"桌子起舞"并不是桌子本身真实地起舞，而是指桌子作为一种"物"，在人与人之间的社会关系中取得了一种主导性的地位。这种主导性地位的取得可以用黑格尔的"主奴关系"作为类比："主人是通过另一意识才被承认为主人的，……一方面由于他对物的加工改造，另一方面由于他依赖一个特定的存在，……而奴隶就不是这样，他只是一个非主要的行动。……当主人完成其为主人的地方，对于他反而发生了作为一个独立的意识所不应有之事。他所完成的不是一个独立的意识，反而是一个非独立的意识。……照这样看来，独立的意识的真理乃是奴隶的意识。奴隶意识诚然最初似乎是在那独立的意识自身之外，并不是自我意识的真理。但是正如主人表明他的本质正是他自己

---

① 马克思，恩格斯. 马克思恩格斯全集：第 23 卷 [M]. 中共中央马克思恩格斯列宁斯大林著作编译局，译. 北京：人民出版社，1972：83.
② 马克思，恩格斯. 马克思恩格斯全集：第 23 卷 [M]. 中共中央马克思恩格斯列宁斯大林著作编译局，译. 北京：人民出版社，1972：88.

所愿意作的反面，所以，同样，奴隶在他自身完成的过程中也过渡到他直接的地位的反面。"① 当我们从主奴关系的角度出发看待人与商品之间的关系时，就会发现，商品作为劳动产品，本质上是以其效用供人"享用"的存在物，人在与劳动产品的关系中处于主动的地位。但当劳动产品具有了"社会化"的性质——也就是成为商品之后，问题就发生了改变。在人类社会的普遍性的交换关系中，人在进行劳动的时候不是基于获得自身劳动产品的"效用"这一"独立意识"，而是基于将自己的劳动产品——或者更为具体地说是基于自己"注入"劳动产品中的"抽象劳动"——与社会上其他人的劳动进行交换的"非独立意识"而进行生产劳动。在这一过程中，人劳动的"主动性""主体性"丧失。而原本在人与劳动产品中处于被动地位的"商品"却获得了"主动性"的地位，因为商品无论是在生产过程中，还是在消费过程中，都表现为一种"被动"的存在，却在"交换"过程中成为"主动性"的存在，因为商品的生产者只有通过他们的劳动产品才发生了与社会的接触，其私人劳动的社会性质只有在社会劳动产品的交换中才能表现出来，而且表现为人与人之间的以"物"为中介的交换关系。资本主义社会中人作为处在社会联系中的一个"节点"，只有通过与他人的"劳动交换"才能表现为社会的存在，正是在这样的境况之下，作为"物"的商品取得了对于"人"的主动性：因为人只有通过"物"才能表现为社会中的个人，才能表现出自身的社会性本质，这恰似黑格尔的主奴关系当中，主人只有依靠自己的"奴隶"才能证明自身的主人"身份"。因此，在这样的社会关系当中，人事实上丧失了自己与"物"之间关系的"主导性"，因此被动的、无意识的"商品"反倒看起来在社会关系中主导了作为"主体"的个人——这种"物的主导性"看起来就好像是"桌子起舞"这样的"奇迹"。

事实上，"桌子起舞"过程的另一面就是"商品拜物教"的形成过程。人对于具有"主动性"的"商品"的追求，在人的潜意识层面形成了现代社会人对于"商品"的崇拜，这种崇拜在马克思看来是一种对"可感觉而

---

① 黑格尔. 精神现象学：上卷 [M]. 贺麟，王玖兴，译. 上海：上海人民出版社，2013：187-188.

又超感觉的物"的崇拜。同时,更为重要的是,这种崇拜"是同劳动产品的物理性质以及由此产生的物的关系完全无关的。这只是人们自己的一定的社会关系"①。拜物教的本质不是对物本身或者对物的"有用性"的崇拜,而是对人与人之间的一种"物化""外化"的社会关系的崇拜,这种"崇拜"颠倒了资本主义社会建构一切社会关系的基础。而之后我们要探讨的就是在这一基础上资本主义社会如何建构自身的经济关系、生产关系乃至于超出经济范畴的整个社会的关系。

二、货币的诞生与劳动的抽象

货币的问题无论是对于古典政治经济学家而言,还是对于马克思而言都是一个重要的研究课题,但在马克思之前,对货币本质的反思存在着截然相反的两个极端:庸俗化的解读模式与抽象化的解读模式。

首先,对货币问题的庸俗化解读来自古典政治经济学。超越了重商主义传统的古典政治经济学对货币问题的看法是已经不再将"货币"视为国家财富的唯一源泉。古典政治经济学家在论述货币问题时,从纯粹经济学的角度将货币视为交换范畴下的一个独立概念。而对这一概念的定义是从"交换的媒介"开始的:"每个人在任何时候都急需把他的商品与任何物品交换,虽然该种物品可能并非是他自己直接想要的东西,但是却拥有巨大的并且广泛的需求,而且很容易分割,以至于他有把握可以用它来购买任何待价而沽的物品。"② 亚当•斯密也基于同样的看法分析货币的起源:"自分工确立以来,各时代各社会中,有思虑的人,为了避免这种不便,除自己劳动生产物外,随时身边带有一定数量的某种物品,这种物品,在他想来,拿去和任何人的生产物交换,都不会见拒绝。"③ 古典政治经济学家们正确地认识到了货币源于交换需求而产生。但与此同时,他们却没有认识到,在这种交换需求的背后所隐藏着的是人与人之间的社会关系,更

---

① 马克思,恩格斯. 马克思恩格斯全集:第 23 卷 [M]. 中共中央马克思恩格斯列宁斯大林著作编译局,译. 北京:人民出版社,1972:89.

② 穆勒. 政治经济学原理 [M]. 金镝,金熠,译. 北京:华夏出版社,2009:420.

③ 斯密. 国民财富的性质和原因的研究:上卷 [M]. 郭大力,王亚南,译. 北京:商务印书馆,1972:20-21.

为重要的是，货币背后所隐藏着的人与人之间的劳动关系。从表面上看，货币的确是因充当交换媒介的需求而产生，但是，这种分析方法恰恰是马克思在《〈政治经济学批判〉导言》中明确批判的"从具体到抽象"的研究方法。这种方法从表面的经济现象出发，试图从中抽象出"永恒"的经济规律。对货币问题的分析尤为突出地表现了这种分析方法。古典政治经济学家们注意到了交换过程中对货币的需求，他们恰恰就是以此为起点展开对货币问题乃至于整个政治经济学体系问题的阐述，但这种阐述事实上停留在对表面现象的总结与归纳基础上，而没有深入到具体经济范畴——如从货币范畴本身的基础层面上展开批判，因此，古典政治经济学研究难以突破经济现象而深入到其背后展开对其内在本质的理解；无论是货币主义者还是古典政治经济学家事实上都没有摆脱一个根本性的错误认识——也就是没有充分认识到货币的物质属性与社会属性，货币是具有一定的物质形式的，无论是金银、纸币或其他都有一定的物质载体，但同时这种物质载体背后又有一定的社会生产关系作为支撑，与马克思同时代的经济学家们时常在这个问题上陷入困难。① 而马克思则相反，以此为起点深入到资本主义政治经济体系的内部，对其现实基础展开深入的批判，从而彻底超越了古典政治经济学的研究框架，为从根本上揭开"资本"的秘密奠定了基础。

当然，试图从理论层面上对货币本质进行反思的并非马克思一人，马克思之后的西梅尔从社会文化的视角反思了货币的本质问题，他对货币进行了一种哲学上的定义："它在实践世界中代表所有存在的公式的最可靠的图像和最清晰的体现，据此，事物通过彼此得到了它们的意义，并且它们的存在通过它们的相互关系被确定了。"② 西梅尔对货币的分析是从对"价值"的分析开始的，西梅尔认为"价值"概念是建立在主体对客体审美关系的理解中的："由此我们得出美感是一种典型的、超个体的和普遍

① 参见马克思，恩格斯. 马克思恩格斯全集：第 13 卷［M］. 中共中央马克思恩格斯列宁斯大林著作编译局，译. 北京：人民出版社，1962：23.
② 西梅尔. 货币哲学（一）［M］. 于沛沛，林毅，张琪，译. 北京：中国社会科学出版社，2007：203.

有效的东西的观念。所以，我们不可能在理性基础上证明美学判断的正确
性或对立面，……客体从实用价值到美学价值的总体发展是一个客观化的
过程。"① 在此基础上，西梅尔承认了货币是一种社会关系的"载体"——
总之，货币是一种社会关系的表现和载体，这种关系使得每一个人需求的
满足总是要取决于其他人。② 他将现代社会人与人之间的社会关系视为一
种以货币为基础的契约关系，同时，在这种关系下，人与人之间的交往形
式体现为物与物之间的交往。在这样的物物交换社会，人的劳动行为成为
人的谋生手段。这些思想或多或少体现了马克思对货币问题的看法。

　　与之相对应的是，西梅尔的货币理论虽然呼应了马克思关于货币问题
的一些看法。但从整体上说，西梅尔的《货币哲学》仍然没有脱离马克思
所批判的"哲学反注经济学"的研究框架。这主要体现在以下两个方面：
首先，在西梅尔的货币理论中，将货币与商品截然分开，而不是如马克思
那样将货币视为一个在交换的历史性活动中，从商品到"一般等价物"再
到"货币"的过程，而是一开始就将商品视为货币的"质料"部分，从而
将商品与货币之间本该存在的内在联系分裂开来："只有通过这样一个事
实——事物的价值已经与客观事物相脱离并且通过特殊的质料拥有了独立
存在性——货币发展它的利益、运动以及规则才是可能的，并在某些场合
与被符号化了的客观事物相违背才是有可能的。"③ 在西梅尔看来，货币的
不断抽象化就是一个不断将自身"质料性""现实性"东西扬弃的过程。
其次，西梅尔对"劳动"的看法仍然没有脱离古典政治经济学的水平——
"但是不管是劳动客体的交换，还是投入于客体的劳动力的交换，无论在
什么时候，经济交换都代表着对自己有利益的某种价值的牺牲，不过自己
却也因此得到了大量的快乐"④。由此可见，西梅尔仍然将人的劳动视为某

---

① 西梅尔. 货币哲学（一）［M］. 于沛沛，林毅，张琪，译. 北京：中国社会科学出版社，
2007：47.
② 参见西梅尔. 货币哲学（一）［M］. 于沛沛，林毅，张琪，译. 北京：中国社会科学出
版社，2007：289.
③ 西梅尔. 货币哲学（一）［M］. 于沛沛，林毅，张琪，译. 北京：中国社会科学出版社，
2007：317.
④ 西梅尔. 货币哲学（一）［M］. 于沛沛，林毅，张琪，译. 北京：中国社会科学出版社，
2007：71.

种"牺牲",并且通过这种"牺牲"的交换获得"价值"。正是对货币的抽象化认知,以及对人的劳动本质认识的缺失,导致了西梅尔的货币哲学虽然在抽象意义上对货币本质进行了哲学反思,但始终无法突破现代哲学、伦理学与政治经济学的理论局限,使得西梅尔最终在看到了资本主义社会不断以货币的形式异化、物化人的问题时,只能采取"悲观主义"的态度,认为整个资本主义社会的"货币化"最终会导致文化与人、社会与人以及人与人之间的关系不断"疏离",而这种趋势产生的根源在于现代人类社会中,给人类带来文明与解放的"货币"。因此,西梅尔对人类社会的发展有着悲观的预期:物质文明的发展必然以人的精神衰退为代价。

西梅尔的"悲观主义"事实上与其理论上的缺陷有着重要的关系。西梅尔虽然认识到了货币是一种社会关系的载体,但他对货币的反思是:一方面西梅尔对货币的理解脱离了货币产生的现实基础——商品;另外一方面他也没有看到,作为货币进一步升级形式的"资本"对资本主义社会关系的"宰制"。可以说,西梅尔对"货币"的反思仍然是站在重商主义的理论基础之上,没有看到资本主义社会的基础性矛盾在于"资本"对"劳动"的统治问题。

通过对比古典政治经济学对货币本质的"庸俗化"理解与西梅尔对货币的"抽象化"阐释发现,这两个极端之间的共同问题在于对劳动与货币之间关系的忽视。因此,我们在理解马克思关于货币问题的看法时,也不能离开劳动这一主线问题。

对于货币的性质问题,马克思首先说明:"商品并不是由于有了货币才可以通约。恰恰相反。因为一切商品作为价值都是物化的人类劳动,它们本身就可以通约,所以它们能共同用一个特殊的商品来计量自己的价值。"[①] 也就是说,货币产生的真正基础与前提乃是人类的劳动,而在商品交换过程中,劳动的"抽象化"既是商品交换得以成立的基础,同时也是货币得以产生的前提条件。这样的看法既区别于古典政治经济学家将货币视为单纯交换媒介的看法,同时也区别于西梅尔等人将货币单纯视为一种

---

① 马克思,恩格斯. 马克思恩格斯全集:第 23 卷 [M]. 中共中央马克思恩格斯列宁斯大林著作编译局,译. 北京:人民出版社,1972:112.

"价值抽象"的片面看法。也就是说，马克思从没有将货币单独作为一个政治经济学范畴进行考察，而是将其与人的劳动问题紧密联系在一起。

在货币问题上，马克思一针见血地指出："经济学家惯于从扩展了的物物交换所遇到的外部困难中去寻求货币的起源，却忘记了这些困难是从交换价值的发展、因而是从作为一般劳动的社会劳动的发展产生出来的。"① 正是这种对劳动的"遗忘"，造成了在古典政治经济学中，劳动在社会生产中的主导性地位被逐步"掩盖"，取而代之的是作为抽象劳动的资本成为社会生产的主要推动力，在这一过程中，货币扮演着关键性的角色，而马克思在《资本论》中对货币问题的批判，正是要揭开劳动被货币所遮蔽的"本质"，而这一本质恰恰是古典政治经济学家所遗忘的重要内容。

古典政治经济学家对劳动与货币的关系的"遗忘"不是一个偶然现象，而是货币"观念化"的产物。这种观念化根源于货币本身的"二重性"——"作为价值尺度和作为价格标准，货币执行着两种完全不同的职能。作为人类劳动的社会化身，它是价值尺度；作为规定的金属重量，它是价格标准。作为价值尺度，它用来使形形色色的商品的价值变为价格，变为想象的金量；作为价格标准，它计量这些金量"②。因此，货币在充当现实的商品交换的中介的同时，也充当着观念层面上的"价格形式"，而后者恰恰引起了"种种最荒谬的学说"——"观念的货币计量单位学说"，这种学说的核心意涵在于：将金银视为一种"价值的原子"，认为价格的规定与变动，只与金银有关，而与劳动无关，没有认识到：价格不过是劳动的"物化"。斯图亚特·穆勒、约翰·洛克等早期资本主义经济思想的奠基者都犯了这样的错误。而这一错误对于劳动价值论而言，正是在有意无意之间将商品的价格与人的劳动区隔开来，或者更进一步说，是将人的劳动的痕迹从社会更高一级的交换体系中剔除出去，造成一种观念上的假

---

① 马克思，恩格斯. 马克思恩格斯全集：第13卷［M］. 中共中央马克思恩格斯列宁斯大林著作编译局，译. 北京：人民出版社，1962：40.

② 马克思，恩格斯. 马克思恩格斯全集：第23卷［M］. 中共中央马克思恩格斯列宁斯大林著作编译局，译. 北京：人民出版社，1972：116.

象：即商品的价格在生产出来之后，好像就已经和人的劳动没有了关系，而只与作为和商品"对立"的货币发生关系。这种错觉从而成为货币拜物教产生的观念意识形态基础。

货币拜物教在马克思看来是一种"魔术"：

> 一种商品成为货币，似乎不是因为其他商品都通过它来表现自己的价值，相反，似乎因为这种商品是货币，其他商品才都通过它来表现自己的价值。中介运动在它本身的结果中消失了，而且没有留下任何痕迹。商品没有出什么力就发现一个在它们之外、与它们并存的商品体是它们的现成的价值形态。这些物，即金和银，一从地底下出来，就是一切人类劳动的直接化身。货币的魔术就是由此而来的。……因此，货币拜物教的谜就是商品拜物教的谜，只不过变得明显了，耀眼了。①

人们对货币的崇拜本质上是一种观念性的"崇拜"，而这种崇拜对人而言是一种双重的"遮蔽"：一方面是对人的劳动本身的"遮蔽"；另一方面是对人的劳动的"社会性"的"遮蔽"，这种遮蔽表现为人的劳动只有通过"货币"作为中介才能成为社会劳动，而在分工高度发达的资本主义社会，劳动只有成为"社会化"的形式才能最终成为人谋生的资源，也正是凭借着这种关键的"中介性"，货币再一次取得了对劳动的"主导性"。这种"主导性"使得作为货币的物在取得了对人活劳动的统治地位的同时，进一步将人与人之间的劳动交换关系转换为物与物之间的关系，从而为资本的诞生奠定了坚实的基础。

三、资本的魔术

作为货币的"资本"，是如何在生产过程中展现出自身主导性地位？

---

① 马克思，恩格斯. 马克思恩格斯全集：第 23 卷 [M]. 中共中央马克思恩格斯列宁斯大林著作编译局，译. 北京：人民出版社，1972：111.

又是如何实现对劳动的掌控？这正是马克思在完成了对"商品"与"货币"之间的关系分析之后需要解答的问题。

对于资本与货币的关系问题，马克思强调撇开商品流通的物质内容，只考察这一过程中所产生的各种经济形式，就会发现，这一过程的最后产物是货币，而其恰恰又是资本的最初表现形式。① 马克思从一种历史的角度分析了商品–货币–资本三者之间的关系。商品流通的过程是一个不断"撇开"物质内容的过程——如前所述，商品产生之初，其二重性——价值与使用价值——就导致了人凝结在商品中的劳动的抽象化，而这种抽象化的劳动对于商品的交换起到了巨大的推动作用，又再次导致了"特殊的商品"——一般等价物的产生——也就是货币的诞生，在资本主义社会的商品流通过程中，货币是商品流通的终极产物，它的诞生意味着劳动在商品生产过程中的主导性作用被遮蔽，这种遮蔽意味着商品的价值被商品的价格所取代，而货币成为与商品对立，并且在"观念的货币计量单位学说"中被作为价格的决定因素。马克思对这一过程的批判展示出劳动是如何一步步从商品的生产、交换过程中被"边缘化"——同时这种"边缘化"事实上又为资本的诞生铺平了道路。

马克思将资本视为"升级"之后的货币。作为资本主义社会生产的主导性力量，资本与"货币"之间的区别产生于流通领域。

对此，马克思首先分析了在资本主义商品生产过程中存在的两种循环：商品流通与作为资本的货币流通。也就是著名的两个公式：商品流通公式"W—G—W"与作为资本的货币流通公式"G—W—G′"。这两个公式事实上揭示了资本主义生产过程的两面性，以及隐藏在商品交换之后的货币交换，而后者恰恰是推动整个资本主义生产的真正动力。

对于资本主义社会生产的动力问题，很多哲学家与社会学家都阐述过自己的见解，如马克斯·韦伯在《新教伦理与资本主义精神》中提出了这样的问题：如果仅仅将资本主义制度视为资本家贪欲的产物，那么"古罗

---

① 参见马克思，恩格斯. 马克思恩格斯全集：第23卷［M］. 中共中央马克思恩格斯列宁斯大林著作编译局，译. 北京：人民出版社，1972：167.

马贵族以及现代农民的贪欲与其相比，有过之而无不及"①，但为什么资本主义商品流通过程中的价值增殖效应，没有在印度也发挥像在欧洲那样的对生产的不断的促进作用?② 韦伯对此将其归结为"理性化的劳动组织方式"，以及在这种组织方式背后的"新教伦理思想"。马克思则没有从文化层面上分析这一问题，而是从整个资本主义现实生产层面上分析这一问题，也就是如前所述的资本主义生产过程中的两种流通——商品流通与资本的货币流通——的对立中，分析推动资本主义生产的内在动力。

马克思首先分析了两种流通过程的共同性："在其中每一个阶段上，都是同样的两个物的因素即商品和货币互相对立，都是扮演同样两种经济角色的两个人即买者和卖者互相对立。"③ 在这两个公式中我们都无法看到真正在资本主义生产过程中创造价值的劳动的影子，相反，整个商品的流通过程都看似是一个物与物之间的"对立"与"交换"。似乎在商品的流通阶段，与凝结在商品中的人类劳动已经没有了任何联系。

但同时，两种流通之间又有着重要的不同：首先，从流通的结果上看，商品流通（"W—G—W"）过程的最终结果是生产者获得商品的使用价值，而作为资本的货币流通（"G—W—G′"）的结果是资本家重新获得货币。其次，从流通中货币的作用上看，商品流通过程中货币只是作为一种中介；而在作为资本的货币流通中，货币是否回流是整个流通过程是否成功的关键。最后，从流通的形式上看，商品流通表现为凝结着一般社会劳动的物质的交换；而作为资本的货币流通则表现为一种"同义反复"——流通的起点和终点都表现为同质的货币，但问题就在于同质的货币在流通过程的前后表现为一种量的不同；于是，马克思在《资本论》中要分析的一个重要概念——剩余价值（G′）便"浮出水面"。事实上，推动资本主义生产的内在动力不是产生于商品流通过程中，而是产生于作为资本的货币流通过程中，因为："价值在这里已经成为一个过程的主体，

---

① 韦伯. 新教伦理与资本主义精神 [M]. 赵勇，译. 西安：陕西人民出版社，2009：31.
② 参见韦伯. 新教伦理与资本主义精神 [M]. 赵勇，译. 西安：陕西人民出版社，2009：9.
③ 马克思，恩格斯. 马克思恩格斯全集：第 23 卷 [M]. 中共中央马克思恩格斯列宁斯大林著作编译局，译. 北京：人民出版社，1972：169.

在这个过程中，它不断地交替采取货币形式和商品形式，改变着自己的量，作为剩余价值同作为原价值的自身分出来，自行增殖着。既然它生出剩余价值的运动是它自身的运动，它的增殖也就是自行增殖。"① 资本家作为资本的"人格化"，其将货币投入到生产过程中的根本动机就是不断地实现"资本增殖"——同时也就是不断占有剩余价值。作为资本的货币流通公式因此事实上在流通过程中表现为——"G—W—G′（增殖后的货币资本）"。以此为依据，马克思事实上揭示出资本主义社会生产的真正动力。而接下来马克思所要探讨的问题就是这种增殖的"来源"。

资本流通过程中的价值增殖问题并非马克思首创的发现，古典政治经济学家已经发现了这一经济学现象："一件物品的价值在与某些商品交换的过程中可能提高，而在与另外一些商品交换的过程中也可能降低。……但所能够给出的结论是，它的价值相对于一件物品来说是提高了，而相对于另一件物品来说却是降低了。"② 对于这种所谓的"价值变化"，穆勒给出的原因是："我必须再次提醒各位，在我援引的事例中，价值和价格都是仅仅由竞争单独决定的，并且，只有在以这样的方式决定的范围内，才能归纳出有关它们的确切的规律。"③ 由此我们不难看出，穆勒将商品价值与价格的变化都归结为竞争原因，就是在商品流通领域的竞争才是构成商品溢价或贬值的唯一原因。换言之，剩余价值产生于商品的流通过程中，由商品之间的相互竞争形成。

马克思对古典政治经济学这种认识进行了激烈的批判，这种说法的矛盾在马克思看来隐藏在资本总公式的内在矛盾中。如果商品流通是一种"等价交换"，那么就意味着"在这种流通中发生的，除了一种使用价值被另一种使用价值代替以外，只是商品的形态变化，即商品的单纯形式变换"④。在这种变化过程中，从使用价值的角度看只是用一种使用价值换取

---

① 马克思，恩格斯. 马克思恩格斯全集：第 23 卷［M］. 中共中央马克思恩格斯列宁斯大林著作编译局，译. 北京：人民出版社，1972：176.
② 穆勒. 政治经济学原理［M］. 金镝，金熠，译. 北京：华夏出版社，2009：377.
③ 穆勒. 政治经济学原理［M］. 金镝，金熠，译. 北京：华夏出版社，2009：379-380.
④ 马克思，恩格斯. 马克思恩格斯全集：第 23 卷［M］. 中共中央马克思恩格斯列宁斯大林著作编译局，译. 北京：人民出版社，1972：180.

另一种使用价值。因此，剩余价值的产生不是如穆勒等古典政治经济学家所认为的那样，产生于商品的流通过程中。商品与货币之间的形态的转换不会引起商品价值的变化；同时买卖双方之间也不可能因为"特权"而获得额外的利润，因为一个人在作为买方的同时也会作为卖方，"整个事情的结果是，全体商品所有者都高于商品价值10%互相出卖商品，这与他们把商品按其价值出售完全一样。商品的这种名义上的普遍加价，其结果就象例如用银代替金来计量商品价值一样。商品的货币名称即价格上涨了，但商品间的价值比例仍然不变"①。同时剩余价值的生产也不会来自买卖之间的某一方的"加价"，因为所谓的"加价"，是"说生产者得到剩余价值是由于消费者付的钱超过了商品的价值，那不过是把商品所有者作为卖者享有贵卖的特权这个简单的命题加以伪装罢了"②。故而，在资本主义社会的商品流通过程中，是无法产生出"剩余价值"的，也就是说，剩余价值作为引发资本主义生产的根本动力，其产生不在于作为资本的货币流通过程"G—W—G′"，而在于资本流通之外的领域。

接下来，马克思将批判的矛头再一次指向了"劳动"问题，在这里，我们才能发现资本主义社会剩余价值的真正来源：劳动力的买卖。如前所述，马克思是从商品价值层面上讨论了劳动的意义，劳动是商品的价值来源，或者说，商品的价值就是一般化、抽象化的劳动。在对资本分析的最后，马克思再次将分析的焦点指向劳动，而此时的劳动不再是作为价值的抽象劳动，而是现实中的劳动，也就是"劳动力"。马克思对劳动力的定义是"我们把劳动力或劳动能力，理解为人的身体即活的人体中存在的、每当人生产某种使用价值时就运用的体力和智力的总和"③。但需要注意的是，这里的劳动既不是作为价值的抽象劳动，也不是作为人本质的劳动实践，而是一种潜在的"劳动能力"。这种劳动能力能够创造价值，同时也

---

① 马克思，恩格斯. 马克思恩格斯全集：第 23 卷 [M]. 中共中央马克思恩格斯列宁斯大林著作编译局，译. 北京：人民出版社，1972：183.
② 马克思，恩格斯. 马克思恩格斯全集：第 23 卷 [M]. 中共中央马克思恩格斯列宁斯大林著作编译局，译. 北京：人民出版社，1972：184.
③ 马克思，恩格斯. 马克思恩格斯全集：第 23 卷 [M]. 中共中央马克思恩格斯列宁斯大林著作编译局，译. 北京：人民出版社，1972：190.

能够如商品那样自由买卖，但需要两个方面的前提：

从劳动者自身内在的方面来说，劳动力首先必须为劳动者所占有，属于劳动者自身，也就是说不是进行奴隶性质的劳动。其次劳动者与劳动购买者在进行交易的时候，必须处于平等的位置，也就是劳动力的买卖必须建立在双方自由自愿的基础上。最后，劳动者出卖的不是他自己全部的劳动力，而是他一部分的劳动力。

从劳动者外在环境的方面来说，劳动力自由买卖的前提在于，劳动者不得不将劳动力进行买卖。实现这一前提需要至少两个方面的条件：首先是，"劳动力所有者没有可能出卖有自己的劳动物化在内的商品，而不得不把只存在于他的活的身体中的劳动力本身当作商品出卖"①，也就是说，劳动者在市场上只能买卖自己的劳动。其次是，要劳动者处于一定的社会关系中，劳动力的买卖才能有其条件，否则就会发生这样的情况——正如在《资本论》第一卷最后举的皮尔先生的例子——皮尔先生打算到殖民地"新荷兰"的斯旺河去开办工厂，为此带来5万镑的生产、生活资料以及300名男工、女工与童工，但殖民地优厚的生活条件使得工人们无须依赖资本家皮尔先生，就能自己展开自己的生产谋生活动，故而最终皮尔先生身边连一个"打水的仆人"都没有留下。也就是说，只有在资本主义社会的社会关系中，劳动力才能作为商品实现真正的买和卖。

实现了买卖之后的劳动力，看似成为一种与原材料、厂房、生产工具一样的"生产资料"，然而事实上劳动力却是一种特殊的劳动产品，它区别于一般商品的特殊性在于价值："劳动力的价值可以归结为一定量生活资料的价值"②，但其他商品的价值则是"商品价值体现的是人类劳动本身"③。也就是说，劳动力虽然是一种"商品"，但它的价值不能像其他商品一样被认为是"劳动"的凝结。因而劳动力的价值是某种劳动或劳动力

① 马克思，恩格斯. 马克思恩格斯全集：第23卷 [M]. 中共中央马克思恩格斯列宁斯大林著作编译局，译. 北京：人民出版社，1972：191.

② 马克思，恩格斯. 马克思恩格斯全集：第23卷 [M]. 中共中央马克思恩格斯列宁斯大林著作编译局，译. 北京：人民出版社，1972：195.

③ 马克思，恩格斯. 马克思恩格斯全集：第23卷 [M]. 中共中央马克思恩格斯列宁斯大林著作编译局，译. 北京：人民出版社，1972：57.

之外的东西。而马克思将劳动力的价值,视为"一定的生活资料的价值",原因在于劳动者出售自己劳动力商品的价格,只能是维持自身或者是维持劳动者群体繁衍的生活资料的量。因此,为了能得到这个维持自身生存的生活资料的量,劳动者不得不以低于自己劳动所创造的价值的劳动力商品的买卖价格,来出售自己的劳动力商品。

至此,我们不难看出,在资本主义生产过程中,唯一可能发生变化的就是劳动力商品与其所创造劳动产品之间的价值变化。也就是说,资本增殖的根源,或者说剩余价值产生的根源,本质上是资本家以低于劳动创造的价值的劳动力商品的价格,获得了对劳动的使用权,从而通过使用劳动力商品为自己生产商品,进而实现劳动产品的增值。虽然资本家在这一过程中同时也为原材料、厂房等物质性劳动资料投入了资本,但只有购买劳动力商品的资本才能为资本家创造额外的价值(再珍贵的原材料也不能自己创造价值,例如,一块黄金在不经过任何劳动加工的情况下,虽然其价格会因供求关系而发生变化,但其价值本身不会发生变化,除非投入人的劳动,将其加工成为首饰、珠宝等等),这也成为马克思区分不变资本与可变资本的重要依据。总而言之:在资本主义生产关系中,不变资本基于等价交换原则,商品与货币在交换前后不会发生价值变化;而可变资本基于劳动力商品与货币之间的不平等交换(因为劳动力价格与劳动所创造价值之间无法建立等价关系)。故而,可变资本是剩余价值的真正来源。

在我们发现了剩余价值真正的来源——劳动力商品之间的"不平等"交换之后,问题就聚焦于,劳动者为何宁可接受如此不公正的待遇,也要出卖自己的劳动力呢?

对于这个问题的回答,马克思认为不能基于传统伦理学来看待劳动者所遭受的不公正待遇,如他在《哥达纲领批判》中所说:"难道资产者不是断定今天的分配是'公平的'吗?难道它事实上不是在现今的生产方式基础上唯一'公平的'分配吗?"[①] 在资本主义生产关系下,劳动者基于自身的生产出卖自己的劳动力是"天经地义"的,因为劳动力商品与货币间

① 马克思,恩格斯.马克思恩格斯全集:第19卷 [M].中共中央马克思恩格斯列宁斯大林著作编译局,译.北京:人民出版社,1963:18.

的交换是一种"等价交换",同时也是在双方平等自愿基础上进行的交易,"但这个平等的权利还仍然被限制在一个资产阶级的框框里。生产者的权利是和他们提供的劳动成比例的;平等就在于以同一的尺度——劳动——来计量"①。但同时,当我们从整体上来看待劳动者与资本家的关系时会发现,在所谓"公平交易"的背后,实际上隐藏着二者之间地位上的不平等性,这一总体性的不平等性在于,劳动者被剥夺了"劳动资料"与"劳动对象",他无法依靠自己的劳动实现劳动产品的生产,从而满足自身的需求。如果劳动者不打算以最低的标准(维持自身生存以及劳动者群体的存续)为基础出卖自己的劳动力,他将一无所有,甚至无法维持自身生存,因为整个世界的"劳动资料"与"劳动对象"都抽象成为资本化的货币,成为资本家垄断"劳动资料"与"劳动对象"的条件。

在此情形下,工人与资本家之间的不平等不是一种局部性、个体性的"不平等"。这种"不平等"超越了狭义伦理学的研究范畴(因为其仍然处于"资产阶级的框框里"),对其的研究与批判必须提升到对整个资本主义社会关系进行剖析的宏观层面上,才能真正发现这种"不平等"的根源,也就是作为整体上劳动者与资本家关系的不平等性。

综上所述,我们发现,在《资本论》对商品价值、货币形成及货币向资本转化的批判中,马克思都没有脱离劳动概念来论述相关经济范畴:商品价值本质上就是劳动的"一般化",货币的产生将原本物与物的交换关系(凝结在商品中的劳动)背后的人与人之间的关系(创造使用价值的抽象劳动之间的交换)进一步抽象化。而资本的产生更是源于在不平等的社会关系中,货币与劳动力商品之间的不等价交换。因此,从商品到货币再到资本的"经济史",可以被视为人的劳动不断"社会化"、同时也是不断"抽象化"的历史。劳动的"社会化"是生产力发展的必然;劳动的"抽象化"却是资本主义社会这一特定历史阶段的产物。二者之间的矛盾,事实上反映的是劳动与资本之间的矛盾关系,而对这一矛盾关系的分析与批判贯穿了整个《资本论》第一卷的始终。二者关系在商品、货币与资本之

① 马克思,恩格斯. 马克思恩格斯全集:第19卷 [M]. 中共中央马克思恩格斯列宁斯大林著作编译局,译. 北京:人民出版社,1963:21.

间的循环过程中仍然没有完成，在一个更为深入的层次上——也就是剩余价值层次上，二者之间的"缠结"关系仍然会影响着剩余价值批判的理论走向。

第二节　剩余价值生产的伦理意蕴

在前面的论述中，我们从《资本论》中发现了一条隐秘的线索——也就是资本与劳动之间的互动问题，这一问题的发生背景乃是处于社会生产力发展趋势下的劳动社会化问题。《资本论》第一卷的第一篇、第二篇所集中论述的，正是在商品、货币与资本三者之间的流通循环过程中，劳动（活劳动）与资本（抽象劳动）之间的辩证运动关系，其结果是抽象劳动取得了对活劳动的统治，在现实层面上表现为资本家（人格化的资本）的"昂首前行"与劳动者（人格化的劳动）的"畏缩不前"。可以说，在商品、货币与资本三者之间的经济运动史中，剩余价值才有了产生的基础，但问题并不仅限于剩余价值的产生，更在于如何获得更多剩余价值，而马克思在《资本论》第一卷的第三篇到第五篇集中论述了这一问题。正是在不断追求剩余价值"增量"的过程中，资本主义社会关系产生了更为复杂深刻的变化。

一、绝对剩余价值的道德伦理界限

马克思在之前的论述中已经成功证明，商品的剩余价值产生于整个商品的生产过程而不是生产的流通过程。现在的问题是，在这一基础上，如何在生产过程中获得更多的剩余价值？对这个问题最简单也是最直接的回答就是增加工人的劳动时间。

如前所述，投入商品生产的资本可以分为两个部分：一部分是购买原材料、机器及其他劳动条件等生产资料的费用。在流通过程中所遵循的等价交换原则，使得这一部分的商品价值不存在增殖的可能，马克思认为购买这些不会对商品价值变化产生影响的资本称为不变资本。另一部分是购买劳动力商品的费用，前面已经提到，由于劳动力商品的价值与其所代表的劳动所创造的价值存在明确的差异，因此马克思将其称为可变资本。在此情况下，要回答"如何在生产过程中获得更多的剩余价值"只有两种途径：其一是尽可能增加工人的劳动时间，其二是不断提高工人在单位时间内的劳动生产效率。前者所追求的是绝对剩余价值，后者所追求的是相对剩余价值。二者之间的内涵与区分事实上已经是人尽皆知的，但我们现在要讨论的是，资本家在追求"剩余价值"的过程中，所引发的伦理矛盾与伦理冲突问题。

我们首先可以从较为简单的绝对剩余价值生产的角度来讨论这个问题。绝对剩余价值的核心问题在于劳动时间的长短，由于"资本家按照劳动力的日价值购买了劳动力。劳动力在一个工作日内的使用价值归资本家所有"[①]；同时，资本家所购买的劳动力的"日价值"，乃是"必要劳动和剩余劳动之和，工人生产他的劳动力的补偿价值和生产剩余价值的时间之和，构成他的劳动时间的绝对量——工作日"[②]。在其中，必要劳动是工人劳动弥补资本家为购买其劳动力商品所创造的价值，而剩余劳动则是资本家无偿占有的工人劳动所创造的价值。因此，在假设劳动生产率不变的情况下，资本家要在一个劳动日内创造更多的剩余价值，只能尽可能地延长劳动者的工作时间——这是因为必要劳动的量是恒定的，它"只是生产资本家已经支付的劳动力价值的等价物"[③]。它只与资本家提前支付给工人的工资直接相关，因此它只是整个劳动日中工人补偿资本家工作的劳动与资

---

①　马克思，恩格斯. 马克思恩格斯全集：第 23 卷［M］. 中共中央马克思恩格斯列宁斯大林著作编译局，译. 北京：人民出版社，1972：260.

②　马克思，恩格斯. 马克思恩格斯全集：第 23 卷［M］. 中共中央马克思恩格斯列宁斯大林著作编译局，译. 北京：人民出版社，1972：257.

③　马克思，恩格斯. 马克思恩格斯全集：第 23 卷［M］. 中共中央马克思恩格斯列宁斯大林著作编译局，译. 北京：人民出版社，1972：243.

本家无偿占有劳动之间的一个界限。故而，资本家真正关心的是如何在弥补自身付出工资基础上，尽可能获取更多剩余劳动的问题。

现在，呈现在我们面前的绝对剩余价值问题就变得异常简单：也就是工作日劳动时间的延长问题。这种"直白"的剥削方式在现实中表现为对工人残酷压榨，由此引发了众多的社会现实问题与政治问题，也因此我们在《资本论》的这一部分看到了马克思大量引述了对于当时工作日问题的调查报告和实证研究，如《工厂视察员报告》《童工调查委员会报告》等等。由此可见，对绝对剩余价值的追求事实上引起了一些在现实生产过程中明显的社会问题，如使用童工、压缩工人正常的休息时间等等，也因此成为劳动者与资产阶级斗争的焦点问题，比如争取正常工作日的斗争等等。

绝对剩余价值生产的"直接性"在于它对劳动时间增量的单纯追求，也就是说，追求更多的剩余价值就等于在一个工作日内尽可能多地延长工人的劳动时间。这种方法作为一种简单的线性发展思维，是一种最为简单的获取更多剩余价值的方法。但这种方法同时也意味着更为明显的"界限"——内在界限和外在界限。

绝对剩余价值生产的内在界限在于工人自身，"第一是劳动力的身体界限。人在一个 24 小时的自然日内只能支出一定量的生命力。正象一匹马天天干活，每天也只能干 8 小时。这种力每天必须有一部分时间休息、睡觉，人还必须有一部分时间满足身体的其他需要，如吃饭、盥洗、穿衣等等"①。也就是说，工人无法长期将自身一整天的劳动力完全卖给资本家，因为每个工作日必然要有一定的时间用于劳动力的恢复，这因此成为剩余价值生产对提高工作日劳动时间的内在界限。

此外，绝对剩余价值生产还会遭遇外在界限，也就是社会和道德等方面的限制。这里所说的"道德"是常识意义上的道德，也就是说，绝对剩余价值的过度榨取，事实上会威胁到工人自身的生存——违反了人类最基本的道德准则也就是生命权的问题。同时，从社会层面上说，绝对剩余价值的

---

① 马克思，恩格斯．马克思恩格斯全集：第 23 卷［M］．中共中央马克思恩格斯列宁斯大林著作编译局，译．北京：人民出版社，1972：259-260.

无限扩张，也威胁到了作为劳动力提供者的劳动者群体的存续。因此，为了保障劳动力提供者群体本身的存续，为资本提供源源不断的劳动力资源，绝对剩余价值生产模式中对劳动者劳动时间的占用也不能是没有界限的。这就形成了绝对剩余价值生产对提高单位工作日劳动时间的外在界限。

综上所述，绝对剩余价值生产对于现代大工业生产而言，具有两个不可逾越的界限，就是前面所说的内在界限和外在界限，一旦资本家开始触碰甚至逾越这两条界限，就会产生劳动者与资本家之间的明显矛盾。马克思所处时代的大多数工人运动的起因，就根源于绝对剩余价值生产所导致的资本与劳动之间对立的"显现"。对于资本家而言，绝对剩余价值生产所能带来的剩余价值增量是有限度的，但其引发的劳动与资本之间的明显矛盾却是难以避免的。因此，在资本与劳动的互动关系中，绝对剩余价值生产显然从根本上无法满足资本要不断获取剩余价值的要求。故而，资本需要寻求新的剩余价值获取方式，才能超越绝对剩余价值生产所受到的限制。

二、相对剩余价值生产与剥削关系的新模式

马克思对相对剩余价值概念的定义是建立在与绝对剩余价值相比较的基础之上的："我把通过延长工作日而生产的剩余价值，叫做绝对剩余价值；相反，我把通过缩短必要劳动时间、相应地改变工作日的两个组成部分的量的比例而生产的剩余价值，叫做相对剩余价值。"① 由此可见，绝对剩余价值与相对剩余价值的共同点在于在单个工作日之内获得更多的剩余劳动，不同的是对剩余劳动时间的获取方式上的变化。我们知道，在一个工作日之内，工人的劳动被分成两个部分，一个部分是工人用于补偿劳动力商品价格所进行劳动的时间，也就是必要劳动时间，同时，该工作日内的其他劳动时间就成为被资本家所无偿占有的剩余劳动时间。对于绝对剩余价值生产而言，增加剩余价值的方法在于在必要劳动时间不变的前提下，尽可能增加剩余劳动时间，由此带来的后果是整个工作日总的时间的

---

① 马克思，恩格斯. 马克思恩格斯全集：第 23 卷 [M]. 中共中央马克思恩格斯列宁斯大林著作编译局，译. 北京：人民出版社，1972：350.

相应增加。而剩余劳动在占有剩余价值过程中所遭遇的内在与外在的限制，事实上都与工作日的总劳动时间的延长有关。与之相反，对于相对剩余价值生产而言，增加剩余价值的方法在于在工作日总时间不变的前提下，改变必要劳动时间与剩余劳动时间的比例关系，使得资本家在单个工作日内占有更多的剩余价值。简而言之，就是尽量压缩一个工作日内必要劳动时间的比例，从而尽最大可能扩大剩余劳动时间的比例，在工作日总时间不变的情况下，获取的剩余价值也就不断增加。

绝对剩余价值向相对剩余价值的转变，不仅仅引起的是资本对劳动获取剩余价值方式的转变，更引起的是现实生产方式乃至于生产关系的转变。众所周知，从经济学的角度分析，相对剩余价值与绝对剩余价值的最大不同在于，相对剩余价值专注于提升劳动生产率。但如果我们再次认真分析《资本论》的文本时不难发现，马克思在讨论相对剩余价值时，所遵循的是这样一条逻辑思路——"协作"——"分工与工场手工业"——"机器和大工业"。如果单纯从经济学的角度看待这条思路的演进，它似乎只是说明了人类劳动效率不断发展的历史。但当我们将其放入"资本与劳动"之间关系这一分析框架时却不难发现，这一思路同时也是资本主义社会自早期开始，人的劳动"社会化"程度不断加深的现实历史过程。接下来我们将对比这两种思路的不同。前者是古典政治经济学乃至于之后的庸俗经济学所遵循的分析路径，后者则是《资本论》所遵循的分析路径，这一路径与传统经济学路径最大的不同就在于，将劳动社会化的这一现实的历史过程贯穿于资本主义社会发展的工业历史之中。

对于分工的问题，分工除了作为一种经济发展模式之外，是否还具有其他的意义？对此，我们需要再次考察古典政治经济学对于分工问题的论述。因为有了分工，同等数量的劳动者就能够完成比过去更多的工作量，原因在于：首先，劳动者的技术因经验积累而不断进步。其次，免除了同一劳动者进行不同工序之间的切换而导致的时间损失。最后，很多缩减劳动强度的工具发明提高了工作效率。[①] 也就是说，亚当·斯密主要从劳动

---

① 参见斯密. 国民财富的性质和原因的研究：上卷 [M]. 郭大力，王亚南，译. 北京：商务印书馆，1972：8.

量的增加层面上说明分工的重要性——增加同等数量劳动者的工作量——斯密虽然没有能够认识到必要劳动时间、剩余劳动等等概念，但斯密也发现了劳动分工能够带来劳动成果数量的增加。但与此同时，斯密却颠倒了分工与交换之间的关系，认为"分工起因于交换能力"。将分工的过程视为人类交换过程的产物，这无疑颠倒了二者之间的关系。斯密之后的穆勒则从更为宏观的视角分析了分工的问题——"在现代制造业中，劳动的精细分工所带来的最大利益（仅次于工人技能的熟练程度的提高）……即依据工人的能力将其加以分类，从而使劳动的分配方式变得更为经济"[①]。更为重要的是，穆勒首次将社会发展因素与劳动联系起来，比如"没有劳动联合的某种形式和行业划分，就不会出现产业文明的萌芽"[②]。分工首次被与社会发展的问题联系了起来。也就是说，分工不仅具有经济学上的意义，更具有社会与伦理学方面的意义。

问题在于，古典政治经济学家是以经济学为出发点探讨分工问题（穆勒即使提到了分工的社会伦理意义，但也不过是将其作为一个附属性的要素来讨论）。但马克思却更加注重这种分工对人的社会关系所产生的影响——"正如协作发挥的劳动的社会生产力表现为资本的生产力一样，协作本身表现为同单个的独立劳动者或小业主的生产过程相对立的资本主义生产过程的特有形式。这是实际的劳动过程由于隶属于资本而经受的第一个变化。这种变化是自然发生的。这一变化的前提，即在同一个劳动过程中同时雇用较大量的雇佣工人，构成资本主义生产的起点。这个起点是和资本本身的存在结合在一起的。因此，一方面，资本主义生产方式表现为劳动过程转化为社会过程的历史必然性，另一方面，劳动过程的这种社会形式表现为资本通过提高劳动过程的生产力来更有利地剥削劳动过程的一种方法"[③]。也就是说，分工具有两个方面的意义：一方面是其经济意义，表现为对必要劳动时间的缩短，通过尽可能地减少必要劳动时间的量，从而在每个工作日获得更多的剩余价值——因为即使劳动过程变得非常复杂，

① 穆勒. 政治经济学原理 [M]. 金镝，金熠，译. 北京：华夏出版社，2009：95.
② 穆勒. 政治经济学原理 [M]. 金镝，金熠，译. 北京：华夏出版社，2009：89.
③ 马克思，恩格斯. 马克思恩格斯全集：第 23 卷 [M]. 中共中央马克思恩格斯列宁斯大林著作编译局，译. 北京：人民出版社，1972：372.

但只要有大量的人共同分工协作劳动，就可以把不同的操作步骤分给不同的人，同时进行这些操作，就可以缩短制造产品所需的必要劳动时间。① 另一方面，就是资本在不断获取剩余价值的过程中，对资本主义社会的社会关系进行构建的一种"趋势"。很明显，后一个方面更能够反映出资本与劳动之间的互动关系，同时，也更好展示了这一互动关系所依赖的作为背景的劳动社会化的历史过程。马克思指出了分工协作的社会意义，分工协作不是资本主义社会所特有，但这种分工协作却表现出了资本主义社会的历史特征："在古代世界、中世纪和现代的殖民地偶尔采用的大规模协作，以直接的统治关系和从属关系为基础，大多数以奴隶制为基础。相反，资本主义的协作形式一开始就以出卖自己的劳动力给资本的自由雇佣工人为前提。不过，历史地说，资本主义的协作形式是同农民经济和独立的手工业生产（不管是否具有行会形式）相对立而发展起来的。对农民经济和独立的手工业生产来说，资本主义协作好象不是协作的一个特殊的历史形式，而协作本身倒好象是资本主义生产过程所固有的并表示其特征的历史形式。"② 社会的发展模式与社会基本的生产关系息息相关，而分工协作在马克思看来恰恰可以作为透视资本主义生产方式的一个视角。从中可以表现出资本主义生产方式的社会属性。

资本与劳动在社会活动中所表现出的互动关系，在分工问题上表现得极为明显。分工是社会生产力发展不可避免的趋势，但问题是我们采取什么样模式实现劳动的社会化。在资本主义社会所采取的方法是不断剥夺劳动资料，使劳动屈从于劳动资料实际的控制者——资本。在资本循环的推动下，资本家为了不断获得剩余价值，除了增加劳动时间之外，也会不断采取各种方式压缩劳动者的必要劳动时间，增加在工作日内相对剩余劳动时间。由此构成了资本家不断提升生产效率的原动力。而提升这种生产效率的最直接方式就是扩大生产规模，扩大生产规模采取的最简单的方式就是增加劳动者的数量。在资本主义生产过程中，劳动者数量越多，越有利

---

① 参见马克思，恩格斯. 马克思恩格斯全集：第 23 卷 [M]. 中共中央马克思恩格斯列宁斯大林著作编译局，译. 北京：人民出版社，1972：364.

② 马克思，恩格斯. 马克思恩格斯全集：第 23 卷 [M]. 中共中央马克思恩格斯列宁斯大林著作编译局，译. 北京：人民出版社，1972：371-372.

于资本控制劳动——"工人作为独立的人是单个的人，他们和同一资本发生关系，但是彼此不发生关系。他们的协作是在劳动过程中才开始的，但是在劳动过程中他们已经不再属于自己了。他们一进入劳动过程，便并入资本。作为协作的人，作为一个工作机体的肢体，他们本身只不过是资本的一种特殊存在方式。因此，工人作为社会工人所发挥的生产力，是资本的生产力。只要把工人置于一定的条件下，劳动的社会生产力就无须支付报酬而发挥出来，而资本正是把工人置于这样的条件之下的"①。资本正是通过大规模集中分工的模式来成为资本主义生产的主导性力量，同时也是这种力量成为促使资本主义社会生产关系发展出人类生产历史上最为复杂的分工关系。

分工关系的进一步发展就是手工工场。手工工场作为资本主义社会的最初企业形式，其诞生并不是偶然的，而是一个历史的发展过程，早在《德意志意识形态》中，马克思就借由分工的不同形式区分了各种不同的社会形式："分工发展的各个不同阶段，同时也就是所有制的各种不同形式。这就是说，分工的每一个阶段还根据个人与劳动的材料、工具和产品的关系决定他们相互之间的关系。"② 也就是说，分工的不同形式事实上反映了人与劳动资料、人与生产活动乃至于人与人之间的关系。手工工场的产生就是基于早期资本主义"帮工制度"与"学徒制度"而发展起来的。

工场手工业是一种社会分工的简单形式的体现，表现为两种形式：一种是"不同种的独立手工业的工人在同一个资本家的指挥下联合在一个工场里，产品必须经过这些工人之手才能最后制成"③，另一种是"许多从事同一个或同一类工作（例如造纸、铸字或制针）的手工业者，同时在同一个工场里为同一个资本所雇用。这是最简单形式的协作"④。这种简单的协作形式相对于普通手工作坊式的分工是一个巨大的进步，但两种形式的分

---

① 马克思，恩格斯. 马克思恩格斯全集：第 23 卷 [M]. 中共中央马克思恩格斯列宁斯大林著作编译局，译. 北京：人民出版社，1972：370.

② 马克思，恩格斯. 马克思恩格斯全集：第 3 卷 [M]. 中共中央马克思恩格斯列宁斯大林著作编译局，译. 北京：人民出版社，1960：25.

③ 马克思，恩格斯. 马克思恩格斯全集：第 23 卷 [M]. 中共中央马克思恩格斯列宁斯大林著作编译局，译. 北京：人民出版社，1972：373.

④ 马克思，恩格斯. 马克思恩格斯全集：第 23 卷 [M]. 中共中央马克思恩格斯列宁斯大林著作编译局，译. 北京：人民出版社，1972：374.

工具有明显的区别：前一种分工只是简单将个人劳动集合在一起；后一种分工则是将同一劳动产品分为多个部分，通过不同工序完成商品的不同部分，从而实现分工，很明显，这样的分工对于提高一个工作日内剩余劳动的比例具有极大的促进作用。因此，后者逐步取代前者成为资本主义社会中占统治地位的分工模式。

这种分工事实上是将生产一件劳动产品的工序分为多个部分，让作为个体的劳动者分别从事不同部分的劳动——"在局部劳动独立化为一个人的专门职能之后，局部劳动的方法也就完善起来。经常重复做同一种有限的动作，并把注意力集中在这种有限的动作上，就能够从经验中学会消耗最少的力量达到预期的效果。又因为总是有好几代工人同时在一起生活，在同一些手工工场内共同劳动，因此，这样获得的技术上的诀窍就能巩固、积累并迅速地传下去"①。如此导致了所谓的"局部工人"的出现——所谓局部工人就是从属于整个生产过程的局部的工人。这种"局部性"所导致的直接结果是劳动者从属于自己的生产过程，成为商品生产过程的一个部分。这时，在劳动者的身上同时显现出"局部性"与"从属性"两重属性。而且这种两重属性不仅存在于生产过程中，而且也存在于现实的社会关系当中，从而形成现实的社会阶级结构。"局部工人"的特点在于，作为个体的人无法主导整个劳动产品的生产过程，在资本与劳动的关系中，人首先失去了对自身劳动的主导性，而在工场手工业的"局部劳动"中，劳动者又再次失去了对劳动过程的主导性，并且成为附属于劳动产品生产过程的要素。因此，在资本主义生产由简单的分工协作向工场手工业的转换过程中，资本进一步加强了对个体活劳动的主导性与控制性。

但是，工场手工业作为资本主义生产发展的一个环节，始终存在着难以避免的内在矛盾——"那就是局部工人不生产商品。变成商品的只是局部工人的共同产品。社会内部的分工以不同劳动部门的产品的买卖为媒介"②。也就是说，资本主义的工场手工业所面临的问题是，生产资料的高

---

① 马克思，恩格斯. 马克思恩格斯全集：第 23 卷［M］. 中共中央马克思恩格斯列宁斯大林著作编译局，译. 北京：人民出版社，1972：376-377.

② 马克思，恩格斯. 马克思恩格斯全集：第 23 卷［M］. 中共中央马克思恩格斯列宁斯大林著作编译局，译. 北京：人民出版社，1972：393.

度集中与人的活劳动的高度分化，两个过程同时存在。可以说，工场手工业是通过将工人的劳动分解为局部性的过程实现生产效率的提高。同时，工场手工业仍然是一种依赖"人"来推进生产的工业形式，"在真正的工场手工业时期，即在工场手工业成为资本主义生产方式的统治形式的时期，充分实现工场手工业所特有的倾向遇到了多方面的障碍。……工场手工业既不能掌握全部社会生产，也不能根本改造它。工场手工业作为经济上的艺术品，耸立在城市手工业和农村家庭工业的广大基础之上。工场手工业本身的狭隘的技术基础发展到一定程度，就和它自身创造出来的生产需要发生矛盾"①。这种矛盾产生的根源仍然是资本对劳动的控制存在着空白。资本对剩余价值的追求是不可能止步于对劳动者的依赖之上的。因此资本主义社会的发展前景必然是"工场手工业分工的这一产物，又生产出机器。机器使手工业的活动不再成为社会生产的支配原则。因此，一方面，工人终生固定从事某种局部职能的技术基础被消除了。另一方面，这个原则加于资本统治身上的限制也消失了"②。

机器大工业的产生是马克思时代资本主义生产的高级形式，但是从工场手工业到机器大工业是资本作为一种生产关系不断扩张的必然，同时也是资本不断追求剩余价值的结果。针对工业对机器广泛利用的理由，穆勒就已经开始怀疑，资本主义生产过程中机器的使用带来的结果并不是减轻劳动者工作的负担。马克思进一步证明，在工厂中大量使用机器是为了提高劳动生产率——"象其他一切发展劳动生产力的方法一样，机器是要使商品便宜，是要缩短工人为自己花费的工作日部分，以便延长他无偿地给予资本家的工作日部分。机器是生产剩余价值的手段"③。也就是说，机器的大规模采用是为了在有限的劳动时间之内，为资本家创造更多的剩余价值。对于资本家而言，是要将机器的价值不断注入劳动产品之中，从而取代注入劳动产品中的人的劳动。这意味着，机器的大规模、高效率的使用

---

① 马克思，恩格斯. 马克思恩格斯全集：第 23 卷［M］. 中共中央马克思恩格斯列宁斯大林著作编译局，译. 北京：人民出版社，1972：406-407.

② 马克思，恩格斯. 马克思恩格斯全集：第 23 卷［M］. 中共中央马克思恩格斯列宁斯大林著作编译局，译. 北京：人民出版社，1972：407.

③ 马克思，恩格斯. 马克思恩格斯全集：第 23 卷［M］. 中共中央马克思恩格斯列宁斯大林著作编译局，译. 北京：人民出版社，1972：408.

可以有效将资本家所付出的可变资本降低，简而言之，就是用机器尽可能地代替人的劳动，从而降低工作日中必要劳动的投入。这导致了在现实的层面上，资本家可以用成本更低的妇女与儿童的劳动取代成年男性的劳动，同时这种取代还会带来实际的劳动时间的增加和劳动强度的增大。这些现象也意味着，在劳动社会化的过程中，资本对劳动也就是人的活劳动的依赖进一步降低。

第三节　资本积累与"利己主义"伦理关系的建构

在讨论了商品、货币与资本将人的劳动不断抽象化，从而为资本统治劳动奠定基础之后，马克思对剩余价值的剖析则展示了生产过程中被资本控制的劳动如何创造剩余价值。而现在的问题是：资本主义生产如何作为一种历史运动不断展开自己？以获取剩余价值为目的的生产活动以何种形式展开？资本关系的起源在何处？资本关系又向着什么方向前进？在这一过程中，资本主义社会如何为自身伦理关系的建构奠定基础？

一、资本积累与资本主义生产关系的"扩张"

"资本不是一种物，而是一种以物为媒介的人和人之间的社会关系"①，因此，资本主义生产不仅仅生产产品，而且生产资本与劳动之间的社会关

---

① 马克思，恩格斯. 马克思恩格斯全集：第 23 卷 [M]. 中共中央马克思恩格斯列宁斯大林著作编译局，译. 北京：人民出版社，1972：834.

系，这正是历史唯物主义理论透视资本主义社会伦理关系的重要切入点——"把资本主义生产过程联系起来考察，或作为再生产过程来考察，它不仅生产商品，不仅生产剩余价值，而且还生产和再生产资本关系本身：一方面是资本家，另一方面是雇佣工人"①。也就是说，资本主义生产在此超越了经济学的范畴，而具有了政治学、社会学、伦理学等更为广泛的学科属性。考察资本积累问题也因此具有了重要的伦理价值。

马克思发现古典政治经济学家受限于其理论框架，对于资本积累来源的认识有很大的局限性。古典政治经济学家将资本家的资本积累活动视为对工人消费需求的满足。如资本家在生产中投入更多资本，而这些资本转化为购买工人劳动力的工资——"亚·斯密使人们形成一种流行的看法，把积累仅仅看成剩余产品由生产工人消费，或者说，把剩余价值的资本化仅仅看成剩余价值转变为劳动力"②。古典政治经济学家只看到资本增加之后，对工人劳动力需求的增加，而没有看到资本家将更多资本投入到固定资产、厂房、原材料等生产资料部分。这使得古典政治经济学家在描述资本积累过程中将"各个资本的运动和个人收入的运动交错混合在一起，消失在普遍的换位中，即消失在社会财富的流通中，这就迷惑了人们的视线"③。因此在古典政治经济学家看来，资本家将剩余价值再次投入到生产中的行为，被视为对工人消费的满足。

正是基于对资本积累现象认识的这一局限性，古典政治经济学错误地将资本积累的来源归结为资本家对自己消费欲望的节制——也就是"节欲论"。其认为资本家只有通过储蓄财富的方法才能积累资本，就是说，只有通过把超过生产过程中所消耗的产品的数量的产品再投入到生产过程中，才能不断扩大个人的生产资本。④ 甚至在马克思之后的韦伯，也从文化人类学的角度分析了这种"节欲论"，韦伯认为资本主义精神受到基督

① 马克思，恩格斯. 马克思恩格斯全集：第 23 卷 [M]. 中共中央马克思恩格斯列宁斯大林著作编译局，译. 北京：人民出版社，1972：634.
② 马克思，恩格斯. 马克思恩格斯全集：第 23 卷 [M]. 中共中央马克思恩格斯列宁斯大林著作编译局，译. 北京：人民出版社，1972：646.
③ 马克思，恩格斯. 马克思恩格斯全集：第 23 卷 [M]. 中共中央马克思恩格斯列宁斯大林著作编译局，译. 北京：人民出版社，1972：648.
④ 参见萨伊. 政治经济学概论 [M]. 陈福生，陈振骅，译. 北京：商务印书馆，1963：117.

教新教"禁欲主义"的重要影响，原因是："这种世俗的新教禁欲主义，在反对享受财富的冲动上发挥了强有力的作用，它限制消费，尤其是奢侈品的消费。……当消费受到限制和获利取得自由两者结合在一起时，会产生一个不可避免的实际效果：由禁欲主义强制节俭带来的资本积累。强加在财富消费上的种种限制，自然会引起财富增长，因为这些限制使资本用于生产性投资成为可能。"① 也就是说，韦伯认为资本积累来自新教伦理与资本主义生产之间的矛盾之中，资本家是因为受到新教伦理的限制，不能将自身所获得的剩余价值的大部分用于个人消费，因此只能将自己赚取的钱财用于资本积累，扩大再生产。简而言之，韦伯认为资本积累的重要原因之一在于文化与伦理因素。

纵观古典政治经济学家、韦伯等人对于资本积累的观点，我们不难发现，他们都是在脱离资本主义生产现实的循环过程的前提下，讨论资本积累与扩大再生产的问题。也就是说，脱离了资本主义社会作为资本的货币流通过程（G—W—G′）与剩余价值产生过程来讨论资本积累的问题。因此，对于站在资产阶级立场上的理论家们而言，无酬劳动（也就是剩余劳动）的"无中生有"，只能用资本家的"节约"来解释，但这种解释事实上无法真正从政治经济学角度阐明社会财富中增加的量从何而来的问题。

马克思对此问题的回答不仅仅基于前面所分析的资本流通过程与剩余价值产生过程，更在于他发现在资本主义生产过程中明显的矛盾——也就是资本主义占有方式（私有制）与商品生产规律（商品价值唯一的增量来源于劳动）之间"矛盾"。马克思从资本积累过程的角度分析了这一矛盾产生的根源与实质问题。

在对"剩余价值"的分析中，马克思明确论证了任何"剩余价值"都来源于劳动者的劳动这一观点。同时，整个资本主义生产的根本目的都在于追求"剩余价值"。在此基础上，马克思更进一步指出，资本家不会满足于使用定量的资本创造剩余价值，这不仅取决于资本增殖的本性，更涉及资本主义生产关系中的存续问题。如果资本家将生产过程中所获得的所

---

① 韦伯. 新教伦理与资本主义精神 [M]. 赵勇，译. 西安：陕西人民出版社，2009：131-133.

有剩余价值用于个人生活消费,那么"如果资本家把自己预付资本的等价物消费掉,那末这些资本的价值不过只代表他无偿占有的剩余价值的总额。他的原有资本的任何一个价值原子都不复存在了"①。也就是说,资本的真正本质在于资本增殖——资本不断增殖才能证明资本的价值,若资本家投入生产过程中的资本在资本循环过程中没有实现增殖,那么资本本身就只是一种"财富性"的存在,而不是"资本性"的存在。资本的增殖本性意味着其只有在生产过程中不断控制劳动,才能实现自身本质——"工人本身不断地把客观财富当作资本,当作同他相异化的、统治他和剥削他的权力来生产,而资本家同样不断地把劳动力当作主观的、同它本身物化的和实现的资料相分离的、抽象的、只存在于工人身体中的财富源泉来生产,一句话,就是把工人当作雇佣工人来生产"②。因此,这就意味着资本与劳动之间的对立关系不是一种静态的对立,而是一种动态的、历史性的对立。这种对立关系在现实层面上表现为,资本的积累使社会生产不断扩大,从而不断将各种传统生产形式纳入资本主义生产的框架之内,并且在这一过程中,不断将劳动力转化为劳动力商品,从而形成一种以资本主义生产关系为基础的社会关系形态,因此,马克思才会认为,资本主义生产不仅生产和再生产商品,不仅生产和再生产剩余价值,而且生产和再生产资本主义社会关系。

建构于资本主义社会关系之上的,自然是与之相适应的资本主义的意识形态。正如资本作为一种社会关系是资本主义社会生产关系的核心一样,"所有权"在资本主义意识形态中也同样处于核心地位。但是,也正是在这样的基础上,被认为是资本主义社会制度核心的"所有权",却与资本主义生产方式本身之间产生了内在的矛盾。而这一矛盾成为马克思展开对资本主义社会批判的重要着力点。

关于所有权的问题,洛克在《政府论》中明言:"他的身体所从事的劳动和他的双手所进行的工作,我们可以说,是正当地属于他的。所以只

---

① 马克思,恩格斯. 马克思恩格斯全集:第 23 卷 [M]. 中共中央马克思恩格斯列宁斯大林著作编译局,译. 北京:人民出版社,1972:625.

② 马克思,恩格斯. 马克思恩格斯全集:第 23 卷 [M]. 中共中央马克思恩格斯列宁斯大林著作编译局,译. 北京:人民出版社,1972:626-627.

要他使任何东西脱离自然所提供的和那个东西所处的状态，他就已经掺进他的劳动，在这上面参加他自己所有的某些东西，因而使它成为他的财产。"① 而且黑格尔也认为："我把某物置于我自己外部力量的支配之下，这样就构成占有；同样，我由于自然需要、冲动和任性而把某物变为我的东西，这一特殊方面就是占有的特殊利益。但是，我作为自由意志在占有中成为我自己的对象，从而我初次成为现实的意志，这一方面则构成占有的真实而合法的因素，即构成所有权的规定。"② 无论是洛克所说的"劳动""工作"，还是黑格尔所谓的"外部力量"，无疑都在说明一个问题，即所有权的基础是劳动，也就是人们通过劳动取得了对物的支配权，人通过将自己的劳动注入物中，从而获得了对该物的"占有"。这样的意识作为资本主义社会意识形态乃至于整个上层建筑的基础，对资本主义社会现实的法权制度、分配方式的建构都具有关键性的影响。

但与之相对应的是，作为资本主义社会最基本的生产方式——商品生产方式中，这一基本的资本主义社会意识形态却是与资本主义社会生产模式相矛盾的。如前所述，推动资本主义社会商品生产的最根本动力是资本增殖——也就是作为资本人格化的资本家不断追求剩余劳动的活动。而剩余价值正如马克思所分析的，不是产生于商品的流通过程中——因为商品的流通过程遵循等价交换原则，也就是同样使用价值的不同商品之间的相互交换——而是产生于商品的生产过程中，换句话说，产生于劳动者将自己的劳动注入商品的过程中。在这一过程里，资本家没有对商品注入任何劳动（当然会有人说资本家在购买原材料、建立工厂、购置机器设备、组织生产过程中也注入了劳动，但在马克思看来，资本家在此过程中注入的劳动事实上已经在工人的必要劳动中得到了补偿），却因为垄断了劳动者的生产资料（劳动对象与劳动条件），获得了无偿占有工人剩余劳动的权利。

反过来，从劳动者的角度出发，同样存在着矛盾。劳动者在资本主义生产过程中，将自己的劳动注入他所生产的商品之中，按照资本主义社会

---

① 洛克. 政府论：下篇 [M]. 叶启芳，瞿菊农，译. 北京：商务印书馆，1964：19.
② 黑格尔. 法哲学原理 [M]. 范扬，张企泰，译. 北京：商务印书馆，1961：54.

的所有权原则，生产商品的劳动者应当获得对商品的所有权，但在现实的生产过程中，商品与劳动者之间是互不相干的，甚至是相互对立的关系。劳动者生产出来的产品不归劳动者本人所有，而是归资本家所有。资本家拥有商品的理由是：生产商品的原材料属于资本家；生产商品所需的机器属于资本家；生产商品的工厂属于资本家；同时，劳动者生产商品的劳动力属于资本家。其中的关键问题是，劳动者生产商品所使用的劳动力与其注入商品中的劳动是否相等？答案很明显是否定的。因为按照等价交换原则，原材料、机器乃至于建设工厂所需的各项物品，都是物质性的商品，在市场中它们之间的交换都是物物交换，在这种交换过程中不会产生价值增殖。而劳动与劳动力则不同，资本家买断的是工人的劳动力商品，而对劳动力商品的消费过程则表现为工人的劳动注入商品之中。因此在整个生产过程中，只有劳动力向劳动的转化过程中可能出现价值的增殖。而根据资本主义社会的"所有权"原则，这部分增殖的剩余劳动应该归属于劳动者而不是资本家，但在现实中这恰恰相反。

综上所述，无论是资本家占有劳动者的剩余劳动，还是劳动者在劳动过程中其剩余劳动被他人无偿占有，都表现为对资本主义社会"所有权"原则的违背。但更关键的是，这种"违背"还不是资本主义社会生产方式与其意识形态核心原则之间矛盾的最终表现形式；这一矛盾的最终的表现形式是：资本主义社会中的这种意识形态并非与其生产方式产生矛盾，而是资本主义社会的所有权意识形态恰恰是在与其相矛盾的生产方式基础上产生出来的。马克思对此举出了两个事实：首先，一个价值额最初转化为资本是完全按照交换规律进行的。其次，新产品的价值还包含了劳动力价值的等价物和一个剩余价值。"可见，货币最初转化为资本，是完完全全符合商品生产的经济规律以及由此产生的所有权的。"① 也就是说，在资本主义生产过程中，剩余价值产生的原因是完全合乎所有权原则的，因为资本与劳动之间的交易是完全按照双方平等自愿达成的约定而进行的，作为劳动力的商品与购买其资本二者之间的交换，使得资本家完全拥有了劳动

---

① 马克思, 恩格斯. 马克思恩格斯全集: 第 23 卷 [M]. 中共中央马克思恩格斯列宁斯大林著作编译局, 译. 北京: 人民出版社, 1972: 641.

力商品，因此，资本家用其拥有的原材料、机器与工厂，使用其合法拥有的劳动力产品将这些生产资料结合起来，产生属于资本家自己的东西，这完全没有违背所有权原则。

但从结果方面来说，马克思认为资本主义社会的生产造成了与"所有权"原则相背离的结果：首先，劳动者生产的产品不属于他自己，而属于没有参与劳动过程的资本家；其次，劳动者创造的商品所获得的剩余价值，也不属于对商品注入劳动的劳动者，而属于没有在商品中灌注丝毫劳动的资本家，资本家没有为占有这部分剩余劳动而付出任何代价（因为资本家支付的工资已经在必要劳动中获得补偿），正因如此，马克思在《资本论》后半部分的文本中，将剩余劳动改称"无酬劳动"，就是为了凸显出资本家占有这部分劳动的"无偿性"。

由此我们发现，以所有权原则去评价资本主义的生产过程存在明显的矛盾，而这种矛盾恰恰又是资本主义社会所有制原则存在的基础，因为私有财产就最早生于劳动的剩余。因此，资本主义生产从结果上说虽然是有悖于所有权规律，但归根到底却是资本主义生产也就是剩余劳动生产的产物，从历史的角度来看，二者之间的矛盾事实上是历史发展过程必然的产物：

> 尽管每一个单独考察的交换行为仍遵循交换规律，但占有方式却会发生根本的变革，而这丝毫不触犯与商品生产相适应的所有权。同一所有权，在产品归生产者所有，生产者用等价物交换等价物，只能靠自己劳动致富的初期，是有效的；在社会财富越来越多地成为那些能不断地重新占有别人无酬劳动的人的财产的资本主义时期，也是有效的。①

也就是说，从历史的角度看，私有制度是人类历史发展阶段的一个阶段产物，既不会一直存在，也不会永远存在。其本身也不是一个贯穿始终

---

① 马克思，恩格斯. 马克思恩格斯全集：第 23 卷 [M]. 中共中央马克思恩格斯列宁斯大林著作编译局，译. 北京：人民出版社，1972：643-644.

的永恒不变原则，而是随着社会生产的发展而不断发生着变化。从资本积累的角度看，那就是在私有制度产生的初期，劳动者与生产资料仍然存在着天然联系的历史阶段，劳动者通过自己的劳动生产劳动产品供自己使用，也就是"靠自己劳动致富"的阶段，此时的劳动没有社会意义，劳动及其创造的价值天然归劳动者所有，在此情况下，资本主义所有权原则是有效的。但当劳动产生剩余，同时可以用剩余劳动垄断生产资料时，将劳动者与生产资料的天然联系割裂，使得劳动者为谋生不得不将自己的劳动力作为产品出售时，劳动展开了自己的"社会化"进程，此时劳动与劳动力之间价值的差异便显现出来，从而导致了剩余劳动成为资本家的"无酬劳动"，进而使得作为一种意识形态的私有制度的内在的矛盾性、自反性，随着历史的发展凸显出来。

但是，资本积累过程中的矛盾非但没有引起劳动者阶级的反对，在现实中反而有更多的劳动者以更为低廉的价格出售自己的劳动力，原因何在？我们知道，在资本主义社会生产方式中，劳动力是作为一种特殊的商品，与原材料、机器等物质性要素相等同。那么，作为一种商品，就必然要受到供求关系的影响，资产阶级是如何处理劳动力这种特殊商品的供求关系的呢？对于这一问题，我们必须回到资本主义社会中资本与劳动之间的对立关系中去寻求答案。

在"利己主义"的伦理叙事中，劳动力与其他商品一样，是可以"公平交易"的东西，但是作为一种商品，劳动力仍然要受到供求关系的制约，也就是说，在社会对劳动力需求增加而劳动力供给保持不变时或社会对劳动力需求不变而劳动力供给减少时，资本家用于购买劳动力商品的价格也就是工资，就会增加。相反，在社会对劳动力的需求降低而劳动力供给保持不变时或社会对劳动力需求不变而劳动力供给增加时，资本家就能以更低的价格购买劳动力商品，工人的工资随之减少。很明显，后一种情况更有利于资本家获取剩余价值。

我们首先分析前一种情况，乍一看，前一种情况对工人而言是最有利的，因为劳动力供给的有限性而资本生产规模扩张的无限性对工人而言意味着工资的不断增加。在此种情况下，资本的不断积累与资本生产规模的不断扩大，将会导致"简单再生产不断地再生产出资本关系本身：一方面是资本家，另一方面是雇佣工人；同样，规模扩大的再生产或积累再生产出规模扩大的资本关系：一极是更多的或更大的资本家，另一极是更多的雇佣工人"①。这就意味着社会对劳动的需求将不断增加，同样，劳动者的工资也就能够不断增加。早期的古典政治经济学家亚当·斯密对此持乐观态度："所以劳动报酬优厚，是国民财富增进的必然结果，同时又是国民财富增进的自然征候。反之，贫穷劳动者生活维持费不足，是社会停滞不进的征候，而劳动者处于饥饿状态，乃是社会急速退步的征候。"② 很明显，斯密设想资产阶级与无产阶级之间存在一种"互惠互利"的关系。劳动者的贫困意味着社会对劳动需求的减少，因此整个社会处于停滞乃至于倒退状态；反之，劳动者的富裕意味着社会对劳动需求的增加，整个社会处于繁荣与进步的状态。斯密对劳动者工资的理想性的看法遭到了后来的古典经济学家们的反驳，如马尔萨斯在其《人口原理》中声称：斯密把社会收入的每一次增加都描述为劳动收入的增加，这事实上是错误的，因为这些收入的增加除非能够被全部转化为相应数量的食物，否则就不能真正供养额外的劳动者。③ 马尔萨斯认为单纯提高工人工资不可能增加劳动者阶级的真正"福利"，因为如果劳动产品特别是食物产品没有随之增加的话，工资的增长就会造成食品价格的上升，从而使得工人实际获得的食物没有增加，而这恰恰是劳动者福利的现实要素。作为古典政治经济学集大成者的李嘉图也有类似的观点："工资正象所有其他契约一样，应当由市场上公平而自由的竞争决定，而决不应当用立法机关的干涉加以统制。"④不难看出，与支持提高劳动者收入水平的斯密相比，马尔萨斯与李嘉图都反对采用行政或立法手段干预工资的制定，认为劳动力商品的价格也就是工资应该遵循市场法则制定，否则即使能够短期内增加劳动者阶层的名义工资收入，然而物价的上涨也会抵消这部分收入的增加。

---

① 马克思，恩格斯. 马克思恩格斯全集：第 23 卷 [M]. 中共中央马克思恩格斯列宁斯大林著作编译局，译. 北京：人民出版社，1972：673-674.
② 斯密. 国民财富的性质和原因的研究：上卷 [M]. 郭大力，王亚南，译. 北京：商务印书馆，1972：67.
③ 参见马尔萨斯. 人口原理 [M]. 陈小白，译. 北京：华夏出版社，2012：117.
④ 李嘉图. 政治经济学及赋税原理 [M]. 郭大力，王亚南，译. 北京：商务印书馆，1962：88.

发生这样的转变不是偶然，而是资本主义社会中资本与劳动互动关系的一种表现。资本家扩大生产规模、增加对剩余价值的占有是其不变的本质，在此过程中必然会带来劳动需求的增加、工资的提高。但资本对劳动力商品价格的提高的忍耐是有限度的——马克思在《资本论》中提出了两种情况：其一是 "劳动价格继续提高，因为它的提高不会妨碍积累的进展；这没有什么值得奇怪的地方"；其二是 "积累由于劳动价格的提高而削弱，因为利润的刺激变得迟钝了。积累减少了。但是随着积累的减少，使积累减少的原因，即资本和可供剥削的劳动力之间的不平衡，也就消失了"。① 资本家可以容忍第一种情况下工人劳动力价格的上涨，但绝不会容忍第二种情况下劳动力价格的上涨。原因如前所述，资本的增殖本性决定了其无法容忍任何削弱其主导劳动能力的企图，资本通过将劳动抽象化、剥夺劳动的生产资料、劳动力的商品化而取得了对个人活劳动的近乎绝对的主导性地位，其无法容忍劳动者利用商品供求规律影响到自身积累的效率，故而资本主义生产制度会 "自行排除" 劳动力商品供求变化所造成的占有剩余价值的困难，也就是维持资本与劳动力商品供给不平衡的关系，从而继续维持资本在劳动交易过程中的优势地位。资本所采取的手段就是提升技术和扩大 "相对过剩人口" 的数量。

首先，资本追求剩余价值的重要方式就是提高劳动生产率，而在提高劳动生产率的过程中，提升技术是其重要的手段。然而技术提升所带来的并不仅仅是劳动生产率的提高，更是对劳动需求的减少："用较少量的劳动就足以推动较多量的机器和原料。由此必然引起对劳动需求的绝对减少，不言而喻，经历这种更新过程的资本越是由于集中运动而大量聚集，对劳动需求的绝对减少也就越厉害。"② 也就是说，通过机器尽可能多地取代人的劳动，减少资本主义生产对劳动者活劳动的依赖，是资本家巩固自己在与劳动的互动关系中优势地位的主要手段。

其次，从外在的方面来说，就是扩大 "相对剩余人口" 的数量。相对

---

① 马克思，恩格斯. 马克思恩格斯全集：第 23 卷 [M]. 中共中央马克思恩格斯列宁斯大林著作编译局，译. 北京：人民出版社，1972：679-680.

② 马克思，恩格斯. 马克思恩格斯全集：第 23 卷 [M]. 中共中央马克思恩格斯列宁斯大林著作编译局，译. 北京：人民出版社，1972：689.

剩余人口是马克思所说的"每个工人在半失业或全失业的时期，都属于相对过剩人口"①。这种游离于资本主义生产劳动过程之外的劳动力被马克思称为"相对剩余人口"，"过剩的工人人口是积累或资本主义基础上的财富发展的必然产物，但是这种过剩人口反过来又成为资本主义积累的杠杆，甚至成为资本主义生产方式存在的一个条件"②，就是通过增加潜在劳动力商品的供给量，并通过劳动者之间的竞争压低劳动力商品价格，从而保持资本家在与劳动者谈判中的优势地位。

以上就是资本家如何通过内外两个方面，也就是减少生产过程中对劳动的需求，以及通过资本积累增加潜在劳动力商品的供给量，从而获取对于劳动力商品供应者的优势。这种做法能够确保资本家在不断扩大生产规模的同时，有效"调节"劳动力商品的需求与供给，从而不至于使资本失去对劳动的优势地位：

> 社会的财富即执行职能的资本越大，它的增长的规模和能力越大，从而无产阶级的绝对数量和他们的劳动生产力越大，产业后备军也就越大。……因此，产业后备军的相对量和财富的力量一同增长。……最后，工人阶级中贫苦阶层和产业后备军越大，官方认为需要救济的贫民也就越多。这就是资本主义积累的绝对的、一般的规律。③

二、"利己主义"思想所遮蔽的资本原始积累中的"原罪"

之前马克思为我们分析了资本积累的内在运行机制，这一机制的核心在于建构一种资本取得对劳动统治地位的社会生产关系。接下来在《资本论》中，马克思开始考察资本积累的起点——也就是资本的原始积累。因

---

① 马克思，恩格斯. 马克思恩格斯全集：第 23 卷［M］. 中共中央马克思恩格斯列宁斯大林著作编译局，译. 北京：人民出版社，1972：703.
② 马克思，恩格斯. 马克思恩格斯全集：第 23 卷［M］. 中共中央马克思恩格斯列宁斯大林著作编译局，译. 北京：人民出版社，1972：692.
③ 马克思，恩格斯. 马克思恩格斯全集：第 23 卷［M］. 中共中央马克思恩格斯列宁斯大林著作编译局，译. 北京：人民出版社，1972：707.

此，资本从何而来的问题是马克思在探讨原始积累时所关注的主要问题。

资本的原始积累要回答的是资本从何而来的问题，马克思说："如果按照奥日埃的说法，货币'来到世间，在一边脸上带着天生的血斑'，那末，资本来到世间，从头到脚，每个毛孔都滴着血和肮脏的东西。"① 这意味着，资本是带着"原罪"诞生，追问这种"原罪"从何而来事实上就是追问资本积累从何而来。

资本并不是随着私有财产的诞生而诞生，原始社会末期就出现了劳动剩余——也就是私有财产，但同样我们不能说原始社会就存在着资本关系，更不用说资本主义的生产方式，因此，资本并非随着私有财产的诞生而诞生。商业贸易的发达是否意味着资本的诞生？同样也不是，马克思在《1857—1858 年经济学手稿》中就曾提到："虽然货币很早就全面地发生作用，但是在古代它只是在片面发展的民族即商业民族中才是处于支配地位的因素。甚至在最文明的古代，在希腊人和罗马人那里，货币的充分发展——在现代的资产阶级社会中这是前提——只是在他们解体的时期。因此，这个十分简单的范畴，在历史上只有在最发达的社会状态下才表现出它的充分的力量。它决没有历尽一切经济关系。"② 这意味着，货币制度的发达乃至于商业的发达都不意味着资本积累的真正开始，更不意味着资本主义生产方式的开始，事实上，马克思在《资本论》中才给出了为何东方国家无法发展出资本主义生产方式问题的真正答案——资本积累的起源——也就是资本如何在现实社会中一步步掌握劳动。

如果说之前的一切分析，都是马克思从资本主义现实生产方式以及生产关系中，抽象出资本在劳动社会化过程中如何控制劳动的路径，那么在"资本积累"中马克思则用现实的经济关系印证了资本如何通过剥夺劳动与生产资料的天然联系，从而达到控制劳动的目的。马克思的分析首先是从劳动力商品是如何产生而开始的。传统农业社会劳动力被束缚于土地之上，土地与劳动者之间存在着天然的联系，而割裂这种联系的手段，就是

---

① 马克思，恩格斯. 马克思恩格斯全集：第 23 卷 [M]. 中共中央马克思恩格斯列宁斯大林著作编译局，译. 北京：人民出版社，1972：829.

② 马克思，恩格斯. 马克思恩格斯全集：第 12 卷 [M]. 中共中央马克思恩格斯列宁斯大林著作编译局，译. 北京：人民出版社，1962：753.

将农民从自己的土地上强行赶走，同时解散封建"家臣"，造成大量没有生产资料的劳动者（无产阶级）离开乡村流入城市。同时，通过制定严苛的法律（反对流浪者的法令、反对乞讨的法令以及劳工法）等手段，逼迫失去生产资料的劳动者进入手工工场劳动并接受资本的剥削。在传统农业生产中，租地农场主的诞生代表着新的生产关系的诞生，土地与资本在共同剥削农业雇佣工人的同时，也导致了新的生产关系的诞生——"在资产阶级社会中情况则相反。农业越来越变成仅仅是一个工业部门，完全由资本支配。地租也是如此。在土地所有制居于支配地位的一切社会形式中，自然联系还占优势。在资本居于支配地位的社会形式中，社会、历史所创造的因素占优势。不懂资本便不能懂地租。不懂地租却完全可以懂资本"①。新农业生产关系的诞生不但将传统农业生产纳入了资本主义生产的范畴，同时还进一步提高了劳动生产率，将更多的农业劳动人口推入城市之中而成为现代雇佣工人，这一个过程最终导致了工业资本的国内市场形成与工业资本家的诞生。从这一过程中我们不难看出，资本原始积累的过程本质上是一个将劳动者与其生产资料剥离的过程，这一过程伴随着残酷的"圈地"运动以及严苛对待劳动者的法律，而这也是资本的"原罪"之所在。

那么，资本剥夺劳动者生产资料的权利是否符合资本主义社会的私有制原则？是否符合"利己主义"的伦理原则？难道资本家在进行原始积累时，劳动者出于"自利"会心甘情愿被资本家夺走自己最初的生产资料？事实上，这就要提到之前所论述的在资本主义生产过程中私有制原则内在的矛盾性，这一矛盾性的实质在资本积累过程中才显现出来。"劳动者对他的生产资料的私有权是小生产的基础，而小生产又是发展社会生产和劳动者本人的自由个性的必要条件。"② 但劳动社会化是生产力发展过程中不可阻挡的历史趋势，以个人劳动、个人占有的简单私有制形式必然会被更为社会化的私有制形式所取代，"靠自己劳动挣得的私有制，即以各个独

---

① 马克思，恩格斯. 马克思恩格斯全集：第 12 卷 ［M］. 中共中央马克思恩格斯列宁斯大林著作编译局，译. 北京：人民出版社，1962：758.

② 马克思，恩格斯. 马克思恩格斯全集：第 23 卷 ［M］. 中共中央马克思恩格斯列宁斯大林著作编译局，译. 北京：人民出版社，1972：830.

立劳动者与其劳动条件相结合为基础的私有制,被资本主义私有制,即以剥削他人的但形式上是自由的劳动为基础的私有制所排挤"①。这一过程可以简要地表述为"个人化"的私有制被"社会化"的私有制所取代——"政治经济学在原则上把两种极不相同的私有制混同起来了。其中一种是以生产者自己的劳动为基础,另一种是以剥削别人的劳动为基础。它忘记了,后者不仅与前者直接对立,而且只是在前者的坟墓上成长起来的"②。因此,直到现在我们才能真正理解之前所发现的资本主义私有制度与资本主义生产过程之间的矛盾,这一矛盾产生的根源就是两种私有制相互对立运动的产物。传统的私有制——也就是个人劳动、个人所有的私有制度,被更为"社会化"的形式——资本宰制劳动、资本无偿占有剩余劳动的私有制度所取代。这再次证明了资本主义社会的私有制度不是一种"永恒历史规律",而是一个在对立中不断变化的矛盾运动过程——"从资本主义生产方式产生的资本主义占有方式,从而资本主义的私有制,是对个人的、以自己劳动为基础的私有制的第一个否定"③。

　　同时,在资本为了自身增殖而不断占有剩余劳动的过程中,资本生产活动、资本生产关系不断向更大规模、更深层次不断扩张。在国家范围内的资本扩张以国内工业市场的形成为标志,但国界并不是资本的界限,资本超越国界的在空间范围内的扩张,构成了现代资本主义社会殖民理论的现实基础。事实上,殖民主义是一种"生产关系输出"——"拥有货币、生活资料、机器以及其他生产资料,而没有雇佣工人这个补充物,没有被迫自愿出卖自己的人,还不能使一个人成为资本家。他发现,资本不是一种物,而是一种以物为媒介的人和人之间的社会关系"④。因此,殖民地的建立事实上就是资本主义生产关系在资本主义国家国境之外的建立。这种空间上的扩张被古典政治经济学家认为是解决资本主义社会发展过程中人

---

　　① 马克思,恩格斯. 马克思恩格斯全集:第 23 卷 [M]. 中共中央马克思恩格斯列宁斯大林著作编译局,译. 北京:人民出版社,1972:830-831.
　　② 马克思,恩格斯. 马克思恩格斯全集:第 23 卷 [M]. 中共中央马克思恩格斯列宁斯大林著作编译局,译. 北京:人民出版社,1972:833.
　　③ 马克思,恩格斯. 马克思恩格斯全集:第 23 卷 [M]. 中共中央马克思恩格斯列宁斯大林著作编译局,译. 北京:人民出版社,1972:832.
　　④ 马克思,恩格斯. 马克思恩格斯全集:第 23 卷 [M]. 中共中央马克思恩格斯列宁斯大林著作编译局,译. 北京:人民出版社,1972:834.

口增长与土地生产能力矛盾的有效手段，穆勒就明确提出，进行移民是缓解人口增长造成的食品压力的重要手段，以殖民方式进行移民：一方面可增加殖民地生产能力，另一方面可减轻宗主国的人口压力。① 事实上，穆勒所说的人口增长与土地生产能力之间的矛盾，是资本主义社会中"相对过剩人口"问题所造成的必然产物。将这一部分人口转移到殖民地，开发"尚未开垦的肥沃的土地"。但这样做的后果就是，劳动资料重新回到劳动者的手中——"自由殖民地的本质在于，大量土地仍然是人民的财产，因此每个移民都能够把一部分土地变为自己的私有财产和个人的生产资料，而又不妨碍后来的移民这样做。这就是殖民地繁荣的秘密，同时也是殖民地的痼疾—— 反抗资本迁入——的秘密"②。也就是说，在殖民地发展的初期，资本家剥削劳动者的条件已经不复存在，生产资料又回到了劳动者手中，从而出现殖民地反抗资本主义生产关系扩张的现象。马克思对此总结道："资本主义的生产方式和积累方式，从而资本主义的私有制，是以那种以自己的劳动为基础的私有制的消灭为前提的，也就是说，是以劳动者的被剥夺为前提的。"③

至此，我们可以从根本上重新认识在资本主义生产方式中，资本与劳动相互对立运动的发展过程。一方面，资本主义生产方式、"利己主义"都不是一个"永恒不变的规律"，而是在劳动社会化过程中所导致的社会关系的变革。生产力的发展使得劳动的社会化成为可能，大量注入商品的劳动为了满足日益增长的交换需求而"抽象化"为一般劳动用于交换，之后，商品交换的发展使得作为一般等价物的货币出现，使得凝结在商品中的一般劳动进一步抽象化，同时为资本的诞生奠定了第一块基石。另一方面，资本作为一种会增殖的财富，其增殖部分来源于对剩余劳动的占有，但占有剩余劳动的前提是劳动力的商品化，使劳动力商品化的最根本方式是通过物化的抽象劳动——货币垄断生产资料，将劳动者与生产资料彻底

① 参见穆勒. 政治经济学原理［M］. 金镝，金熠，译. 北京：华夏出版社，2009：154-155.

② 马克思，恩格斯. 马克思恩格斯全集：第23卷［M］. 中共中央马克思恩格斯列宁斯大林著作编译局，译. 北京：人民出版社，1972：837.

③ 马克思，恩格斯. 马克思恩格斯全集：第23卷［M］. 中共中央马克思恩格斯列宁斯大林著作编译局，译. 北京：人民出版社，1972：843.

地隔绝开来——这就形成了资本的积累过程。这就是在资本主义生产过程中，资本不断增殖、不断控制劳动的具体方式。马克思正是通过对这种生产方式的批判发现了资本主义私有制的内在矛盾，这种矛盾植根于资本主义生产方式中资本对劳动的宰制关系之中。这种关系既是资本主义社会创造巨大文明成果的内在动力，同时也是资本主义社会中人的活劳动被"死"劳动控制的根本原因。从劳动的抽象化到资本积累的这一系列循环过程，事实上就是人的"活劳动"最终转化为资本这一"死劳动"的过程。而资本主义的生产过程，就是一个不断将工人的活劳动变成剩余价值，最终被资本家无偿占有的过程。这一过程就是一个人的"劳动"不断走向"死亡"的过程。

要打破人的劳动不断被资本控制这一进程，必须在资本垄断发展到一定水平条件下才有可能。"资本的垄断成了与这种垄断一起并在这种垄断之下繁盛起来的生产方式的桎梏。生产资料的集中和劳动的社会化，达到了同它们的资本主义外壳不能相容的地步。这个外壳就要炸毁了。资本主义私有制的丧钟就要响了。"[①] 也就是说，资本主义生产方式是整个劳动社会化过程所必然经历的历史阶段，当资本对劳动的宰制达到极端时，它就成为限制生产力进一步发展的"桎梏"。打破这一桎梏的方式是超越资本主义生产方式对生产资料的垄断，实现劳动的更广泛、更深远的社会化——"在一个集体的、以共同占有生产资料为基础的社会里，生产者并不交换自己的产品；耗费在产品生产上的劳动，在这里也不表现为这些产品的价值，不表现为它们所具有的某种物的属性，因为这时和资本主义社会相反，个人的劳动不再经过迂回曲折的道路，而是直接地作为总劳动的构成部分存在着"[②]。

劳动与资本的辩证运动关系，贯穿了整个资本主义社会生产方式与生产过程的始终。通过商品、货币与资本不断转化为资本的过程，以及剩余价值生产、资本积累这些环环相扣的资本运作过程，整个资本主义生产方

---

① 马克思，恩格斯. 马克思恩格斯全集：第 23 卷 [M]. 中共中央马克思恩格斯列宁斯大林著作编译局，译. 北京：人民出版社，1972：831-832.

② 马克思，恩格斯. 马克思恩格斯全集：第 19 卷 [M]. 中共中央马克思恩格斯列宁斯大林著作编译局，译. 北京：人民出版社，1963：20.

式不仅体现出对生产力的极大促进，同时也展示了"资本"在社会关系中强大的"建构"能力。这种"建构"导致了两个方面的后果：一方面，作为"物""过去积累的劳动"化身的资本，在现实生产过程中不断取得对人的活劳动的权力与优势，并最终成为推动资本主义生产的核心力量；另一方面，社会财富的真正创造者——人的劳动，却在劳动力的买卖过程中丧失了自主权，逐步成为资本的"附庸"，而劳动也成为人的对象化谋生活动。可以说，人在近代以来的"劳动社会化"过程中，逐步将自己的劳动与自身相分离，同时在这一进程中，人的活劳动又被逐步纳入资本的宰制范围之内。由此造成了"劳动的陨落"——劳动逐步与人自身相分离，而沉沦于对象化的活动之中。这一过程是在资本主义经济学家所标榜的"利己"口号之下展开的。资本家购买"劳动"是因为"利己"，工人出卖"劳动"是因为"利己"，资本家获得"剩余价值"是因为"利己"，工人获得"工资"也是因为"利己"。于是，所谓的"利己主义"在此前提下出现了分化，资本家在追求"利己"过程中越来越富有，而工人在追求"利己"的过程中越来越贫困。马克思正是看到了在资本主义社会中劳动价值在现实生产关系中的扭曲，导致了与人的劳动价值相关的各种社会关系也呈现出扭曲性、遮蔽性与颠倒性。这种扭曲的社会关系最终结果就是"资本"形而上学的诞生。《资本论》的伦理维度正是通过对这种扭曲社会关系的批判，展示从现代资本主义社会伦理关系中诞生出的矛盾的根源。并且通过对这种矛盾根源的展示，揭示了现代伦理研究的"边界"与"局限"之所在——劳动作为社会财富的创造活动，在资本主义社会的伦理关系中却居于被动地位，而居于主动地位的是"物化"了的劳动——资本。这一现实揭示了当代社会伦理关系的基本矛盾的根源——劳动的"陨落"。

然而，"利己主义"在现实中掩盖了资本对劳动的宰治，更在意识形态层面上成为拜物教与资本形而上学产生的根源。从理论层面上堵塞了人们对现实生活困境与资本主义生产方式不平等性的批判与反思。接下来，我们将从意识形态层面上探讨，"利己主义"如何在人的思想领域推动以拜物教和资本形而上学为主体的"资本逻辑"的产生。

自古以来，劳动就是创造财富的唯一源泉，但是在商品经济空前发达的资本主义社会。越来越复杂、越来越频繁的商品交易却不断掩盖这一原则。货币诞生后，商品的货币化导致了"货币拜物教"。而能够增殖的货币——"资本"，本质上也不是货币自身发生的"增殖"，而是来自被货币所买断的"劳动"的增殖。资本家通过提前买断工人的"劳动力"（工资），通过将劳动力作为商品投入到生产过程，从而使劳动力发挥"劳动创造价值"的功能，"劳动"创造的价值远远高于"劳动力"的价值，二者间的差额构成了"剩余价值"。因而，不仅金钱的"万能"来自劳动，资本的"增殖"也来源于劳动。

但无论是劳动的"万能"，还是劳动的"增殖"都被"利己主义"叙事所掩盖，它掩盖了劳动的"万能"，因而产生了所谓"金钱万能"，它掩盖了劳动的"增殖"，因而产生了所谓的"资本增殖"。而这种掩盖作用，归根结底来自"利己主义"叙事所建构的"形而上学"之中。

第四章

《资本论》对"利己主义"叙事中的资本形而上学批判

燕窝与鸡蛋

　　燕窝传统上被认为是极为珍贵且昂贵的滋补佳品。燕窝所包含的营养成分主要有：蛋白质、燕窝酸、表皮生长因子等。但是这些营养成分我们能够在其他普通食品中获得。如蛋白质，干盏燕窝中的蛋白质含量达到50%，但干盏燕窝一般需要泡发后食用，泡发后蛋白质含量会变低。因此从补充蛋白质的角度看，燕窝的功能相比于鸡蛋没有任何优越之处。但是从价格上看，按市场上普通干盏燕窝3000余元的均价计算，补充同样数量的蛋白质，燕窝的价格是鸡蛋价格的数百倍。而另一营养成分燕窝酸，又名唾液酸，其实本身就会在人体中产生，同样也在鸡蛋与牛奶中大量存在。从补充唾液酸的角度看，食用燕窝与食用牛奶和鸡蛋在功能上没有不同。最后是表皮生长因子，燕窝中含有的表皮生长因子，的确具有美容功效，但表皮生长因子在保存过程中很容易失去活性，如在室温条件下使用冻干粉只能保存5天，在2~8℃的溶液中也只能保存7天，因而从市场上购买的燕窝，其中蕴含的表皮生长因子，会在对燕窝的加工过程中失活，无法起到实质上的美容功效。

　　因此，从科学角度说，燕窝的营养功能与鸡蛋、牛奶类似，但为何燕窝的市场价格却远远高于鸡蛋与牛奶？原因除了供求之外，可能更多与燕窝食用历史上某些叙事有关。燕窝原产于东南亚，于明初时期在郑和下西洋的过程中，被郑和发现并带回敬献给明成祖朱棣，之后一直作为明清皇室贡品而在封建权贵社会中流传，被列为清代"参翅八珍"之中。在晚清与民国时期，由于封建皇权的瓦解，燕窝从皇宫走向了民间，作为皇室曾经的滋补营养贡品而走俏市场。燕窝的功能也在各种市场化的营销宣传手段作用下被夸大。

　　燕窝市场价格腾贵，远远超出了其本身所具有的营养价值。造成二者间差距的主要原因，从哲学上说就是燕窝背后的"叙事"，在历史发展过程中各种商品交换的背后都存在着各种"叙事"，这些"叙事"久而久之会导致人思维中的某种定式，或者说形成一种"形而上学"，从而阻止人们探究现实世界中的各种真实关系、各种事物的本质。而在资本主义社会中，各种"叙事"所导致的"形而上学"，最根本的莫过于"资本形而上学"。

　　《资本论》中所批判的，不仅仅是资本主义的生产关系与生产方式，更重要的是现代社会"资本形而上学"的思维方式。马克思主义理论中伦理思想批判"矛头"之所指向，就是以"资本"为核心的形而上学体系。同时这种"资本"的形而上学并不仅仅体现在人的现实生活之中，它也与近代哲学的"主体形而上学"形成了理论上的"共谋"关系。二者之间的"共谋"关系以"利己主义"作为中介。资本形而上学之所以能在社会意识形态中占据主导地位：一方面是以"利己主义"为核心的拜物教意识形态的"支撑"，另一方面在社会科学领域获得以"利己主义"为基础的"主体形而上学"的"背书"。要了解这一过程，需要首先从决定资本主义社会收入分配理论的"三位一体"公式入手。

第一节 "三位一体"公式与古典政治经济学话语

　　政治经济学既是一种立足于现实的"语言实践"，又是现代性话语①框架的建构基础。马克思的政治经济学批判建立在对这种语言实践的现实基础进行"批判"与"厘清"的过程中，而西方马克思主义逐步将理论的聚焦点转移到了"文化批判"的视野上，文化批判转向能否如其所承诺的那样消解资本主义政治经济学的话语体系？还是背离了马克思主义理论的基本研究思路？这首先得从《资本论》中对现代资本主义社会政治经济学话语体系的建构说起。

---

　　① 本书中所使用的"话语"一词主要指福柯《知识考古学》意义上的"话语"，特指注重意识形态功能的社会科学，如政治经济学等。

一、"三位一体"公式与政治经济学的"现实话语"

马克思对政治经济学的批判是基于历史唯物主义的基本方法，即"对市民社会的解剖应该到政治经济学中去寻求"①。福柯有云："任何一种经济学的认识论结构和它的意识形态功能之间关系的更准确的描述，都将必须通过产生这种经济学的话语形成的分析和它所制订和系统化的那些对象、概念、理论选择的整体分析。"② 因此，对于资本主义政治经济学话语框架形成基础的分析，我们可以首先从被称为"把社会生产过程的一切秘密都包括在内的"③ 收入分配的"三位一体"公式入手。

资本、土地所有权与工资是古典政治经济学家建构其收入分配理论的基础性概念。资本家因在生产过程中投入生产资料而取得"利润"与"利息"；土地所有者因拥有生产资料的"所有权"而取得"地租"；劳动者因出卖自己的劳动力而获得"工资"。这三者作为资本主义社会收入的三个最根本"来源"，在资本主义社会的实践层面上建立起了一个完整的"实践"语境，从而为整个资本主义政治经济学体系搭建了一个基础性的"叙事框架"。马克思对这个框架的分析，恰恰是对整个资本主义生产过程所产生的内在矛盾的"总结"。

首先，在"资本-利息"公式中，作为货币形态的生产资料——资本何以在整个社会生产过程中取得社会总收入的一部分？亚当·斯密对此只是简单定义：他（资本持有者）"希望从以取得收入的部分，称为资本"④。穆勒则更为直接指出："资本为生产所做的是，提供场所、保护、工具和工作所需要的原材料，以及在生产过程中供养并且维护劳动者。"⑤

---

① 马克思，恩格斯. 马克思恩格斯全集：第13卷 [M]. 中共中央马克思恩格斯列宁斯大林著作编译局，译. 北京：人民出版社，1962：8.
② 福柯. 知识考古学 [M]. 谢强，马月，译. 北京：生活·读书·新知三联书店，2003：207.
③ 马克思，恩格斯. 马克思恩格斯全集：第25卷 [M]. 中共中央马克思恩格斯列宁斯大林著作编译局，译. 北京：人民出版社，1974：919.
④ 斯密. 国民财富的性质和原因的研究：上卷 [M]. 郭大力，王亚南，译. 北京：商务印书馆，1972：254.
⑤ 穆勒. 政治经济学原理 [M]. 金镝，金熠，译. 北京：华夏出版社，2009：30.

这就是说，资本在生产过程中主要提供的是劳动者的生产条件，资本家据此在社会总产品中分得一部分收益。但问题在于本应该作为劳动天然条件的生产资料，何以与劳动者本身相分离，并成为资本所有者谋求利益的依据？马克思对此指出："社会某一部分人所垄断的生产资料，同活劳动力相对立而独立化的这种劳动力的产品和活动条件，通过这种对立在资本上被人格化了。"① 也就是说，资本利润的真正来源是对生产资料的"垄断"，资本家获得利润事实上是一种"垄断权力"的行使。马克思与古典政治经济学家都没有否认资本是一种货币化了的生产资料、劳动条件。但马克思看到的是古典政治经济学话语框架背后的"合法性"问题，也就是资本作为一种由过去"死"劳动的积累而产生的对现实个人的"活"劳动进行"宰制"的问题。

其次，在"土地所有权–地租"公式中，马克思明确指出地租是土地所有者"凭对土地所有权的垄断，能够把直接生产者的剩余劳动直接占为己有"②。与资产者不同，土地所有者无须直接介入现实的生产过程之中，也无须通过"垄断"生产资料来"强迫"工人劳动。土地所有者凭借的仅仅只有"所有权"，从而获得了从劳动者身上"吸取"剩余价值的"权力"。然而问题在于，这种"权力"在政治经济学的话语框架之中，如何能够获得这种剩余价值的分配权？洛克认为"人类生活的条件既需要劳动和从事劳动的资料，就必然地导致私人占有"③，而黑格尔更是将对私有财产的占有上升到"人格"与"意志"的层面上——"由于我借助于所有权而给我的意志以定在，所以所有权也必然具有成为这个单元的东西或我的东西这种规定"④。故而，现代社会中的"所有权"问题成为政治经济学"话语框架"的一个重要组成部分，并进而在现实中成为资本主义社会法权制度的重要基础。但无论以什么样的方式进行辩护，"所有权"所涉及的"排他性""占有性"的问题仍然是资本主义社会话语体系的核心问题。

---

① 马克思，恩格斯. 马克思恩格斯全集：第 25 卷 [M]. 中共中央马克思恩格斯列宁斯大林著作编译局，译. 北京：人民出版社，1974：920.

② 马克思，恩格斯. 马克思恩格斯全集：第 25 卷 [M]. 中共中央马克思恩格斯列宁斯大林著作编译局，译. 北京：人民出版社，1974：883.

③ 洛克. 政府论：下篇 [M]. 叶启芳，瞿菊农，译. 北京：商务印书馆，1964：23.

④ 黑格尔. 法哲学原理 [M]. 范扬，张企泰，译. 北京：商务印书馆，1961：55.

所有权制度的确立，使整个社会的生产围绕着"占有"这个中心词而展开，而这种"占有"是资本达到对生产资料垄断的先决条件。因此，土地所有者凭借所有权获得地租，不仅仅是一个分配问题，更是一种话语体系的"地基"——只有在"所有权合法性"的"叙事框架"下，资本对生产资料的"占有"与"垄断"才能成立，资本主义社会的生产关系也才能据此展开。

最后，在"劳动—工资"公式中，马克思形容劳动为"只是一个幽灵"，这贴切反映出劳动在整个政治经济学体系中的"从属性""依附性"的地位。而这一切的根源在于"劳动力商品化"——劳动（力）"是一种商品，是由其所有者即雇佣工人出卖给资本的一种商品。他为什么出卖它呢？为了生活"①。如前所述，资本与财产权制度在无形中不断剥夺、占有与垄断生产资料与生活资料，使得"一无所有"的劳动者不得不将"劳动"作为一种外在的、对象性的与异己的"谋生手段"。作为劳动力商品的劳动归资本家所有，而这种资本主义社会生产过程中的最基本关系"实质在于活劳动是替积累起来的劳动充当保存自己并增加其交换价值的手段"②。积累劳动对现实"活"劳动的统治最终在政治经济学的语境中被表述为一种"自然规律"。这一"总体性"的陈述最终导致了古典政治经济学话语对人的劳动、人的本质的深刻"遮蔽"。

事实上，马克思在对"三位一体"公式的批判中揭示的是存在于政治经济学话语体系中的一个深层次的矛盾，即"活劳动"与"抽象劳动"之间的对立。这种对立导致了古典政治经济学家们在解释生产过程时，产生一种对资本生产过程的颠倒性的话语，即物质性的生产要素成为生产过程的主要条件，而人的活劳动反倒成为一种"从属性"的因素，依附于资本与土地——"在物理学领域，劳动仅仅被用来使物体产生运动"③。基于这种话语体系内部的"颠倒"——"商人、证券投机家、银行家的观念，必

---

① 马克思，恩格斯. 马克思恩格斯全集：第6卷 [M]. 中共中央马克思恩格斯列宁斯大林著作编译局，译. 北京：人民出版社，1961：477.

② 马克思，恩格斯. 马克思恩格斯全集：第6卷 [M]. 中共中央马克思恩格斯列宁斯大林著作编译局，译. 北京：人民出版社，1961：488-489.

③ 穆勒. 政治经济学原理 [M]. 金镝，金熠，译. 北京：华夏出版社，2009：5.

然是完全颠倒的"①。基于这种颠倒"观念"而对现实进行的"陈述",也必然导致政治经济学的"话语体系"在一种"颠倒"的基础上建构自己的"现实话语"。这种颠倒的"现实话语"又进一步导致了"观念话语"颠倒——拜物教的形成。因此,"三位一体"公式与资本主义"拜物教"事实上形成的是一种"互证"关系,正是在人思维领域的"拜物教"与存在领域的"三位一体"公式相互之间"循环论证"的背景下,资本主义社会形成了一个"封闭"的"形而上学"的话语体系。

二、"三位一体"公式的拜物教意识形态基础

马克思将拜物教称为"人们自己的一定的社会关系,但它在人们面前采取了物与物的关系的虚幻形式"②。拜物教首先是"人脑的产物",其次是一种"虚幻形式",而其本质是"人的一定的社会关系"。从这几个"坐标"出发,我们就可以考察拜物教这一"观念"如何在人的意识中形成一种"话语框架",并最终建构起对现实个人的统治。

作为拜物教的最基本形式——商品拜物教无疑是研究"物与物"关系这种虚幻观念的最好切入点。我们首先可以肯定拜物教是一种"观念",这种观念代表一种人对物的依赖,但人对物的依赖本质上是对人本身的依赖,或者说是对凝结在商品中人的劳动的依赖。在资本主义社会中,人对自由的追求基于对"物"的占有,在政治经济学的话语体系下,人的自由就是对商品的消费,就是对他人劳动的"占有"。但人的这种依赖关系被商品的交换关系所"遮蔽",最终成为人对商品的依赖,换言之人对商品的依赖是一种"幻象",而这种幻象事实上说明了"市场体系和货币形式是如何通过物的交换掩盖真实的社会关系的"③。

商品拜物教所力图掩盖的"真实的社会关系",事实上就是三位一体

①　马克思,恩格斯. 马克思恩格斯全集:第 25 卷 [M]. 中共中央马克思恩格斯列宁斯大林著作编译局,译. 北京:人民出版社,1974:350.

②　马克思,恩格斯. 马克思恩格斯全集:第 23 卷 [M]. 中共中央马克思恩格斯列宁斯大林著作编译局,译. 北京:人民出版社,1972:89.

③　哈维. 跟大卫·哈维读《资本论》:第 1 卷 [M]. 刘英,译. 上海:上海译文出版社,2013:45.

公式所面临的最大困难：也就是活劳动与资本之间的对立。商品拜物教作为一种观念形态，试图掩盖作为政治经济学话语现实形态的"三位一体"公式的内在紧张。首先，在商品拜物教的视野中，资本获得利息，表现为投入商品生产的利息从商品的交换过程中获得利润，也就是资本的 W-G-W 转换公式，在这一公式中，资本利润来源于商品与资本的相互转换过程中，从而掩盖了商品价值的真正来源：人的劳动。其次，在土地所有权与地租的问题上，商品拜物教视地租为土地所有者依据其对土地所有权的垄断，从土地劳动产品中所获得的分成；而对于劳动，在商品拜物教看来，本来作为商品创造者的劳动，现在被"矮化"为只能卖给资本家的劳动力商品，从而导致了劳动仅仅作为资本的一个附庸、一个生产过程中的"幻影"而存在，人的劳动的价值被"遮蔽"起来。通过这种"遮蔽"，政治经济学的话语体系在人的头脑中建立了一种"悬搁"了"三位一体"公式内在矛盾性的话语。这种话语的本质就在于将资本、土地抬高为商品之上的存在，而将人的劳动矮化为普通商品。

作为商品拜物教的发展形态——货币拜物教是商品流通过程的产物，诚然，货币早期作为特殊的"商品"，只是为了方便商品的交换而存在——"简言之，在社会经济中，从本质上讲，货币是最没有意义的物品，除去它具有节省时间和劳动的性质之外"①。但在现实的社会中，却"似乎因为这种商品是货币，其他商品才都通过它来表现自己的价值"②。货币因此成为一种"独立的""魔术般的"话语存在，成为保证"商品价值"而不是表现"商品价值"的话语。

货币拜物教的话语叙事将对三位一体公式矛盾的遮蔽推进到了更为深入的层次。对于资本而言，货币是其最初的表现形式。货币作为一种"价值表现"，遮蔽了凝聚于商品之中的真实价值——劳动。货币拜物教仿佛将一切商品的价值都归结为其所能够交换的货币数量的大小，因而对于三位一体公式而言，货币拜物教视野下的商品流通公式转化为 G-W-G′，商品流通不是为了商品本身，而是为了获取更多的货币，对货币的"占有"

---

① 穆勒. 政治经济学原理 [M]. 金镝，金熠，译. 北京：华夏出版社，2009：423.
② 马克思，恩格斯. 马克思恩格斯全集：第 23 卷 [M]. 中共中央马克思恩格斯列宁斯大林著作编译局，译. 北京：人民出版社，1972：111.

取代了对商品的"占有"。整个生产过程变为一个单纯追求货币数量的过程。同时对于所有权而言，对所有权的占有、让渡与出租过程都表现为一定的货币数量交换关系。地租的支付表现为一定的货币的支付，所有权的转让也表现为一定货币的交换，可以说土地所有权的"货币化"才真正使土地摆脱了封建生产关系的束缚，能够以彻底的"动产"形式投入资本主义农业生产之中。对于劳动，作为一种商品，货币拜物教对劳动的意义在于将人的劳动通约化、数量化，人的劳动价值从商品中进一步"倒退"到了货币之中，从而使人的劳动价值被更深刻地"禁锢"在了政治经济学的话语体系当中。

在拜物教的最高形式——资本拜物教中，展示了资本主义社会关系最终"物化"的过程。这时"资本已经变成了一种非常神秘的东西，因为劳动的一切社会生产力，都好象不为劳动本身所有，而为资本所有，都好象是从资本自身生长出来的力量"①。资本本身作为一种社会关系，本质上表征的是人与人之间的相互关系。但在资本主义生产模式的作用下，在古典政治经济学的语境中资本关系越来越表现为与人无关的"物与物"之间的关系。人本身在资本关系中已经越来越成为一种"虚无化""边缘化"的存在，甚至最终在资本关系之中，已经彻底成为一种"空场"，就此人的劳动作为一种生产要素被彻底排除在了资本主义社会生产过程之外。

人与人的社会关系在资本主义生产关系中逐步"消解"。相对应的是，资本拜物教与"三位一体"公式却达到了空前的"融合"阶段。对资本的崇拜已经使资本发展为"生息资本"，在这里"资本关系取得了最表面、最富有拜物教性质的形式。在这里，我们看到的是 G—G′，是生产更多货币的货币，是没有在两极间起中介作用的过程而自行增殖的价值"②。在这一阶段我们看到，资本彻底扬弃了作为其中介的商品、货币，展现出了一种最终的物化形式，同时，随着土地彻底转化为一种生产资料，资本实现

---

① 马克思，恩格斯. 马克思恩格斯全集：第 25 卷［M］. 中共中央马克思恩格斯列宁斯大林著作编译局，译. 北京：人民出版社，1974：935.

② 马克思，恩格斯. 马克思恩格斯全集：第 25 卷［M］. 中共中央马克思恩格斯列宁斯大林著作编译局，译. 北京：人民出版社，1974：440.

了与所有权的高度融合。而对于劳动，在流通公式中已经彻底消解了人类劳动的存在，从最初将人类劳动力"凝结"在普通商品之中，到把人的劳动抽象化与货币化，最后将人的因素彻底排斥在资本主义生产过程之外。整个社会生产过程中已经几乎看不到人的"影子"，与之相对应的是"资本越来越表现为社会权力，这种权力的执行者是资本家，它和单个人的劳动所能创造的东西根本没有任何关系"①。

从商品拜物教到货币拜物教再到资本拜物教的发展过程，按照马克思的说法是一个资本关系不断"神秘化"的过程。这个过程表现为两个不同的趋势：其一是对资本主义社会剥削关系的不断掩盖，这种掩盖根源于"三位一体"社会收入分配公式中，抽象劳动对活劳动的"控制"与"宰制"之中。为了掩盖二者的矛盾，资本关系自身的发展不断将这种资本对人的剥削与压迫关系"神秘化"，从而压制或转移二者之间的矛盾与紧张关系。其二是"人"的"退场"直至"空场"趋势，这种趋势从外在的方面看，是来源于拜物教在不断发展演进的过程中，逐步用非人身的"资本关系"取代现实个人所依存的生产关系；但从其内在根源上看仍然是植根于"三位一体"公式对人的"本质性生命活动"——劳动的排斥与矮化的趋势，这也构成了"人"最终在资本主义生产关系中退场的现实基础。在拜物教的这两大趋势的影响下，"陈述"资本主义社会生产关系的古典政治经济学话语，逐步形成了漠视现实的个人、崇尚"资本本位"的话语体系，这一体系的形成，是作为古典政治经济学"现实话语"的三位一体公式与作为"观念话语"的拜物教相互"勾连"的结果，二者的"勾连"所形成的话语框架成为资本逻辑"寄居"的载体，其强大的"同一逻辑"又为这一话语体系提供扩张与发展的基础。因此对这一话语框架的消解，同时也是对其背后的资本逻辑的消解，这正是马克思政治经济学批判的首要任务。

---

① 马克思，恩格斯. 马克思恩格斯全集：第 25 卷 [M]. 中共中央马克思恩格斯列宁斯大林著作编译局，译. 北京：人民出版社，1974：294.

第二节　拜物教与形而上学

拜物教是资本主义社会中最为常见的意识形态"幻觉",其表现通俗地说就是将"物"(商品、劳动产品)作为满足人一切需求的"万灵药"来崇拜。"利己主义"与"拜物教"两者在现代社会中具有密切的关系。或者说,"拜物教"就是"利己主义"进一步庸俗化的产物,也就是说将所有"对自己有利"的东西都片面抽象为"物"。利己主义是拜物教得以成立的前提——因为只有利己的人才会将物作为"神"来崇拜,同时拜物教又是利己主义的最终形式——因为任何形式的利己主义最终都将走向以物的形式满足自身的"桎梏"。

在前文中我们讨论了在人的劳动不断社会化这一背景之下,现实社会生产过程中"资本"如何作为一种过去的、抽象的、积累的"死"劳动,一步步宰制人的现实的、具体的、单一的"活"劳动的过程。在这样一种不公正、不平等的制度之下,作为上层建筑意识形态领域的哲学、宗教、道德、政治等方面的理论研究,非但没有将这一内在矛盾揭示出来,反而在不断的发展过程中"遮蔽"这一资本主义社会的现实矛盾。而产生这一现象的根本原因在于,资本主义社会意识形态建构所围绕的核心植根于资本主义生产过程中所产生的拜物教"幻境"。

一、拜物教及其神秘性质

"拜物教是对外部自然客观物或神秘力量之崇拜,而在马克思这里,它则主要是指认一种人们无意识发生的对社会存在物（关系）的崇拜，并且是颠倒了的物相（假象关系）。"① 也就是说，人对"拜物教"的崇拜事实上是一种对权力的崇拜。在劳动社会化的背景之下，人们对于外在于人的物的力量的崇拜就表现为对商品、对货币与对资本本身的崇拜。而讽刺的是，资本主义社会中人所崇拜的这些看似"外在于人"的具有"神秘力量"的物，事实上都是来源于人本身之劳动所创造，却反过来成为人的现实生活乃至于观念世界的统治者，这就是拜物教在现实生活中所产生的效果。

拜物教产生于商品交换过程中，商品的生产过程在生产商品本身、现实社会关系的同时，也生产着与之相适应的观念。马克思从劳动本身与价值之间的矛盾关系中说明了二者之间的关系。一方面，"只是社会必要劳动量，或生产使用价值的社会必要劳动时间，决定该使用价值的价值量"②；但另一方面，"人们使他们的劳动产品彼此当作价值发生关系，不是因为在他们看来这些物只是同种的人类劳动的物质外壳。恰恰相反，他们在交换中使他们的各种产品作为价值彼此相等，也就使他们的各种劳动作为人类劳动而彼此相等。他们没有意识到这一点，但是他们这样做了。价值没有在额上写明它是什么。不仅如此，价值还把每个劳动产品变成社会的象形文字"③。也就是说，本身作为商品价值的社会必要劳动时间，只是充当商品之间互相交换的价值中介，但是，在资本主义社会的交换过程中，原本充当价值中介的价值，不断外化成为有形的物——商品、货币，最后又升华为资本，成为具有某种"神秘"性质的东西，统治着人类的精神世界。

为何原本被人所创造的物会反过来统治人本身，这就是拜物教的神秘性质之所在。拜物教作为资本主义社会意识形态的建构性基础，其本身的存在就是作为一种"崇高"的实体，支撑着整个资本主义社会的意识形态

① 张一兵. 回到马克思：经济学语境中的哲学话语 [M]. 南京：江苏人民出版社，2013：658.

② 马克思，恩格斯. 马克思恩格斯全集：第 23 卷 [M]. 中共中央马克思恩格斯列宁斯大林著作编译局，译. 北京：人民出版社，1972：52.

③ 马克思，恩格斯. 马克思恩格斯全集：第 23 卷 [M]. 中共中央马克思恩格斯列宁斯大林著作编译局，译. 北京：人民出版社，1972：90-91.

结构。康德在论证崇高时有这么一段耐人寻味的表述:"自然美(独立的自然美)在其仿佛是预先为我们的判断力规定对象的那个形式中带有某种合目的性,……虽然按其形式尽可以显得对我们的判断力而言是违反目的的,与我们的表现能力是不相适合的,并且仿佛对我们的想象力是强暴性的,但这却只是越加被判断为是崇高的。"① 也就是说,崇高并不表现为"合目的性",而是恰恰相反,表现为反"目的性",而且其越表现为与人类思维意识中的"目的性"相左,则越体现出其"崇高"本质。拜物教在资本主义社会意识形态结构中的"崇高"就是以这样的形式表现出来的。齐泽克在其《意识形态的崇高客体》中如此描述这种拜物教式的"崇高":"尽管在资本主义时代主体被解放了,主体设想自己已经摆脱了中世纪的宗教迷信,但当他们彼此做生意时,他们的言行却和理性功利派人士一样,只受自我利益的引导。不过,马克思所做的分析的要点在于:物(商品)只信奉它们所处的位置而非其主体:好像它们的信仰、迷信和玄学神秘化,已经为理性的、功利的人格所战胜,并体现在'物与物的社会关系'之中,他们不再相信,但是物为了自己还在相信。"② 这就说明,生活于资本主义社会的个人在功利主义的意识形态的驱使下,所进行的活动都以"生意""交易"为核心而展开,而这种关系所围绕的核心在观念上表现为对拜物教的崇拜,对物的"崇高"的信仰,因此构成了资本主义社会拜物教的现代形态。

二、劳动的"抽象化"与拜物教意识的"现实化"

"各种劳动不再有什么差别,全都化为相同的人类劳动,抽象人类劳动。"③ 简单地说,商品二因素的对立就是具体与抽象之间的对立,这种对立在劳动产品还未成为商品之前是不存在的。因为在成为商品之前,劳动产品本身的价值与使用价值,都是针对劳动者个人而言的,它的使用价值

① 康德. 康德三大批判合集:下卷 [M]. 邓晓芒,译. 北京:人民出版社,2009:289
② 齐泽克. 意识形态的崇高客体 [M]. 季广茂,译. 北京:中央编译局出版社,2001:46.
③ 马克思,恩格斯. 马克思恩格斯选集:第2卷 [M]. 中共中央马克思恩格斯列宁斯大林著作编译局,编译. 北京:人民出版社,2012:98.

不过是对商品生产者的某种需要的满足，而它的价值则是商品对劳动者本身而言的意义，这时的劳动产品还不具有社会属性，但当产品一旦进行交换，一旦投入市场，具有了社会的属性，则商品二因素之间的矛盾运动也就此开始。

商品要实现其真正价值，必须经过生产、交换、消费的资本主义生产全过程，也就是要从生产者手中最终辗转到消费者手中并最终被消耗掉，才能最终实现其价值。这是一个商品进入社会并在社会中实现其价值的过程，也是其价值的一个辩证运动过程。

首先，在生产环节，商品是生产者生产出来的劳动产品，本身不具有社会性，但生产者生产它的目的不是供自己消耗使用，而是将其推向社会，供他人消费使用。这种生产者与消费者的分离，是造成商品开始区别于劳动产品的初始原因之一，也是商品辩证运动的初始环节。

其次，交换是商品在社会中流转的环节，商品为何需要交换？"使用物品成为商品，只是因为它们是彼此独立进行的私人劳动的产品。这种私人劳动的总和形成社会总劳动。由于生产者只有通过交换他们的劳动产品才发生社会接触，因此，他们的私人劳动的特殊的社会性质也只有在这种交换中才表现出来。"① 商品只有通过在市场上的流转才能转化为货币，满足生产者从事商品生产的初始需求，同时也为生产者下一阶段的生产提供资金，资本主义的生产再循环由此开始，同时，消费者也只有通过交换才能获得满足自己需求的商品。

最后，消费是商品价值实现的最终环节，也是对消费者需求的一种满足，商品的使用价值只有在商品的消费者身上才能得到实现，同时，消费者的需求也是推动资本主义商品生产的最原始动力。至此，资本主义生产在消费者身上实现了商品消费的终结与新生产循环的开始，从而形成了一个永无止境的循环以维持商品生产。

从这个循环中我们可以看出，商品的生产、交换与消费过程事实上可视为商品本身的个体性与社会性矛盾运动的产物。"劳动产品只是在它们

---

① 马克思，恩格斯. 马克思恩格斯全集：第 23 卷 [M]. 中共中央马克思恩格斯列宁斯大林著作编译局，译. 北京：人民出版社，1972：89.

的交换中，才取得一种社会等同的价值对象性，这种对象性是与它们的感觉上各不相同的使用对象性相分离的。"① 这种商品的辩证运动与商品的价值变动密切相关，也正是通过这种辩证运动，商品开始不知不觉地产生出一种"类宗教的幻影"，这种"幻影"就是形成"商品拜物教"的关键所在。

在马克思看来，拜物教产生于"生产支配人"的资本主义社会，以物的价值衡量人的价值以及对人与物的关系的一种特殊意识形态方式的表达。

> 商品形式和它借以得到表现的劳动产品的价值关系，是同劳动产品的物理性质以及由此产生的物的关系完全无关的。这只是人们自己的一定的社会关系，但它在人们面前采取了物与物的关系的虚幻形式。因此，要找一个比喻，我们就得逃到宗教世界的幻境中去。在那里，人脑的产物表现为赋有生命的、彼此发生关系并同人发生关系的独立存在的东西。在商品世界里，人手的产物也是这样。我把这叫作拜物教。劳动产品一旦作为商品来生产，就带上拜物教性质，因此拜物教是同商品生产分不开的。②

拜物教的产生与商品的产生一样，源于私人劳动产品与劳动的社会化之间的矛盾。这种矛盾运动的结果就是，本来作为人与人之间的社会关系被物与物之间的关系所"遮蔽"。因此，人才会对物产生如"宗教般"的幻觉。在这种幻觉的"引导下"，人自然会将本来属于人与人之间的关系转移到"物"的身上，从而形成对物的依赖的假象。正如马克思在《政治经济学批判（1857—1858年草稿）》指出的那样：

> 在前一场合表现为人的限制即个人受他人限制的那种规定性，在

---

① 马克思，恩格斯. 马克思恩格斯全集：第23卷 [M]. 中共中央马克思恩格斯列宁斯大林著作编译局，译. 北京：人民出版社，1972：90.

② 马克思. 资本论：第1卷 [M]. 中共中央马克思恩格斯列宁斯大林著作编译局，译. 北京：人民出版社，2004：89-90.

后一场合则在发达的形态上表现为物的限制即个人受不以他为转移并独立存在的关系的限制。……这些外部关系决不是"依赖关系"的消除，它们只是使这种关系变成普遍的形式；不如说它们为人的依赖关系造成普遍的基础。个人在这里也只是作为一定的个人互相发生关系。这种与人的依赖关系相对立的物的依赖关系也表现出这样的情形（物的依赖关系无非是与外表上独立的个人相对立的独立的社会关系，也就是与这些个人本身相对立而独立化的、他们互相间的生产关系）：

个人现在受抽象统治，而他们以前是互相依赖的。①

这种依赖的实质仍然是人对人的依赖。由此可见，从封建社会过渡到资本主义社会，人与人之间的依赖关系并未得到根本改变，只不过被"商品"、"货币"与"资本"等伪装为经济范畴的社会关系遮蔽了起来。这种遮蔽产生的结果就是商品社会化过程中所表现出来的社会意识形态的"拜物教"倾向。

三、拜物教意识形态的"形而上学"

资本主义的实质就在于它不仅依赖于资本的无限扩张本性，而且依赖于这种扩张本性借以实现自身的"谋取方式"，即理性形而上学依靠启蒙而开展出来的、对存在者的控制方案和统治形式。……而现代理性形而上学的这一无止境的"谋划"，与资本本身无限增殖的本性联合起来，共同促成了马克思的时代资本的形而上学本质。②

资本所代表的是一种人与人之间的关系，资本的"抽象权力"事实上是一种对人与人之间关系的"主导性"的权力。现代社会关系的建构围绕

---

① 马克思，恩格斯. 马克思恩格斯全集：第46卷（上册）[M]. 中共中央马克思恩格斯列宁斯大林著作编译局，译. 北京：人民出版社，1979：110-111.
② 白刚. 瓦解资本的逻辑：马克思辩证法的批判本质 [M]. 北京：中国社会科学出版社，2009：98-99.

经济关系而展开，而资本作为一种社会关系，有通过其"无限"扩张的本性，而宰制人与人之间的现实经济关系，从而获得了对人——或者人的活劳动的"统治权"。正是由于这样的原因，马克思对人与人之间关系的理解，从早期的人道主义范式，转化为后期的政治经济学范式。而我们探索、发掘《资本论》的伦理维度，不能脱离开人与人之间关系这一主轴。因此在探索"拜物教"意识形态时，也必须从人与人之间关系的范畴中展开对其的思考。

列宁曾总结："凡是资产阶级经济学家看到物与物之间的关系（商品交换商品）的地方，马克思都揭示了人与人之间的关系。"① 这无疑指明，马克思对资本主义生产关系的批判，无疑是站在人与人之间关系的立场上对资本主义社会进行"解剖"，因此，对"拜物教"的批判同样也是对拜物教这种意识形态对人与人之间关系影响的批判。马克思指出：

> 劳动产品成了商品，成了可感觉而又超感觉的物或社会的物。正如一物在视神经中留下的光的印象，不是表现为视神经本身的主观兴奋，而是表现为眼睛外面的物的客观形式。但是在视觉活动中，光确实从一物射到另一物，即从外界对象射入眼睛。这是物理的物之间的物理关系。相反，商品形式和它借以得到表现的劳动产品的价值关系，是同劳动产品的物理性质以及由此产生的物的关系完全无关的。这只是人们自己的一定的社会关系，但它在人们面前采取了物与物的关系的虚幻形式。②

这种"虚幻"形式不仅遮蔽了人与人之间的真实关系，而且将人的关系归结为一种绝对的、超历史的、形而上学的"资本"关系，将"物"作为超越于人之上的终极存在物而呈现出来，"拜物教"的形而上学本性由此显现。

---

① 列宁. 列宁全集：第 23 卷 [M]. 中共中央马克思恩格斯列宁斯大林著作编译局，编译. 北京：人民出版社，1990：46.

② 马克思，恩格斯. 马克思恩格斯全集：第 23 卷 [M]. 中共中央马克思恩格斯列宁斯大林著作编译局，译. 北京：人民出版社，1972：89.

拜物教的这种"形而上学"本性，是内化于商品、货币与资本的结构形式之中的。资本作为一种社会关系不仅是生产关系的核心，同时也"建构"了现代社会人与人之间的关系。"商品结构的本质已被多次强调指出过。它的基础是，人与人之间的关系获得物的性质，并从而获得一种'幽灵般的对象性'，这种对象性以其严格的、仿佛十全十美和合理的自律性（Eigengesetzlichkeit）掩盖着它的基本本质、即人与人之间关系的所有痕迹。"① "拜物教"将人的劳动在意识形态中抽象成了"物"，同时，也将人的本性与人的劳动相互分离，而且使得劳动成为一种与人的本质相异甚至对立的活动。

拜物教的"形而上学"特性不仅成为资本主义社会构建人与人之间社会关系的基础，而且是马克思形而上学批判的重要组成部分。马克思在《资本论》中重点批判了资本主义政治经济学将拜物教"物质属性"与"社会属性"混同在一起，试图建构一种以"物"为核心的意识形态领域的形而上学体系。这就必然导致资本主义社会的整个社会关系围绕"拜物教"而建构，进而，当人们以一种"物本位"的思维方式去看待社会生产方式、看待社会结构、看待社会法权体系时，就会进一步加深自身的这种"拜物教"崇拜，进一步加深人意识形态的"宗教幻境"，以及对物这种"非神圣形象"的崇拜。为了实现这种循环，拜物教就必须不单单只是在意识形态领域实现自身的循环，而要超越到现实领域，才能真正实现自身的"形而上学"——这就将是拜物教的"现实化"过程。

拜物教现实化的结果，正如卢卡奇所言，是生产关系成为伦理关系的决定因素，人在生产关系中的位置"投射"到了社会伦理关系当中：

> 尽管社会培养这样一些能力的手段不同于社会培养劳动力的手段，尽管这些手段在物质上和"道德上的"交换价值也不同于劳动力的交换价值（当然不要忘记有许多联接环节和自动转化），但基本现象仍然是一样的。特殊类型的官僚主义的"真心诚意"和务实态度，

---

① 卢卡奇. 历史与阶级意识：关于马克思主义辩证法的研究 [M]. 杜章智，任立，燕宏远，译. 北京：商务印书馆，1999：149.

个别官僚之必然完全服从于他所属的物的关系系统，以为正是他的荣誉，他的责任感需要这样一种完全的服从，——所有这一切都表明，分工像在实行泰罗制时侵入"心灵领域"一样，这里侵入了"伦理领域"。①

拜物教从一种意识形态超越到现实领域，成为一种现实的意识形态、制度安排，需要自身的进一步"现实化"——这同样是《资本论》所关注的内容，这就是马克思对资本主义社会"三位一体"公式的批判。从政治经济学角度来看，收入分配"三位一体"公式是资本主义社会资本生产过程、资本循环过程的最后完成；从意识形态角度来看，"三位一体"公式的最终形成同时也是资本主义社会意识形态从思想领域超越到现实领域的"完成"。资本、地租、工资不仅仅是一种资本主义社会基本的分配方式，更重要的是它们是资本主义社会伦理制度体系建构的基础性要素。

第三节 资本形而上学与主体形而上学

如果说拜物教是利己主义在现实社会中的庸俗化、具象化，那么反过来"主体形而上学"又是利己主义的理论化、学理化。"主体形而上学"是现代主体性哲学的极端化产物，是高度强调人的自我意识、独立性的"形而上学"。这种思想在现实中表现为极端的个人主义与利己主义。"主体形而上学"是近代思想解放运动极端化的产物。它与利己主义相互呼

---

① 卢卡奇. 历史与阶级意识：关于马克思主义辩证法的研究 [M]. 杜章智，任立，燕宏远，译. 北京：商务印书馆，1999：168-169.

应，同时又与拜物教意识形态相结合，形成了对"资本形而上学"合法性的理论支撑。

"资本形而上学"，这种"形而上学"既是一种现实话语，同时又是一种"观念话语"。从现实层面上看，以"资本形而上学"为核心而形成了现代市民社会以"资本"为核心的社会生产体系；从观念层面上看，"资本形而上学"又作为"拜物教"意识形态的基础，成为现代人思维意识的潜在前提。"资本形而上学"的形成并不是偶然的，除了资本主义社会的生产方式，现代哲学的"主体形而上学性"也是其重要的思想根源，现在，我们就在分析这种所谓"资本形而上学"形成的现实基础上，挖掘其现代哲学理论根源。

一、形而上学的"现实化"

形而上学的"现实化"本质上是形而上学思维在现实中的"体现"。形而上学作为古代哲学的基本思维方式，由亚里士多德首先总结并创立。亚里士多德之所以是真正意义上提出形而上学问题的"第一人"，是因为他首次提出了这样的一个问题："作为存在的存在之最初原因。"① 形而上学创立最初目的是考察存在之为存在的根本原因，也就是万物最基本的本原问题。之前的哲学家对万物本原的追问之所以还不能称为一种"形而上学"，是因为"在那些最初进行哲学思考的人们中，大多数都认为万物的本原是以质料为形式，一切存在着的东西都由它而存在，最初由它生成，在最终消灭时又回归于它"②。但这种考察只是一种"自然哲学的智慧"，它还远远称不上是关于"本原"的认识。而能够认识本原的人在亚里士多德看来只有哲学家："应由哲学家，即研究所有实体自然本性的人，来考察逻辑推理的本原。对于每一个种知道得最多的人能够讲出事物的最确实

---

① 亚里士多德. 亚里士多德全集：第7卷 [M]. 苗力田，主编. 北京：中国人民大学出版社，1993：84.
② 亚里士多德. 亚里士多德全集：第7卷 [M]. 苗力田，主编. 北京：中国人民大学出版社，1993：33-34.

的本原，故研究作为存在物的存在物的人能够讲出万物的本原。"① 也就是说，对存在本原的研究才是真正的"形而上学"，同时对某种具体的存在的研究不是"形而上学"。对形而上学的研究基于对具体存在的研究之上——"物理学之物：通过感性经验便可通达的事物；现在又有形而上学之物：超越感性事物的事物，超感性之物；形而上学：对超感性之物的认识"②。因此，形而上学不是对感性存在物的认识，而是对超感性存在物的认识，作为一种认识活动，形而上学研究的目的乃是寻求世界存在的本原问题。对这一"本原"的探索构成了形而上学亘古不变的基本方法。

为了对"超感之物"进行理解，形而上学必须超出存在者之外对存在者的"本原"进行讨论——"形而上学就是一种超出存在者之外的追问，以求回过头来获得对存在者之为存在者以及存在者整体的理解"③。超出"存在者"的存在是什么？古代哲学在认识与实践的双重局限下将其视为"全善的神"。因此，古代形而上学最终发展成为一门有关于"神"的学问，也就是"神学"。对于"神"的追问取代了对于"存在"的追问。神作为一种"超感""永恒"的存在是现实中一切存在的"天然"原因。故而，古代形而上学发展的最终结局就是"神学"。

但是，"宗教"作为形而上学的"居所"在世界步入现代社会之后，面临着理性与自由的双重考验。"神"与"宗教"本身在近现代社会不断遭遇着来自理性的"追问"，来自自由的"冲击"。现代哲学对形而上学发起了全面挑战。其中，以尼采为代表的非理性主义和理性主义哲学都对形而上学发起了挑战。以尼采为例，其提出的"重估一切价值"的口号成为向传统形而上学发起挑战的标志。尼采认为："只有我们德国文化的全无价值——它的'理想主义'……因为这个'文化'自始至终都要我们忽视现实事物，完全要我们去追逐那些值得怀疑的所谓理想目标而当作'古典文化'。"④ 尼采致力于以一种非理性的态度来突破以形而上学为基础的现

---

① 亚里士多德. 亚里士多德全集：第 7 卷 [M]. 苗力田，主编. 北京：中国人民大学出版社，1993：90.
② 海德格尔. 德国观念论与当前哲学的困境 [M]. 庄振华，李华，译. 西安：西北大学出版社，2016：36.
③ 海德格尔. 路标 [M]. 孙周兴，译. 北京：商务印书馆，2014：138.
④ 尼采. 尼采生存哲学 [M]. 刘烨，编译. 北京：九州出版社，2005：19.

代道德伦理，尼采将传统形而上学视为一种"理想主义"。而且这种"理想主义"是对人"生命意志"的一种压制，这种压制以基督教伦理的形式"框定"了人们的思维方式与行为方式。尼采主张用一种"强力意志"来扭转人类社会的发展方向。而要做到这一点首先需要的是以一种新的标准来作为人类社会价值评价的标准。这种非理性的价值评价方式是尼采用于对抗传统形而上的有力武器。

与尼采不同，以费尔巴哈为代表的资产阶级思想家则主张用一种理性主义的方式来突破传统形而上学的限制。"形而上学或逻辑学只有在不脱离所谓主观精神的时候，才是一种真实的、内在的科学。形而上学是秘传的心理学。"[①] 在费尔巴哈看来，形而上学是人的主观心理上的自然倾向，形而上学对于人类而言是一种限定于人的精神世界的活动。但是费尔巴哈同样将批判的矛头指向了基督教，费尔巴哈始终将基督教视为人类对自身完美人格的信仰。也就是人事实上在宗教中是崇拜自身。因此，费尔巴哈的批判是从宗教批判开始的。但是，人类社会没有办法彻底将宗教的信仰排除出自身的精神世界，在形而上学的绝对性、神秘性与超验性被彻底突破之后，人类何以能够摆脱虚无主义的影响？费尔巴哈没有像尼采那样最终跌入了相对主义、虚无主义的深渊。费尔巴哈仍然认识到为人类道德行为、社会行为寻求依据的必要性，因此，费尔巴哈仍然要逃到"宗教幻境"中寻求为人的道德生活提供支撑。故而马克思如此评价：

> 费尔巴哈在关于人与人之间的关系问题上的全部推论无非是要证明：人们是互相需要的，并且过去一直是互相需要的。他希望加强对这一事实的理解，也就是说，和其他的理论家一样，只是希望达到对现存事实的正确理解，然而一个真正的共产主义者的任务却在于推翻这种现存的东西。不过，我们完全承认，费尔巴哈在力图理解这一事实的时候，达到了理论家一般可能达到的地步，但他还是一位理论家

---

① 费尔巴哈. 费尔巴哈哲学著作选集：上卷 [M]. 荣震华，李金山，等译. 北京：商务印书馆，1984：104.

和哲学家。①

无论是尼采的非理性主义批判还是费尔巴哈的理性主义批判，事实上都是启蒙运动的结果。启蒙运动对于传统形而上学的影响巨大，启蒙运动的宗旨在于用知识来考察形而上学的所谓"理想性"、祛除宗教的"神秘性"。启蒙运动的思想主张在于唤醒世界，并用知识代替幻想。启蒙运动用以对抗传统形而上学的最有力武器是理性，自由与理性是启蒙运动最重要的两面旗帜。其中用理性来检验形而上学成为近代哲学研究的主题。而理性所依据的标准是作为其实际形态的真理。

然而随着主体意识、批判精神在哲学研究领域的不断深入，真理本身也成为一个值得质疑的对象。真理的客观性问题在现代哲学中不断受到挑战。现代哲学家普特南认为："在真理概念和合理性概念之间有着极其密切的联系。粗略说来，用以判断什么是事实的唯一标准就是什么能合理地加以接受。"② 也就是说，启蒙运动所认为的那种纯粹"客观性"的真理事实上并不存在。这正是启蒙思想所推崇的理性赖以作为标准的重要依据，而真理客观性的消解无疑对理性主义本身是一种打击。现代理论家在反思启蒙运动与理性主义时，也开始不得不以一种批判的目光来审视启蒙思想。

西方马克思主义很早就对启蒙思想所推崇的理性主义或者理性形而上学展开反思。法兰克福学派的创始人霍克海默与阿道尔诺就开始追问一个问题：启蒙是否导致了新的形而上学"神话"？霍克海默反思了启蒙运动的理论逻辑，启蒙运动运用理性的手段，扫除了形而上学所创造的神话中的一切"魑魅魍魉"，用计算原则与实用原则剔除了传统思想意识形态中的一切不符合理性原则的要素。但就在这一过程中，启蒙自身成为神话。这是因为启蒙虽然在形式上反对神话，然而启蒙主义希望基于理性建立能够涵盖整个人类知识领域的解释体系，就此而论，其与近代经验主义对启

① 马克思，恩格斯. 马克思恩格斯全集：第3卷 [M]. 中共中央马克思恩格斯列宁斯大林著作编译局，译. 北京：人民出版社，1960：47.
② 普特南. 理性、真理与历史 [M]. 童世骏，李光程，译. 上海：上海译文出版社，2016：2.

蒙的理解是一致的。启蒙试图通过对"普遍秩序"的掌握从而获得对世界本质的认识。在此基础上启蒙事实上也充当了与蒙昧时代的神话一样的作用。只不过是用"计算解释事实"取代了"神话解释事实";用"自然"取代了"彼岸世界",成为纯粹的客观性。启蒙理性用对世间万物的解释权力获得了统治世间万物的权力。用一种统一的世界观——理性主义世界观取代了神话世界观。但它用以统治人类精神世界的手段与神话世界观的手段别无二致。也就是以对万物的解释权为基础取得对万物的"统治权"。由此形成了与传统形而上学既相区别又相联系的"新形而上学"——理性形而上学。

与霍克海默一样,另一位法兰克福学派的创始人阿多诺(又译:阿道尔诺、阿多尔诺)也对这种理性形而上学持有坚定的批判态度。阿多诺更为深入探讨了理性形而上学内部所表现出来的"同一性"趋势。阿多诺认为,"同一性"是人类思想活动中固有的倾向,因为人类思想中概念秩序的建构离不开"同一性"原则。德国古典哲学一直在追求事物与概念之间的"同一性",从而使真理获得"客观性",但"真理因其时间的内容是飘荡的和脆弱的"①。传统形而上学总是力图找到所谓事物的"本原",这使得哲学走上了错误的道路。而这种错误的路径表征在现实中形成了对于现实的个人的压抑:"对自由意志的批判像对决定论的批判一样意味着对这种幻想的批判。价值规律开始在形式上自由的个人头上起作用。……个人独立的过程是商品交换社会的一种功能,终止于个人被一体化所毁灭。产生自由的东西将突变成不自由的。"② 阿多诺看到了整个社会层面上,启蒙运动所推崇的理性被"同一性"逻辑所"毁灭"的过程,同时也继承了马克思的观点,认为资本主义社会人的自由事实上产生了矛盾性——自由仅限于出卖劳动力商品的自由与获取剩余价值的自由。而资本主义社会中的这种"自由"反过来又成为人们被压抑、被掠夺与被奴役的理由。因而自由的原则成为不自由的理由。但是阿多诺就此止步,他没有继续沿着政治经济学批判的路径去揭示资本主义社会这种不自由产生的现实机制,而

---

① 阿多尔诺. 否定的辩证法 [M]. 张峰,译. 重庆:重庆出版社,1993:33.
② 阿多尔诺. 否定的辩证法 [M]. 张峰,译. 重庆:重庆出版社,1993:259.

是就此转向了法兰克福学派的理论路径——社会批判与文化批判。我们现在要做的恰恰是从阿多诺的转折点出发，探索现代资本主义社会理性形而上学形成的现实基础，也就是现实的资本关系中所表现出来的形而上学特征。

因此，在启蒙运动之后的哲学思潮中，对主体性的强调成为哲学思想的主流，这与社会生产模式从小农经济模式转变为建立在对自由劳动剥削基础上的资本主义经济模式的进程密切相关。这种经济模式与哲学思潮的发展形成了一种内在的"契合"；或者套用马克思的话来表达就是：现代哲学的"主体形而上学"，在现实生产过程中的"资本形而上学"面前，"丧失了独立的外观"。

二、资本逻辑与形而上学的同构性

商品拜物教、货币拜物教与资本拜物教在现实的社会中表现为一种现实的"抽象权力"，同时也在资本主义生产过程中显现为一种"终极性"的存在。在意识形态领域则表现为一种能够左右人意志的观念形态。"在马克思的时代，资本与理性形而上学是具有内在'姻亲'关系的，资本具有形而上学本质，形而上学也具有资本本质。"①而这种"姻亲"关系的最直接体现就在于其"同构性"上——"而这种以资本增殖为目的的交换关系所造就的同一化时空，实际上就是传统形而上学同一性逻辑和力量的现实体现，也即资本逻辑在时空中具体展开的人的世界及其历史"②。

资本逻辑与形而上学的"同构性"，在现实中表现为人的生产方式、生活围绕着"资本"而展开。"在经济运作过程中，物化了的社会关系成为了决定性的力量，这是人类自身的物质生产活动中创造出的不以人的意

---

① 白刚. 瓦解资本的逻辑：马克思辩证法的批判本质 [M]. 北京：中国社会科学出版社，2009：101.

② 白刚. 瓦解资本的逻辑：马克思辩证法的批判本质 [M]. 北京：中国社会科学出版社，2009：115.

志为转移的一种新的外部力量。"① 如前所述，资本主义生产方式核心的推动力量在于资本的增殖本性，整个社会的生产活动围绕着资本增殖而展开。这既是资本主义社会经济理论的研究基础，同时也是资本主义生产方式得以展开的现实基础。物化社会关系的本质是一切社会关系围绕实现物的价值增殖而展开。资本作为一种社会关系恰恰处于物化社会关系的核心位置。但这种关系本身是一种颠倒的社会关系。人对物、对资本的依赖使得本应在社会关系中作为主体的人的存在，成为"物""资本"的附属性的存在。资本主义生产方式对社会关系的颠倒，不仅造成了人类社会在意识领域的"拜物教"倾向，同时也导致了在生产领域，被动、抽象的"物"成为人类生产活动的主导性要素，而真正的劳动主体"人"反而成为生产过程中的附属性要素。在资本关系中资本似乎成为生产的主导力量——"桌子一旦作为商品出现，就变成一个可感觉而又超感觉的物了。它不仅用它的脚站在地上，而且在对其他一切商品的关系上用头倒立着，从它的木脑袋里生出比它自动跳舞还奇怪得多的狂想"②。因此，资本逻辑与形而上学的同构性，在生产领域表现为物、资本在生产活动中处于核心地位。

同样在人的生活中，资本逻辑与形而上学的"同构性"则表现为对人与人之间传统关系的破坏与重构：

> 凡是资产阶级已经取得统治的地方，它就把所有封建的、宗法的和纯朴的关系统统破坏了。它无情地斩断了那些使人依附于"天然的尊长"的形形色色的封建羁绊，它使人和人之间除了赤裸裸的利害关系即冷酷无情的"现金交易"之外，再也找不到任何别的联系了。它把高尚激昂的宗教虔诚、义侠的血性、庸人的温情，一概淹没在利己主义打算的冷水之中。它把人的个人尊严变成了交换价值，它把无数特许的和自力挣得的自由都用一种没有良心的贸易自由来代替了。总

---

① 张一兵，蒙木桂. 神会马克思：马克思哲学原生态的当代阐释 [M]. 北京：中国人民大学出版社，2004：119.

② 马克思，恩格斯. 马克思恩格斯全集：第 23 卷 [M]. 中共中央马克思恩格斯列宁斯大林著作编译局，译. 北京：人民出版社，1972：87-88.

而言之，它用公开的、无耻的、直接的、冷酷的剥削代替了由宗教幻想和政治幻想掩蔽着的剥削。[①]

　　传统社会人与人之间的关系被资本关系无情地破坏与解构。人与人之间的关系被"金钱交易"所取代，人的发展问题被"资本逻辑"所主导，故而在现代社会，在人们的日常生活当中，越来越多地体现出资本逻辑的"扩张"："人们只有通过占有交换的中介即货币才能占有支配社会与他人的权力，也才能证明自己的社会权力。"[②] 资本从一种生产领域的抽象权力，扩张到了人的现实生活领域，成为现实生活中的现实权力。这种权力对于传统的社会关系的破坏，直接表现为现代社会道德伦理关系的瓦解与崩溃。如马克斯·舍勒所言："合法挣钱"的观念已从上帝与人之间根本关系以及上帝的绝对主权中彻底清除掉了，"挣钱"本身原是纯粹的挣钱，如今最终成了非伦理、非宗教性质的物质价值，成为唯一支配生活目标的观念。[③] 现实社会中"挣钱"能力的代表——资本关系，突破了传统伦理道德的原则与界限，将人类社会伦理关系发展推进到了一个全新的时代，并且以此为基础，从根本上改变了现代社会人类生活的面貌。

　　资本逻辑与形而上学的"同构性"，在意识形态领域则表现为资本逻辑的扩张对人的思维意识乃至于对人的价值观、人生观与世界观的影响。从在大部分场合，人需要以"物"为中介展开社会交往开始，人与物之间的关系就成为一种典型的"颠倒"关系。这种颠倒对人的思维意识产生了重要的影响，使得现代人具有不同于古人的精神气质。舍勒将其称为"资本主义的精神气质"："新的获取精神和劳动精神把中世纪—古代之世界观重视质量的凝思性认识态度变为重视数量的计算性认识态度，从而规定着世界观和科学；所有这一切共同构成了深刻的全面转变。"[④] 人的思维意识

---

　　① 马克思，恩格斯. 马克思恩格斯全集：第4卷［M］. 中共中央马克思恩格斯列宁斯大林著作编译局，译. 北京：人民出版社，1958：468.
　　② 仰海峰. 《资本论》的哲学［M］. 北京：北京师范大学出版社，2017：333.
　　③ 参见舍勒. 资本主义的未来［M］. 罗悌伦，等译. 北京：生活·读书·新知三联书店，1997：58.
　　④ 舍勒. 资本主义的未来［M］. 罗悌伦，等译. 北京：生活·读书·新知三联书店，1997：13.

从以"信仰"为根本出发点转化为以"理性计算"为根本出发点，从根本上颠覆了人的价值观与世界观。同时，理性计算、物化意识作为资本在意识形态领域的代表，成为人在思想领域中的一种"普照光"。近现代不仅哲学、伦理学、社会学这样的人文学科基本思想构建于其上，甚至连科学思想都难以确保不受其影响。这正印证了马克思在《德意志意识形态》中所言："统治阶级的思想在每一时代都是占统治地位的思想。这就是说，一个阶级是社会上占统治地位的物质力量，同时也是社会上占统治地位的精神力量。"[①]

因此，资本逻辑与形而上学之间的"同构性"，事实上就是资本主义生产方式统治地位在精神领域的体现。资本关系一方面显现为对基于传统形而上学意识形态的瓦解与解构，另一方面建立起了以其自身为核心的形而上学体系。这种形而上学相对于传统形而上学的超越性在于，不仅仅在思想领域发生作用，而且在现实领域、在生产关系中发挥着核心作用。甚至于前者能够发挥作用必须基于后者在生产领域的统治地位。因而，资本关系作为一种形而上学的"同一性"力量，在其确立统治地位二百余年的时间里，不仅创造了惊人的物质文明成果，同时也在精神与思想领域全面超越了前人所创造的成果。但与此同时，人类对于资本这种巨大的"同一性"力量展开了反思。其中最具有深度的莫过于马克思对此问题的批判。《资本论》的政治经济学批判从现实入手，不仅揭示了资本与形而上学之间的内在关联，也揭示了这种关系诞生的现实基础。而拜物教理论正是揭示资本与形而上学之间内在联系的重要的切入点。

三、主体形而上学的诞生、发展与影响

主体形而上学作为现代哲学的重要"建制"，是现代哲学、伦理学思想发展的前提与基础。自"主体性哲学"诞生以来，无数思想家就试图突破现代哲学的这一理论"定向"，但结果都是再次回到了"主体性哲学"

---

① 马克思，恩格斯. 马克思恩格斯全集：第3卷 [M]. 中共中央马克思恩格斯列宁斯大林著作编译局，译. 北京：人民出版社，1960：52.

的建制之内。由此造成了现代哲学、伦理学一方面试图突破现代主体形而上学的"局限";另一方面又难以摆脱现代主体性哲学影响的尴尬局面。

（一）主体形而上学的诞生

笛卡儿是主体性哲学发展史上一个绕不开的重要思想家。从笛卡儿的思想历程中我们可以看到主体性哲学诞生的真正渊源。笛卡儿所处的时代是一个蓬勃发展的自然科学世界观与传统基督教世界观激烈冲突的时代，由此也造成了哲学领域内部的激烈冲突。笛卡儿哲学之所以成为近代哲学认识论转向的标志性思想体系，究其原因，在于笛卡儿对自然世界的本质问题的回答。笛卡儿明确反对将自然界的本质视为一种神秘力量，而是认为自然界的本质的确处于被遮蔽的状态，但理解自然的途径不是诉诸"天启"，而是要诉诸人的理性，人的理性能够系统认识自然。因而对万物本原问题的探究就转换为对"理性"问题的追问。

对于诸如"理性是什么""什么人能够拥有理性"的问题，笛卡儿认为人人都能够拥有理性，甚至理性就是人的存在本身。而对这个论断的证明，笛卡儿使用了"怀疑论"作为武器，以怀疑论的推演方式证明理性来源于人自身，并且是人存在的证明。这一论证就成为后来哲学史上著名的"我思故我在"命题。这一命题也成为西方主体性哲学的"开端"。

现象学创始人胡塞尔对于笛卡儿的论证做出了很高的评价："《沉思集》的目标是把哲学完全改造成一门基于绝对论证的科学。对于笛卡尔来说，这就意味着一切科学都要来一番相应的改造。……因此，这就有必要来一番彻底的重建，以满足在这样一种绝对奠基的统一中，哲学作为普遍的统一科学的理念。由于笛卡尔，这种要求导致哲学转回到主体自身。"① 笛卡儿的这一命题对于主体性哲学而言，其重要意义：一方面在于，通过高扬人的理性来对抗中世纪的神秘主义世界观；而另一个方面在于通过返回"纯粹思维活动的自我"，开启了认识论反思的新的维度。笛卡儿通过"我思"这一主体性的起点，首先推论出"上帝存在"与"真理"，进而又推论出"自然界"。通过一种"主体形而上学"加上实证科学的论证方

---

① 胡塞尔. 笛卡尔沉思与巴黎讲演 [M]. 张宪，译. 北京：人民出版社，2008：38-39.

式，笛卡儿建构出自然界概念与研究自然界的科学本身。而笛卡儿的哲学体系同样奠基于主体性的"纯粹自我"。

但主体性哲学的进一步发展并不仅仅因为要开拓笛卡儿以"纯粹自我"为基础而开创的哲学研究新维度，更是需要解决这一"立足点"本身所引起的诸多问题。笛卡儿"我思"的哲学论证基础造成了"思维"与"广延"的二元分离，也就是著名的"心物二元论"。"我确实有把握断言我的本质就在于我是一个在思维的东西，或者就在于我是一个实体，这个实体的全部本质或本性就是思维。而且，虽然也许（或者不如说的确，像我将要说的那样）我有一个肉体，我和它非常紧密地结合在一起；不过，因为一方面我对我自己有一个清楚、分明的观念，即我只是一个在思维的东西而没有广延，而另一方面，我对于肉体有一个分明的观念，即它只是一个有广延的东西而不能思维，所以肯定的是：这个我，也就是说我的灵魂，也就是说我之所以为我的那个东西，是完全、真正跟我的肉体有分别的，灵魂可以没有肉体而存在。"① 在笛卡儿的理论中，思维与广延是两个互不相干的实体，但我们从其以上论述中可以明显感受到，笛卡儿明显是从人的"思维"出发推出广延问题，也就是说用"思维"论证了广延的存在，用笛卡儿的话来说就是因为思维中有一个"肉体"的"观念"，同时肉体又不能有"思维"，故而对于思维与广延问题，笛卡儿认为事实上广延的存在有赖于思维对其的思考。

笛卡儿的这一思想是一种纯粹的主体性哲学思想。这一理论自提出以来就面临一个重要的难题：思维与广延既然是"两个互不相干的实体"，那么这两个实体之间如何互动与协调？换言之，我们如何从概念上来证明人的思想能够支配人的肉体，人的思想何以能够从内在的"思维"领域"外化"到现实的"广延"领域？这一问题在本体论层面上就是思维与广延的互动问题，在认识论领域则表现为人的认识何以可能的问题。如果笛卡儿的主体性理论不能很好解决这一"内在性"问题，那么在本体论领域将导致"非实在论"乃至于唯我论的陷阱。而对于人的认识而言，如果人

---

① 笛卡尔. 第一哲学沉思集：反驳和答辩 [M]. 庞景仁，译. 北京：商务印书馆，1986：85.

的认识来自观念，而观念又源于"我思"，那么"我思"与外在事物存在什么样的联系？从"我思"所推出的观念与外在客观事物何以"相符"？如果外在事物与观念没有关系，那么真理的客观性从何而来？这就可能使主体性哲学在认识论领域不可避免地导向"不可知论"与"相对主义"。

对此，笛卡儿在其晚年试图修正其"心物二元论"，也就是对人的身体与心灵如何发生"交感"的问题进行回答。在笛卡儿生前最后著作《论灵魂的激情》中，其论证就是紧紧围绕"身心交感"这一主题展开。笛卡儿认为人本身是精神实体与物质实体的"联合体"，作为有理性的动物，人具有某种"器官"能够实现身心之间的"沟通"。笛卡儿认为人的大脑中有一个叫"松果腺"的器官，通过产生"生精"来传递身体与心灵之间的信号。但笛卡儿的这一假说事实上不仅难以在科学上找到依据，甚至与其自身理论相矛盾：按照心物二元的观点，心灵与物质是不同属性的实体，那么沟通二者的"松果腺"到底是属于心灵领域还是属于物质领域？而所谓"生精"沟通身体与心灵之间的过程，到底是观念与观念之间的互动过程，还是物质与物质之间的互动过程？总而言之，笛卡儿虽然是公认的主体性哲学的开创者，但终其一生也没有能够真正解决物质与观念、身体与心灵之间的互动关系问题，因而导致了这一问题成为之后主体性哲学讨论的焦点问题。

（二）主体形而上学的发展

笛卡儿之后的斯宾诺莎是主体性哲学研究思路最重要的继承者。斯宾诺莎看到了笛卡儿的"心物二元论"无法解释身体与心灵之间的"沟通"问题。因此他彻底抛弃了笛卡儿的"二元论"而转向了"一元论"。斯宾诺莎认为："一切存在的东西，都存在于神之内，没有神就不能有任何东西存在，也不能有任何东西被认识。……除了神的以外便没有任何实体。"① 神或者说自然，是世界中唯一的"实体"，世界万事万物都"统摄"于这一绝对实体之中，而身体（广延）与心灵（思维）都是这一实体中的特殊的样式——"分殊"。二者的关系不是如笛卡儿所说是不同的

① 斯宾诺莎. 伦理学 [M]. 贺麟，译. 北京：商务印书馆，1983：15.

"实体",而是同一实体中不同的"属性"。因而二者之间存在着内在的、根本性的统一关系。这就为斯宾诺莎阐释二者之间的"协调"关系奠定了基础。

为了解决思维与广延之间的协调关系,斯宾诺莎将二者置于同一"绝对实体"之内,由此产生了所谓的"身心平行论"。这一论证将"广延"与"思维"之间的关系比喻为两条相互区分但又相互平行的轨道。二者之间相互影响,协调联动。斯宾诺莎指出:"观念的次序和联系与事物的次序和联系是相同的。……所以,当事物被认作思想的样式时,我们必须单用思想这一属性来解释整个自然界的次序或因果联系;当事物被认作广延的样式时,则整个自然界的次序必须单用广延这一属性来解释,其他的属性亦同此例。所以就神具有无限多属性而言,神实际上是事物本身的原因。"① 也就是说,人观念中的事物遵循的是思想中的逻辑性的观念次序,而自然界中的事物遵循机械物理性因果次序。但这两种次序并不是不相关联,因为它们都"涵摄"于一个统一的绝对实体"自然"或"神"之内。故而,"只就神是构成任何一个存在的思想而言。所以关于构成人的心灵的观念的对象有什么变化的知识必然存在于神之内;这就是说,只就神是构成人的心灵的本性而言,这种知识存在于神之内,换言之……对于这物的知识必然是在心灵内,或者说,心灵觉察这物"②。因此,在绝对实体的"神"之内,人的思维与广延就如同两根平行的轨道,既不相交,同时又相互影响。外界事物在广延上产生的变化原因虽然是遵循机械因果规律,但必然在人的思想中引起逻辑观念次序上的变化。这就是斯宾诺莎的"身心平行论",其以此论证试图克服笛卡儿"心物二元论"所带来的身体与心灵之间的协调问题。而事实上我们可以看到,斯宾诺莎解决这一问题的最重要前提就是强调"神"作为一个终极实体的"统一性",而思想与广延在斯宾诺莎的思想中都下降为被"涵摄"于神这一统一实体中的东西。

斯宾诺莎解决主体性哲学的"内在性"问题所使用的方法无疑是强调一种绝对的"客观性",甚至取消了思维的"主观性"——"思维只有普

① 斯宾诺莎. 伦理学 [M]. 贺麟, 译. 北京: 商务印书馆, 1983: 49-50.
② 斯宾诺莎. 伦理学 [M]. 贺麟, 译. 北京: 商务印书馆, 1983: 55.

遍者的意义，没有自我意识的意义。他在本质中去掉了自我意识这一环节。这一个缺点，一方面，引起了人们对斯宾诺莎体系的激烈反对，因为它取消了人的自我意识的自为存在，即所谓自由，也就是说，正好取消了自为存在这一空洞的抽象物，这样一来，也就把与自然和人的意识相区别的神取消了，把自在的、处在绝对状态中的神取消了；但另一方面，在哲学上也有不能令人满足之处，这就是说，斯宾诺莎正好没有真正认识到否定的东西。思维是绝对抽象的东西，正因为如此，乃是绝对否定的东西"①。也就是说，如果笛卡儿因为"我思"落入了极端"主观化陷阱"的话，那么斯宾诺莎则矫枉过正地因为"绝对实体"——"神"而堕入了极端"客观化陷阱"并且从根本上违背了主体性哲学的基本原则。

斯宾诺莎哲学体系中这种对人的思维"客观化"的强调，自然而然在其伦理学中表现为一种"决定论"的思想。斯宾诺莎认为人的不自由不是来自"外在"的限制，而恰恰相反是由自身"情感"所导致的——"人在控制和克制情感上的软弱无力称为奴役。因为一个人为情感所支配，行为便没有自主之权，而受命运的宰割"②。因此，斯宾诺莎伦理学的主要出发点是通过对外部自然的认识并顺应自然而获得"自由"，而不是任由自身情感宣泄而获得"任性"的自由，由此造成的理论后果是，斯宾诺莎几乎彻底否定了人在道德行为中的"主动性"维度，对自由、道德的追求变成了对自然规律的认识与顺从。也就是说"有限的精神在道德中拥有自己的真理，因而只要它的认识和意愿以神为归依，只要它获得了真观念，他就是道德的，因为唯有真观念才是神的知识"③。至此我们不难发现，斯宾诺莎事实上在伦理学中也彻底抛弃了人的"主体性"，将自由与道德的追求视为对神或者自然的顺从。这一说法从本质上说，就是一种伦理决定论，将人的主体性从伦理研究中彻底清除。

从笛卡儿到斯宾诺莎，我们可以很明显地看出，他们对于主体与客体之间的互动问题，都试图设定一个超验的实体"神"来作为二者的中介，

---

① 黑格尔. 哲学史讲演录：第 4 卷 [M]. 贺麟，王太庆，等译. 北京：商务印书馆，1978：133-134.

② 斯宾诺莎. 伦理学 [M]. 贺麟，译. 北京：商务印书馆，1983：166.

③ 黑格尔. 哲学史讲演录：第 4 卷 [M]. 贺麟，王太庆，等译. 北京：商务印书馆，1978：138.

沟通二者之间的关系。在传统哲学与主体性哲学相互更替的早期阶段，这一"谋划"仍然可以说是行得通的，但随着基于主体性哲学原则的思想批判不断深入，"神"这一绝对实体本身也遭遇了前所未有的挑战。这些基于主体性哲学对"神"的批判以马克思之前的费尔巴哈最为典型。

众所周知，对宗教的批判与对"现实的人"的褒扬是费尔巴哈哲学的重要组成部分。后者是费尔巴哈批判宗教的立足点。"我的'方法'是什么呢？是借助人，把一切超自然的东西归结为自然，又借助自然，把一切超人的东西归结为人，但我一贯地只把明显的、历史的、经验的事实和例证作为依据。"① 费尔巴哈的理论逻辑是对神学进行人本学的批判，从而祛除神学对人思想的禁锢，以此高扬自启蒙运动以来的人的主体性旗帜。同时，费尔巴哈进一步发展了笛卡儿以"我思"作为知识基础的理论，并更进一步认为"所以，不管我们意识到什么样的对象，我们总是同时意识到我们自己的本质"②。也就是说，我们只能从对象中意识到自己，而宗教的本质事实上就是人的本质。据此，费尔巴哈开始对宗教本身进行批判。

费尔巴哈认为："宗教的整个本质表现并集中在献祭之中。献祭的根源便是依赖感——恐惧、怀疑、对后果的无把握、未来的不可知、对于所犯罪行的良心上的咎责，而献祭的结果、目的则是自我感——自信、满意、对后果的有把握、自由和幸福。"③ 也就是说，人之所以有宗教崇拜，归根结底还是为了自我满足的需要，也是为了解决现实中人的有限性与人理想的无限性之间的矛盾。正是出于对无限性的渴望与追求：

> 人假定有一个精神的实体在自然之上，将它作为建立自然、创造自然的实体。这个精神的实体，并不是别的，就是人自己的精神实体，不过在人看来，他自己的这个精神实体好像是一个另外的与他自己有别的、不可比拟的实体，其所以如此，是因为他把它弄成了自然的原因，弄成了人的精神、人的意志和理智所不能产生的那些作用的

---

① 费尔巴哈. 费尔巴哈哲学著作选集：上卷 [M]. 荣震华，李金山，等译. 北京：商务印书馆，1984：249.
② 费尔巴哈. 费尔巴哈哲学著作选集：下卷 [M]. 荣震华，王太庆，刘磊，译. 北京：商务印书馆，1984：31.
③ 费尔巴哈. 宗教的本质 [M]. 王太庆，译. 北京：商务印书馆，2010：31-32.

原因。①

在费尔巴哈看来，这个超越人的精神实体就是宗教世界观建构所围绕的核心——上帝。费尔巴哈通过"解构"宗教世界观，将现代主体性哲学与传统哲学最后一丝联系彻底斩断。费尔巴哈这一解构的基本逻辑是：第一，把神的本质导回到理性；第二，又把理性的本质导回到人。这就是在继承了近代启蒙哲学所推崇的理性精神的同时，又从理性的角度解释了宗教世界观形成的原因，从而从根本上消解了宗教世界观的"神秘性"基础。这意味着，自费尔巴哈之后，很少有真正的理论家像笛卡儿、斯宾诺莎那样通过设置"神"这一绝对实体来解决主体性哲学中的内在性问题。从这个角度上说，费尔巴哈的人本学对宗教的批判，也可以视为近代主体性哲学彻底从传统哲学中脱胎出来。至此，我们可以看到在马克思之前，主体性哲学已经彻底在西方社会的思想领域内奠定了自己基础，而之后尼采的"上帝之死"乃至于到现代哲学的"人之死"都是主体性哲学理论逻辑发展的延续。

（三）主体形而上学的当代影响

现代哲学家保罗·利科将现代主体性哲学的发展范式归结为以下几种："主体是以第一人称来表述的（'ego cogito'，我思）；'je'（我）被界定为经验的我或先验的我；我是被绝对地确立起来的，这是说不面对他者；或者我是被相对地确立起来的，自我论（l'égologie）需要主体间性的内在补充。"② 这几种范式的共同点都在于主体的"我"。第一种范式是笛卡儿的"我思"哲学，第二种范式是胡塞尔所开创的对"自我"的先验反思，第三种范式是唯我论，第四种范式是与唯我论对立的主体间性思想。但是对于"我"的强调，在伦理学领域不可避免产生了"个体主义"的倾向。"个体主义"在当今社会发展实践中遭遇了多方面的诘难。对于伦理学而言，如何在人类社会中处理由褒扬主体性造成的"个体主义""原子

---

① 费尔巴哈. 宗教的本质 [M]. 王太庆，译. 北京：商务印书馆，2010：50.
② 利科. 作为一个他者的自身 [M]. 佘碧平，译. 北京：商务印书馆，2013：9.

化个人"问题是其重要的理论探索领域。对此，现代主体性哲学采取了三种不同的理论态度，分别是"占有性新个体主义""超越的人本主义"与"结构主义的个体主义"。①

首先，"占有性新个体主义"这一伦理理论态度总体上是启蒙时代之后所盛行的传统主义、个人主义与功利主义在现代社会的延续。其理论要旨在于恢复自由主义的传统以对抗二战后西方国家官僚系统膨胀与资本垄断不断增强的趋势。"占有性新个体主义"以洛克所开创的"天赋人权论"为主张，认为自由是一种先验的概率，自由不能以特殊的、经验性的概念加以理解："自由就属于这种消极概念，它表示我们的行动没有某种'特殊障碍'——即他人的强制。只有通过我们的运用，它才能变消极为积极。自由并不确保我们拥有特定的机会，但它只是使我们有可能根据我们所处的环境去决定做什么。它能让我们自己决定如何利用我们自己发现的机会。"② 从哈耶克对自由的理解我们不难看出，战后的新自由主义者对于"自由"概念的认知更为抽象化，这也导致了建构于其上的伦理学概念更为抽象。自由的抽象性导致了以黑格尔为代表的"整体主义"自由观受到拒斥，"新个体主义"的自由观更加注重对个体自由的强调。以诺奇克为例，其坚决反对所谓的"社会整体利益"，并反对以此为基础建构道德原则："我坚决认为，对我们可以做些什么的道德边际约束，反映了我们的个别存在的事实，说明了没有任何合乎道德的拉平行为可以在我们中间发生。我们中的一个生命被其他生命如此凌驾，以达到一种更全面的社会利益的事情，决不是合乎道德的，我们中的一些人要为其他人做出牺牲，也决不能得到证明。"③ 从中我们不难看出新自由主义强调的个体性，事实上在强调一种社会与个人相分离的"原子主义"道德观念。其理论基础在于认为每个人追求个人利益的总体效果，最终会使全社会的所有人受益——这也是对斯密"看不见的手"理论的坚持。因此，现代社会没有可能也不

---

① 参见多尔迈. 主体性的黄昏 [M]. 万俊人，朱国钧，吴海针，译. 上海：上海人民出版社，1992：14-15.

② 哈耶克. 自由宪章 [M]. 杨玉生，冯兴元，陈茅，等译. 北京：中国社会科学出版社，1999：40.

③ 诺奇克. 无政府、国家与乌托邦 [M]. 何怀宏，等译. 北京：中国社会科学出版社，1991：42.

需要强调"集体主义"、"整体性"与"社会利益"——"一种看不见的手的解释将说明：那种乍看起来是某个人有意设计的产物的东西，实际上不是由任何人的意向带来的"①。社会作为一个有机结合的整体能够超越个体从而实现对整个社会利益的有机调节。反之，对社会利益、总体性的强调会导致牺牲个人利益，而最终导致少数人的利益凌驾于多数人的利益之上。总之，诺奇克与哈耶克都希望通过对"个体主义"的强调，对抗潜在的"社会控制"。而这种社会控制在现代社会往往以"整体利益""共同利益"为借口而对整个社会实施控制。

"个体主义""原子主义"的道德观所面临的几个重要问题是：相互分离的人类如何保障自身的权利不受侵犯？相互分离的个人如何保障自己的占有权利为其他个体所承认？相反分离的社会个体如何让其他个人承认自己的道德原则？事实上，"个体主义"所面临的这些问题总体上可以被归结为社会"个体"与"共同体"之间的矛盾。

可以看出，"占有的个体主义"仍然主张将个人自由置于社会之前。但是无法摆脱"原子化"的人类社会与建立社会普遍认同的道德原则之间的关系。同时，"占有的个体主义"也是现代社会伦理中主体化趋势的典型代表。通过强调个人自由、强调个体对财产的占有，从而强调个人在社会中的主体性地位。这一趋势通过对抽象自由的强调，认为主体行为动机的不受限制，同时通过强调对财产的占有从而将个人自由加以"实体化"。从历史唯物主义的视角来看，就是将物化的因素：如资本、使用价值等等作为社会权力与个人自由的象征。

其次，对于"超越的人本主义"而言，重要的则不是个人的抽象自由。因为"超越的人本主义"的哲学基础是 20 世纪初诞生的存在主义哲学。"超越的人本主义"反对"占有的个体主义"那种抽象自由观，主要原因是存在主义不相信抽象自由的存在。"存在主义的核心思想是什么呢？是自由承担责任的绝对性质；通过自由承担责任，任何人在体现一种人类类型时，也体现了自己——这样的承担责任，不论对什么人，也不管在任

---

① 诺奇克. 无政府、国家与乌托邦 [M]. 何怀宏，等译. 北京：中国社会科学出版社，1991：28.

何时代，始终是可理解的。"① 萨特相信自由是对责任的承担，也就是说自由并不是单纯地"不受限制"，而是主动地承担责任。人的主体性不仅仅是能够不受限制地随性而为，而是体现在积极主动地承担社会责任之中。因此萨特将人的主体性与人对社会的责任联系起来，反对"个体主义"那种用孤立的眼光看待"原子化个人"的观点："由于我们指出人不能反求诸己，而必须始终在自身之外寻求一个解放（自己）的或者体现某种特殊（理想）的目标，人才能体现自己真正是人。"② 因此人作为一个"存在"，与整个社会之间存在着紧密联系的关系。人作为社会之中的一员承担自身的责任，而对这种责任的履行恰恰就是人自由或主体性的体现。因此，社会道德原则在主体性的社会是可能的，因为人的责任的普遍性也是人自由的普遍性，人自由的普遍性就具体体现在道德原则之中。

以萨特为代表的"无神论"存在主义，通过强调人的主体性与社会性的同一性，来调节个体与共同体，自在与他在之间的关系。作为一种主体性的哲学，存在主义的人本主义哲学强调人自身的主体性，但为了避免进入"个体主义"领域，存在主义在强调主体性的同时又要强调人的自由与人的责任的同一性。何以保证这种"同一性"？萨特给出的答案是要"自我超越"——"人道主义是由人的自我超越的存在所设计和塑造的人的宇宙的基础"③。因此，萨特保证人的自由与人的责任之间的统一是通过一种超越性的基础——人道主义而实现的。但是问题在于，主体之间的以抽象的"人道主义"来统一现实社会中不同的利益诉求与需求，从而实现主体之间取得道德与价值的共识，在现实中是否是一种可行的伦理方法？这些问题显然是仅仅通过"人道主义"的所谓"超越"性思维所无法解决的。

最后，"结构主义的个体主义"事实上可以称为一种反主体性的伦理学。"结构主义的个体主义"是以系统论、结构主义为基础的伦理学倾向。其最显著的理论特点就是"反中心主义""反基础主义"。"个体不是基本

---

① 萨特. 存在主义是一种人道主义 [M]. 周煦良，汤永宽，译. 上海：上海译文出版社，1988：23.
② 萨特. 存在主义是一种人道主义 [M]. 周煦良，汤永宽，译. 上海：上海译文出版社，1988：30.
③ 多尔迈. 主体性的黄昏 [M]. 万俊人，朱国钧，吴海针，译. 上海：上海人民出版社，1992：28.

的动因,而是由社会相互作用'构成'的'可能行为者',即作为置身于通过选择而进行的复杂性还原中的一个系统。"① 在结构主义者看来,传统哲学包括近代主体性哲学一直将人作为"主体"的观念只是一种幻想。结构主义反对传统哲学那种以自我为中心的理论逻辑。这实际上是一种哲学上的"自恋",而且这种"自恋"事实上源于宗教与神学思想。人的历史被视为一种"神灵引导"下的自我启示、自我实现的历史,但现代哲学的发展已经证明这种神话世界观只是一种人的"自我虚构"。因此,人不再被视为一种优于世间万物的存在,而只是一种处于一定结构中的存在。结构主义反对"人类中心主义",人的历史不再是社会发展的中心。

结构主义的马克思主义者阿尔都塞认为主体性是一种"意识形态"的产物。主体只是资产阶级意识形态的产物。要突破这种意识形态的框架,就必须通过一种无主体的"叙述"。阿尔都塞认为历史唯物主义是一种科学,也就是一种无主体的"叙述"。阿尔都塞据此展开了他的"结构主义的马克思主义"。阿尔都塞之所以将马克思分为早期马克思主义与晚期马克思主义,就是因为阿尔都塞认为早期马克思仍然受到了主体性哲学的影响,做出这一论断的依据是早期马克思著作中所具有的"人道主义"维度。阿尔都塞认为人道主义维度就是马克思早期思想中的"主体性哲学"的残余。而 1844 年之后,也就是马克思全面转向了政治经济学研究之后,马克思彻底克服了"主体性哲学",转向了政治经济学批判。按照阿尔都塞的理解,马克思的政治经济学批判是一种"非人类中心主义"的、"无主体性"的批判。因此,结构主义的马克思主义将历史唯物主义理论视为一种反主体的科学主义思想。《资本论》通过对社会现实的科学解释,对资本主义社会进行科学的"剖析",实现对资本主义社会政治经济学本质的"描述",达到对整个资本主义社会的整体把握。但是这种把握又不是以"人类中心主义"的主体性哲学为出发点,而是从一种纯粹客观视角出发来把握社会发展的规律,所以《资本论》被马克思称为"科学研究"。

---

① 多尔迈. 主体性的黄昏 [M]. 万俊人,朱国钧,吴海针,译. 上海:上海人民出版社,1992:31.

四、当代伦理学的"意识内在性"框架

《资本论》作为马克思毕生对政治经济学理论研究的高峰，其在对资本主义政治经济体制批判中，揭示了资本主义社会中"资本"与"劳动"之间的对立关系，以及"资本"如何取得对"劳动"的统治，从而导致意识形态领域资本形而上学的形成。与此同时，在伦理学与哲学领域中，以"意识内在性"为特征的现代形而上学成为各种学说思想的理论基础。伦理学、哲学研究思想难以避免地被涵摄于"意识内在性"的现代形而上学的框架之内。

（一）元伦理学的兴起

个体本位主义是现代西方伦理思想的一个标志性特征，它与现代哲学领域内所发生的变革相关联。主体性现代非宗教伦理学的发展根据其理论基础，可划分为逻辑经验主义与人本主义两大研究范式。其中逻辑经验主义根据科学主义哲学发展的最新理论成果，试图以科学逻辑"分析伦理学的概念、判断及命令表达的逻辑关系、功能、证明，研究伦理学语言、语辞（术语）的意味或意义"①。元伦理学研究的目的不是提供或者证明某种道德原则体系，而是对道德原则、道德术语本身进行批判与超越。与之相对应，规范伦理学则体现的是自柏拉图、亚里士多德以来的道德哲学传统逻辑：寻求规范人类道德行为的各种原则与规范，或者用各种方法来证明这些原则与规范的正当性与合理性。元伦理学与规范伦理学虽然在理论基础、研究对象、研究方法等方面大相径庭，甚至截然对立，但又都囿于共同的哲学概念框架范围之内；也就是在现代"内在性"形而上学的哲学架构内。在此架构下，无论是元伦理学还是规范伦理学，都不约而同地在理论上发生了共同的转向——个体本位主义的转向。二者遥相呼应，互为镜鉴。无论是元伦理学还是规范伦理学自近代以来的发展都在不同程度上反映了这种趋势。这种转变与当代社会个人的"单子化""孤立化"的生活

---

① 万俊人. 现代西方伦理学史：上卷 [M]. 北京：中国人民大学出版社，2011：222.

方式密切相关，马克思、恩格斯在《资本论》等著作中深刻地揭示了这一趋势的政治经济学基础。而在表面上看似与政治经济学互不相干的伦理学，却在其理论发展方向上体现出了与马克思政治经济学批判"互文"的关系，它们内在的理论联系值得深入探究。

1. 直觉主义伦理学

直观主义伦理学是古典功利主义伦理学在现代发生重大理论转向的产物，同时也是元伦理学理论的最初形态。其诞生首先是从对"善"的概念问题的反思开始的。如前所述，元伦理学借助的是近现代分析哲学的研究方法，通过逻辑的、推论的形式探究伦理学基本概念的内涵。而元伦理学自古典功利主义伦理学发展而来的基础也在于此。众所周知，古典功利主义认为追求"最大多数人的最大幸福"即为"善"。对此定义，功利主义受到了来自功利主义内部与外部的双重批判。非功利主义者对功利主义批判主要在于从根本上否定功利主义的研究方法，比如康德就认为："一切质料的实践规则都在低级欲求能力中建立意志的规定根据，并且，假如根本没有足以规定意志的单纯形式的意志法则，那甚至就会没有任何高级的欲求能力能够得到承认了。"① 而在功利主义者内部对穆勒、边沁等人的批判主要集中于如何证明理论上"值得欲求的东西"；也就是现实中"实际上被欲求的东西"。更进一步说，"值得被欲求"的"善"能否与现实中的具体事物相一致？

对此，摩尔认为"怎样给'善的'下定义这个问题，是全部伦理学中最根本的问题"②。但对于伦理学而言，"善"又是不可下定义的。但摩尔的这种定义只是为了"减少我们在探索'善的东西'的定义时犯错误的危险性"③。这种危险性在于人们往往倾向于将具有"善"的属性的东西——即"善者"误认为是"善"本身。摩尔用颜色"黄"来对这种错误进行比喻，他认为世间有许许多多黄色的东西，例如橙子、杧果、枯萎的树叶等等，我们可以说"杧果是黄色的"，但是不能反过来说"黄色就是杧果"。古典功利主义对于"善"的理解就存在这样的问题，穆勒等人将

---

① 康德. 康德三大批判合集：下卷 [M]. 邓晓芒，译. 北京：人民出版社，2009：35.
② 摩尔. 伦理学原理 [M]. 长河，译. 上海：上海人民出版社，2005：10.
③ 摩尔. 伦理学原理 [M]. 长河，译. 上海：上海人民出版社，2005：13.

"善"等同于物质方面的利益，甚至只是经济利益等同于"善"。摩尔对这种错误做出了如下的描述："一切善的事物也是某种别的事物，这正像一切黄的东西产生光的某种振动一样真实。并且，伦理学的目的在于发现什么是属于一切善的事物的其他各个性质，这是事实。然而许许多多的哲学家们认为：当他们说出这些别的性质时，他们实际就是在给'善'定义，并且认为这些性质事实上并不真正是'别的'，而是跟善性绝对完全相同的东西。我打算把这种见解叫做'自然主义的谬误'。"① 很明显，摩尔认为，不能将"善"与"经验性"、"质料性"或者能使人"产生快乐"的事物相等同。但这是否意味着摩尔赞同康德式的"形式化"的伦理学？很明显，同样作为功利主义者的摩尔是不会赞同以一种"纯形式"的方式来建构整个伦理学体系的。

斯宾诺莎、康德等哲学家将其对伦理问题的理解建构于某些形而上学的"超感觉"之物的基础之上。斯宾诺莎认为："神（Deus），我理解为绝对无限的存在，亦即具有无限'多'属性的实体，其中每一属性各表示永恒无限的本质。"② 而康德认为："自由的概念，一旦其实在性通过实践理性的一条无可置疑的规律而被证明了，它现在就构成了纯粹理性的、甚至思辨理性的体系的整个大厦的拱顶石。"③ 无论二者在形式上有何不同，都属于摩尔所说的"自称致力于证实关于各非自然实存者的真理"④ 的学说。摩尔认为这种"非自然实存者"被形而上学理论家视为"善"的"实存者"。对于伦理学而言，需要回答的问题是："什么应当存在？""我们如何实现存在？"形而上学的伦理学作为一种信仰能够回答第一个问题，但难以回答第二个问题，摩尔认为形而上学理论无法解决伦理的实践性问题，因为形而上学理论所追求的"永恒实存"与人的实践没有联系——"永恒存在的事物不可能受我们行为的影响；而只有受我们行为的影响的事物才能与作为手段的行为之价值有关系。然而，除非永恒实在也能供给我们关于未来的情报（而它怎么能够做这件事是不清楚的），它的本性就不容许

① 摩尔. 伦理学原理 [M]. 长河，译. 上海：上海人民出版社，2005：14-15.
② 斯宾诺莎. 伦理学 [M]. 贺麟，译. 北京：商务印书馆，1983：3.
③ 康德. 康德三大批判合集：下卷 [M]. 邓晓芒，译. 北京：人民出版社，2009：15.
④ 摩尔. 伦理学原理 [M]. 长河，译. 上海：上海人民出版社，2005：108.

推断我们行为的结果；或者，如果像通常那样，它被认为是惟一的实在和惟一善的东西，那么它表明，我们行为的结果不可能有任何价值"①。

摩尔认为，虽然康德等人的理论表面上与古典功利主义的理论相对立，但事实上，他们也犯有"自然主义谬误"——"为形而上学伦理学最普通的假定显然是认为：伦理学的各个结论可以通过探究根本实在的意志的本性而得出。然而，人们之所以认为这种假定似乎有理，与其说是由于他们主张'应该'表示一个'命令'，不如说是由于一个更为严重的错误。这个错误，就是认为将某些属性归于一事物跟主张该事物是某种精神状态的对象是一回事"②。也就是说，这是一种变换了形式的"自然主义谬误"。

由此可见，摩尔既反对古典功利主义、快乐主义伦理学将"善"定义为现实经验世界中自然物或自然物的属性的做法；同时也反对传统形而上学伦理学将"善"与超自然的"永恒实存"画等号。而摩尔在回答"什么是善"这一问题的方法是使用所谓的"绝对孤立法"——"即使凭其本身而绝对孤立地实存着，我们仍断定其实存是善的"③。摩尔认为真正的"善"来源于人类通过审美所产生的情感——"纯粹善就是对美事物的或者对好人的热爱"④。"美"与"丑"，"善"与"恶"相互对应。能够在人的心中产生"美"的情感的客体就是"善"的，反之，能够在人的心中引起"恶"的感觉的客体就是"恶"的。至此，我们看到摩尔又回到了功利主义的基本原则——"我们内心的主观感受就是一切道德的终极约束力……是人类基于良心之上的情感"⑤。摩尔最终还是回到了功利主义的理论路径——也就是人内心的情感的道德基础之上。摩尔认为"善"的概念来自人的内心的情感，同时人们是不能通过推理论证的方式来感知"善"的存在的。客观事物中所具有的"善"的属性只有通过人的"直觉"加以感知，并且"善"本身就是自明的不可分析的东西，正如颜色作为事物性质一样。故而直观主义对"善"概念最简单的理解就是：善就是善，正如黄色就是黄色一样。

① 摩尔. 伦理学原理 [M]. 长河，译. 上海：上海人民出版社，2005：113.
② 摩尔. 伦理学原理 [M]. 长河，译. 上海：上海人民出版社，2005：122-123.
③ 摩尔. 伦理学原理 [M]. 长河，译. 上海：上海人民出版社，2005：172.
④ 摩尔. 伦理学原理 [M]. 长河，译. 上海：上海人民出版社，2005：203.
⑤ 穆勒. 功利主义 [M]. 叶建新，译. 北京：中国社会科学出版社，2009：46.

2. 情感主义伦理学

如果说直观主义伦理学是科学主义、分析哲学等哲学思潮在伦理学研究领域的体现，那么情感主义伦理学则直接可视为科学主义思潮的产物——逻辑实证主义哲学对伦理学的彻底颠覆。逻辑实证主义对伦理学的态度可以归结为"消解"与"重构"两个方面。

颇具讽刺意味的是，情感主义伦理学事实上是逻辑实证主义在反对传统形而上学同时反对传统伦理学的背景下形成的。这就是笔者将"情感主义伦理学"视为一种"消解"的伦理学的原因。换言之，情感主义伦理学事实上是逻辑实证主义"反伦理学"的产物，其建立首先要追溯到"拒斥形而上学"的思想运动。

逻辑实证主义的代表人物如：罗素、维特根斯坦、石里克、卡尔纳普等人都对传统形而上学提出了深刻的批判。对于科学主义的哲学家们来说，伦理学包括形而上学的产生都来自"语言的误用"。比如赖欣巴哈就指出："哲学家说着一种不科学的语言是因为他企图在作出科学答案的手段尚未具备的时候回答问题。然而，这个历史解释的有效性还是有限的。"[①] 而维特根斯坦则说："哲学中正确的方法是：除了可说的东西，即自然科学的命题——也就是与哲学无关的某种东西之外，就不再说什么，而且一旦有人想说某种形而上学的东西时，立刻就向他指明，他没有给他的命题中的某些记号以指谓。"[②] 逻辑实证主义认为伦理学、形而上学的问题事实上都来自传统哲学对语言的错误使用。传统哲学使用语言方面的不严谨，导致了人们在理解哲学时产生种种错误，从而使传统哲学始终对于哲学问题无法得出正确见解。而解决这一问题的关键就是要"廓清"人类知识的范围——"要为思想划一个界限，或者毋宁说，不是为思想而是为思想的表达划一个界限：因为要为思想划一个界限，我们就必须能够想到这界限的两边（这样我们就必须能够想那不能想的东西）"[③]。而伦理学与形而上学一样，都是处于理论不可描述的"超验领域"，无法用科学的语言合乎逻辑地描述，同时也无法通过经验的观察而得到验证，因而是在科

---

① 赖欣巴哈. 科学哲学的兴起 [M]. 伯尼，译. 北京：商务印书馆，1966：25.
② 维特根斯坦. 逻辑哲学论 [M]. 贺绍甲，译. 北京：商务印书馆，1996：104-105.
③ 维特根斯坦. 逻辑哲学论 [M]. 贺绍甲，译. 北京：商务印书馆，1996：23.

学与哲学的界限之外，在"美学"的范围之内。

当然，这并不表明逻辑实证主义者都是"反道德"论者。只不过逻辑实证主义是想要进一步去除传统伦理学理论中的绝对主义基础。而对于伦理学的"重构"，逻辑实证主义的理论家都将目光投向了"情感"，而其所持有的"情感主义伦理学"也因此得名。事实上，即便是最激进的情感主义者——维特根斯坦，也没有因为伦理学研究不是真正意义上的科学研究，而摒弃整个伦理学。另一位逻辑实证主义的代表人物石里克则走得更远，他在伦理学研究中几乎抛弃了其在哲学研究中的基本立场，将人类的道德行为动机归结为"快乐情感"，导致其伦理学思想在理论上甚至更接近于传统的"快乐主义"。

而对于情感主义伦理学做出全面总结的斯蒂文森，甚至自称为"认识主义的情感主义者"，也就是说斯蒂文森已经开始挑战逻辑实证主义"伦理学在科学认识范围之外"的传统观点。斯蒂文森首先将伦理的分歧区分为"信念上的分歧"与"态度上的分歧"两种："信念上的分歧"是"一个人认为 P 是答案，另一个人则认为非 P 或某个与 P 不能共立的命题是答案"① 这种情况引起的分歧；而在有一些情况下，某些分歧不是由信念的不同引起的，而是"态度的对立——有时是短暂和缓的，有时是强烈的——即意图、愿望、需要、爱好、欲望等等的对立"② 而引起的分歧。其中，"信念上的分歧"是根本性的分歧，这是因为斯蒂文森认为人的理性认识制约着人的非理性因素，也就是影响人的态度的因素。因此，在道德领域，理性认识研究也能对伦理学的发展产生影响。

与此同时，斯蒂文森也坚持在伦理学的研究中引入语言分析的方法。从语言学上讲，伦理学的语言是模糊的，因此其与科学语言相比没有"确证性"。伦理学家的任务是让他承诺的道德原则对人类行为具有理性的规范作用，同时通过语言文化分析深入到人的道德生活之中，寻求人类道德原则、道德信念的真正内涵，从而在根本上解决人们的伦理分歧，达成一

---

① 斯蒂文森. 伦理学与语言 [M]. 姚兴中，秦志华，等译. 北京：中国社会科学出版社，1991：7.

② 斯蒂文森. 伦理学与语言 [M]. 姚兴中，秦志华，等译. 北京：中国社会科学出版社，1991：7.

种道德共识。为了达到这种目的，诉诸理性认识是非常必要的。

斯蒂文森虽然从根本上改变了逻辑实证主义对伦理学的看法，但他的理论出发点仍然是维特根斯坦等人所推崇的"情感主义"，同时，虽然斯蒂文森主张将伦理学的研究纳入理性认识的范畴，但是，其使用的方法仍然是逻辑实证主义所推崇的语言分析方法，所以其学说理论从根本上说仍然属于逻辑实证主义流派中的情感主义伦理学的范畴。

（二）人本主义伦理学的主体性转向

人本主义伦理学是与元伦理学相对立的重要伦理学思潮。其与元伦理学思潮最大的不同在于哲学基础。元伦理学以科学主义哲学为基础，力图以严谨的逻辑分析、科学化的研究方法改造哲学与伦理学的理论形态。而人本主义伦理学则以所谓"人的哲学""哲学人类学""价值哲学"为基础，在理论上注重对"人本身"的关注，同时"人"也成为其研究的重要主题。人本主义伦理学研究的突出成果主要表现在现象学伦理学之中。

1. 现象学伦理学

现象学在理论上并没有发展出完整的伦理学体系，现象学伦理学的理论主要表现在和价值哲学理论的交叉与融合之中，其中最具代表性的是胡塞尔与马克斯·舍勒的现象学研究中的伦理思想。

胡塞尔现象学研究所关注的主题是人的认识论基础问题。其在《现象学的观念》中指出："认识批判的方法是现象学的办法，现象学是普通的本质论，对于认识本质的科学也包括在内。"① 与之相对应，胡塞尔对社会伦理的研究也基于对"人类认识的批判"，早期胡塞尔认为："逻辑理性这只火炬必须举起来，以便使隐藏在情感和意志领域的形式和规范中的东西能够暴露在光亮之下。"② 可见，胡塞尔也希望用其在认识论领域分析人类知识的"先验还原"方法，分析被认为属于人类情感意志领域中的伦理学问题。

胡塞尔在知识论领域的"意向性"分析奠定了"超验自我"的人类学

---

① 胡塞尔. 现象学的观念 [M]. 彭润金，译. 北京：中国社会出版社，1999：15.
② 胡塞尔. 伦理学与价值论的基本问题 [M]. 艾四林，安仕侗，译. 北京：中国城市出版社，2002：84.

认识论基础。但由此产生的问题是：在认识论领域彰显人类主体性的同时，如何解决人作为人类共同体中一员的交往问题。对此胡塞尔在《笛卡尔沉思与巴黎讲演》中写道："我就是在我之中，在我的先验还原了的纯粹意识生活中，与其他人一道，在可以说不是我个人综合构成的，而是我之外的、交互主体经验的意义上来经验这个世界的。"① 胡塞尔在此提出了重要的"交互主体"问题，其主要意图是解决各个主体自我之间的意识沟通问题。最终，胡塞尔在《欧洲科学的危机与超越论的现象学》中提出了"生活世界"概念，力图彻底解决"理性"与"人性"之间的关系问题。"生活世界"是一个先在于、外在于"科学"的生活领域，是前科学的经验世界。同时"生活世界"又是一个由人的主体性交互构成的世界，此外，它还是一个主体所建构出来的普遍理性和普遍目的领域，以追求人性与理性的实现为目的的生活领域。但是胡塞尔看到了自工业革命以来的欧洲社会的实证主义思潮冲击乃至于这种思潮淹没了的人本身的生活世界领域——"在 19 世纪后半叶，现代人的整个世界观唯一受实证科学的支配，并且唯一被科学所造成的'繁荣'所迷惑，这种唯一性意味着人们以冷漠的态度避开了对真正的人性具有决定意义的问题。单纯注重事实的科学，造就单纯注重事实的人"②。因此，"欧洲科学危机"的实质是人的价值危机、人的意义危机以及人性的危机。这种危机是导致现代西方自然主义、实证主义思潮"淹没"人本主义思潮的根本原因。

为了解决这一危机，胡塞尔认为哲学应该突破自然主义、实证主义的理论框架，彻底摆脱科学主义对哲学的影响，将人和人的主体性重新确立为哲学研究的主题，因为：

　　一旦达到了自我，我们就会认识到，我们处于一种自明性的领域，要向它背后追问是毫无意义的。与此相反，任何通常的诉诸自明性，只要因此切断了进一步的回溯追问，那么它在理论上就并不比诉诸上帝借以显示的神谕更好。一切自然的自明性，一切客观科学的自

① 胡塞尔. 笛卡尔沉思与巴黎讲演 [M]. 张宪，译. 北京：人民出版社，2008：128.
② 胡塞尔. 欧洲科学的危机与超越论的现象学 [M]. 王炳文，译. 北京：商务印书馆，2001：15-16.

明性（形式逻辑和数学的自明性也不例外），都属于"不言而喻的东西"的领域，这些不言而喻的东西实际上具有其不可理解性的背景。①

因此，胡塞尔认为，人对自然的认识最终将会归于人对本身以及自身"主体性"的认识。在此我们明显看到胡塞尔的现象学伦理学以人的"主体性"作为核心，事实上划清了与逻辑实证主义的情感主义伦理学的理论界限。同时我们也能够看到胡塞尔现象学伦理学的一种理论上的努力——试图弥合"科学"与"价值"之间的分歧，从而实现对自然的科学理解与对人性的价值追求的双重统一。

2. 现象学价值论

马克斯·舍勒作为除了海德格尔之外胡塞尔现象学最重要的后继者，其现象学伦理学理论最重要的特征是将胡塞尔的现象学与价值论哲学结合起来。舍勒针对当时伦理学的两种倾向：康德式的形式主义伦理学与功利主义伦理学，尝试跨越两种伦理学之间巨大的理论鸿沟，运用现象学方法建构一种"非形式的伦理学"。

舍勒认为，虽然功利主义伦理学有诸多缺陷，但康德的高度形式化的伦理学也是不可取的。康德的错误在于将伦理的价值形式（道德原则）与伦理的价值内容（经验性的质料）严格地区分开来。人类社会的伦理价值事实上与"善物"之间具有内在联系，伦理价值并不完全与善物隔绝开来。同时，善物的客观普遍性并不意味着要祛除价值的实质内容——康德恰恰认为必须将经验性的质料从对道德法则的思考中祛除，其中一个最为重要的原因就是他认为经验性的质料不具有"普遍性"。

舍勒继承了胡塞尔的主体性原则，认为道德是在人与人之间的"交互"关系中形成的，也是在人的行为互动过程中形成的。个人是道德价值的基本载体，但是人生活在一定的社会环境之中，具有社会存在的特性，人的道德价值也是社会的。当然，这并不意味着舍勒认为社会道德价值优先于个人的道德价值。舍勒认为社会价值的存在意义在于对个人价值的实

---

① 胡塞尔. 欧洲科学的危机与超越论的现象学 [M]. 王炳文，译. 北京：商务印书馆，2001：229.

现提供条件。也就是说，社会只是为个人的表现提供某种"背景""舞台"。个人的价值实现通过社会这一背景凸显出来，才能让社会中的"精英"脱颖而出，社会的价值与意义就在于此，故而"一切历史的目标都在于个人的存在和活动"。舍勒的这种"精英主义""英雄主义"的个人价值观念与其人类学观念具有内在的逻辑联系——"人与世界终极原因的关系在于，人以其人的资格，就是说既是精神存在，又是生命存在的身分，只是'通过自身而存在的存在'的精神和欲求的一个分中心——世界的终极原因在人身上直接理解并实现自身"①。舍勒将这种观念称为"人的形而上学"，就是以"人"为中心诠释各种哲学问题。

那么，人所构成的社会是一种什么样的形态？舍勒通过对资本主义社会的批判来回答这一问题。舍勒认为社会的形态事实上取决于人的精神样态，不同社会中的人具有不同的精神样态，这种精神样态构成了某一社会形态的本质。同时，舍勒还认为对资本主义社会的认识不能局限于外在的经验性的结构层面上来把握，如：社会结构、政治结构、经济结构，而应该从人自身的"体验结构"来把握。"资本主义首先不是财产分配的经济制度，而是整个生活和文化的制度。这一制度源于特定的生物心理类型的人（即资产者）的目的设定和价值评价，并由其传统传承。"② 资本主义精神源于人在现实中生活体验而产生的精神气质。资本主义社会中人的工作欲望来自传统新教伦理的驱动，人的工作欲望是脱离开"上帝和灵智天国"的结果。但这一转变释放出来的精神力量同时对资本主义制度本身又是一种破坏性的力量。舍勒看到了资本主义带来的人类群体道德品质的堕落。舍勒警告：资本主义的没落将是一种精神气质的没落。因此，在个人价值作为社会价值核心的时代，如何保障社会中每个个体的精神气质保持昂扬向上的发展趋势而不至于没落？这就成为舍勒需要考虑的问题。

对此，舍勒认为："精神气质的根本乃首先在于爱与恨的秩序，这两种居主导地位的激情的建构形式，尤其是不受教养因素影响的建构形式。

① 舍勒. 人在宇宙中的地位 [M]. 李伯杰，译. 贵阳：贵州人民出版社，1989：80.
② 舍勒. 资本主义的未来 [M]. 罗悌伦，等译. 北京：生活·读书·新知三联书店，1997：62.

这系统恒常支配主体如何看他的世界和他的行为活动。"① 对于所谓"爱的秩序",舍勒认为它既是对人的行为的一种客观规范,又是人们发现自己价值目标的一种工具性的手段。前者是"爱的秩序"的"规范性意义";后者是"爱的秩序"的"描述性意义"。舍勒认为人的生活是在"爱"的支配之下,人的情感与意志都是在"爱"的支配之下。"爱"既是人类行为的本质,又是人类道德价值追求的最终目的。以"爱"为核心,延伸出诸如良心、羞涩、悔悟等情感,这些情感也属于道德范畴,规范着人的价值行为。

舍勒作为胡塞尔现象学的重要继承人之一,也是哲学人类学的开创者。之所以出现这样的状况与其在学说理论中进一步强调胡塞尔的主体性有很大的关联。这也间接造成了舍勒的人类学价值论成为一种典型的"主体形而上学"。其突出表现在将人类社会乃至于整个历史的发展都归结为个人本身的价值追求。此外,舍勒的伦理学思想又特别注意与康德的形式主义伦理学划清界限。但是舍勒没有选择如后期功利主义者那样走现实主义、经验主义的道路,而是试图跳出"形式伦理学"与"非形式伦理学"的框架,其结果就是对"人""主体"本身的强调。最终,舍勒也认识到单纯将人的道德价值追求归结为人本身对伦理学的建构仍然存在着很大困难:从单个主体出发如何建立社会认可的道德规范?舍勒的做法是诉诸"爱的秩序",一言以蔽之,就是诉诸人的情感。这与现代功利主义的情感主义转向可谓"异曲同工",也从另一方面证明了在现代伦理学纷繁复杂的学术流派背后,存在着共同的、隐性的发展逻辑。

(三) 实用主义伦理学的个人主义特征

与欧洲大陆所流行的现象学理论倾向有极大不同的是,在大洋彼岸的美国,也几乎在相同的历史时期发展出了具有美洲大陆色彩的伦理学——实用主义伦理学,开辟了与欧洲思辨哲学完全不同的理论视野。

实用主义伦理学的哲学基础乃是发源于美洲大陆本土的"实用哲学"。实用哲学从某种程度上说是欧洲大陆经验主义哲学在新大陆的发展,也是

---

① 舍勒. 舍勒选集 [M]. 刘小枫, 选编. 上海:上海三联书店, 1999:739.

美利坚民族实用主义文化的体现。其特点是：首先，在认识论上遵循一种"效用主义"的哲学，反对传统形而上学抽象、思辨的认识论，注重从现实的个人行动、所处具体境遇出发思考哲学问题，主张以现实行动的"效用"来衡量人的社会活动与思维意识，体现出强烈的"实用主义"观点。其次，在真理问题上坚持"相对真理""多元真理"，不承认"绝对真理"的存在，因此其理论具有浓厚的相对主义色彩。这在间接上导致了实用主义伦理学在理论深度上远远不及同时期欧洲元伦理学、现象学伦理学深入。再次，与真理观上的多元论相对应的就是价值观上的个人主义。同时这也可以看作是对当时整个哲学研究领域的"主体性"思潮的一种回应。实用主义伦理学与现象学伦理学一样，认为价值在于人的创造。再其次，实用主义哲学主张一种行动上的"实践观"。"实用主义"源于古希腊词语"πραγμα"——具有"行动""行为""事业"的含义，与美国立国以来所推崇的"商业精神"相契合，同时重视实践与行动，不去追求"永恒客体"，而注重"实际"与"实干"。最后，实用主义哲学在政治观上体现出强烈的自由与民主倾向，为之后美国政治哲学的发展奠定了基础。

认识论上的效用主义、真理观上的相对主义、价值观上的个人主义、实践观上的行动主义与政治观上的自由主义，基本构成了实用主义伦理学的理论框架。效用主义是实用主义伦理学的基调，如前所述实用主义认为价值在于人的创造，那么什么是"有价值"的东西呢？"真理必须具有实际的效果"①，也就是实用主义的名言"有用即真理"。真理不是单纯外在于人的客观规律，实用主义认为"真理意味着一种有价值的引导作用"②。没有价值的东西不是真理，真理因为其有价值，才能为人所追求。

对于伦理学的基本概念——"善"的问题，实用主义者认为"善"是由人的意志所决定的，一个人的自由意志决定了人的道德信念、道德选择与道德行为。每个人的自由意志决定了人类视什么为"善"，因而伦理学的"善"的问题同时也是一个自由意志问题。这种关于善的观点与注重个

---

① 詹姆士. 实用主义：一些旧思想方法的新名称 [M]. 陈羽纶，孙瑞禾，译. 北京：商务印书馆，1979：188.
② 詹姆士. 实用主义：一些旧思想方法的新名称 [M]. 陈羽纶，孙瑞禾，译. 北京：商务印书馆，1979：105.

人主义的西方现代价值观密不可分，将"善"作为个人意志决定的产物，彰显了人类主体性的价值。

然而问题在于，作为道德行为主体的人的意志是自由的，人类所认识的真理也是相对的，乃至于对善的认识也诉诸人的自我意识。那么人们在从事道德行为的时候所需要的精神动力从何而来？对此，实用主义的代表人物詹姆士求助于宗教，詹姆士认为具体伦理学无法为自己找到终极的原因，只有在形而上学的信念和神学信念中才能找到这种终极原因。可见，实用主义者在哲学上所坚持的相对主义，在伦理学领域的贯彻却遭遇了障碍。因为人的道德意志的来源问题始终是伦理学难以绕开的难题，而坚持相对主义的实用主义伦理学在此问题上只有求助于宗教。它希望用宗教的"形而上学"性为人的道德行为提供一种"信念鼓舞的力量"。但与此同时，詹姆士又坚持道德、宗教等形而上学概念都必须接受人类经验的"检验"。这无疑又回到了实用主义的基本立场。事实上，宗教信念的"超验性"决定了这种用"经验"检验"宗教"的做法实属"空中楼阁"。最终，詹姆士的实用主义伦理思想呈现出了一种矛盾性：一方面，希望宗教为其伦理思想提供道德信念，并以此鼓舞人的道德意志，另一方面，要求宗教服务于人的实际利益。这种对宗教"工具"性的利用决定了实用主义伦理学始终难以摆脱相对主义的阴影。

综上所述，我们看到实用主义伦理学作为一种现代伦理学，以实干、实用作为其研究的根本立足点，同时其理论中带有浓厚的个人主义、相对主义色彩。这直接导致了实用主义伦理学既想要寻求人的道德行为的可靠基础，又必须拒斥形而上学等"超验""抽象""思辨"的理论。最终导致实用主义只能够通过对"宗教"的工具性利用来鼓舞人的道德意志。而这种做法事实上又与实用主义本身理论旨趣相冲突，导致其难以超越"效用"而找到道德信念的可靠基础。

（四）现代伦理学的规范伦理回归

二战以后，现代伦理学最为重大的转变就是从古典功利主义伦理学发展而来的元伦理学（包括情感主义伦理学、直观主义伦理学）等伦理学理论逐步式微。而长久以来被不断忽视的规范伦理学，却借由康德的形式主义伦理学重新步入了学术研究领域的核心。这一转变在现代规范伦理学界两位"巨擘"——罗尔斯与诺奇克身上体现得最为明显,而二人针锋相对的理论观点与持续不断的学术争论,则大大扩张了现代规范伦理学的研究视野。二位著名的伦理学家所建构的道德哲学体系博大精深,下面我们将就他们正义理论的建构逻辑进行一个梳理,以比较二者之间的异同。

现代伦理研究范式从元伦理学到规范伦理的再次转变,其最重要标志就是罗尔斯《正义论》的出版。作为现代契约论的代表——罗尔斯首先指出了其对立面"直觉主义"所存在的问题:"直觉主义特别认为,对于各种冲突的正义原则的衡量,不可能给出任何建设性的解答,或我们在此至少必须依靠我们的直觉能力。"① 但是罗尔斯认为人的直觉作用在处理公平正义问题时是受到局限的。罗尔斯的目的是提供一种共同的正义观,并在此基础上建构整个社会的法权制度,从而使整个社会成为一个良序社会。换言之,就是要在社会的建构过程中首先建立一种人与人之间交往互动的基本原则,然后在此基础上建立法律、政治等各种制度。现在的问题就是转移到"共同正义观"的确立方法上。

罗尔斯作为一个社会契约论者,重新改造了古典社会契约论者如霍布斯、洛克等人的社会契约达成的观点。即将"原初状态"想象为一种纯粹假设的状况,这种状况克服了传统社会契约论中的经验性成分。使用所谓的"无知之幕",将参与订立社会契约者的所有经验性、具体的社会身份都"悬搁"起来,以求建立一种最为基本的抽象公平正义之原则。这一状态中的人需要具备三个重要的基本条件:其一,所有正义原则的制定者必然是康德所说的"有理性"的人,这些人通过理性认识到社会合作的必要性,并主张订立一个最为公平合理的正义原则。其二,人们都要遵循"最低的最大限度原则"。这一原则表现了整个社会中的"最不利者"在最差的条件下都能够保障其基本利益,是对社会中最少受惠的弱势群体的考虑。其三,是"无利益偏涉的理性",也就是保证社会正义原则的制定者在不偏不倚的情况下制定政策。在满足了这三个条件后,我们能够看到社

---

① 罗尔斯. 正义论 [M]. 何怀宏, 何包钢, 廖申白, 译. 北京: 中国社会科学出版社, 2009: 32.

会正义原则的制定者在一个理想的状态下开始思考正义原则问题。我们知道任何人在制定一个社会基本正义原则的时候，其学识、品德和利益等方面的问题会导致其制定的原则不公正、不平等。罗尔斯就是为了解决这一问题，使用"无知之幕"、"最低的最大限度原则"以及"无利益偏涉的理性"来最大限度消除人们的"不平等意识"，从而保障其所制定的社会最基本的正义原则的公正性。

在此情况下，罗尔斯就假定整个社会制定出了两大正义原则："第一个原则：每个人对与其他人所拥有的最广泛的平等基本自由体系相容的类似自由体系都应有一种平等的权利"；"第二个原则：社会和经济的不平等应这样安排，使它们（1）被合理地期望适合于每一个人的利益；并且（2）依系于地位和职务向所有人开放"。①

罗尔斯认为，正义的原则要先于社会政治制度、法权体制等社会共同体组织的构建，换言之就是先有原则，再有体现这些原则的法权制度，以及依据这些法权制度设立并执行这些法权制度的社会管理机构。但是罗尔斯认为，围绕正义原则建构的社会制度还不是正义原则实现的最终结果，正义原则真正在社会中实现还要经历"四个阶段"：第一阶段是"正义原则的选择"阶段，也就是在"无知之幕"后选择正义原则。第二阶段是进入"立宪"阶段，在这个阶段社会各方的代表将"确定政治结构的正义并抉择一部宪法"②。第三阶段是"立法"阶段，在这一阶段"人们在立法（特别是有关经济、社会政策的立法）是否正义的问题上一般来说合情合理地具有各种不同的观点。人们对这些立法的判断常常依赖于思辨的政治和经济学说，或一般社会理论"③。这一阶段也是依据正义原则和具体社会情况制定法律与社会政策。此时的立法者在立法时面临着社会正义原则与第二阶段制定的宪法的双重制约，第一阶段正义原则保护了公民的各项基本自由与权利，第二阶段原则（"机会平等"与"差别原则"）则在具体

---

① 罗尔斯. 正义论［M］. 何怀宏，何包钢，廖申白，译. 北京：中国社会科学出版社，2009：47.

② 罗尔斯. 正义论［M］. 何怀宏，何包钢，廖申白，译. 北京：中国社会科学出版社，2009：154.

③ 罗尔斯. 正义论［M］. 何怀宏，何包钢，廖申白，译. 北京：中国社会科学出版社，2009：156.

政策层面上表现为对所谓的"最不利者"利益的维护，在此阶段立法者仍然要受到"无知之幕"的限制，只不过从最初对一切信息的"屏蔽"转变为对立法者自身信息的"遮蔽"，以防止立法者因自身地位的特殊性而对立法过程中体现正义原则产生干扰。第四阶段是法律的执行阶段——"法官和行政官员把制定的规范运用于具体案例，而公民们则普遍地遵循这些规范"①。在这一阶段中"无知之幕"彻底"祛除"，人们在公正透明的环境下遵守并执行依据正义原则所制定的法规与政策。至此，罗尔斯建构了一个以正义原则为核心，包括理论、制度与目的等方面的道德哲学体系。

与罗尔斯针锋相对的是现代伦理学家罗伯特·诺奇克，其重要代表作《无政府、国家与乌托邦》从与《正义论》完全相反的方面，提出了现代社会正义原则。

诺奇克与罗尔斯相比有着完全不同的理论出发点，罗尔斯建构正义原则的基础是"社会合作"，而诺奇克建构的正义原则是从"个人权利"出发，其根本主张在于人群共同体的制度建构要最大限度保持个人的权利得到充分保护。诺奇克注重个人对于财产的"自然权利"，同时与洛克一样也认为人的基本权利是财产占有权。诺奇克虽然也如社会契约论者一样从社会的"自然状态"中寻求法权原则的建立依据，但他认为个人之间不是相互敌对，而是可以达成一种"默契"，在发生关于财产的冲突时，需要一个"财产保护性机构"，由于人的财产权利不断扩张，这种"保护性机构"不断扩张，成为一种权力集中垄断，并对一定区域内公民实施普遍的保护："支配性保护社团在一个地区内满足了国家的两个关键性的必要条件：一是它拥有一种必要的在这个地区对使用强力的独占权；一是它保护这个地区内的所有人的权利，即使这种普遍的保护只能通过一种'再分配'的方式来提供。"② 也就是说，国家事实上只是以保护人的财产权为目的而成立的机构，不包含文化传统、历史、血缘等方面的意义。同时，除了对公民财产权进行保护的权力之外，国家没有任何权力，因此是一种

① 罗尔斯. 正义论 [M]. 何怀宏，何包钢，廖申白，译. 北京：中国社会科学出版社，2009：156.
② 诺奇克. 无政府、国家与乌托邦 [M]. 何怀宏，等译. 北京：中国社会科学出版社，1991：118.

"最弱意义上的国家"。国家是一种"被动性"的存在，其权力必须被限制在财产权保护的范围之内。

那么如何协调在"最弱意义上的国家"之中人与人之间的关系？诺奇克采用了一种所谓的"边际约束"（也称"单方约束"）的办法来解决，这一原则依据康德名言"人是目的，而不仅仅是手段"，也就是对个人权利的强调，诺奇克认为在任何情形之下个人的权利都不应该被侵犯，同时针对功利主义"为了更大的社会利益可以牺牲局部与个体利益"的论断，诺奇克也给予否定，否定的理由是否定社会作为一个"实体"的存在。诺奇克认为："并不存在为它自己的利益而愿承担某种牺牲的有自身利益的社会实体。只有个别的人存在，只有各各不同的有他们自己的个人生命的个人存在。"① 因此，诺奇克通过否定社会实体的存在，而否定了为"社会共同体"利益而牺牲的可能。那么，问题在于如何处理社会共同体中的"公共利益"。对此，诺奇克认为，虽然不能将社会视为一个"实体"，但仍然存在公共利益，而公共利益的实现则依靠亚当·斯密所创建的"看不见的手"概念。诺奇克认为："有的全面模式或计划，并不象有的人所想的必须通过一个人或一个团体成功的努力而实现；相反，它可通过一种与'有意'的全面模式或计划全无关涉的方式而产生并维持。仿照亚当·斯密，我们将称这种解释为'看不见的手的解释'（'每个人都只想着他自己的所得，而在这种状态中就象在许多别的情况中一样，他被一只看不见的手引导到促进一个与他的打算了无关涉的目标。'）。"② 可见，诺奇克在这里引用了亚当·斯密的"看不见的手"概念来解决整个社会的协作问题。在这一点上作为新社会契约论者的诺奇克事实上打破了传统契约论与功利主义之间的藩篱，但同时也与诺奇克对个人利益的极端强调有关，在这一理论出发点上诺奇克更像是一个功利主义者。当然，诺奇克在方法和论证策略上与功利主义的一致性并不代表诺奇克就是一个功利主义者。诺奇克事实上对功利主义的"最大多数人的最大幸福"原则持否定态

---

① 诺奇克. 无政府、国家与乌托邦 [M]. 何怀宏，等译. 北京：中国社会科学出版社，1991：41.

② 诺奇克. 无政府、国家与乌托邦 [M]. 何怀宏，等译. 北京：中国社会科学出版社，1991：27.

度，这也成为学界将诺奇克与罗尔斯一道都归入"新契约论者"的范畴之内的原因。

　　诺奇克理论的最重要特点就是对于个人权利——特别是财产权利的肯定。强调财产权利是一种天赋人权，每个人的个人权利神圣不可侵犯，国家的根本职能甚至唯一职能就是保障公民的财产权利。而正义的实现在诺奇克看来就是每个人的天赋人权得到保障，国家除了保证人民的财产权利外，不谋求任何其他权利，也不干涉人民的其他权利，遵循"最弱意义上的国家"原则。

　　通过比较罗尔斯与诺奇克两位针锋相对的理论家在正义原则论证过程中的基本逻辑，我们看到二者的伦理学体系与道德哲学思想都是依据其正义原则建构起来的。虽然罗尔斯与诺奇克在理论观点上针锋相对，其对国家、对社会的看法南辕北辙，理论的论证方向甚至完全相反（罗尔斯从"社会互助"开始，诺奇克从"个人权利"开始），但二者均没有超越规范伦理学的范畴，同时其哲学立足点也没有超越现代主体性哲学的框架。因此，虽然二者在理论思想上大相径庭，但从历史唯物主义伦理观的视角来看，仍然存在着几个难以突破的局限：

　　首先，从理论渊源上看，二者都继承了西方哲学史上"社会契约论"的理论逻辑，遵循自洛克、卢梭与康德以来就开创的政治哲学传统。也就是说，他们认为国家就是社会契约的产物，建立一个良序的社会根本方法是找到整个社会能够认同的基本社会原则，而为了寻找这种社会原则，无论是罗尔斯还是诺奇克都试图抛开具体、现实的历史环境与历史条件，特别是特定时代的社会生产关系，进入所谓的"原初状态""无政府状态"来分析，从而获得一种与特定社会生产关系无关的"正义原则"，这实质上与其契约论前辈们所做的工作别无二致。因此，新契约论并未超越现代哲学、伦理学的范畴，因为它们仍然将现实的社会关系特别是社会生产关系排除于正义原则的建构基础范围之外。

　　其次，无论是罗尔斯还是诺奇克都遵循自启蒙运动后崛起的西方自由主义价值观念，这种价值观念与现代主体性哲学遥相呼应。罗尔斯与诺奇克都将人的自由作为政治哲学、伦理学的最高价值理想。如罗尔斯在《正义论》中就将自由定义为"这个或那个人（或一些人）自由地（或不自由地）免除这种或那种限制（或一组限制）而这样做（或不这样做）"①。同时罗尔斯所称的正义原则的第一条就是关于平等的自由原则，这条原则涉及宪法的实质，也就是说，罗尔斯认为宪法的主要目的是保障人的各种基本自由。而诺奇克的"自由"观念则几乎全盘继承了洛克的自由观念，也就是最初的自由就是处于"自然状态"中的个人，处于一种"完善的自由状态"，并且依据自然法，决定自身的行动和处理其财产，而且不必得到任何人的许可或听命于任何人的意志。② 这种对自由的理解显然是西方自由主义自由观念的典型代表，对于这种兴起于启蒙运动之后的自由观念，马克思认为：

> 不管是康德或德国市民（康德是他们的利益的粉饰者），都没有觉察到资产阶级的这些理论思想是以物质利益和由物质生产关系所决定的意志为基础的。因此，康德把这种理论的表达与它所表达的利益割裂开来，并把法国资产阶级意志的有物质动机的规定变为"自由意志"、自在和自为的意志、人类意志的纯粹自我规定，从而就把这种意志变成纯粹思想上的概念规定和道德假设。③

因此新契约论仍然是从脱离现实和历史的角度看待"自由"问题，将人的精神自由与人在现实社会生活中的自由割裂开来理解。

最后，罗尔斯与诺奇克同样都是人权论者，只不过罗尔斯关心的是在社会制度中，社会权利的公平、公正分配问题，个人的机会平等问题；而诺奇克则直接关注以财产权为核心的人的权利问题，人的财产权的实现与维护问题。这实际上也是主体性哲学与现代伦理学相互渗透的重要标志，主体性哲学本身就是伴随着对"人的发现"、对"人的地位"等问题的讨论而诞生。但同时，主体性哲学所强调的人是抽象的个人，这一点也在新

---

① 罗尔斯. 正义论 [M]. 何怀宏，何包钢，廖申白，译. 北京：中国社会科学出版社，2009：158.

② 参见诺奇克. 无政府、国家与乌托邦 [M]. 何怀宏，等译. 北京：中国社会科学出版社，1991：18.

③ 马克思，恩格斯. 马克思恩格斯全集：第3卷 [M]. 中共中央马克思恩格斯列宁斯大林著作编译局，译. 北京：人民出版社，1960：213.

契约论中有所体现，比如在诺奇克看来，人的权利核心就是"财产权"，虽然这并不意味着诺奇克将人等同于财产，但从其整个理论体系上看，人在法权社会中的地位就是一个能够占有财产的抽象"主体"。而在罗尔斯《正义论》中备受争议的"无知之幕"，从某种程度上也可以理解为将人视为一种单纯的"理性主体"，这一主体被"屏蔽"了社会联系，"悬搁"了其经验、对自身社会地位和自身利益的认知，从而期望在一种"原初状态"对正义原则进行"不偏不倚"的选择。由此可见，新契约论在有关"人"的问题上仍然是将人作为一种"财产权抽象"或"理性抽象"来理解，从而仍然被局限在近现代主体性哲学的"抽象个人"的视域之内。

在马克思之后西方现代伦理学的发展历程中我们不难看出，虽然西方现代伦理学有元伦理学、规范伦理学、人本主义伦理学等众多学术流派，但无论是元伦理学、规范伦理学还是人本主义伦理学，都显示出现代哲学浓厚的主体性、内在性与非理性特征。无论是元伦理学最终将善的"标准"归结为个人的直观情感，还是人本主义伦理学将人的道德行为归结为个人心理活动的外在延伸，这些伦理理论都表现出强烈的意识内在性的特征，这种发展趋势事实上与现代哲学的发展遵循着同样的理论逻辑。而现代哲学的另一特征——理性主义也较为明显地反映在近代伦理学的发展之中，其中最具代表性的就是逻辑实证主义伦理学，其用逻辑实证原则消解了传统伦理学，体现出了强烈的科学主义倾向。人本主义则与之相反，拒斥"伦理学科学化"的倾向，早期人本主义对于理性主义、科学主义的反对往往走上非理性主义、虚无主义的道路，如尼采的强力意志伦理学。而二战之后，规范伦理学复兴，以罗尔斯为代表的现代规范伦理学，也开始将形式主义分析原则引入到对道德原则的理解之中。总体而言，现代伦理学呈现出一种理性主义与非理性主义交错发展的态势。但无论是理性主义倾向还是非理性主义倾向，都体现出现代伦理思想不断推进主体性、个体化与内在性的趋势。而马克思伦理思想要突破这一趋向，必须彻底打破近代伦理学形成的主体形而上学框架。

五、资本形而上学与主体形而上学的"共谋"

在我们之前的论述中证明了，基于资本主义社会生产关系，在现实生活中所导致的"资本形而上学"意识形态的存在；同时总结了现代哲学、伦理学中所普遍存在的"主体形而上学"框架。但现在的问题是，现实领域以"资本形而上学"为基础的意识形态与思想领域以"主体形而上学"为基础的伦理思想，是否存在内在的"缠结"关系？

事实上，在历史唯物主义中，马克思对社会形态的分析已经间接回答了这一问题："以物的依赖性为基础的人的独立性，是第二大形态，在这种形态下，才形成普遍的社会物质变换，全面的关系，多方面的需求以及全面的能力的体系。"① 在这里马克思强调了第二大社会形态的"人的独立性"问题——也就是人的主体性自由问题，人只有在自由自主的前提下，才能实现真正的"独立性"，这就是主体性哲学的基本要旨所在。"'（近代）自由传统的根源'在于承认占有财产的分离的人，承认'人归根到底是他的人格或能力的拥有者，而不将它们归属于社会'。"② 也就是说，在现代社会意识形态中，人的独立性，或者说，人能够获得独立自由地位的根本在于对财产的占有。在这一点上，从黑格尔将人的独立人格实现的基础定位于财产权的实现，以及洛克、卢梭乃至于诺奇克的理论中"私有财产权"本位的理论构建方式中都能得到佐证。也就是说，主体性哲学中所特别强调的人的"独立"与"自由"，在西方政治哲学中，事实上是以财产权的获得为基础的。

这意味着什么？意味着困扰西方现代哲学的核心问题——"自我意识"与"现实世界"、"意识"与"存在"、"内在"与"外在"之间相互"区隔"的"鸿沟"，从现实角度上说，已经被彻底地"突破"；因为在"资本形而上学"的意识形态框架之内，人的自由与独立之实现，就是对

① 马克思，恩格斯. 马克思恩格斯全集：第 46 卷（上册）[M]. 中共中央马克思恩格斯列宁斯大林著作编译局，译. 北京：人民出版社，1979：104.

② 多尔迈. 主体性的黄昏 [M]. 万俊人，朱国钧，吴海针，译. 上海：上海人民出版社，1992：13.

私有财产的占有，而自由的"实现"恰恰是主体形而上学所称的"自我意识"所追求的目标。然而无论是从理论上还是从实践中，我们显然都无法将自身的"自由"与"私有财产"画上等号。人的独立、自由之精神与外在于人的对物占有的财产权之间的对立，促使理论家们更进一步去思索自由的本质问题、自我意识与外在的问题，但这种探索的结果反而是思维与意识、内在与外在更为深刻的"分离"，因此现代西方哲学虽然尝试以各种方式突破思维与存在之间的理论鸿沟，但除了发展出各种令人眼花缭乱又空洞抽象的理论体系之外，一无所获。

这也就是说，在人类社会，"自我意识"与"现实世界"之间的"鸿沟"本身并不存在，问题在于市民社会解决这一问题的关键在于"资本形而上学"与"主体形而上学"之间内在的"共谋"——也就是"财产权本位"主义，认为财产权的实现就是人的自由、独立的实现。这一论断成为资本主义社会中最为现实的"思想前提"。西方近现代哲学家不是没有看到"自由"与"财产权"之间的矛盾性和不相容性，但问题在于他们采取的方式是用"批判的批判""理论的批判"去解决这一问题，而不是从对现实社会关系的批判中解决这一问题。后一条路径恰恰是马克思所选择的理论路径，也是马克思从早期人道主义反思转向政治经济学批判的直接原因。

之所以发生这种转向，是因为马克思不仅认识到了"自我意识"与"现实世界"之间的理论"鸿沟"，更认识到从传统哲学的思路出发，永远无法真正跨越这一"鸿沟"。因此马克思采取的策略是彻底跳脱出主体性哲学的框架，打破"自我意识"本位思想对于哲学发展的限制，从全新的视角——现实的、历史的、实践的、辩证的与批判的视角，去审视人类社会真正的社会关系，从而对现实领域内"主体形而上学"与"资本形而上学"之间的"共谋"关系进行深刻的批判。因此，政治经济学批判不仅超越了"思维"与"存在"深刻"分离"的现代形而上学"建制"，更深刻批判了这种"建制"背后所反映出来的"资本形而上学"与"主体形而上学"之间内在的"共谋"关系。而政治经济学批判超越这一"共谋"的重要理论工具，就在于其所采取的区别于传统哲学、伦理学的研究方式的"实践思维方式"。

在现实中形成的以"资本"为核心的资本主义生产方式，在人的思想意识形态层面上形成了以资本逻辑为核心的"资本形而上学"。在本书的论述中，阐释了在《资本论》的批判中所揭示的资本形而上学的产生过程，从资本主义"三位一体"公式所建构的"政治经济学话语"，到拜物教意识形态的"形而上学"，再到资本主义社会在"三位一体"公式与"拜物教"的互动中，不断深化资本逻辑对市民社会意识形态领域的控制。而资本逻辑与形而上学本质上具有"同构性"，资本逻辑是以"资本"为核心的思维模式，与形而上学追求"终极存在""终极原因"的努力方向存在契合，作为一种"同质化"了的抽象力量，将一切"物"都"化约"为一种"增殖性"的存在，这种"存在"也就是物的"资本化"存在。对于整个资本主义社会生产而言，这就是一种"终极存在""终极原因"在资本主义生产过程中的"显现"，"资本逻辑"的这一特性使得其与形而上学存在"天然"的"同构性"。同时，自主体性哲学兴起以后，在哲学、伦理学研究中已经逐步成为理论研究的重要起点与前提，乃至于形成了一种潜在的"思维定向"——主体形而上学——从而宰制整个哲学与伦理学思想理论的发展。一直以来现代哲学家、伦理学家们都希望突破"主体性"这一现代形而上学建制，但他们的努力都以失败告终。原因是他们没有看到，现代主体形而上学与资本形而上学本身存在着"共谋"关系。

第四节 《资本论》：超越"主体形而上学"

在明确了《资本论》伦理维度的研究视角、理论来源、主要内容与批判目的之后，我们据此可以勾勒出马克思伦理思想的大概轮廓：通过对资本主义现实生产关系、社会关系的"元伦理学批判",揭示现代社会主体形而上学与资本形而上学"共谋"的现实状况,从而寻求一种突破现代形而上学"建制"的"后形而上学"思想体系。马克思主义伦理学正是这一思想体系的重要组成部分。因此,发掘马克思《资本论》的伦理维度,就是要为在"后形而上学"时代的马克思主义伦理学的发展奠定基础,从而建构出一种真正具有革命性与批判性的伦理理论。

一、《资本论》的后形而上学意蕴

在当代西方激进思想家(如:齐泽克、阿甘本与巴特)的语境中,马克思被视为西方现代激进思想的"同时代人"。但正如张一兵教授在《当代激进思想家译丛》出版前言中指出的那样,作为"同时代人",并不是因为马克思预见了当今社会的发展状况,而恰恰相反是指"不合时宜,即决不与当下的现实存在同流合污,这种同时代也就是与时代决裂。这表达了一切激进话语的本质"①。也就是说,当代激进思想家意识到在马克思的思想中,体现出了强烈的批判与革命色彩,是一种试图跳脱出传统现代性意识形态框架之外而寻求对现代社会本质理解的"努力"。同样,我们也可以从这样的阐释框架出发,来理解马克思对现代主体形而上学框架内的伦理学的批判。

马克思通过对"资本形而上学"与"主体形而上学"之间共谋关系的现实批判,突破伦理学的现代形而上学建制,将实践思维方式引入哲学、伦理学的研究视域之中,同时在主体间性研究中确立实践主体的地位。马克思从根本上消解了"形而上学"的思维方式,确立了历史唯物主义的"后形而上学"理论指向,但这距离真正破除形而上学对于哲学理论的潜在影响的目标尚存在差距。而这种影响存在于马克思主义理论的两大重要内容——唯物主义与辩证法——的思想源流之中。

事实上,主体形而上学框架不仅仅存在于近代唯心论哲学之中,也存

---

① 齐泽克. 延迟的否定:康德、黑格尔与意识形态批判 [M]. 夏莹,译. 南京:南京大学出版社,2016:2.

在于近现代机械唯物论哲学与形而上学唯物论之中。众所周知，由弗朗西斯·培根所开创的近代经验论哲学在早期具有强烈的唯物主义色彩，但经验论哲学中的重要人物洛克最终承认："我们知识底范围不但达不到一切实际的事物，而且甚至亦达不到我们观念底范围。我们底知识限于我们底观念，而且在范围和完美方面，都不能超过我们底观念。"① 也就是说，洛克仍然坚持了人的"思想"与现实的"物质"领域二分的原则，承认知识无法超越观念的范围之后，也为经验论哲学彻底转向主观唯心主义埋下了伏笔。自此，即便在传统唯物主义的范畴之内，也一直存在着意识与物质二元分离的主体性哲学基本原则，一直到马克思之前的费尔巴哈。虽然费尔巴哈一直试图打破黑格尔哲学绝对唯心论对哲学发展的影响，但费尔巴哈所诉诸的"直观"同样没有能够超越主体性哲学的框架。这集中体现在费尔巴哈在面对如何实现主观与客观之间"沟通"问题时，采用"普通直观"与"哲学直观"的二分，马克思对此解释道："费尔巴哈对感性世界的'理解'一方面仅仅局限于对这一世界的单纯的直观，另一方面仅仅局限于单纯的感觉：……在前一种情况下，在对感性世界的直观中，他不可避免地碰到与他的意识和感觉相矛盾的东西，这些东西破坏着他所假定的感性世界一切部分的和谐，特别是人与自然界的和谐。为了消灭这个障碍，他不得不求助于某种二重性的直观，这种直观介于仅仅看到'眼前'的东西的普通直观和看出事物的'真正本质'的高级的哲学直观之间。"② 在马克思看来，费尔巴哈的作为无异于重新走上了西方传统哲学形而上学的"二分法"的老路：也就是在否定神学超验世界的前提下，再次设定一个"感性直观世界"与"哲学直观世界"，从而调和人的感性认知与理性认知对现象的认知与本质的认知之间的"冲突"。

从这个意义上说，马克思之前的唯物主义事实上也犯了与西方传统唯心主义同样的错误：也就是以二元分离的态度来看待思维与意识的问题，

---

① 洛克. 人类理解论：下卷［M］. 关文运，译. 北京：商务印书馆，1959：530.
② 马克思，恩格斯. 马克思恩格斯全集：第3卷［M］. 中共中央马克思恩格斯列宁斯大林著作编译局，译. 北京：人民出版社，1960：48.

并且期望在二者之外寻找它们"统一"的根基——也就是神、绝对精神等虚构的"实体"。这些做法事实上也没有能够实现哲学家们所期望的"物""我"之间的"统一",反而是其所承诺的各种"绝对实体"本身很快在后世哲学家们的批判与质疑之下被不断消解。马克思要做的恰恰不是如传统哲学那样将世界本原归结为一种"存在"或者以某种解释框架来寻求对世界与哲学问题的充分解释,而是一种不断基于现实的批判精神,也就是如前文所述针对整个时代实存的批判精神。因此整个马克思哲学总体上体现出浓厚的批判意识与反叛精神,这种激进主义的思想构成了马克思哲学思想之下的潜在基础。

马克思主义哲学的重要研究方法——辩证法,也存在着同样的问题。辩证法在理论本质上与形而上学相对立,但这并不代表任何一种运用辩证法的理论体系都能破除形而上学的影响,恰恰相反,我们能在哲学史上找出很多运用辩证方法却建构出"形而上学"体系的实例:如柏拉图理念论中对辩证法的运用,以及中世纪经院哲学中的辩证法研究等等,但最为典型的还是黑格尔观念论哲学体系下的辩证法,这也是历史唯物主义中辩证法的最直接理论来源。

从某种意义上说,马克思对传统哲学的解构与"反叛",可以视为对西方整个形而上学传统的批判。这种批判的最重要体现就在马克思对黑格尔"观念论"形而上学体系的批判之中。哈贝马斯认为,黑格尔的现代性思想第一次用概念的形式,将现代性、时间意识和合理性之间的内在联系突显出来。但在这之后,黑格尔自己打破了这个联系,由于绝对精神的不断膨胀,黑格尔试图用其辩证运动阐释一切社会现象,从而导致了黑格尔无法通过人的自我意识解决现代性的自我确证问题。黑格尔作为德国观念论哲学的集大成者,虽然试图通过对"绝对精神"的强调来解决物我对立的问题,但最终仍然演变成对自我意识的"化身"——绝对精神的过度强调,而倒向了主体形而上学。从这个角度而言,黑格尔及其重要的反对者费尔巴哈最终都没有能够突破"现代形而上学"——也就是主体形而上学的框架(黑格尔的"绝对精神"与费尔巴哈的"直观"都在这一框架之内)。因此,虽然黑格尔以"绝对精神"建构出了一个包罗万象的哲学体系，但他"只不过是整个西方哲学传统的代言人而已"①。

黑格尔哲学与费尔巴哈哲学从表面上看是唯心主义与唯物主义对立的代表，但二者之间的对立是一种寓于主体性形而上学框架之内的"对立"，而马克思对二者的批判我们同样不能简单理解为唯物主义对唯心主义的批判，而是超越于二者之上的对整个西方哲学传统的革命，要理解这种"革命性"，首先要找到黑格尔哲学与费尔巴哈哲学乃至于近代以来西方认识论哲学传统的局限性之所在。

首先，近代哲学一直将人理解为意识、精神与感性的集合，并与外在于人的自然界、社会乃至于人本身相对立，在笛卡儿提出"我思"开始，西方近代哲学对人的理解就始终难以摆脱"自我意识"为基础的思维领域。人的思想要么被理解为外在经验在一块白板上留下的"印记"；要么被理解为由某种"先验"范畴对经验知识的"规定"，由此造成了经验知识与先验原则之间的对立。黑格尔试图调和这种对立，并以"绝对精神"为基础建构了唯心主义哲学体系，试图从"精神出发"解释整个自然与人类社会，由此造就了居于观念论哲学顶峰的黑格尔哲学体系。从根本上说，近代以来的认识论哲学直到德国古典哲学的发展，仍然将人单纯等同于自我意识，并将其与自然，以及外在于人的社会对立起来。这成为马克思之前哲学难以超越的第一重局限。

其次，近代哲学对人的主体性的抽象认识限制了传统哲学超越主客对立、物我对立的尝试。自启蒙运动之后的西方哲学高扬"主体性"的旗帜，为西方社会革命提供了理论性的基础。但对于人的"主体性"内涵的认识，近代哲学则体现出片面性与局限性——将人的"主体性"局限在主体自由的狭小范畴之内，同时将自由片面理解为"不受限制"。无论是黑格尔哲学还是费尔巴哈哲学都将"自由"置于其哲学体系中重要的位置，但同时又把人的自由与人在现实社会中的"实践"割裂开来，甚至无视人类实践活动的现实基础，将人的实践归结为人的精神活动，或者说将人的精神活动作为人类实践的基础。近现代哲学中的"主体性"研究将人的现

① 巴雷特. 非理性的人：存在主义哲学研究 [M]. 段德智，译. 上海：上海译文出版社，1992：167.

实生活以及历史上人自我实现过程排除于其研究视野之外，将人的"主体性"的实现视为单纯政治自由的实现，或是人在精神领域中对矛盾的克服。因此，对人的"主体性"的片面性、抽象性与内在性的理解成为马克思之前传统哲学难以超越的第二重局限。

最后，对"思维与存在"关系问题的片面理解限制了传统哲学家突破主体性哲学内在性的努力。对于思维与存在关系问题的理解，传统哲学停留在"解释世界"的思维框架，试图从理论的角度对整个世界进行抽象的理解。因此，传统哲学家往往习惯于从思想出发理解外部世界。当遭遇现实问题时，传统哲学家往往选择以理论的方式寻求自我安慰。马克思在《德意志意识形态》中曾以康德为例批判了这种倾向："18 世纪末德国的状况完全反映在康德的'实践理性批判'中。……但软弱无力的德国市民只有'善良意志'。康德只谈'善良意志'，哪怕这个善良意志毫无效果他也心安理得，他把这个善良意志的实现以及它与个人的需要和欲望之间的协调都推到彼岸世界。康德的这个善良意志完全符合于德国市民的软弱、受压迫和贫乏的情况，他们的小眼小孔的利益始终不能发展成为一个阶级的共同的民族的利益，因此他们经常遭到所有其他民族的资产阶级的剥削。与这种小眼小孔的地方利益相适应的，一方面是德国市民的现实的地方的、省区的褊狭性，另一方面是他们的世界主义的自夸。"① 也就是说，以康德为代表的传统哲学家在面对现实问题时，割裂了思维与存在之间的关系：一方面将存在视为"既定的""不以人的意志"为转移的"现实"；另一方面又试图从人的思想中抽象出某些"普遍的""一般的"原则来解释现实世界中的种种问题，甚至将其视为整个世界与人类社会构成的基础和本原。由此，传统哲学的认识路线是从人的思维出发去认识存在，而不是从现实出发去获取对世界本来面目的认识。这种颠倒的认识论路线导致了整个西方传统哲学始终无法突破其哲学的内在性视野。

从主体形而上学的视角来看，近代哲学的任务被黑格尔简单概括如下："中世纪的观点认为思想中的东西与实存的宇宙有差异，近代哲学则

---

① 马克思，恩格斯. 马克思恩格斯全集：第 3 卷［M］. 中共中央马克思恩格斯列宁斯大林著作编译局，译. 北京：人民出版社，1960：211-212.

把这个差异发展成为对立，并且以消除这一对立作为自己的任务。"① 但事实上，整个近代哲学的发展过程自始至终没有超越出物我对立、主客对立的范畴。近代传统哲学的以上的三重局限正是这种超越失败的重要原因。而马克思哲学革命的重要特征就是，超越思想与存在简单的二元对立，作为自身哲学革命的基本动力。正如我们之前对马克思哲学立足点的讨论一样，马克思既不是站在思维的立足点上也不是站在存在的立足点上展开自己的哲学批判，而是站在人类社会的立足点上，对人与人之间现存社会关系进行批判与反思，从而破除传统意识形态对人思想的束缚与遮蔽，从根本上瓦解形而上学的内在基础。

总之，黑格尔哲学与费尔巴哈哲学分别代表了传统哲学视域内唯心论与唯物论哲学反思所取得的最高成就。一方面，黑格尔将现实世界中的全部关系归结为思想中的关系，同样也将人类活动归结为思想中的精神活动，按马克思的话说，就是"抽象地发展了"人的精神活动的能动性。另一方面，费尔巴哈的"感性直观"则从相反的方向，也就是唯物主义的方向出发，将人的认识活动视为感性直观的认识活动。但这种活动作为一种"抽象"活动，只是一种单纯的感性活动，而不是主观能动的"实践活动"。马克思则既不是将人看成一种抽象的感性存在，也不是将人视为内在的精神存在，而是通过实践，将人视为一种感性存在的实践活动过程。而在这一过程中，生产实践是人存在与自我实现的本质，同时也是人的社会关系的现实基础。由此观之，人的最基本的实践活动就是生产实践，而人最基本的社会关系也就是人的生产实践关系。由此，我们就不难理解马克思的哲学批判最终演化为政治经济学批判的根本原因。政治经济学研究的主要对象，正是资本主义社会最根本的社会实践关系，传统政治经济学家总是从经济学的角度来看待政治经济学，而马克思带着自己哲学批判的理论成果，将其运用到对人生产实践关系的批判之中。这一转变既是马克思前期哲学研究的必然要求，也是马克思哲学革命成果的具体体现。马克思从人最基本的社会实践关系入手，发现了在资本主义社会关系中所存在的基本冲突——劳动与资本的冲突，正是在这种冲突

---

① 黑格尔. 哲学史讲录：第4卷 [M]. 贺麟，王太庆，等译. 北京：商务印书馆，1978：6.

之下形成了现实社会中人与人之间关系的基本矛盾。马克思政治经济学批判的基本目标就是批判、反思劳动与资本之间冲突的本质,从而"缩短"或"缓解"这种冲突所造成的痛苦,并实现自身"哲学革命"的根本目标——"改变世界"。

二、主体间性问题研究的两大范式

马克思主义理论的实践思维方式,对伦理思想研究的影响最重要的当数对于"主体间性"问题的理解。实践思维方式的引入导致了历史唯物主义对于伦理学领域的重大问题——主体间性问题的理解产生了重大"断裂",形成了基于"实践"主体而建构的主体间性理论,从而为在伦理研究领域突破现代形而上学奠定了基础。

主体间性是现代哲学、伦理学的重要问题。如前所述,主体性哲学崛起之后,理论家们就一直关注"主体-主体"之间的交往行为与行动逻辑、价值逻辑等等问题。这一问题的解决涉及主体性哲学中一个基本问题:自我意识与外在现实(包括他人、社会与自然)之间的互动问题。因此,这一问题又涉及认识论、本体论、政治哲学、道德哲学与伦理学等多个方面。可以说,因为涉及主体性哲学的基本问题,故而对主体间性问题的思考贯穿了现代哲学的多个方面。

主体间性问题被明确作为一种哲学问题提出可以追溯到 20 世纪早期,但对主体间性问题的研究则是伴随着主体性哲学的崛起而诞生的。从在德国古典哲学中萌芽,一直到胡塞尔现象学、海德格尔存在主义、伽达默尔解释学,对主体间性问题的理解始终贯穿其中,而主体间性问题的发展按对"主体间性"的阐述模式,可分为"先验认识论"研究范式与"语言中介论"研究范式。

(一)"先验认识论"研究范式

早在德国古典哲学创始人康德那里,对主体间性问题的研究就已经开始。康德在认识论上强调主体先验逻辑对经验知识的范导作用,故而主张"人为自然界立法",但问题在于如何解释基于人主体先验逻辑而构成的知识获得"客观有效性""普遍有效性"。为此，康德指出：人的经验判断都是一种主体性的知觉判断，这种判断仅仅对主体自身有效。在此基础上，人希望这种判断在社会关系，也就是人与人之间的关系中也有效，也就是在任何时候对任何人都有效，此时经验判断必然是普遍有效性；同时，人若要认定一个判断是普遍有效的，也必须将这种判断视为是客观的，每一个人对此问题的知觉都必须与自身的知觉相一致，故而"客观有效性"就是"必然的普遍有效性"。康德从认识论的立场揭示了"主体间性"存在的必要。而同样康德的"实践理性"——也就是其道德哲学——所追求的普遍道德法则，也是基于这种认识论论证模式而形成的。

康德之后的胡塞尔是第一个系统论证"主体间性"问题的现代哲学家。胡塞尔所创立的现象学，将"先验自我"的"意向性构造"作为知识的源泉，试图"悬搁"知识中的经验要素以求得对先验知识结构的理解。根据这一目的所建构的现象学，寻求主体对知识的"自明性""明晰性"，故而同样面临与康德相类似的问题：以主体自明性为基础建构的知识体系，如何在现实的社会关系中——也就是在不同主体之间，获得知识的"普遍有效性"。为此胡塞尔指出："在我单子的自我和他单子的自我之间进行更具体、更彻底的察看。在共同体形式中最先构造出来的东西以及所有其他交互主体地共同东西的基础，就是自然的共同性，即他人身体的同一个自然和他人心理—物理的我，在造对中与我自身心理—物理的我一致起来的共同性。"① 胡塞尔强调不同主体之间一个主体的心理–物理的"我"与他人心理–物理的"我"相一致，从而在知识领域获得主体之间的"一致性"，而知识的客观性与普遍性也由此获得。

无论是康德还是胡塞尔，对于"主体间性"问题的理解都是基于建构其认识论架构的需要，因此，其对于"主体间性"问题理论研究的重点在于认识论领域，是一种对主体间性问题域研究的"先验认识论"范式。而作为胡塞尔重要继承者的海德格尔，则开创了与现象学迥然不同的"存在哲学"，其对"主体间性"问题的理解也远远超越了认识论范畴。

---

① 胡塞尔. 笛卡尔沉思与巴黎讲演 [M]. 张宪，译. 北京：人民出版社，2008：156.

（二）"语言中介论"研究范式

海德格尔为了彻底摆脱胡塞尔"唯我论"的影响，其对"主体间性"的理解从"人"——具体生活境况中的个人——也就是"此在"开始。人不是单纯的"自我意识"，而是生活在具体现实"境况"中的"此在"，"此在"与"自我"最大不同在于，"自我"处于自身之中，而"此在"则是"显现"在自我与他人的"领会"和"解释"的互动与交往过程之中。也就是"此在"是在自我与他人的交互中才能显现"自身"①；而语言是二者之间互动与沟通的重要中介，"把话语〔Rede〕道说出来即成为语言"〔Sprache〕②。话语对"此在"具有生存论意义上的建构作用，在主体之间，"话语"是相互理解的重要中介，海德格尔"颠倒"了常识意义上对话语的理解，认为主体在与他人交流之时，首先与他人一道"寓于"话语之中，才能实现相互之间的理解，这就是在"生存论"意义上话语之于主体间性作用的理解。

承袭海德格尔存在哲学的伽达默尔，也主张从人类社会的文化、历史、传统等方面——也就是"语言蓄水池"——之中阐释人的存在活动。语言作为人类社会根本的交往工具，是实现主体之间"意义"相互传递的重要方式。人类社会对历史的理解不是一种单向的"复写"，而是以话语作为中介，理解双方进行的"互动过程"，因此理解活动本身既改变了认识的主体同时也改变了认识的客体，以及主体之间的相互理解。也就是说，"理解"与"解释"是一种主体之间的"视域融合"，因此是一种"效果历史"。

在当代西方哲学理论界，对"主体间性"问题研究抱以最大热情的当属哈贝马斯。作为法兰克福学派最重要的继承者之一的哈贝马斯的"交往行为理论"既是其对主体间性问题理论探讨的最重要表现，也是其"后形

---

① 参见海德格尔. 存在与时间［M］. 陈嘉映，王庆节，译. 北京：生活·读书·新知三联书店，2006：177.

② 海德格尔. 存在与时间［M］. 陈嘉映，王庆节，译. 北京：生活·读书·新知三联书店，2006：188.

而上学"的重要内容。哈贝马斯同样以语言作为人与人之间的关系交往的重要中介，但不同于海德格尔与伽达默尔对语言问题抽象、思辨式的理解，哈贝马斯主张语言应该作为一种人类交往行为的"现实中介"——人与人之间的关系是主体与主体之间的关系，每一个人都是自身的主体，既不存在外在于人的"终极客体"的"外在论"的形而上学，也不存在"绝对主体"的形而上学（后者正是以尼采为代表的虚无主义），人与人之间的交往才是主体之间实现相互理解的真正桥梁。人在交往行为中用语言达成主体间的相互理解才是消解形而上学与主体形而上学的可行之途。

从海德格尔到哈贝马斯，我们可以明显看出对"主体间性"问题的探讨超越了传统认识论的范式，而切入到语言与生活的现实领域。因此，这种对主体间性的研究我们可姑且将其称为对"主体间性"问题的"语言中介论"研究范式。因为这些理论有两个基本点：一是注重对语言社会本质的研究，二是将语言视为主体间实现沟通理解的重要中介。那么这种理解的局限性又何在呢？

我们可以以这种"语言中介"范式最新理论成果——哈贝马斯的交往行为理论为例。从中明显可以看出，哈贝马斯对主体间性的理解更多是从现实与交往层面展开。这种理解不得不说与马克思主义理论有着千丝万缕的联系，与哈贝马斯本人的西方马克思主义理论背景有直接的关系。但哈贝马斯对实践、交往概念的强调，与其说是对西方马克思主义的突破创新，不如说是在某种程度上"复归"了马克思主义理论的本原。如我们在之前所强调的，法兰克福学派学说发展的一个直接的理论路径是马克思理论的"去政治经济学化"。这造成的后果就是在哈贝马斯的交往行为理论中：一方面强调人交往的现实性、社会性；另一方面犹如传统西方哲学那样强调"语言"对主体间交往的重要中介作用，而对"语言"本身缺乏更为深刻的反思。事实上，马克思早在语言哲学兴起之前就对语言与思想之间的关系问题进行了哲学的反思，在《德意志意识形态》中马克思承认"语言是思想的直接现实"，但同时也强调"语言和意识具有同样长久的历史；语言是一种实践的、既为别人存在并仅仅因此也为我自己存在的、现实的意识。语言也和意识一样，只是由于需要，由于和他人交往的迫切需要才产生的"①。在这里马克思探讨了语言、实践、需要与意识之间的关系，但同时也明确了"实践"在主体间性问题的研究中的核心地位。这实质上说明，主体之间的中介并不简单是"语言"，而是一种比语言更为深刻的基础性活动——实践活动。

三、马克思的"实践主体"视野下的"主体间性"问题

必须承认，"主体间性"问题在马克思的时代远没有作为一种明确界定的理论问题而提出，但对主体之间的交往方式的研究已经在马克思之前的康德、黑格尔哲学中有了深入的讨论。如前所述，马克思哲学超越传统形而上学，显示出其"后形而上学"意蕴的重要标志是实践思维方式在思想前提领域的反思与批判。基于这一点，马克思在看待主体间性问题时就有着完全不同于现代西方哲学理论反思的视角，以"实践"为切入点反思"主体间性"问题，也就是人与人之间的社会关系问题。马克思的历史唯物主义体现出了以下几个方面的特点：

首先，马克思关于主体间性问题的思考是建立在"实践性"的理论定向基础之上的。马克思对于主体间关系的理解，也就是社会中人与人之间关系的理解，是建立在历史唯物主义理论的实践性、物质性的基础之上的。马克思认为人与人之间的关系最根本的基础是以实践活动为载体的人与人之间的物质交往关系。物质生产活动及其产生的生产关系是一切人与人之间关系的基础，也是主体间性问题所研究的真正"领域"。据此而论，主体之间的相互作用关系，从本体论、价值论与认识论层面上看都是以人的"实践关系"作为基础的。

其次，从认识论角度而言，知识的"普遍性""必然性"与"客观性"不是来源于人思维中的"先验结构"，而是来源于人的实践活动的客

---

① 马克思，恩格斯. 马克思恩格斯全集：第3卷［M］. 中共中央马克思恩格斯列宁斯大林著作编译局，译. 北京：人民出版社，1960：34.

观物质基础。无论是"先验认识论"还是"语言中介论",都缺乏对人的知识、语言所产生的现实基础的反思,也就是仍然从"思辨"的角度理解人类知识的产生问题。但马克思将人的知识产生的"源泉"归于"实践"则为知识的"普遍性"打下了坚实的基础。人的知识的普遍性源于人的实践活动的普遍性,知识的"共同性"源于人实践活动的"共同性"。比如"红色"在英语中用"red"这一词语表述,但这并不影响英国人与中国人对于"红"这一客观自然属性的共同认知。虽然在中文中有"房子""屋子",在英文中对应有"house""room",其含义有所不同,但都不影响"房屋"在各自国家实践活动中所发挥的实际功能。因而,语言不过是人在实践活动中对特定行为、特定事物的一种"赋值"行为,其真正的基础仍然在"实践活动"之中。

再次,主体间性问题的存在乃是基于人类社会这一载体平台的存在,没有人类社会就不会有主体间性问题。鲁滨逊在遭遇海难流落荒岛之初就不存在"主体间性"问题,直到仆人"星期五"的到来才出现了真正意义上的"主体间性"问题。因此,任何对主体间性问题的研究都不应脱离对人类社会的本质性研究。对于马克思而言——"人是社会关系的总和",人与人之间的"主体间性"问题事实上都体现在人与人之间的社会关系之中。不论是人类社会还是社会关系,都是从人的实践活动中产生的,或者更进一步说,都是基于不同的生产实践方式。不同生产实践方式所建构的社会,不仅社会形态不同,而且主体间性问题也存在不同的形式。比如封建社会与资本主义社会,虽然封建社会是一个"前主体性社会"——但这并不代表这个社会中的个人不具有主体性——其个体与个体之间的交往方式与资本主义社会中的个体与个体之间的交往方式就有极大的不同。在马克思看来,这种不同产生于社会生产实践关系。因此,考察主体间性问题,应该从整个人类社会现实性、宏观性与根源性的背景入手,才能真正理解一个时代主体间性问题的特征。

最后,关于主体间性的历史性特征问题。事实上,在之前我们就已经提到,主体间性问题的载体平台——人类社会本身就有"时间性""历史性"特征。人类社会的发展史已经清楚无疑地表明，不同社会阶段之间具有不同的人际交往关系。人的交往关系是历史性的，不可能找到现实的、具体的"超历史性"人类交往关系。因此，我们必须从历史的视角看待"主体间性"问题。将主体间性问题的产生、发展与对主体间性问题的理解作为一个历史性的过程来反思，同时将这种历史性的反思拓展到伦理学、哲学、社会学研究的各个层面上，以求得对特定历史时代人与人之间交往关系的本质理解。

综上所述，在历史唯物主义理论框架下对主体间性问题的实践性反思，是理解马克思交往关系理论的重要切入点，同时也是马克思超越"形而上学"，展现历史唯物主义"后形而上学"意蕴的重要标志。马克思的思想在此超越了本体论形而上学与主体形而上学、主体性与主体间性之间的理论对立，在新的层面上展开了对人以及人类社会的理解。这种全新意义上对人的理解，是一种将人作为"实践主体"的理解，并以"实践主体"为基础建构起一种与众不同的主体间性理论，同时也为突破现代主体形而上学的"建制"打下了基础。现代社会是"以物的依赖性为基础的人的独立性"的阶段，也就是说，人的"主体性"事实上是以对资本的化身——"物"为依赖基础而实现的。人的自由的实现：一方面需要消耗大量的他人的劳动，另一方面需要自身少付出，甚至是不付出劳动。而要调和二者之间的矛盾，只有资本的不断"增殖"、不断占有支配劳动，从而让资本的所有者获得"自由"。也就是说，资本主义社会人的"自由"唯有通过占有"资本"而获得对别人劳动的"主宰"才能实现，在此意义上，资本的形而上学与主体的形而上学形成了事实上的"共谋"关系。《资本论》的伦理维度正是通过"批判"将这两种形而上学的"共谋"显现出来，而将这两种形而上学联系在一起的就是我们熟悉但习以为常的"利己主义"。

第五章

《资本论》对资本扩张的"利己主义"叙事批判

万物皆可"资本化"

在当今社会，我们比历史上其他任何时代都更加深切地体会到"资本化"给我们的生活带来的巨大变化，任何有形或无形的资源都可以被"资本化"，不仅土地、森林、矿产这些有形资源可以作为资本，甚至人的名气、技巧、知识等无形的资源也可以作为资本。经典理论家们早在《共产党宣言》中就已经指出：

"凡是资产阶级已经取得统治的地方，它就把所有封建的、宗法的和纯朴的关系统统破坏了。它无情地斩断了那些使人依附于'天然的尊长'的形形色色的封建羁绊，它使人和人之间除了赤裸裸的利害关系即冷酷无情的'现金交易'之外，再也找不到任何别的联系了。它把高尚激昂的宗教虔诚、义侠的血性、庸人的温情，一概淹没在利己主义打算的冷水之中。它把人的个人尊严变成了交换价值，它把无数特许的和自力挣得的自由都用一种没有良心的贸易自由来代替了。"

资本扩张的动力源于对占有更多剩余价值的无限渴望，同时，资本扩张的目标在于控制更多的"生产资料"。资本只有控制更多的生产资料，才能为其占有更多的剩余价值，也才能使更多的人与自己的劳动资料相分离，从而被迫出卖自己的劳动力。

因此，资本的扩张乃是资本主义生产方式发展的一个自然的过程，在这一过程中，资本将占有越来越多的生产资料，与此相对应的是，劳动者则会丧失越来越多的劳动资料，除了自己的"劳动"，一无所有。资本不断剥夺生产资料的现实过程，在人的思想意识层面上却被利己主义"合理化"，似乎资本剥夺劳动者生产资料的过程，被掩盖于双方"互利"的合理交易之下。资本扩张在现实中的"不合理性"——剥夺并垄断生产资料与在理论层面上的"合理性"——以利己主义为前提的"公平"与"正义"之间的巨大矛盾，导致了当今社会人"孤立化""原子化"的生活方式。从这个角度上说，万物皆可"资本化"，乃是资本主义生产方式造成的"结果"，同时也是人生活方式异化的"原因"。

"利己主义"作为一种"元叙事",是资本主义生产方式得以不断巩固,同时资本不断向外扩张并结构化世界经济体系的关键因素。正如马克思在《资本论》中所言:

> 因为双方都只顾自己。使他们连在一起并发生关系的唯一力量,是他们的利己心,是他们的特殊利益,是他们的私人利益。正因为人人只顾自己,谁也不管别人,所以大家都是在事物的预定的和谐下,或者说,在全能的神的保佑下,完成着互惠互利、共同有益、全体有利的事业。①

在此论述中值得注意的问题是:"利己心"作为人类所共有的心理倾向,是如何从人的内心世界走向现实世界,从一种精神意识转化为一种生产方式与社会制度所共有的前提。换言之,乃是"利己心"如何从精神世界中建构现实社会制度的问题。回答这一问题的关键在于现实社会经济生活领域的资本扩张及其背后的逻辑。

第一节 资本扩张及其"合理化"

资本从诞生之初起,其扩张就是在人的思想领域与现实的经济关系领域展开的。资本扩张的动力来源于"规模扩大的资本主义生产过程"(《资本论》第一卷第七篇第二十二章第一节),也就是资本积累的过程。但在

---

① 马克思,恩格斯. 马克思恩格斯全集:第 23 卷 [M]. 中共中央马克思恩格斯列宁斯大林著作编译局,译. 北京:人民出版社,1972:199.

此马克思用了一个非常耐人寻味的副标题:"商品生产所有权规律转变为资本主义占有规律。"我们知道,"所有权""占有"概念既是一个经济学概念,也是伦理学、政治哲学概念。经济学以这两个概念作为前提推演出整个经济学概念体系,而伦理学与政治哲学则反思这两个概念的内涵及意义。而"所有权规律"如何转化为"占有规律"这一问题的提出,意味着《资本论》文本在此讨论的绝非单纯的经济问题。

一、资本扩张中的"合理化"问题

在资本主义社会中,资本扩张的"合理性"由"利己主义"这一原则保障。利己主义作为一种资本主义社会基础性的伦理"叙事",其核心内涵为人的自利本性,但个体"自利"本性要在社会中得到"承认",就必须以承认他人的"自利"性作为前提。以此为基础资本主义社会即将"平等"作为自身的核心价值,而资本主义社会中的"平等"的内涵体现在人与人在利益交换层面上,或者更具体地说是契约签订双方之间的"平等性",交易的双方都是"利己"的个体,都必须保障自己的利益也必须保障他人的利益,这成为资本主义社会最为基本的伦理前提。

当资本主义的平等原则进入到商品生产领域时,顺理成章地就成为"劳动创造财富"原则的基础。资本主义制度重要奠基人约翰·洛克曾经指出"由于劳动使它脱离了自然原来给它安置的共同状态,就成为对此肯费劳力的人的财产"①。也就是说,劳动者因为对自然物注入了自己的劳动,而自然而然地取得了对于劳动产品的所有权。"劳动创造财富"原则也成为资本主义商品所有权得以成立的基础。然而问题是在现实资本主义社会中,我们看到的现象却是劳动者的付出与回报严重不对等。这一矛盾甚至在同一作者的同一著作中就已经出现——洛克一方面认为劳动使自然物成为劳动付出者的财产,但另一方面,却又指出——仆人所"割的草皮"也是主人的财产。为何"仆人"付出的劳动会使自然物成为"主人的"而不是"自己的"财产?对此古典政治经济学只是含糊其辞地表示

---

① 洛克. 政府论:下篇 [M]. 叶启芳,瞿菊农,译. 北京:商务印书馆,1964:20-21.

"劳动者独享全部劳动生产物的这种原始状态，一到有了土地私有和资本累积，就宣告终结了。……土地一旦成为私有财产，地主就要求劳动者从土地生产出来或采集到的几乎所有物品中分给他一定份额"①。也就是说，洛克、斯密等资本主义政治经济制度奠基人在阐述资本主义伦理与政治制度时存在着基础性的矛盾，但其没有真正解决这一矛盾，而是回避了这一矛盾。然而，这一矛盾却成为马克思开始对资本积累进行研究的切入点。

马克思在《资本论》中将对自然物注入劳动获得所有权与资本家无偿占有剩余劳动之间的矛盾还原为"商品所有权"的矛盾与"资本占有"的矛盾。但马克思不是通过简单地揭示这一矛盾来批判资本主义生产方式的。恰恰相反，马克思是通过二者之间的"转化"，同时这种"转化"是在不违反任何资本主义生产方式规律的前提下，实现了从"商品所有权"规律到"资本占有规律"的逻辑自洽。"商品所有权"如前所述是劳动者通过自己的劳动注入自然物而获得的合法所有权。但"资本占有"是指资本家通过付出资本而不是劳动获得占有他人无酬劳动——也就是剩余价值——的权力。按照"商品所有权"的产生原则，"资本占有"是不可能实现的，因为只能通过将劳动注入自然物才能获得劳动产品的所有权。除此以外没有任何方式能够使劳动者之外的他者合法地占有劳动产品，劳动与所有权不能分离。但"资本占有"却实现了劳动产品所有权与劳动的分离，更让人惊奇的是这种"转化"是在资本主义经济规律得到广泛应用的前提下得以实现的。

马克思从"商品所有权"和"资本占有"两个层面上分析了这种"矛盾"向"合理化"方向转化的机制。这种"合理化"来自内外两个方面。

从外在劳动力商品交易层面而言，在雇佣劳动体制下，劳动者出卖自己的劳动力是在自愿的情况下与资本家达成契约。由于契约是在"非被迫"的情况下签订的，按照利己主义的理解，作为主体的个人是不会在损害自身利益的前提下主动与他人达成契约，因此从"自利性"角度而言劳

① 斯密. 国民财富的性质和原因的研究：上卷［M］. 郭大力，王亚南，译. 北京：商务印书馆，1972：59.

动者与资本家在达成契约的过程中是"平等"且不违背交换规律的。一旦自由买卖劳动力的契约达成，劳动者的劳动力将作为商品归资本家所有，同时劳动力也将如其他原材料一样投入商品生产过程中，而劳动力与其他属于资本家的劳动资料所结合而形成的商品，也理所当然归资本家所有。

斯密对这一过程具有较为清醒的认识，斯密不是简单认为资本家支付给工人的工资与工人所付出的劳动所创造价值完全等同。相反，斯密认为，工资取决于劳资双方签订的契约，但二者之间的利益是不一致的，资本家期望以更低的价格购买更多的劳动力商品（也就是尽可能压低工人单位时间内的工资），而劳动者则希望自己的劳动力作为商品获得更高的价格（也就是单位时间内付出的劳动获得更高的工资）。二者因此在签订契约的过程中存在着激烈的博弈（虽然这种博弈一开始就处于不公平状态）。斯密认为，资本家与工人为了在劳动力商品购买过程中获得有利地位，必须团结本阶级来获取在谈判中的有利地位，但总体而言都是资本家居于有利地位而工人居于不利地位，工人至多只能保障维持生活的最低工资。纵使如此，斯密认为工人能够在社会对劳动力需求不断增加的情况下，获取对于资本家的有利地位，也就是说，在经济发展停滞阶段，工人在与资本家的工资交易的博弈中处于不利地位，但在经济高速发展阶段，工人在与资本家的工资交易的博弈中处于有利地位。斯密据此进一步指出，对劳动者提供的劳动力产品的需求随着国民财富的增加而增加。同时，工资的优厚程度决定了国民财富的发展程度。在此基础上斯密进一步认为，由于无产阶级在社会群体中占有绝大部分，因而从宏观层面上说，如果劳动者工资较低，就会导致社会绝大部分成员处于贫困状态，这样的社会称不上繁盛发展的社会。同时，仅仅从经济方面而言，劳动者的工资直接决定劳动者繁育后代的意愿与能力。工资较高时，人口必定增长，工资较少时，人口必定减少，人口的增减决定了劳动力的供给程度。当工资高过合理范围时，造成劳动力商品供大于求，工资必然下降，随之而来的是劳动者群体人口的自然减少，导致劳动力商品供给下降，劳动力的供给与需求再次恢复到平衡状态。但是，斯密主张工人报酬应该逐步增加，指出：

> 充足的劳动报酬，既是财富增加的结果，又是人口增加的原因。

对充足的劳动报酬发出怨言，就是对最大公共繁荣的必然结果与原因发出悲叹。①

我们在此不难看出古典政治经济学家对于工资的态度呈现出两个"跳跃"：首先，从非商品的人类劳动交换关系"跳跃"到商品化的经济交换关系。也就是"工资"从一种人与人的劳动交换关系跳跃到经济与商品的交换关系。工资关系代表的是两个独立主体之间达成的劳动交换关系，劳动者用自己的"活劳动"交换资本家手中持有的"死劳动"（货币形态且作为生活资料的劳动产品）。"活劳动"作为存在于人的身体中的、具有实时对物体塑形的能力，其本身存在着无限的可能，而与其交换的是已经成型的、物质化的曾经的劳动即"死劳动"，二者之间从性质到形态都毫无相似之处。这种交换何以能够成立？其次，从人类社会关系规律"跳跃"到经济关系规律。在《国富论》的文本中我们不难发现，斯密事实上敏锐察觉到了资本家与劳动者之间的对立，比如对劳动者与资本家群体地位的比较，以及工人运动等问题的关注。对于这些矛盾的解决，本应作为一个社会问题，通过对社会关系的调解来消除其中的矛盾，但斯密以经济手段和市场手段来"解决"这一问题。为何斯密会试图通过市场经济调节手段来解决社会关系中的矛盾？斯密为何一方面认为工人与资本家是利益共同体，另一方面在涉及二者利益分配问题时，却又要求诉诸"市场调节"，如何看待斯密出现的这种理论上的"跳跃"？

产生这一现象的根本原因是，亚当·斯密将资本家与劳动者的"平等"关系放到市场关系这一框架内进行理解，而马克思将资本家与劳动者的关系放到社会关系这一框架内进行反思。之所以产生这样的分歧，是因为以斯密为代表的古典政治经济学家的根本的伦理原则在于人的"自利性"，也就是说人的天性在于维护自身利益的最大化，这一原则也成为经济领域中"经济人假设"的建构基础。古典政治经济学论域中的"平等"不是以人与人之间的现实性平等关系为前提，而是以经济学意义上的"利

---

① 斯密. 国民财富的性质和原因的研究：上卷 [M]. 郭大力，王亚南，译. 北京：商务印书馆，1972：74.

己"为前提。工人与资本家之间的不平等交换关系并不影响"自利"原则的实现，在古典经济学家看来，即使工人在弱势状态下与资本家达成协议，也符合"自利"原则，也就是存续自身的"自利"。而工人在有利条件下与资本家达成劳动交易，也仅仅代表工人在有利条件下实现了自身利益的最大化。在"利己主义"的框架内，工人与资本家的劳动交易完全没有涉及劳动的价值问题，而劳动价值的交易成为资本家与工人之间交易的"博弈"。由此我们不难看出，在资本主义经济体系的框架下，劳动价值在劳动交易过程中根本无法体现，以工资为目标的劳动力商品交易完全是一种非物质性的"活劳动"与物质性的"死劳动"之间的交易，这种交易的基础乃是作为个体的人实现利益最大化的原则，而非劳动价值的体现。

从内在劳动力价值实现层面来看，劳动者卖给资本家的劳动，通过与资本家原先就拥有的生产资料结合，产生出大于工人工资与原材料费用的价值，由于在整个生产过程中所有参与生产的元素都被资本家合法拥有，生产过程中创造出来的商品的使用价值理所应当归资本家所有。作为商品的劳动力，工人得到了自身出卖劳动力的交换价值，而资本家则通过雇佣劳动交易获得了劳动力的使用价值。劳动力作为一种商品的属性与其他生产过程中的原材料别无二致。因此，从内在劳动力价值的实现方面来看，资本家与工人同样实现了劳动力与工资的平等交换，从利己主义的角度而言，劳动力作为商品的价值实现过程也没有任何矛盾存在。

通过外在的劳动力商品交易与内在劳动力价值实现两个过程中的"无矛盾"推演，我们不难发现，劳动力从变为一种商品被交易，再到劳动力作为一种生产资料在生产过程中使用，为劳动者与资本家双方的价值实现提供基础。在这一演进过程中，商品所有权规则——劳动产品的所有权似乎应该是以自己的劳动为基础的①，最终转化成了资本家不需要付出任何劳动而占有他人劳动的——资本主义占有规律。马克思看到二者之间存

---

① 参见马克思，恩格斯. 马克思恩格斯全集：第 23 卷 [M]. 中共中央马克思恩格斯列宁斯大林著作编译局，译. 北京：人民出版社，1972：639-640.

在的矛盾性，但其更看到了这一矛盾背后的更深刻根源——商品生产的进一步发展。"商品生产按自己本身内在的规律越是发展成为资本主义生产，商品生产的所有权规律也就越是转变为资本主义的占有规律。"①也就是说，马克思并未将二者间的矛盾纳入"正反合"的辩证法公式中套用，而是从中看到了主导这一矛盾的内在根源——商品生产。这一矛盾并非凭空产生，也并非一直就有，而是商品生产发展到一定阶段的产物，商品经济越发达，就越会产生劳动者创造的价值不归劳动者自身所有的矛盾现象。

事实上，《资本论》区别于一般政治经济学研究的地方是，将我们习以为常的经济学"常识"作为反思对象，发掘其历史性根源以及内在矛盾性，从而获得对人类社会发展规律的历史性把握。同时，我们也发现，在"商品生产所有权规律转变为资本主义占有规律"进程中发挥了重要作用的"利己主义"，所扮演的就是将"商品生产规律"主导下的"所有权规律"转变为"资本主义占有规律"的过程的"合理化"的角色。从文本角度而言，《资本论》不会专门探讨"利己主义"这一伦理原则本身，但我们从其文本背景中不难发现，利己主义在分析资本主义生产方式的过程中一直处于"在场"状态，特别是在资本占有无酬劳动的"合理化"进程中，利己主义扮演着至关重要的角色。

二、"合理性"：从理性主义到功利主义

在讨论《资本论》对"合理化"问题的阐述之前，我们有必要首先探讨现代哲学家对于"合理性"问题的研究，以有助于我们更好理解《资本论》文本背后对资本占有规律背后矛盾性的阐释。

在日常生活中，我们经常使用"合情合理""天经地义""理所当然"等词语来表述某种事项存在的"合理性"（包括本书所讨论的"利己主义"主题，从某种程度上说也是一个"合理性"问题）。但在哲学家们看

---

① 马克思，恩格斯. 马克思恩格斯全集：第 23 卷［M］. 中共中央马克思恩格斯列宁斯大林著作编译局，译. 北京：人民出版社，1972：644.

来"合理性"就是要在具有"合理性"的现实事项与人类已有的知识之间建构一种紧密的联系。这一传统从近代启蒙运动展开后就一直被近代知识界奉为圭臬。

启蒙运动是与文艺复兴、宗教改革并列的欧洲历史上三大思想解放运动之一，也是影响范围最大、最深刻的思想解放运动。其影响范围覆盖了各个知识领域，如自然科学、哲学、伦理学、政治学、经济学、历史学、文学、教育学等等。在政治层面上反对专制主义，在文化层面上批判基督教文化，在经济层面上鼓吹功利主义。而启蒙运动无论是在政治、文化还是在经济层面上的思想主张都离不开其最重要的思想武器——理性。启蒙运动褒扬人的理性精神。在政治上，以理性对抗权威，在文化上，以理性批判信仰，在经济上，以理性评估人的行为。理性主义因而成为近代欧洲人民摆脱世俗专制统治与宗教思想统治的"法宝"，同时也成为欧洲彻底摆脱封建社会，走向近代社会的"桥梁"。启蒙精神的精髓在于以理性"唤醒世界，祛除神话"。在精神世界以理性战胜非知识的迷信，在现实世界以理性支配非人化的自然。启蒙精神褒扬人的主体性，将在中世纪支配人类精神世界的超自然神话人物还原为人类主体，从而使人类作为主体性的存在获得自由与解放。时至今日，无论人们对启蒙运动本身还有多少争议，理性主义已经成为每一个现代人所无法回避的一种精神趋向，或者说是话语"构式"。现代社会中的个人必须以理性的方式来处理与自己相关的各种事务。

理性主义在启蒙运动中取得了巨大成功，但不可否认的是，以理性主义为"正朔"的现代社会在经历了两次世界大战、多次金融危机，以及以纳粹主义、种族主义为代表的多次社会危机之后，知识界也发现理性主义不但不能解决所有人类社会的危机，而且还可能造成更多的问题。因此在二战后西方理论界开始对理性主义本身进行了反思，如霍克海默与阿多诺等人对理性主义持严厉的批判态度，认为启蒙运动祛除了基督教神话，但将现代科学抬高成为现代神话。科学以僵死的世界观规划自然，将科学的对象变为僵化的客体。启蒙运动因此成为新的神话，而科学替代宗教成为宰治人生活的主体。甚至于在理性主义与知识之间的关系上，英国著名化学家、哲学家迈克尔·波兰尼认为科学研究行为不是对自然规律的机械性复制，而是以人的主体性为核心的创造性"艺术"，人的主体性——而不是外在于人的客观性——在人的认识行为中起到核心作用。①

当然，以哈贝马斯为代表的另一部分思想家，则期望更为深入地对理性主义与"合理性"问题进行讨论。哈贝马斯认为：与理性主义的传统认知不同，"合理性"并不表现为对知识的占有，而是在人的交往过程中对人的行为的规范有效性。如果人的行为越是真实的或者有效的，就越具有合理性。"合理性"是可以通过论证和批判加以还原的。哈贝马斯对合理性概念的反思是建立在重构理性认识基础上的。之所以这样做：一方面是为了将哈贝马斯所主张的交往行为"合理化"，制定根本的标准，另一方面是为了重塑理性主义在现代思想领域的地位。

在当代，无论是理性主义的维护者还是批评者，都必须承认理性自身充满了矛盾，人类曾经的"理性万能"幻想是错误的。现代理性主义的矛盾性有众多的表现形式，但人们最为关注的则是理性主义是否能将人类社会带向进步的方向。对于这一问题，关键必须澄清理性主义内在的矛盾是否会导致人类理性走向自身的反面。就此而论，探寻理性主义矛盾的根源就成为解决问题的当务之急。而《资本论》正是通过对资本主义生产方式的"合理性"批判，最终揭示了理性主义的内在矛盾根源。

"合理性"本身就是一个有待澄清的历史性概念，而在马克思的时代，资本主义占有方式与商品所有权之间的内在矛盾性，决定了以资本主义生产方式为支撑的"合理性"本身就是一种形式性的"合理性"。对这种形式性的"合理性"的推崇，导致了狭隘的"功利主义"，即在经济领域，以获取经济利益为判断合理性的唯一标准。这种形式性的"合理性"其中蕴藏着的矛盾与理性主义内部的矛盾系出同门，但理性主义的内部矛盾性事实上是根源于资本主义生产方式内部"合理性"的矛盾性。

如前所述，劳动者与资本家之间的劳动交换关系是一种现实性的不平等关系。但这种不平等、不公正的交换关系却在现实中体现为一种"公平交易"。这种公平性"幻象"的第一重遮蔽是通过交易双方作为自利的个

---

① 参见波兰尼. 科学、信仰与社会 ［M］. 王靖华，译. 南京：南京大学出版社，2004：5-6.

体，在平等状态下达成的交易。通过这种"切片式"的观察，也就是将两者之间的交易从复杂的经济关系、社会关系中剥离出来，只关注交易本身的"公平性"，这一遮蔽是一种形式性的遮蔽。而第二重遮蔽则表现为从"劳动创造财富"的商品所有权获取的基本原则到资本无偿占有工人的"无酬劳动"——也就是剩余价值。这一过程表现为两个相互矛盾的原则实现了转化，同时这一转化过程完全没有违背资本主义社会的任何一般规则。

破除这两重遮蔽的关键在于消除剩余价值产生于"流通领域"的资本主义经济学幻想。马克思在《资本论》成书之前的《经济学手稿1861—1863年》中指出，"剩余价值或价值的自行增殖不会从交换、从流通中产生"①。之所以做出这样的论断是因为马克思认为：首先，在商品交换、流通过程中，如果按照商品的交换价值进行等价交换，那么这一交易过程中不可能有任何价值产生。其次，在商品交易活动中，的确存在商品不按照其本身的交换价值交换的情形，并且这一情况下会造成特定资本家在获得交换价值方面的损失或得利。马克思认为，在这一过程中，单个资本家的确损失或盈利了一定量的交换价值，但从整个资本家阶层所占有的总的交换价值总量上而言，并不代表这一总量增加或减少。因而，整个商品的流通过程并不产生价值。价值只可能在生产过程中产生。剩余价值现象并非首次被马克思发现，却是政治经济学家高度关注的问题，马克思之前的很多经济学家都将剩余价值的产生归结为"贵卖贱买"的结果——如马克思在《剩余价值理论》《总的评论》一开头就写道："所有经济学家都犯了一个错误：他们不是就剩余价值的纯粹形式，不是就剩余价值本身，而是就利润和地租这些特殊形式来考察剩余价值。"②马克思认为这些经济学家出现的错误根源于其研究过程中的"非科学性"，将经济现象与生产方式的关系本末倒置，只机械地看到经济现象——剩余价值的产生，没有触及资本主义生产关系中底层的资本逻辑，因而只能从表象层面上寻求剩余价

---

① 马克思，恩格斯. 马克思恩格斯全集：第32卷［M］. 中共中央马克思恩格斯列宁斯大林著作编译局，译. 北京：人民出版社，1998：29.
② 马克思，恩格斯. 马克思恩格斯全集：第26卷（第一册）［M］. 中共中央马克思恩格斯列宁斯大林著作编译局，译. 北京：人民出版社，1972：7.

值现象产生的原因。

之所以会产生这样的谬误，是因为这些经济学家在经济关系颠倒的物化现象基础上，基于被遮蔽的幻想而做出的论断。他们没有认识到资本产生于人过去的对象化劳动，而将资本视为单纯的货币形式，乃至于一种特殊的商品；没有认识到资本之中凝结的是劳动者过去的劳动。

三、利己主义对资本占有剩余价值的"合理化"辩护

在此之前，我们已经探讨了资本积累如何实现"合理化"问题，资本积累从宏观上是指整个社会的资本总量不断增加。马克思指出这种增长背后隐藏着商品所有权与资本占有之间的矛盾，这一矛盾被资本主义社会内在的"合理化"机制所掩盖。这是从共时态角度对资本主义社会内在矛盾的掩盖。从历时态角度，资本主义社会的商品所有权与资本占有之间的矛盾又被资本的不断积累——即在社会层面上资本的不断扩张所掩盖。

资本的积累，从资本的人格化——资本家的角度说，是占有更多剩余价值的利益驱动使然，而从资本关系本身的内在发展逻辑来看，是资本主义生产方式不断扩张所提供的动力使然。换言之，资本扩张在资本主义社会自启蒙运动之后的理性主义传统中获得了自身逻辑的合理性，这种"合理性"与"占有更多剩余价值"的欲望一起构成了资本扩张的精神动力。资本的积累或扩张过程的前提必然是对"剩余价值"占有的"合理化"，在马克思之前的经济学家致力于论证资本所占有的剩余价值在"流通"过程中产生，将"剩余价值"与"利润"混为一谈，也正是出于有意无意掩盖剩余价值产生于劳动的现实。资本扩张以一种动态的形式掩盖了剩余价值产生于劳动的现实，在这一动态发展的过程中，利己主义也在意识形态领域对这一历史性过程进行了遮蔽。我们可以从以下三个方面展开对这一问题的分析：

首先，从资本积累本身的功能来看，在古典政治经济学看来，资本家进行资本积累的目的是扩大再生产，扩大再生产将有利于工人获得更多利益，这形成了一种在古典政治经济学中较为流行的"共利论"观点。"共利论"是指在资本积累之后，劳动者与资本家均能够从中获得利益，从而

形成一种二者是"利益共同体"的假象。古典政治经济学家试图将资本家利用对生产资料、生产工具的垄断而无偿占有工人剩余价值的事实，重构为资本家与劳动者在"平等"交易基础上的"互利互惠"。为了实现这一目的，古典政治经济学家尽管认识到了剩余价值的存在，但首先必须"掩盖"其功能（这种掩盖不一定是古典政治经济学家有意为之，更可能囿于自身理论限制或基于自身阶级立场无法接受剥削事实，而导致的对剩余价值用途的"误解"，但这一误解在客观上对剩余价值的功能起到了"掩盖"作用）。古典政治经济学家通过假定资本家将无偿获取的剩余价值全部投入到扩大生产规模的活动中，从而使得工人从"自利"的角度出发，认为资本家剥削工人最终也将"有利"于工人——因为生产规模的扩大有利于工人提升工资水平。站在自利的角度上，古典政治经济学家认为资本家剥削工人实现了资产阶级与劳动者之间的"共利"。

马克思在《资本论》及其手稿中对资本主义经济学家的错误认识进行了批判，即资本家进行的扩大生产过程只是单纯追加对工人活劳动的占有，同时也追加生产资料与劳动资料。也就是说，资本积累是从不变资本（用于购买原材料、固定资本的资本）与可变资本（用于支付工人工资的资本）两个维度展开的。积累的可变资本在购买的活劳动的单个生产循环周期中被消耗掉，但不变资本的积累包含了两个部分：固定资本的积累与流动资本的积累。积累的流动资本如原材料与生产过程中的各种耗材与积累的可变资本一样在单个生产循环周期中被消耗掉了，多年积累起来的固定资本却能够持续使用多个生产循环周期，通过折旧逐步分散到商品生产中（值得注意的是，折旧只是将固定资本的采购成本逐步分摊到生产的产品中，作为其成本的一部分，与固定资本的现实寿命无关，因此固定资本仍然可以在折旧完成之后继续生产）。也就是说，积累的不变资本中的固定资本部分是可以长期作为不变资本存留于生产过程中的。同时，作为固定资本的不变资本增加，不仅能导致单个商品生产循环周期中产量增加，也能够提高整个商品生产的效率。

马克思通过以上论证证明了被资本家剥削的工人的剩余价值，在满足资本家个人消费之后，再次投入到生产过程中的资本积累，并不是全部应用于工资之上。这一观点无疑对当时在资产阶级经济学家中流行的"共利论"产生了严重的冲击，它直接否定了资产阶级与无产阶级具有共同利益。马克思认为资产阶级的确会将获得了的剩余价值投入到扩大再生产中，但这并不意味着这些投入到生产过程中的资本将全部用作工人的工资。也就是说，在资本家赚取更多的金钱并将其投入到生产过程中时，增加工人的就业岗位或者提升工人的工资待遇只是资本家的一个选择；资本家本质上是为了获取更多剩余价值而投资，而不是为了增加就业岗位而投资。因而资本家的利益与工人利益并不总是相同的，资本家获取剩余价值的根本途径是对工人进行剥削。在部分古典政治经济学家眼中，资本家所获得的剩余价值最终也会变为工人的工资，因为剩余价值将在再生产过程中全部用来购买工人的劳动力，这一说法从客观上否认了剩余价值的剥削性。事实上，他们期望造成一种剩余价值"取之于工人、用之于工人"的假象。在这一假象中，资本家获取剩余价值似乎是为工人创造更多的劳动机会。在资本积累之后，劳动者与资本家都能获得利益的"共利论"是站不住脚的，因为资本家运用新增资本进行扩大再生产，为了获取更多剩余价值，资本家会通过增加固定资本投资，改进生产技术，提高生产效率，从而增加从生产过程中获取的剩余价值。在此过程中，对劳动力的需求不但不会增加，反而会随着生产自动化、大机器的运用导致从事生产的工人数量减少。因此在资本主义生产关系的现实当中，"共利论"无法实现，劳动者会随着资本家扩大再生产、扩大固定资本投资而处于更加不利的地位。

其次，从资本积累本身产生的源头而言，马克思批判了古典政治经济学家所坚持的"节欲论"观点。资本积累必须解释资本来源的问题，即最初的资本从何而来？这是众多古典政治经济学家共同关注的问题。对于这一问题，多数古典政治经济学家认为资本最初来源于资本家自身的"节欲"，也就是通过节制自身的消费欲望而积累起最初的资本。穆勒明确指出"资本来自储蓄"，虽然穆勒承认早期资本来源于掠夺，但社会中大量资本真正来源于"节省"，节省是除去满足个人的消费之外，所节约下来的用于再次生产的生产资料，因而：所有的资本，特别是所有增加的资本，均是节省的结果。同时，节约产生的资本不仅不会使人生活贫困，相反还会因为生产规模的扩大，劳动产品的增加，从而进一步提高个人的消费水平，与此同时，在个人消费水平提高的情况下，"节省增加的会更多，而生产也远远地超过了消费"①，随着生产的发展会实现更大的节省。因此，穆勒认为资本来源于人的节省与节欲，按照他的看法最初的资本积累是不存在剥削的，甚至在生产发展之后的资本积累也来自"节省"，只不过是在创造更多社会财富条件下，消费增长低于生产增长，从而实现了更大规模的"节省"。穆勒的这一思想成为当时古典政治经济学关于资本起源的主流观点，也被称为"节欲论"。

针对"节欲论"，马克思提出了一个问题"在早期的社会状态下，劳动资料如何和为何没有资本家的'节欲'也被制造出来了"②。马克思认为将资本主义的原始积累归因为某些人道德性的"节欲"行为是毫无道理的，因为单单只依靠人的"节欲"是无法积累出蒸汽机、棉花、铁路、肥料等重要且数量巨大的生产资料的。古典政治经济学家之所以要将资本的原始积累披上"节欲"这一道德外衣，无非是想在道德伦理层面上论证资本积累的合理性，以及资本积累来源的合理性。但马克思指出，资本积累与资本家的"节约"没有关系，而是与劳动力受剥削的程度、劳动生产力、使用资本与消费资本之间的差额，以及预付资本的量这几项因素有关。其中，对劳动者的剥削程度是决定资本积累量的关键因素，因为剩余价值是资本增殖的根本来源，剩余价值源于资本对劳动者劳动的剥削。而资本家获得对劳动者剥削的能力源于对生产资料的占有，对生产资料的垄断与占有构成了资本家剥削工人的前提：

> 资本一旦合并了形成财富的两个原始要素——劳动力和土地，它便获得了一种扩张的能力，这种能力使资本能把它的积累的要素扩展到超出似乎是由它本身的大小所确定的范围，即超出由体现资本存在的、已经生产的生产资料的价值和数量所确定的范围。③

---

① 穆勒. 政治经济学原理 [M]. 金镝，金熠，译. 北京：华夏出版社，2009：44.
② 马克思，恩格斯. 马克思恩格斯全集：第23卷 [M]. 中共中央马克思恩格斯列宁斯大林著作编译局，译. 北京：人民出版社，1972：655.
③ 马克思，恩格斯. 马克思恩格斯全集：第23卷 [M]. 中共中央马克思恩格斯列宁斯大林著作编译局，译. 北京：人民出版社，1972：663.

　　资本家通过垄断财富生产过程中的物质性要素，从而使得劳动者必须通过出卖自身劳动来换取生活资料，在此过程中劳动者不断受到资本家的剥削而为其生产剩余价值。

　　在掌握劳动资料并剥削工人的同时，资产阶级也通过内部竞争而不断提高劳动生产率。在资本主义社会，劳动生产率的提高表现为单位时间内等量劳动创造出更高的价值，创造出更高的价值意味着资本家所剥削的剩余价值量也在增加。这一现象将会带来两个方面的后果：其一，资本家为获得更多的剩余价值，将会不断提高劳动生产率，进而在不增加劳动量甚至减少劳动量的过程中，不断提高剩余价值的产量。其二，由于劳动生产率的提高，工人面临着社会对劳动量总需求减少的形势，因而造成了工人的大规模失业或者内部竞争的增加。

　　此外，使用资本与消费资本之间的差额以及预付资本量两项，都表现为资本积累过程中投入生产的资本总量的增加，是投入资本量的一种简单叠加，其目的也在于通过增加资本投入量提高劳动生产率，本质上也与决定资本积累量的第二项因素相同。因此，真正影响资本积累的因素只有两个：其一是从工人本身中榨取更多的剩余价值——对劳动者的剥削程度，其二是劳动生产力水平——劳动生产效率的高低。

　　在此马克思从生产方式层面上明确指明了资本积累的来源——并非所谓"节约"，而是对工人的"剥削"以及劳动生产率的提高。马克思不仅基于此证明了资本原始积累的真正来源，更重要的是在这一论证中坚持了历史唯物主义原则——从社会生产方式中探寻道德、伦理问题的根源，而不是用道德、伦理等意识形态原则掩盖现实世界中存在的不合理、不公正现象。因而，对"节欲论"的批判是从生产方式层面上揭示了资本主义伦理道德原则的形式性与虚伪性。

　　最后，对于剩余价值产生的过程，马克思明确反对"流通论"。所谓"流通论"就是指部分古典政治经济学家认为，剩余价值至少部分可能来自流通领域，而非全部来源于生产领域。马克思认为，这一观点起源于亚当·斯密经济学思想之后，以马尔萨斯为代表的经济学家，将商品价值的决定因素，从商品中所包含的劳动量转变为商品可以买到的劳动量，同时认为利润也是价值形成的要素。当资本家以高于商品实际包含的劳动量购买商品时，二者之间形成的差额就是利润，从而将利润也等同于价值创造的产物。

马克思反对将流通领域的价格增加现象等同于生产领域的价值增殖现象，前者只是在流通过程中发生的偶然现象，后者则是在劳动生产领域中所形成的必然，二者不能等同。资产阶级经济学家之所以要将偶然现象与必然现象相等同，是因为他们囿于阶级局限而无法说明剩余价值产生的根源。也就是说，"流通论"的产生事实上是古典政治经济学家为了说明剩余价值产生而不得已为之的理论，其矛盾性在于违背了古典政治经济学劳动创造财富的基本原则。

我们从马克思对资本积累过程中的"共利论""节欲论""流通论"的批判中不难发现，这些论点无一不是为了掩盖资本主义生产方式中的不公平、不平等现象而建构的。而"利己主义"则是为这种"遮蔽"行为穿上合理性的外衣。在利己主义的前提下我们不难发现：在"共利论"中，资本家与劳动者之间在资本积累的分配领域中实现了"共利"；在"节欲论"中，资本家相对于劳动者的优势地位，只是因为资本家曾经善于"节欲"；而在"流通论"中，资本家在生产过程中实现的超额利润，只是因为资本家幸运地在流通过程中实现了"低买高卖"。由此，马克思展示了资本积累如何在现代社会中因"自利"而变得合理化。但问题在于，事实上不合理的东西，即便经过理论的修饰，也必然在现实中以新的形式展现其矛盾性。

第二节　资本扩张与生活世界的"殖民化"

"殖民化"是现代西方重要哲学家、社会学家哈贝马斯提出的概念，其意指现代社会中人们的各种"交往活动"，在工具理性的作用下，构建出各种庞大而复杂的社会"系统"，这些系统在人"不合理"的交往活动中，逐步独立化，反过来支配与操纵人的生活。换言之，就是"非人"的社会系统反过来统治"人"的生活。哈贝马斯认为这就是人类社会现在所面临的社会危机的根源。然而，在《资本论》及其手稿中，马克思已经更为全面地预见到现代社会人的生存危机，并指出这种危机的真正根源——资本扩张。

一、"原子化"个人与现代人的生存困境

伴随资本无序扩张的是现代人所面临的"原子化""殖民化"的生存困境。资本作为一种潜在的，并实现了逻辑自洽的历史性叙事，为了追求更多的剩余价值而不断扩张。在资本不断扩张的背景下，人本质性的生存空间就会遭到资本的不断侵蚀与占据。人的生存环境因资本的扩张而恶化，使得个体在共同体层面上遭遇了"生存危机"。

从个体角度而言，资本扩张一方面在不断压缩、异化个人的生存空间，另一方面又从整体上不断迭代更新，并不断创造出强大的生产力。针对这种现象，现代性研究者马歇尔·伯曼指出：

> 马克思从两个对立的方面展开了论述，这两个方面将塑造和激发未来一个世纪的现代主义文化：一方面是永不满足的欲望和冲动、不断的革命、无限的发展、一切生活领域中不断的创造和更新；另一方面则是虚无主义、永不满足的破坏、生活的碎裂和吞没、黑暗的中心、恐怖。马克思表明了，资产阶级经济的内驱力和压力是怎样把这两类人的可能性注入到每一个现代人的生活之中的。①

一方面我们必须承认资本主义社会自诞生以来，一直迸发出促进生产

---

① 伯曼. 一切坚固的东西都烟消云散了：现代性体验 [M]. 徐大建，张辑，译. 北京：商务印书馆，2013：131.

力及人类文明发展的生机勃勃的能量；另一方面我们却又看到，在这种社会整体的"生机勃勃"背后，是每个个体的虚无化、空虚化与原子化。这种矛盾导致现代社会中，个体与共同体之间的巨大鸿沟。这一"鸿沟"使得人在现代性的生活方式中总是处于迷茫与忙碌的焦灼状态，不知为何而忙碌，以及因无所追求而迷茫。现代著名伦理学家麦金太尔在描述这种生活时说："现代把每个人的生活分隔成多种片段，每个片段都有它自己的准则和行为模式。工作与休息相分离，私人生活与公共生活相分离，团体则与个人相分离，人的童年和老年都被扭曲而从人的生活的其余部分分离出去，成了两个不同的领域。"① 麦金太尔所谓的"分离"事实上只是现代社会资本扩张对个体生活空间压缩的一个具体表现。现代哲学在反思当代人孤立的生活方式时，总是倾向于以一种"乌托邦"社会中理想的人格作为参照标准：如人人相亲相爱，处于忘我无私的状态。以此作为样板来批判现代人自私自利、唯利是图的生活基调。但很少有西方哲学家跳脱理想主义框架，从人的现实生存状态的矛盾中探究产生这些问题的现实根源。

如前文所述，早期马克思也期望从人道主义哲学的领域，探求解决现代人生存困境的方法。但经过有关"林木盗采"事件激烈论战的洗礼，马克思认识到法的关系与国家的形式需要在社会现实的生产实践交往活动中寻找根源。哲学批判、人道主义批判无法切实解决现实问题，人生活在现实的社会关系与经济关系之中，只有在物质生产与生活中才能找到现代人生活的现实根源。循着这一思路，马克思在《1844年经济学哲学手稿》中指出了资本主义生产关系所导致的劳动者与其现实生活方式的四重"异化"。

首先，在现代社会的物质生产生活中，资本主义生产关系导致了劳动者与他所生产的劳动产品之间相互异化，由于劳动者将劳动出卖给资本家，他生产出的产品与他没有直接关系，他生产越多的产品，他的劳动就越贬值，因此，随着资本主义社会生产的发展，劳动者不但没有从中获益，反而要依赖商品获得生存与发展。

---

① 麦金太尔. 德性之后 [M]. 龚群，戴扬毅，等译. 北京：中国社会科学出版社，1995：257.

其次，资本主义生产方式导致了劳动活动本身的异化。从本源上说劳动活动是将自然物改造为自己生活所需的产品的实践活动，劳动活动是为了满足劳动者需求而展开的活动。但在资本主义生产方式中，通过复杂的分工体系，劳动者所从事的劳动活动并不直接与其需求相关联，而是为了满足他人的需求，并且劳动者的劳动活动是被资本家买断的，因此，劳动过程中，无论是劳动活动的对象（原材料），还是劳动活动的结果（商品），乃至于劳动活动本身（已被买断的劳动力），都已经不再属于劳动者，而是外在于劳动者的东西。同时劳动活动不再是劳动者自为、自发的活动，而是被动、受迫的活动，并且这些活动本身就在否定劳动者自己。因而资本主义生产方式下的劳动活动对于劳动者而言是完全异己的存在，劳动者既不能在其中感受到快乐与舒适，更无法在其中获得发展与完善。

再其次，资本主义生产方式导致了人与自己的类本质之间关系的异化。劳动活动在资本主义生产方式之下不再是人的自我发展手段，而是对劳动者自身的否定。这种否定就表现在劳动活动对人本质的否定过程中。劳动活动是人改造自然、认识自然的实践活动，从内在方面而言，其是满足劳动者需求的活动，从外在方面而言，其是人本质力量的体现，人正是在改造自然的对象性活动中发现并认识到自身本质的。但实现这一目的的前提是人的劳动活动属于劳动者自身。但在资本主义生产方式中，人的劳动一方面被异化为异己的生产活动，另一方面被贬低为维持自身生存的谋生手段。外化劳动所导致的是人的劳动不再属于劳动者，也无法展现劳动者的类本质。这一后果对劳动者而言是，劳动者在劳动中处于"非人"的状态。

最后，正是因为人在最重要的社会关系——社会生产关系中——处于"非人"状态，所以在资本主义社会中，人与人之间的交往关系也被"异化"。人与人之间的交往关系因为人的"非人化"而变得紧张，人类社会中的个人因此处于一种敌对的关系中。由于分工的存在，人与人之间最重要的交往关系成为物与物之间的交换关系，所谓的"物"即人为他人所生产的劳动产品。人与人之间交往的结果被异化为"物"，同时劳动活动的异化也使得人在最重要的社会关系——劳动关系中，处于一种异化的状态。也就是人的社会关系发生的场域被异化，而人本应在劳动中所实现的自身本质，也因为劳动的异化而被湮灭。因此，在劳动的产品、场域、结果的异化条件下，人成为"非人"的存在，人也因此在社会关系中相互疏远与对立。

综上所述，针对现代西方思想家所提出的人的"原子化""孤立性"的生存困境，马克思在早期思想中已经对其进行了深刻的剖析，并且从现实的社会关系中探求现代社会人被异化为独立的个体的基本原因。从《1844年经济学哲学手稿》中我们不难发现现代性问题的批判主题，并且马克思从现代劳动关系体系出发探究这一问题，足以说明马克思思想中不存在真正意义上的"人学空场"——只不过马克思的"人"乃是处于现实生产关系中的个人，而不是主观唯心主义思想所主张的被抽象为"自我意识"的个人。也正是由于对现实生产关系中的个人的关注，几乎注定了马克思在之后的研究中必然走向政治经济学批判，同时也证明马克思之后的政治经济学批判研究必然不可能完全祛除人道主义的影响。马克思对人和人的关系的关注，一方面退到了政治经济学研究的背景中，另一方面又以"人学化"的政治经济学批判的新姿态展现出来。因此，对马克思"现实的个人"这一人学概念的研究，必然需要从政治经济学批判角度界定其范围与界限。

二、人的生活方式的"资本化"与生活世界的"殖民化"

个人的生活方式的异化只不过是整个社会生活及人所生活的世界异化的前奏。现代很多哲学家都看到了"现代性社会"或高度发达的资本主义社会带来的全面异化。这种异化导致了整个社会发生了迅速且翻天覆地的变化。现代人类社会生活表现为一种"资本化"的社会生活，这种生活方式的特征是方方面面都笼罩在资本的阴影之下。比如马克斯·舍勒就认为，资本主义制度不仅是一种财产分配制度，而且是一整套的文化与生活制度。其不仅影响市民阶层，更影响到处于市民阶层之外的文化艺术阶层。其进程表现如下：

首先，资本主义世界的精神在哲学层面表现为适合"资产阶级经营活动目的的蓝图"，也就是一种以资本主义生产、消费活动为核心的"世界图景"。资产阶级处于现代性社会的核心,一切社会活动都直接、间接围绕资本主义生产经营活动而展开。虽然在这一社会中仍然会出现不以功利为目的、超越实用性且自愿为世界献身的人和事,但这种偶然情况仍然会被视为"异类"。而社会的潮流在于,无论是追求功利目的的社会大众,还是在意识形态领域从事精神创造的作家、艺术家、学者,都日益开始附庸以前他们所鄙夷的市民阶级趣味。这种趣味表现为在精神生产的材料选择、风格趋向、表现形式、观察方法上屈从于"市民趣味"。其次,艺术家与学者之所以屈从于所谓"市民趣味",是因为在资本主义社会他们认识到,独立思考的精神与超越功利的良心并没有那么强大,他们于是选择屈从于"资本主义精神"。最后,艺术家与学者对于这种转变,所给出的原因在于:第一,作为精神文化产品的创造者,其作品价值与经济社会对其的认同成正比;第二,文化产品的创造与个人生活并行不悖,相互分离。①

舍勒所关注的资本主义精神对人的艺术精神的侵蚀,是对资本主义生产方式对于人类社会影响的"上升式"考察,其反思的主题是资本主义精神对人类社会意识形态的影响。这种阳春白雪式的反思对我们探究人生活方式的"资本化"问题只能起到引导作用。同时很多思想家注意到了现代人"资本化"的生活方式,从根本上改变了人的交往形式,也因此改变了人的"生活世界"。

"生活世界"一词乃是哲学用语,其提出的背景是,以胡塞尔为代表的现代哲学家发现,现代哲学在发展过程中显示出一种注重科学论证而忽视现实生活的倾向。这一倾向导致哲学只关注形而上学领域中或概念逻辑层面上的"证明性",而忽视了在理论、科学之外的"生活世界"。生活世界按照胡塞尔的看法,起码有两层含义:其一,相对于科学、哲学而言,"生活世界是永远事先给予的,永远事先存在的世界。……一切目标以它为前提,即使那在科学的真理中所被认知的普遍的目标也以它为前提"②,也就是说,生活世界是人类知识的前提,人类只有在承认生活世界多元性

---

① 参见舍勒. 资本主义的未来 [M]. 罗悌伦,等译. 北京:生活·读书·新知三联书店,1997:79.

② 胡塞尔. 胡塞尔选集:下 [M]. 倪梁康,选编. 上海:上海三联书店,1997:1087.

的基础上，才能正确理解科学知识。其二，生活世界是一个生活主体（人）所体验的世界，任何知识都要以人的体验、经验为出发点。科学不可能脱离人的主观体验世界而独立存在，不存在纯粹客观的科学认识，任何科学认识都要以承认人的主观意识存在为前提。"生活世界"概念的提出意味着，现代哲学自近代以来的"拟科学化"趋势开始受到质疑和反思。哲学上的科学主义倾向忽视人的意义与价值，追求纯粹"科学"，导致现代科学与哲学的发展都面临（人学空场）的危机。

自胡塞尔之后的哲学家因而开始将研究的视野聚焦于个体的现实生活和生活体验。这意味着现代思想家开始从一个全新的角度——个人交往与社会关系层面上重新理解人的生活方式"资本化"的问题，也就是从生活世界出发理解资本对人生活方式的侵蚀。在这些思想家中，以现代著名思想家哈贝马斯的"生活世界"的"殖民化"理论最为典型。

哈贝马斯的思想以交往行为理论为核心。哈贝马斯对"交往"的理解是基于马克思的劳动交往理论，但又不局限于人的劳动实践活动。劳动是作为主体的人有目的、有意识的物质性生产实践活动，但交往行为按照哈贝马斯的说法是在人与人之间遵循一定的"有效性规范"基础上，以"语言符号"为媒介而发生的互动行为，其目的是在保持个体独立性的同时，能在实践行为中达成理解与共识，进而消解人在现代社会中的孤立性，达到与他人的和解。

哈贝马斯又指出交往行为与劳动是有区别的。劳动主要表现为人对自然的改造与认识，在人与自然的互动关系中，人与人之间的关系处于从属地位。而交往行为则主要聚焦于人与人之间的互动，人与自然之间的关系反过来成为人与人之间关系的一部分。简而言之，哈贝马斯认为，人与自然的关系反映的是主体与客体之间的关系，而现代社会主要需要协调处理的是人与人之间的关系。需要将处理主体与主体之间关系列为最优先选项，并置于处理主体与客体之间关系之前。而之所以要将人与自然关系置于人与人关系之后处理，则是为了避免人为了追求改造自然关系的"合理化"而导致与他人交往关系的"不合理化"。

最后，哈贝马斯提出了交往行为与劳动行为的关系问题。其认为二者之间的关系处于一种此消彼长的矛盾之中。劳动行为因为涉及人与自然之间的关系，在其中起到关键作用的是自然科学。正是因为人们过于注重人与自然的关系，过于注重利用科学的手段控制与利用自然，而忽略了处理人与人之间关系的学说。这种不平衡导致作为主体的人，在现代科学技术飞速发展的过程中，被物化、非人化的科技成果削弱乃至于奴化，成为自己创造的科技成果的奴隶，人的关系也被降格为物的关系，人因而成为物的工具。因此与早期马克思不同，哈贝马斯没有将人的异化与劳动的异化联系起来，而是认为在劳动实践中形成的对科学技术的崇拜才是人异化的原因，而这种异化是对科学技术的盲目崇拜而导致的对人与人之间"主体间性"关系的忽视。因此，哈贝马斯认为交往理论的首要任务就是让人的社会生活与个人生活重回理性的轨道，通过科学制定规范原则，合理运用语言符号媒介，实现人与人之间交往关系的和谐一致。

基于交往行为理论，哈贝马斯认为现代社会最重要的问题是人与人之间交往的不合理性导致了人们在生活世界中的"殖民化"。这种"殖民化"事实上就是意指人将处理人与自然间关系的"工具理性"用于处理人与人之间的关系，导致在文化、社会与个人三个层面上出现了被人的理性所创造的、非人的物化的"系统"，反过来控制作为主体的人的情况。哈贝马斯认为，在现代社会，人在交往行为中的不合理性——即非人化的系统控制作为主体的人——这一现象从人的交往关系上升到整个社会上时，就出现了所谓生活世界的"殖民化"。

首先，需要探究生活世界"非合理化"的根源。哈贝马斯认为，生活世界中人类的交往行为存在合理化的可能，但必须揭示生活世界"非合理化"的根源。人类交往行为的不合理性的最终表现形式体现为人的生活世界被各种"系统"所殖民化，"系统"在哈贝马斯文本中被认为是属于"制度化领域"的一个部分。"系统"是一种人类社会中一系列规范人行为原则的集合——"行动体系是通过一种或者规范巩固的，或者交往达到的意见一致进行统一的"①。在前资本主义时代，制度化的系统与人的生活世界是天然统一的，其表现为我们日常生活中的经济体系、法律系统、伦理

① 哈贝马斯. 交往行动理论：第 2 卷 [M]. 洪佩郁，蔺青，译. 重庆：重庆出版社，1994：203.

规范、习俗习惯等等，其具有规范社会中的个人"行动体系"的作用。最早，这些系统是人的生活世界的一个部分，从属于社会，哈贝马斯将其称为"下属系统"。但是，随着资本主义的发展，这些"下属系统"变得空前复杂多样，通过市场经济的发展，经济系统、行政系统、社会控制系统、伦理道德系统，在法制理念与契约思想的支持下逐步独立出来。这些系统认为自身具有超越历史、超越社会、超越人类的基础理论支撑。因此，这些社会系统在现代市场机制与国家机器中，各自形成了一套相互衔接的"理性化"行为规范体系。这导致了制度化的系统与人的生活世界逐步脱离。

然而，制度化系统与人类生活世界逐步脱离对于人类而言并非坏事，在哈贝马斯看来甚至具有进步意义。问题的关键在于，独立出来的制度化系统，开始在金钱与权力的影响下逐步开始控制人的生活。换言之，就是指从生活世界中独立出来的制度化系统，被金钱、资本、权力所控制，从规范人社会交往行为的原则，转变为干预和破坏人的生活世界的文化机制，这种干预造成了个体层面上的主体性丧失，社会层面上的人的生存困境，以及宏观层面上的生活世界危机。更为关键的是，生活世界的"殖民化"是一个历史性、全球性的演变过程：从时间层面上说，资本主义市场经济的发展，使得生活世界中各种"下属系统"变得空前复杂，有形的如市场中的垄断组织、大型企业、社会组织，无形的如不断复杂化的政治、经济、法律系统等等。这些"下属系统"随着社会的发展不断复杂化，独立性也在不断增强，同时对人的生活世界造成了越来越多的负面影响。从空间层面上说，资本主义市场经济所形成的全球体系不断扩张与深化，对世界而言形成了一个相互连接的世界体系，对个人而言形成了一个渗透于人生活方方面面的巨大网络。正是通过这种从时间和空间两个层面的侵蚀与扩张，生活世界的"殖民化"问题从各个层面上显现出来。在文化层面上，出现了诸如意义与价值的虚无化，体系与制度合法性的"危机化"。在个体层面上，出现了心理变态、仇恨社会、社会失序等情况。哈贝马斯将这些问题的出现均归结为生活世界"殖民化"的后果，而这些后果产生的根源在于，人的交往活动在工具理性的支配下，处于一种不合理、不公正与不平等的状态之下。这种人与人之间的不正常交往关系，导致了容纳这些交往关系的制度化系统变得独立且开始反过来控制人的生活，这种控制不仅不会随着社会发展而消失，反而会随着资本主义社会中资本的不断扩张而日益加深。

其次，摆脱"生活世界殖民化"的方式。与卢卡奇、阿多诺的西方马克思主义的"反理性主义"路径不同，哈贝马斯坚持认为理性主义是解决"生活世界殖民化"的唯一可行之路。哈贝马斯认为人的交往关系是在一定的"有效性规范"基础上，通过"语言符号"为媒介而发生的互动行为，目的是在实践行为中达成理解与共识。生活世界的殖民化的不合理性恰恰在于无法使人在交往实践中达成共识。因此，理性并非如阿多诺等人认为的那样是导致社会危机的根源，相反，是人的交往关系中的不平等、强制性的"工具理性"阻碍了交往关系的正常发展。哈贝马斯认为只有通过社会学研究，才能直面"合理性"的问题。社会学与其他学科相比，社会学是从"客观历史情景"出发探讨问题，探讨的是决定人在社会中行为的"元理论"问题。同时社会学所进行的研究也是将人的合理行为视为理解一切行为趋向的前提。因此，从社会学角度解决"合理性"问题：其一要考察人在生活世界的交往行为中所涉及的言语交往问题，因为言语不仅是交往行为的重要工具，同时也是形成"行为规范"的重要途径，并且言语涉及的不是工具理性行为，而是言语理解行为。在言语理解中，没有工具理性行为中一个主体强制另一主体或者一个主体将另一个主体作为"客体"的行为。相反，言语理解行为依赖的是普遍语用学，普遍语用学的宗旨是通过对话建立共识，建立理想的言语场景，在这一环境下实现自由自主的开放对话，并在这种对话中为形成共识而奠定基础。其二，哈贝马斯还认为需要从社会整体的文化生活方面加以反思，通过建立深层次的批判性阐释学，在宏观层面上反思人类文化的整体状况。特别是要解释意识形态对社会异化与殖民化的遮蔽作用，从而为人的"合理性"的交往行为奠定基础。其三，构建现实的政治领域。哈贝马斯呼吁建立一个相对独立的公共领域，保证社会大众对民主的参与性。通过在公共领域展开自由、平等的对话而形成共识，并防止独立化的系统侵蚀人的主体性与自由个性。

从总体上说，哈贝马斯的"生活世界殖民化"批判走出了西方马克思主义激进思想家反理性主义的桎梏。哈贝马斯意图通过在新的基础上重建理性主义，并基于"合理化"的交往摆脱工具理性对人的控制，并进一步在社会宏观层面上祛除"生活世界殖民化"的影响。

哈贝马斯的"生活世界殖民化"理论，可以说紧扣现代社会人的生存困境，通过对社会交往行为的修正，达到祛除异化的目的。哈贝马斯认为其理论是与马克思主义理论紧密衔接的。交往行为理论在哈贝马斯看来本身就起源于黑格尔、马克思的理论思想，因为在他们早年，二人都主张将相互合作的交往共同体中非强制性的意志结构用于调和分裂的市民社会。但是因为"主体哲学概念的重压"，黑格尔和马克思都放弃了这一尝试。哈贝马斯所说的"主体哲学概念的重压"指的是在认识论层面上，主体性哲学对于人类的认识活动的影响在于"客观认识的范式"被具有言语能力和行为能力的"主体的理解范式"所取代。在此哈贝马斯所认为的"客观认识的范式"就是传统意义上的主体认识客体，并且承诺主体思维意识能够完整客观反映客体状况的认识论方式，也就是我们传统上所说的"主客一致"的认识论。哈贝马斯认为无论是黑格尔还是马克思都囿于这样的认识框架之中，无法转换到将认识活动视为"语言能力和行为能力的主体理解"活动。所以，哈贝马斯一方面认为，自己的交往行为理论是基于人的语言与行为能力展开对现实生活的理解，同时认为其是对马克思主义"遗产"的批判性继承，这种继承在于承认资本主义社会本身存在合理性危机，并且这种危机根源于"物质再生产的体系强制"之中，这一思想有保留地承认了唯物史观。另一方面，哈贝马斯又认为自己祛除了马克思关于经济基础决定上层建筑理论中的"尖锐之处"（主要指唯物史观理论中的基于主体性哲学的客观认识范式）。也就是说，哈贝马斯否定了马克思主义理论中关于"主客一致"的认识论前提，并在此基础上以一种新的理性主义使生活世界中人的交往关系"合理化"。

虽然哈贝马斯的"生活世界殖民化"理论，展现了当代资本主义社会人的生存困境。但对这一困境产生的原因，以及解决的方案，西方马克思主义只能站在文化批判的立场上加以分析，始终无法对其原因进行深刻剖析，同时拿出可行的解决方案。造成这一现象的主要原因在于，西方马克思主义在其理论发展过程中逐步放弃了马克思的政治经济学批判研究，从而导致了其理论又重回到现代哲学的"意识内在性"论域。但西方马克思主义在批判性方面的这一"倒退"原因何在？又与"利己主义"叙事存在什么样的关联？这将是我们在之后将要讨论的问题。

第六章
从马克思主义伦理思想到"利己主义"叙事的扬弃

资本与伦理

——《资本论》对"利己主义"叙事的批判

天下无贼

2004 年电影《天下无贼》讲述了一对扒窃搭档在一趟列车中为了实现一个名叫傻根的"天下无贼"的愿望，便与另一个扒窃团伙展开了一系列明争暗斗的故事。

故事本身的情节不是我们关注的重点，重要的问题在于"天下无贼"这一信念本身。影片中的主人公——傻根作为一个从乡村走到城市的淳朴农民，其"天下无贼"的信念代表的是一种深藏在每个人心中（甚至包括贼的心中）的纯真理想。因此，整个电影中王薄与王丽二人所希望守护的，不是傻根本人，而是其心中难得存留的人性中最纯真、质朴的理想。从影片角度理解的"天下无贼"不过是人类原始、纯真的心理状态。

鲜为人知的是，经典理论家也思考过"天下无贼"的问题，恩格斯在《反杜林论》中指出：

"在一切存在着这种私有制的社会里，道德戒律一定是共同的：切勿偷盗。这个戒律是否因此而成为永恒的道德戒律呢？绝对不会。在偷盗动机已被消除的社会里，就是说在随着时间的推移顶多只有精神病患者才会偷盗的社会里，如果一个道德宣扬者想来庄严地宣布一条永恒真理：切勿偷盗，那他将会遭到什么样的嘲笑啊！"

在马克思与恩格斯的眼中，"偷盗"产生与否，与人类思想是否纯真无关，而与社会生产力的现实状况有关。因此无论是"切勿偷盗"还是"天下无贼"，既不是永恒的道德戒律，也不是纯真的道德理想，而是与一定社会状况相适应的社会现实，也就是所谓"精神病患者才会偷盗的社会"。在此消灭偷盗行为的，不是高尚的道德情操，而是在社会生产力层面上消除"偷盗的动机"。马克思主义视域中未来人类文明新形态中的伦理关系建构所遵循的也是这一思路：新型伦理关系建构的基础是新型文明形态的建构。《资本论》伦理维度所展现的正是马克思伦理思想在现实实践中建构的历史过程。而这一过程的关键点也同样在于资本主义文明根本矛盾的深藏之处——*劳动*——之中。

《资本论》为无产阶级乃至整个人类实现"自由与解放"指明了道路。同时，马克思力图实现的这种"人类解放"又是一种全面而深刻的"解放"，《资本论》中自由的"深刻性"体现为一种既基于客观社会存在，又超越所有"意识形态幻想"的"自由"；《资本论》中"解放"的全面性在于不仅使人摆脱各种不自由社会关系的束缚，更在于建构"每个人的自由发展是一切人的自由发展的条件"的人类文明新形态。

第一节　从《〈黑格尔法哲学批判〉导言》到《资本论》：马克思主义革命观的历史演进

马克思一生致力于探索无产阶级革命的理论与实践，但马克思对无产阶级革命的设想也是一个动态的历史过程。这一过程：一方面表现为从"政治革命"到"生产方式革命"的转变。另一方面表现为对革命形式由具体到一般的认识过程。而《资本论》作为马克思思想的集大成之作，其对无产阶级革命内涵的探究，精辟地概括了无产阶级革命理论的精华。

一、从无产阶级革命到"劳动解放"：马克思革命观中的两个维度

马克思一生谋求人类的解放，马克思的观点在他一生中确实发生了很大的转折和变化。他最初是一位哲学家和革命理论家，致力于揭示资本主义社会的内在矛盾，并寻求解放的道路。然而，随着他对资本主义社会研究的深入，他逐渐形成了一种更加全面和系统的理论（即马克思主义），

并将其作为一种科学的社会理论来批判和分析资本主义。在他的著作中，特别是在《资本论》中，马克思对资本主义的经济运作和剥削的机制进行了深入的研究和分析。他认为，资本主义系统自身存在着内在的矛盾和不可持续性，并有可能导致社会冲突和革命。在他看来，只有通过无产阶级革命，推翻资本主义制度，才能建立一个无剥削的社会，实现人类的解放。总之，马克思始终关注人类解放的问题，并通过对资本主义体制的批判和理论研究，提出了革命的可能性和必要性。尽管他的具体观点在一生中可能发生变化，但他的核心目标始终是实现一个无剥削、平等和自由的社会。

随着马克思恩格斯对无产阶级革命理解的不断深入，后人发现在经典理论家的思想中，无产阶级革命至少存在着两个维度：政治革命与生产方式革命。

政治革命是马克思早年所倡导的社会革命形式。早期马克思受青年黑格尔主义的影响，站在自我意识哲学的立场上，旨在发扬人的自我意识中的能动原则，实现人的自由与解放，因此主张以宗教批判为核心的政治革命。但马克思在取得博士学位之后，于《莱茵报》工作期间，马克思与青年黑格尔派的代表人物如鲍威尔兄弟、梅英、布尔、施蒂纳等人决裂，也开始与青年黑格尔派的思想划清界限。此外更为重要的原因是，马克思在担任《莱茵报》主编期间，参与到了有关"林木盗采"案的辩论中。由于其中涉及大量的有关经济学问题的论争，马克思由此开始关注物质利益这一现实问题。同时，费尔巴哈的唯物主义哲学对马克思的影响同样不可忽视。费尔巴哈"炸开了"由黑格尔建构的唯心主义体系，认为要正确理解人和人的世界，必须从现实的、直接感性的存在出发，探究人类社会的万事万物。因此，在脱离青年黑格尔派的背景下，马克思开始运用费尔巴哈的唯物主义世界观，解决在现实中遇到的物质性利益问题。在这一思想转折的影响下，马克思计划撰写一部学术专著，批判青年黑格尔派及其思想基础——黑格尔法哲学思想。名为《黑格尔法哲学批判》的手稿于1843年开始撰写，但并未写完。而这部手稿中完成的导言部分，就是大名鼎鼎的《〈黑格尔法哲学批判〉导言》，这篇导言内容完整，独立成篇，在

1844 年 2 月发表于马克思与卢格主编的《德法年鉴》上。《〈黑格尔法哲学批判〉导言》虽然只是一篇未完成手稿的导言，但在马克思思想发展历程上具有里程碑的意义，因为，马克思在这篇文献中首次明确：法的关系和国家的形式一样，既不能由其本身来理解，也不能由精神的一般发展来理解；相反，它们植根于物质的生活关系中，亦即植根于"市民社会"中。① 马克思所获得的这一认识意味着，其开始摆脱青年黑格尔派的影响，不再将单纯的政治革命视为斗争的目标。同时这一思想也意味着马克思革命性的唯物史观方法论的形成。

在《〈黑格尔法哲学批判〉导言》中，马克思表达了对法国大革命的肯定和影响。法国大革命是 18 世纪末欧洲历史上的一次重要事件，它的目标是推翻封建主义的政治制度，并追求自由、平等和人权。这场革命对马克思的革命观念产生了重大影响。马克思通过研究法国大革命及其后果，认识到社会结构的变迁和阶级矛盾对于推动社会进步的重要性。他认识到革命不仅仅是一种政治冲突，而是一种社会转型的方式，涉及各个领域和层面。马克思认为，法国大革命彻底颠覆了封建制度，为资本主义的兴起创造了条件。然而，他也指出，随着资本主义的发展，新形式的剥削和不平等随之产生，对无产阶级造成了剥削和压迫。在对法国大革命的思考中，马克思着眼于现实的社会问题和阶级斗争的现象，寻求一种更深入和更彻底的革命解决方案。他的研究和观察使他逐渐转向对资本主义社会生产方式的批判，并提出了无产阶级革命的理论。马克思认为，无产阶级的解放需要通过推翻资产阶级的统治，建立超越阶级之上的社会，才能实现真正的自由、平等和人类解放。因此在《〈黑格尔法哲学批判〉导言》的最后，马克思就曾明言："一切内在条件一旦成熟，德国的复活日就会由高卢雄鸡的高鸣来宣布。"② 马克思将德国的革命视为对全人类解放的追求，并将其描述为"德国的复活"。这意味着德国革命的目标不仅仅是改变现存的社会和政治结构，还涉及重新确立德国在世界上的地位和价值。

---

① 参见马克思，恩格斯. 马克思恩格斯选集：第 2 卷［M］. 中共中央马克思恩格斯列宁斯大林著作编译局，编译. 北京：人民出版社，2012：2.
② 马克思，恩格斯. 马克思恩格斯选集：第 1 卷［M］. 中共中央马克思恩格斯列宁斯大林著作编译局，编译. 北京：人民出版社，2012：16.

他使用了"高卢雄鸡的高鸣"这个比喻，来强调德国革命应该产生象征着自由和平等的声音，参照了法国大革命的思想和追求。马克思强调了德国革命的重要性，认为其成功将对全世界产生深远的影响。这是因为德国在马克思看来具有重要的经济和社会潜力，并且其他国家的革命也需要德国的支持和参与。因此，马克思希望德国革命能够实现法国大革命所追求的自由、平等和人类解放的目标，并为全人类的进步和解放做出贡献。但同时，马克思的革命思想已经不再遵循以青年黑格尔派为代表的激进民主主义路线，而是转向了共产主义路线，其标志便是马克思开始思考沟通哲学世界观与共产主义理论的思想路径，同时明确指认无产阶级是德国革命"实际的可能性"之所在。马克思认为："无产阶级宣告迄今为止的世界制度的解体，只不过是揭示自己本身的存在的秘密，因为它就是这个世界制度的实际解体。"① 同时，哲学是无产阶级应该掌握的革命武器，哲学与无产阶级都是无产阶级革命的重要组成部分，"批判的武器当然不能代替武器的批判，物质力量只能用物质力量来摧毁；但是理论一经掌握群众，也会变成物质力量"②。可以说，在《〈黑格尔法哲学批判〉导言》中马克思已经开始勾勒无产阶级革命的大致轮廓。同时其显现出来的唯物主义倾向，为之后唯物史观的无产阶级革命这一重要理论武器的诞生打下了坚实的基础。

而标志着马克思无产阶级革命思想形成的关键性著作，无疑是《共产党宣言》的发表。1848 年 2 月发表的《共产党宣言》堪称人类历史上影响最大的文献之一，其影响从空间上说几乎遍布全球，从时间上说经历了近二百年的流传而经久不衰，彻底影响了人类历史进程。《共产党宣言》的前身是恩格斯受 1847 年成立的正义者同盟第一次代表大会委员会的委托，为正义者同盟撰写的一份问答形式的纲领草案，标题为《共产主义原理》。之后，在恩格斯的建议之下，正义者同盟被改称为"共产主义者同盟"，该组织在 1847 年 11 月底在伦敦召开了第二次代表大会之后，再次委托马

---

① 马克思，恩格斯. 马克思恩格斯选集：第 1 卷［M］. 中共中央马克思恩格斯列宁斯大林著作编译局，编译. 北京：人民出版社，2012：15.

② 马克思，恩格斯. 马克思恩格斯选集：第 1 卷［M］. 中共中央马克思恩格斯列宁斯大林著作编译局，编译. 北京：人民出版社，2012：9.

克思与恩格斯以政治宣言的形式，拟定共产主义者同盟的纲领。马克思之后在《共产主义原理》基础上，根据在《德意志意识形态》中所阐发的基本原理，科学地、系统地阐述了无产阶级的新世界观——历史唯物主义世界观。

《共产党宣言》于1848年2月底在伦敦正式面世，并被立即译为多种文字向全世界发行。但由于席卷欧洲的1848年革命失败，《共产党宣言》在此后的二十余年时间里处于被禁止出版的状态。直到1871年巴黎公社运动之后，《共产党宣言》才再次在世界范围内重新出版。目前通行版本的《共产党宣言》由序言与正文两个部分组成。序言共有七篇，分别写成于1872—1893年间，均为《共产党宣言》再版之后所写，前两篇由马克思和恩格斯共同撰写，后五篇由于马克思去世而由恩格斯单独撰写。《共产党宣言》序言的理论意义极大，它一方面回顾了《共产党宣言》撰写初衷与发行情况，另一方面还根据当时欧洲无产阶级革命形势的变化，对一些具体结论做了修正与更改，并指出了《共产党宣言》文本中不合时宜的部分，以及需要坚持的部分。因此，一般在阅读《共产党宣言》之前，需要首先了解序言中对《共产党宣言》各部分的评价，以求更好地了解经典理论家对宣言内容的看法。

从内容上说，《共产党宣言》的正文共分为四个部分：第一章资产者与无产者，主要阐述了马克思主义的阶级斗争理论，言明一切人类社会的历史都是阶级斗争的历史。资本主义社会中的阶级划分是由生产方式的发展导致的。无产阶级是在资产阶级追求利润的过程中被创造出来的。无产阶级与资产阶级之间存在着不可调和的矛盾，因为无产阶级需要争取更好的工作条件和工资待遇，而这与资产阶级的利润追求相冲突。在资本主义的经济体系中，生产资料被私人占有，而无产阶级则只能依靠出卖劳动力来生存。在这个过程中，资产阶级通过追求剩余价值的方式来积累财富，而无产阶级则被剥削。第二章首次明确提出了共产党的最高革命目标——"消灭私有制"，并且指出无产阶级革命的彻底性就在于，要与资本主义的所有制关系及依附于其上的传统观念进行彻底的决裂。第三章则批判性地考察了三类非无产阶级的社会主义思潮，同时指出这些社会主义运动的根本缺陷在于：没有抓住社会基本矛盾——即无产阶级与资产阶级之间的对立与斗争。第四章提纲挈领地阐明共产党人的宗旨，并提出了三个关于无产阶级革命的斗争策略。首先是支持一切反对现存政治与社会制度的革命运动，其次是指出无产阶级革命所要解决的问题是所有制问题，最后是与全世界其他争取民主的政党团结协作，共同争取革命斗争的胜利。

《共产党宣言》对无产阶级革命的理论意义在于，马克思首次明确地将无产阶级革命的目的定位为"消灭私有制"："现代的资产阶级的私人所有制是那种建筑在阶级对抗上面，即建筑在一部分人对另一部分人的剥削上面的生产和产品占有方式的最后而又最完备的表现。从这个意义上说，共产党人可以把自己的理论用一句话表示出来：消灭私有制。"① 马克思认识到私有制是资本主义社会制度的核心基础，而现代社会的法权制度则是建立在这一经济基础之上的。根据马克思的理论，私有制是导致了剥削和不平等的现象，以及阶级矛盾不可调和的根本原因。他主张通过对私有制的颠覆和消灭，真正实现人类的自由和解放。他认为这种彻底的革命变革将为共产主义的建立创造条件。《共产党宣言》的发表标志着马克思主义理论与世界工人运动的实践相结合，从而成为推动无产阶级革命的核心力量。它宣扬了无产阶级的解放和共产主义革命的理想，并提出了无产阶级的纲领和战略。因此，《共产党宣言》被视为马克思无产阶级革命理论成型的重要实践纲领。

在《共产党宣言》之后，马克思没有进一步公开讨论无产阶级政治革命问题。伴随着马克思理论研究进一步转向政治经济学，马克思的无产阶级革命理论研究逐步从直接的政治革命，转向于生产方式、生产关系变革及其与社会革命之间内在关联性的理论问题。伴随着马克思政治经济学批判巨著《资本论》的出版，马克思就社会生产方式变革如何引发社会革命，提出了自己的看法。

首先，马克思坚持了唯物史观的基本原理，在《共产党宣言》发表后的几年里，马克思致力于深入研究资本主义社会经济运行的规律。他的主要著作《资本论》系统地分析了资本主义生产方式的运作机制，揭示了资

---

① 马克思，恩格斯. 马克思恩格斯全集：第 4 卷［M］. 中共中央马克思恩格斯列宁斯大林著作编译局，译. 北京：人民出版社，1958：480.

本主义的矛盾和内在危机，以及这些矛盾如何驱使社会朝着社会主义和共产主义的方向发展。1867 年，马克思倾注一生心血的《资本论》出版，在本书的序言中，马克思没有提到"革命"的问题，但意味深长地说道："本书的最终目的就是揭示现代社会的经济运动规律，——它还是既不能跳过也不能用法令取消自然的发展阶段。但是它能缩短和减轻分娩的痛苦。"① 马克思认识到，资本主义社会的上层建筑，包括政治、法律、文化等，是由经济基础所决定的。经济基础是社会生产关系以及生产力的组合，它决定了社会的政治和法律制度、意识形态以及其他社会组织形式。在经济基础发生根本性变革时，社会的上层建筑也会相应地发生巨大的变化。资本主义经济以私人占有和利润追求为基础，这种经济体系造成了无产阶级和资产阶级之间的阶级对立与矛盾。由于对利润的追求和对工人的剥削，资产阶级不断强迫无产阶级出卖自己的劳动力，并进而利用对工人剩余劳动的占有不断积累生产资料和财富。这种经济关系的基础决定了社会上层建筑的性质和运作方式，例如法律的制定、政权的维持以及意识形态的形成，都与资本主义经济体系相适应——"资本的垄断成了与这种垄断一起并在这种垄断之下繁盛起来的生产方式的桎梏。生产资料的集中和劳动的社会化，达到了同它们的资本主义外壳不能相容的地步。这个外壳就要炸毁了。资本主义私有制的丧钟就要响了。剥夺者就要被剥夺了"②。生产方式最终无法容纳生产力的发展，是资本主义私有制度走向灭亡的根本原因。

其次，在《资本论》第一卷中，马克思特别论证了现代股份制度在瓦解资本主义社会生产关系中可能的作用："把股份制度——它是在资本主义体系本身的基础上对资本主义的私人产业的扬弃；它越是扩大，越是侵入新的生产部门，它就越会消灭私人产业。"③ 股份制度使得资本家不但能够支配他自己的资本，也能够支配他人的资本。而同时发展起来的信用制

① 马克思，恩格斯. 马克思恩格斯全集：第 23 卷 [M]. 中共中央马克思恩格斯列宁斯大林著作编译局，译. 北京：人民出版社，1972：11.
② 马克思，恩格斯. 马克思恩格斯全集：第 23 卷 [M]. 中共中央马克思恩格斯列宁斯大林著作编译局，译. 北京：人民出版社，1972：831-832.
③ 马克思，恩格斯. 马克思恩格斯全集：第 25 卷 [M]. 中共中央马克思恩格斯列宁斯大林著作编译局，译. 北京：人民出版社，1974：496.

度，可以使得单个资本家或经营者获得远超其本身所有的资本的控制权。这就使得资本从一种私人财产转变为具有社会性的财产。资本的这一转变使得劳动资料也具有社会性质，因为资本本身就是货币化了的劳动资料。股份公司与信用制度的发展，使得当劳动者以股份形式拥有企业的全部资本时，就产生了所谓的"合作工厂"，由于在这里私有化的生产资料已经消失，资本与劳动之间的对立在这种工厂中已经被扬弃。在马克思看来股份制企业是对资本主义生产方式的"消极扬弃"；合作工厂则是对资本主义生产方式的"积极扬弃"。二者都是资本主义生产方式转化为更高级的联合生产方式的过渡形式。因此马克思认为，信用制度具有二重性："一方面，把资本主义生产的动力——用剥削别人劳动的办法来发财致富——发展成为最纯粹最巨大的赌博欺诈制度，……另一方面，又是转到一种新生产方式的过渡形式。"①

恩格斯在为 1895 年再版的马克思的《1848 年至 1850 年的法兰西阶级斗争》一书所写的导言（以下简称《导言》）一文中，则是根据资本主义社会产生的最新变化，以及资产阶级政府、军队在 19 世纪末发生的思想上、物质上转变的最新情况，结合工人运动的历史经验，在新的历史条件下，为无产阶级政党进行革命斗争提出了新的策略。恩格斯在《导言》中明确指出了马克思的《1848 年至 1850 年的法兰西阶级斗争》一书重要的理论价值，即："使这本书具有特别重大意义的是，在这里第一次提出了世界各国工人政党都一致用以扼要表述自己的经济改造要求的公式，即：生产资料归社会所有。"② 这一表述完全超越了以往各种社会主义纲领，这些纲领要么只是模糊地提出"财产公有"理念，要么只是集中于公平分配、劳动所得等次要方面，并没有真正体现出社会主义的"科学性"——即紧紧抓住资本主义社会的主要症结之所在——生产资料私有制。马克思在《1848 年至 1850 年的法兰西阶级斗争》中提出的这一科学论断，恩格斯在《导言》中给予了极高的评价，马克思不是简单地拘泥于财产分配问

---

① 马克思，恩格斯. 马克思恩格斯全集：第 25 卷 [M]. 中共中央马克思恩格斯列宁斯大林著作编译局，译. 北京：人民出版社，1974：499.
② 马克思，恩格斯. 马克思恩格斯选集：第 4 卷 [M]. 中共中央马克思恩格斯列宁斯大林著作编译局，编译. 北京：人民出版社，2012：381.

题,而是批判了整个资本主义社会生产方式的基础——生产资料私有制度,同时通过颠倒这种不正常的所有制形式,从而从根本上扬弃资本主义生产方式。但与此同时,恩格斯也指出了在当时他与马克思的理论同样具有一些局限性。在恩格斯看来,马克思在本书中抓住了决定世界历史发展趋势的基础——经济原因:"唯物主义的方法在这里就往往只限于把政治冲突归结为由经济发展所造成的现有各社会阶级以及各阶级集团的利益的斗争。"① 在总结 1848 年革命经验教训的基础上,经典理论家们展开了对资本主义社会更为深入的研究。这一研究的重要成果之一,就是马克思和恩格斯彻底超越了"1789 年法国大革命"模式的影响,开始思考无产阶级革命斗争的新形态。

如前所述,1789 年发生的法国大革命对青年马克思产生了极为深刻的影响。马克思的社会革命理想也是从对法国大革命的认同与理解基础上展开的。虽然自《〈黑格尔法哲学批判〉导言》之后,马克思就抛弃了法国大革命式的政治革命道路。但是法国大革命的具体形式,还是在之后的很长一段时间,影响了马克思与恩格斯对无产阶级革命形式的认知。恩格斯在《导言》中承认,早期他与马克思设想的无产阶级暴力革命是类似于法国大革命时期经常出现的所谓"街垒战",即在城市中利用砖石、车辆、沙袋乃至于家具等材料,在街道堆成战斗掩体、障碍物,以达到封锁城市区域的目的。街垒战的优势在于便于组织,在群众展开大规模游行集会时,因为资产阶级政府的镇压而冲突升级,示威群众能够轻易搜集足够多的材料堆成街垒。街垒能够帮助装备简陋的示威群众对抗镇压示威的警察,也能迟滞军队镇压群众的速度,更重要的是,能够隔断处于城市的反动统治阶级与驻扎在城外的反动军队之间的联系。街垒战取得胜利的关键因素是"道义影响"下反动军队士气低下、在"舆论压力"下反动政府瓦解。街垒战是在法国大革命中多次取得成功的革命形式,一直深深影响着青年马克思与恩格斯。

但到了 19 世纪末,恩格斯指出:"旧式的起义,在 1848 年以前到处都

---

① 马克思,恩格斯. 马克思恩格斯选集:第 4 卷 [M]. 中共中央马克思恩格斯列宁斯大林著作编译局,编译. 北京:人民出版社,2012:379.

起过决定作用的筑垒巷战,现在大大过时了。"① 因为 1848 年革命以后欧洲社会的形势发生了很大变化,资本主义社会国家机器的发展越发完善,资产阶级反动军队拥有越来越精良的武器,而且针对街垒战已经有了成熟的应对战术。同时,恩格斯认为街垒战本质上是一种"动摇军心的手段",是一种"政治战""宣传战""舆论战",如果从纯粹军事角度出发,依靠街垒是无法战胜正规军事力量的,因此起义单纯依靠街垒战难以成功。在不同国家里,无产阶级通过各种形式的斗争来争取自身的权益和解放。恩格斯总结了他与马克思几十年来无产阶级革命斗争的经验和观察,并指出无产阶级的解放是与私有制和资本主义经济体系的消亡紧密相连的。他认为无产阶级自由的实现是通过推翻资产阶级统治、建立无产阶级专政来实现的。恩格斯的分析为后来的西方马克思主义与无产阶级革命的思想发展奠定了基础。他着重指出了无产阶级革命的目标和手段,并提出了建立和发展无产阶级政党的重要性。这为后来无产阶级运动的领导者和政治家提供了指导,促进了无产阶级斗争与革命的发展。需要注意的是,虽然恩格斯在《导言》中提出了无产阶级革命的理论和方向,然而随着历史的发展,无产阶级革命的形态与策略也是多样化的,与实际情况和国家特点息息相关。不同时期和地区的无产阶级斗争的具体形式与策略有所差异。因此,我们需要根据具体的历史条件和现实情况来分析与评估无产阶级斗争的形态跟策略。

综上所述,从恩格斯晚年对无产阶级革命的看法,我们可以从中梳理出以下思想脉络:青年时期的马克思积极投身于政治革命,但在理论上经历了与青年黑格尔派决裂、费尔巴哈的影响之后,所形成的唯物史观基本原理,使得马克思对无产阶级革命具体形式的思考退入了其理论研究的背景当中。与此同时,马克思仍然以极大的热情鼓动、参与了席卷欧洲的1848 年革命。但随着之后欧洲无产阶级革命进入低潮,马克思也退入书斋开始以唯物史观这一强大理论武器探究政治经济学问题。马克思无产阶级革命观的另一维度——生产方式革命——的理论轮廓,也随着政治经济学

---

① 马克思,恩格斯. 马克思恩格斯选集:第 4 卷 [M]. 中共中央马克思恩格斯列宁斯大林著作编译局,编译. 北京:人民出版社,2012:390.

批判的不断深入而清晰起来。在政治经济学批判研究中，马克思不但没有放弃无产阶级革命理论，反而以一种更具有理论底蕴、更具有现实说服力、更具有实践价值的形式表现出来。这就是以唯物史观为支撑的无产阶级革命理论——以消灭私有制，实现生产资料"社会所有"的生产方式革命。因此，恩格斯晚年在《1848 年至 1850 年的法兰西阶级斗争》一书导言中对马克思主义革命理论所做的总结，标志着马克思主义经典作家超越了"1789 年法国大革命"模式，对无产阶级革命的具体实现形式有了新的理解。马克思作为一个思想家、理论家，在 1848 年革命之后，以更为深邃的理论目光审视世界工人运动过程，发掘其背后社会历史规律，最终对无产阶级革命的实现形式有了更新的认识。在此我们需要注意，在我们理解马克思对无产阶级革命的看法时，切忌将马克思与恩格斯视为"预言家"，恰恰相反，马克思与恩格斯致力于发现普遍、客观的历史发展规律，而不是执着于对具体革命运动、社会运动发生发展形势的预测。我们看到，虽然经典理论家没有准确预测 1848 年革命及其之后无产阶级革命运动的发展，同时，之后苏联的"十月革命"、中国的新民主主义革命，在具体形式上都与马克思早年所设想的"法国大革命"式的无产阶级革命有重大差别。但是，世界无产阶级革命运动的目标与宗旨，始终坚持马克思所提出的消灭私有制度，实现生产资料社会化的革命目标。因此我们对马克思革命观的理解，需要紧紧把握历史唯物主义基本原理，以消灭资本主义生产资料私有制为核心而展开。同时，对于生产资料所有制问题，马克思已经在政治经济学批判中进行了详尽的论述，但"私有制"问题不仅是一个经济学问题，而且涉及伦理学问题，特别涉及私有制度的思想前提——利己主义的问题。而正如我们之前所分析的，利己主义乃是遮蔽资本主义社会劳动力商品化、资本逻辑建构的关键环节，那么，突破利己主义的思想前提，与世界无产阶级革命实现"人的自由与解放"之间存在着什么样的理论关联？这需要从《资本论》及其手稿中对"劳动解放"的论证说起。

二、劳动形态与文明形态

随着对无产阶级革命理论认识的不断深入，马克思认识到无产阶级革命取得真正意义上的成功，其核心要义在于消灭生产资料私有制度。扬弃生产资料所有制是社会历史发展的必然方向，也是社会生产力发展的必然结果。在《资本论》及其手稿中，马克思通过对资本主义生产力内在规律的批判，为我们勾画了一幅资本主义生产方式被社会主义生产方式取代的"路线图"，理解这一"路线图"的关键在于探究马克思对资本主义生产关系的剖析。这一剖析不仅揭示了资本主义生产关系的内在运行机制，更阐明了以资本关系为核心的资本主义社会关系的建构基础，甚至通过剖析资本主义生产关系内在矛盾运动，发现了"新世界"产生的内在动力源泉之所在。因此，《资本论》对资本主义生产关系的批判，或者更具体地说，《资本论》对资本和劳动之间关系的分析与研究，对我们在当代社会超越"利己主义"制度、建构人类文明新形态，都有重要的理论与实践意义。

"资本和劳动的关系，是我们全部现代社会体系所围绕旋转的轴心。"①马克思的这一论断明确了劳动关系在现代社会形态建构中所具有的核心地位。劳动问题始终是马克思一生所关注的重大理论问题。马克思在批判旧世界、发现新世界的理论探索过程中，劳动形式的演变始终是其关注的重要理论问题。这不仅因为马克思批判继承了黑格尔对劳动概念的研究，还因为马克思对现代雇佣劳动制度的批判与扬弃贯穿其政治经济学批判研究的始终。从马克思对雇佣劳动的批判中，我们不仅能够深刻理解为何资本主义社会围绕其而运作，同时也能够从这一扬弃过程中探究马克思对人类文明新形态建构的路径。

马克思不是第一个将对劳动概念的反思上升到哲学层面的理论家，也不是第一个将劳动与社会形态变化发展联系在一起的经济学家，却是第一个站在唯物主义的立场上，运用政治经济学批判方法阐释人类社会运动发展规律的思想家。马克思敏锐地意识到黑格尔只从劳动的抽象形式反思劳动概念及其对社会影响的局限性，在每一时期的劳动具有其历史的特殊形式，而这种特殊形式的劳动又与文明形态密切相关。马克思抓住了"雇佣劳动"这一现代资本主义社会生产方式的关键性特征，从资本主义社会劳

---

① 马克思，恩格斯. 马克思恩格斯选集：第 2 卷 [M]. 中共中央马克思恩格斯列宁斯大林著作编译局，编译. 北京：人民出版社，2012：70.

动形式中批判资本主义生产方式、资本主义社会形态，同时也从对资本主义社会雇佣劳动的批判中探讨未来人类社会的发展趋势。马克思主义理论的这一特征对我们今天探讨人类文明新形态的建构仍然具有很强的启示意义。

马克思认为雇佣劳动"这种关系既不是自然史上的关系，也不是一切历史时期所共有的社会关系"①，而是历史发展与经济变革、旧的社会生产形态灭亡的产物。同时，"资本主义时代的特点是，对工人本身来说，劳动力是归他所有的一种商品的形式，他的劳动因而具有雇佣劳动的形式"②。雇佣劳动形式包含了资本主义社会的时代特征，雇佣劳动的构成要素包含了现代文明形态的基本关系。

首先，现代社会雇佣劳动产生的前提是"劳动"与"自由"之间的"紧张"。从经济关系领域展开对劳动的理解，先是对劳动与"自由"关系的辩证反思。马克思指出："这里所说的自由，具有双重意义：一方面，工人是自由人，能够把自己的劳动力当作自己的商品来支配，另一方面，他没有别的商品可以出卖，自由得一无所有。"③ 第一重意义上的自由是政治自由与生产关系层面上的自由，前资本主义社会人民在政治上的不自由与其生产活动中的人身依附关系所造成的不自由相互呼应，也是资产阶级所要克服的"不自由"，资产阶级的"自由"必须在扬弃这种"不自由"的基础上实现。第二重意义上的自由是经济领域中的"自由"，这种自由实质上是劳动者丧失了对生产资料的控制权，从而只能以出卖自己的劳动力而实现劳动活动的展开。第二重意义上的自由是资本主义雇佣劳动得以展开的前提，因为只有劳动与生产资料分离，雇佣劳动关系的形成才是可能的。

其次，现代雇佣劳动产生的条件是生产资料与劳动活动的分离。劳动活动的自由属性不会直接导致雇佣劳动关系的产生。"劳动是工人本身的

---

① 马克思，恩格斯. 马克思恩格斯全集：第 23 卷［M］. 中共中央马克思恩格斯列宁斯大林著作编译局，译. 北京：人民出版社，1972：192.
② 马克思，恩格斯. 马克思恩格斯全集：第 23 卷［M］. 中共中央马克思恩格斯列宁斯大林著作编译局，译. 北京：人民出版社，1972：193.
③ 马克思，恩格斯. 马克思恩格斯全集：第 23 卷［M］. 中共中央马克思恩格斯列宁斯大林著作编译局，译. 北京：人民出版社，1972：192.

生命活动，是工人本身的生命的表现。工人正是把这种生命活动出卖给别人，以获得自己所必需的生活资料。"① 由于在第二重意义上的所谓"自由"剥夺了工人自身占有劳动资料乃至于生活资料的权利，因而工人必须将自己的劳动出卖给资本家，才能实现自身生命的存续以及劳动活动的展开。在出卖自身劳动力的过程中，劳动者与资本家之间达成了一种关系：即工人出卖劳动，资本家将其与其他生产资料一起投入到生产过程之中，并在生产过程的终点占有所有劳动产品并获得剩余价值。

最后，维系现代雇佣劳动关系的动力来自剩余价值生产与资本积累。"资本家和雇佣工人的产生，是资本价值增殖过程的主要产物。"② 雇佣劳动关系的形成离不开生产资料的垄断，而垄断生产资料来源于资本。资本本身具有增殖本性，资本的增殖本性使得其需要不断追求更多剩余价值。因而需要不断扩大自身对生产资料的垄断，也就形成了资本的积累。资本之所以会无限扩大，来源于对剩余劳动的剥削，或者说来源于将人的"活劳动"不断转化为对象化的"死劳动"，从而通过"死劳动"控制"活劳动"，并使之服务于资本增殖。因此，对象化劳动的生成乃是资本控制劳动的关键步骤，同时也是揭示资本关系内在矛盾，探寻资本关系矛盾运动并最终扬弃自身的关键节点。

综上所述，马克思认为资本显然只能是生产关系，以资本关系为代表的生产关系决定了资本主义现代文明的主要面貌。但是这种关系不是一成不变的，而是一定历史阶段的产物。资本主义生产方式作为一个过程，其内在矛盾的发展与走向必然决定着这一进程的前进方向，因此雇佣劳动内部所存在的对象化劳动与活劳动的对立，对这种对立的研究能够为我们进一步理解人类文明新形态的建构发挥作用。

三、从哲学批判到《资本论》：马克思劳动观的革命性

黑格尔对劳动概念的哲学阐释的先进性与局限性并存，都根源于其在

---

① 马克思，恩格斯. 马克思恩格斯全集：第6卷 [M]. 中共中央马克思恩格斯列宁斯大林著作编译局，译. 北京：人民出版社，1961：477.

② 马克思，恩格斯. 马克思恩格斯选集：第2卷 [M]. 中共中央马克思恩格斯列宁斯大林著作编译局，编译. 北京：人民出版社，2012：768.

古典政治经济学的影响下，以哲学的语言描绘了一幅现代资本主义社会的世界图景，同时他也看到了资本主义社会诸多矛盾，以及这些矛盾产生的根源——异化。黑格尔由于将这种异化理解成为一种无法控制、超越的现代性力量，因此在发现这些矛盾时也无法真正解决这些矛盾。这种局限性，从主观上说根源于黑格尔的唯心主义思想框架，从客观上说是因为德国社会仍然处于保守状态，其资本主义的生产方式还未获得充分的发展。

马克思在继承黑格尔对劳动论题哲学阐释的基础上将对劳动的阐释上升到一个全新的层面上。马克思既不是单纯从经济学角度对劳动进行经验性分析，同样也不是单纯从哲学角度对劳动概念进行思辨理解。而是从哲学、经济学乃至于社会学的层面上对劳动进行综合性的阐释。马克思的这一综合性的阐释可以从几个方面来理解：

首先，马克思将对劳动的理解从"主体性"层面上提升到了"主体间性"层面上。无论是古典政治经济学还是黑格尔哲学，都倾向于突出劳动的"主体性"，也就是将劳动视为人的独立性的事物。在政治经济学中，劳动是人独立创造价值能力的展现，人通过将劳动注入自然物而获得对劳动的财产权。而在黑格尔哲学中，劳动一方面是人通过自我限制欲望而将自身意识之内的各种精神形式赋予自然物，另一方面也是自己精神的"对象化"。从中可以发现无论是政治经济学还是黑格尔哲学，都停留在人-自然物之间关系层面上看待劳动，只看到单个的人与自然物之间发生的改造关系，换言之，是将劳动者视为鲁滨逊式的人物，独自面对物。而马克思则在劳动论题视域内，在人与物的改造关系背后看到了人与人之间相互塑造的社会关系。"对任何种类劳动的同样看待，以各种现实劳动组成的一个十分发达的总体为前提，在这些劳动中，任何一种劳动都不再是支配一切的劳动。"① 人与人之间的关系表现为人与其他劳动者的劳动关系，因为在资本主义社会体系中，人的劳动"只有被下一步劳动使用，它才是使用价值"②。正是现代劳动这种环环相扣的相互依赖性，构成了现代人处于高

---

① 马克思，恩格斯. 马克思恩格斯选集：第 2 卷 [M]. 中共中央马克思恩格斯列宁斯大林著作编译局，编译. 北京：人民出版社，2012：704.

② 马克思，恩格斯. 马克思恩格斯全集：第 30 卷 [M]. 中共中央马克思恩格斯列宁斯大林著作编译局，译. 北京：人民出版社，1995：329.

度相互依赖的社会关系之中，只有在人与人的协作关系中，劳动的价值才能得到体现。因而马克思对劳动概念的阐释是从古典政治经济学、黑格尔哲学对单个人独立"主体性"的强调，转变为在社会关系中对劳动的"主体间性"的强调，从而为从劳动的视角阐释人类社会关系的塑形打下了基础。

其次，马克思将对劳动活动的理解从一种辩证抽象活动转为一种现实历史性活动。马克思始终从历史角度看待劳动，而不是如黑格尔那样对劳动活动的历史性进行诸如"主奴关系"那样的抽象辩证运动阐释。从社会历史发展的现实角度看待劳动，探寻劳动组织形式与社会生产方式、社会关系模式之间的内在关联，是马克思劳动理论的突出特征。"无论我们怎样判断中世纪人们在相互关系中所扮演的角色，人们在劳动中的社会关系始终表现为他们本身之间的个人的关系，而没有披上物之间即劳动产品之间的社会关系的外衣。"① 马克思强调劳动中的经验性内容并不是一种简单的机械唯物主义，而是将劳动的经验性内容作为前提，凸显出人类劳动对人类社会的基础性建构作用。

最后，马克思将对劳动的理解从劳动的"对象化形式"超越到了劳动的"活劳动形式"。马克思劳动观比之于前人的独特之处在于，除了看到对象化、客观化，并在空间意义上存在的劳动结果——对象化劳动，还看到与人本身紧密相连，在时间意义上存有的对象化劳动与人的"活劳动"之间的区分，以及二者之间所产生的张力。之前的研究更为注重作为劳动过程结果的对象化劳动，从经验性、感性的角度分析劳动。但马克思认为，从感性角度看到的劳动是无法被量化通约从而实现不同形式之间劳动产品的交换的。正因为如此，具有经验性、感性特征的使用价值不可能承担商品的交换职能，因而只有抽象的人类劳动才使得劳动产品具有共同的可交换性质。但抽象人类劳动不表现为对象性、经验性的空间形式，而表现为时间性的活劳动形式，即劳动者在生产过程中实际注入产品中所形成的商品价值。活劳动不是商品价值的唯一源泉，却是商品交换性的唯一标

---

① 马克思，恩格斯. 马克思恩格斯全集：第 23 卷 [M]. 中共中央马克思恩格斯列宁斯大林著作编译局，译. 北京：人民出版社，1972：94.

准，资本家占有了作为物质性形态的对象化劳动，并以对象化了的空间劳动形式——资本，占有了时间性的工人的活劳动，因而实现了"死劳动对活劳动的统治"。通过劳动的"对象性"与"时间性"的区分，马克思指出资本不是一种单纯的物，而是一种生产关系，在此关系中空间性的、过去式的有形劳动，实现了对时间性的、现在式的无形劳动的统治，从而实现了对剩余价值的无偿占有。

对劳动概念的全新阐释并不是马克思劳动论题研究的终点，毋宁说这一阐释只不过是马克思在"发现新世界"时的一个环节。对现代劳动活动的"主体间性"特征的强调，是为了凸显出劳动对人的社会关系的建构作用。将劳动理解为一种现实性历史活动，是从社会发展的宏观视角展示了劳动与社会发展的关系。劳动在宏观上与微观上这两个方面的建构性来源，则是由现代社会对象化劳动与活劳动之间的张力所提供。接下来我们需要探究的是这种为社会形态变迁提供动力的"张力"，是如何发挥作用的问题。

劳动的对象化不仅意味着过去的劳动以空间形式呈现出来，而且意味着过去的劳动对现实活劳动的宰治。在简单再生产过程中，对象化劳动以劳动资料、劳动工具的形式出现。但是随着工业规模的扩大与技术水平的提高，以及资本家对高效率占有剩余价值的追求，对象化劳动作为劳动资料投入到生产过程中，更多地被作为固定资本所吸纳——"劳动资料经历了各种不同的形态变化，它的最后的形态是机器，或者更确切些说，是自动的机器体系（即机器体系；自动的机器体系不过是最完善、最适当的机器体系形式，只有它才使机器成为体系），它是由自动机，由一种自行运转的动力推动的。……工人自己只是被当做自动的机器体系的有意识的肢体"[1]，同时，"固定资本具有价值，就是说，它本身就是劳动产品，是对象化形式上的一定的劳动量"[2]。由此导致的问题是人的活劳动从两个维度上受到对象化劳动的挤压。从共时态的角度而言，人的活劳动要依赖对象

---

[1] 马克思，恩格斯. 马克思恩格斯选集：第2卷［M］. 中共中央马克思恩格斯列宁斯大林著作编译局，编译. 北京：人民出版社，2012：773.

[2] 马克思，恩格斯. 马克思恩格斯选集：第2卷［M］. 中共中央马克思恩格斯列宁斯大林著作编译局，编译. 北京：人民出版社，2012：779.

化劳动所提供的生产资料而展开劳动活动；从历时态的角度而言，对象化劳动所形成的固定资本——机器，正越来越多替代在商品制造过程中所需要的人的必要劳动。也就是说在劳动的过程中，人的活劳动所占据的比重越来越小，而机器本身所发挥的力量越来越大，因此在劳动过程中，原本居于主导地位的劳动被机器所排斥。对工人而言，知识与技术表现为外在，甚至反对他自己的东西，同时工人的劳动也在生产过程中从属于作为机器的对象化劳动，因而工人在生产过程中显得多余。这一现象背后所体现出的是在资本主义生产方式之下，原本作为劳动过程主体的活劳动被过去的劳动——对象化的劳动不断替代，劳动创造价值的力量被过去的劳动所占用。这是资本主义社会生产方式不可逆转的发展趋势。但资本主义生产方式因何以此方式展现出自身发展趋势？

"提高劳动生产力和最大限度否定必要劳动，正如我们已经看到的，是资本的必然趋势。劳动资料转变为机器体系，就是这一趋势的实现。"①马克思在此指出提高劳动生产率必须在最大限度上否定工人的必要劳动。那么为何资本主义社会提高生产力必须以否定必要劳动作为根本追求？如前所述，推动资本主义生产力向前发展的最根本动力是对剩余价值的渴求，生产剩余价值的方式主要包括绝对剩余价值生产与相对剩余价值生产。在商品价值一定情况下，工人的必要劳动与剩余劳动所占比例成反比，因此为追求剩余价值最大化，必须压缩必要劳动或延长劳动时间以实现这一目标。绝对剩余价值生产就是在必要劳动不变情况下，尽可能延长工作日时间以获得更多剩余劳动，但这会受到工人生理条件、道德舆论等方面的限制，而且由于工作日长度无法无限制增长，资本无法一直通过延长劳动时间获取剩余价值，故而绝对剩余价值生产因对提高剩余价值量的有限性而被资本主义生产方式所放弃。相对剩余价值生产在马克思看来是通过缩短必要劳动时间、提高劳动生产率而获得的剩余价值。通过这种方式提高剩余价值量不存在任何物理与时空的界限，因为"劳动生产力的提高，在这里一般是指劳动过程中的这样一种变化，这种变化能缩短生产某

---

① 马克思，恩格斯. 马克思恩格斯选集：第 2 卷 ［M］. 中共中央马克思恩格斯列宁斯大林著作编译局，编译. 北京：人民出版社，2012：775.

种商品的社会必需的劳动时间，从而使较小量的劳动获得生产较大量使用价值的能力"①。由于通过不断缩短工人在劳动中必要劳动时间以获得在单位劳动时间内更大的剩余价值比例，相对剩余价值生产几乎没有任何限制，因而成为当代资本主义社会获取剩余价值的最主要手段。在此条件下的资本主义生产过程中，必要劳动与剩余劳动之间的张力成为机器生产技术不断发展的最主要动力。而实现机器的不断发展依靠的是技术的不断进步，固定资本的发展依赖的是科学的不断进步——"固定资本在生产过程内部作为机器来同劳动相对立的时候，而整个生产过程不是从属于工人的直接技巧，而是表现为科学在工艺上的应用的时候，只有到这个时候，资本才获得了充分的发展，或者说，资本才造成了与自己相适合的生产方式。可见，资本的趋势是赋予生产以科学的性质，而直接劳动则被贬低为只是生产过程的一个要素"②。马克思在此准确总结了现代社会科技飞速发展的本质在于生产方式不断追求相对剩余价值的动因。也就是说，科技的发展在现代社会的现实根源是生产方式中不断追求占有更多剩余价值。因为"一切科学都被用来为资本服务的时候，机器体系才开始在这条道路上发展"，而且"发明就将成为一种职业，而科学在直接生产上的应用本身就成为对科学具有决定性的和推动作用的着眼点"③。因而现代工业文明的发展本质上是围绕如何降低必要劳动在劳动过程中的比例这一主题而展开的。

正是对相对剩余价值的不断追求，现代资本主义生产方式不断提升固定资本的技术水平，以更大程度上压缩生产过程中必要劳动的消耗量。这一趋势不仅意味着资产阶级与工人阶级的高度对立，而且意味着新的社会形式与劳动形态呼之欲出。资本在不断通过固定资本提升劳动生产力、降低劳动过程中工人必要劳动的同时，也在不自觉地为新的社会形态开辟发展空间。由于前述之资本不断通过固定资本化了的对象化劳动压缩工人的

①　马克思，恩格斯. 马克思恩格斯全集：第 23 卷［M］. 中共中央马克思恩格斯列宁斯大林著作编译局，译. 北京：人民出版社，1972：350.
②　马克思，恩格斯. 马克思恩格斯选集：第 2 卷［M］. 中共中央马克思恩格斯列宁斯大林著作编译局，编译. 北京：人民出版社，2012：776-777.
③　马克思，恩格斯. 马克思恩格斯选集：第 2 卷［M］. 中共中央马克思恩格斯列宁斯大林著作编译局，编译. 北京：人民出版社，2012：782.

必要劳动时间,因而"资本在这里——完全是无意地——使人的劳动,使力量的支出缩减到最低限度。这将有利于解放了的劳动,也是使劳动获得解放的条件"①。但需要注意的是,资本对劳动时间的压缩不能简单理解为使工人闲暇时间增多。在资本主义生产过程中必要劳动量的减少:一方面意味着工作岗位的减少,生产"过剩人口"增加;另一方面意味着简单直接劳动减少,而劳动的复杂程度在不断增加。这是因为一方面简单劳动越来越多被固定资本的生产活动所取代,另一方面操作作为机器的固定资本,需要越来越复杂的劳动。因为更为复杂的机器能够创造更多的剩余价值。资本的趋势始终是"一方面创造可以自由支配的时间,另一方面把这些可以自由支配的时间变为剩余劳动"②。资本所创造的工人的自由支配的时间不是闲暇时间,而是有待于被进一步转变为剩余劳动的时间,因此马克思说:"最发达的机器体系现在迫使工人比野蛮人劳动的时间还要长,或者比他自己过去用最简单、最粗笨的工具时劳动的时间还要长。"③ 在此情况下,资本不断追求占有劳动者的剩余劳动时间,但其采用的占有相对剩余价值的方式导致对象化劳动所形成的固定资本技术不断进步,不断压缩劳动者的必要劳动时间,不断产生出劳动者的新的自由支配的时间。为了进一步占有更多剩余劳动时间,资本不得不占有劳动者新产生的自由支配时间,而其依赖的方式是进一步提高固定资本的自动化水平,进一步压缩劳动者在生产过程中的必要劳动时间。因此"资本就违背自己的意志,成了为社会可以自由支配的时间创造条件的工具,使整个社会的劳动时间缩减到不断下降的最低限度,从而为全体〔社会成员〕本身的发展腾出时间"④。劳动者自由支配的时间是"活劳动"的源泉,而固定资本乃是对象化劳动不断凝结的产物。二者之间的对立在资本追求剩余价值的强大推动力之下产生了巨大的张力,推动资本主义生产关系不断向前发展。当资本

---

① 马克思,恩格斯. 马克思恩格斯选集:第2卷 [M]. 中共中央马克思恩格斯列宁斯大林著作编译局,编译. 北京:人民出版社,2012:779.
② 马克思,恩格斯. 马克思恩格斯选集:第2卷 [M]. 中共中央马克思恩格斯列宁斯大林著作编译局,编译. 北京:人民出版社,2012:786.
③ 马克思,恩格斯. 马克思恩格斯选集:第2卷 [M]. 中共中央马克思恩格斯列宁斯大林著作编译局,编译. 北京:人民出版社,2012:787.
④ 马克思,恩格斯. 马克思恩格斯选集:第2卷 [M]. 中共中央马克思恩格斯列宁斯大林著作编译局,编译. 北京:人民出版社,2012:786.

主义生产关系无法容纳二者之间产生的巨大张力时，劳动者就应当占有自己的剩余劳动，剩余劳动在生产关系中不再作为必要劳动（活劳动）的对立物而存在，这也意味着对象化劳动与活劳动之间对立的最终消解。

从以上分析中我们不难发现，马克思不但从资本主义社会劳动形式中发现了对象化劳动与活劳动之间的矛盾，更通过这种矛盾分析，揭示出了以雇佣劳动为主体的资本主义社会必然被以自由劳动为主体的人类文明新形态所取代的发展趋势。这对社会主义社会的发展提供了重要的启示。

四、现代劳动新形态与《资本论》劳动理论的预见性

马克思对资本主义社会劳动内在矛盾的分析不仅在理论层面上是体现马克思主义劳动解放理论的重要环节，在现实层面上也能得到当代社会劳动形态发展的印证。在二战后曾经有观点认为，马克思劳动理论在今天已经过时，随着工业机器水平的不断发展，工人阶级人数不但没有增加，反而持续缩减，甚至有学者认为随着机器的发展，剩余价值已经是由机器创造，而不是由人类创造。

如前文所述，哈贝马斯就认为科学技术已经成为剩余价值的来源。但哈贝马斯没有认识到作为科学及技术在生产领域最终表现的固定资本，事实上也是劳动对象化的产物，而对象化的劳动按照马克思的观点是无法创造剩余价值的，剩余价值的创造只能由人的活劳动创造。因此机器创造的所谓剩余价值，要么本身就是现实活劳动的产物，要么就是已经"对象化"了的过去的活劳动的产物。而马尔库塞认为："人的劳动力在生产过程中所占比重的减少，意味着反对派政治力量的减弱。"[①] 马尔库塞认为机器的广泛使用会导致工人阶级数量的减少，同时在数量不占优势的情况下，工人福利与权益使得工人失去了否定现存社会的精神动力，因此造成了二战后工人阶级政治力量的"削弱"。这两种代表性的西方马克思主义观点，要么夸大了对象化劳动在生产过程中的作用，要么简单从政治层面上，单纯以工人阶级数量的多寡看待问题，没有深入到资本主义生产方式

① 马尔库塞. 单向度的人 [M]. 刘继，译. 上海：上海译文出版社，1989：36.

内部，探析对象化劳动与活劳动之间的根本矛盾对社会形态转变的重要作用，也缺乏现代科学技术发展对劳动形式、社会形态变化发展影响的认真分析。

现代资本主义劳动模式与马克思时代相比最大的区别在于计算机技术大范围、全方位渗透到工业生产过程中，由此引发了劳动模式的巨大变化。但是这种变化是否超出了马克思劳动理论中对象化劳动与活劳动之间的对立，则是需要进一步反思的问题。现代计算机技术对劳动形式的冲击主要在于两个方面：一是劳动资料最小化的"数字劳动"，二是寻求最大化压缩劳动时间的人工智能技术。

不可否认"数字劳动"极大改变了现代劳动形态。数字劳动是"在数字生产方式下产生，并能够形成一定的生产后果的活动"①。当前，学术界对数字劳动的类型争议较大，有各种类型的区分方法。笔者采用中国社会科学院大学余斌教授观点，将数字劳动划分为两类：类型（1）是指运用数字技术开发软件、设计制造硬件、收集和加工数字信息产品，以及进行其他生产的劳动；类型（2）是指生产信息通信设备和开发相关软件、提供数字内容以及铺设信息通信网络等方面的劳动。② 类型（1）本质上是运用数字技术开发、生产有形产品（如计算机、通信设备硬件，或是经过数字技术加工过的产品等），类型（2）是运用数字技术、互联网技术，生产无形的数字化产品（如软件、数据信息服务、网络传媒文化产品等）。类型（1）与类型（2）的显著区别在于其最终产品，前者为传统经验性有形产品，能够在时空中存在，后者为无形数据产品，既能够在数据存储设备中存在，也能通过打印机、数控机床等设备加工转化为现实产品。但是，无论哪种类型的数字劳动事实上都没有超越马克思的劳动理论，也没有超越马克思关于对象化劳动与活劳动之间的对立的阐述范围，因为"数字劳动"并不是完全脱离经验性劳动资料的劳动。不能因为数字劳动的作业对象、劳动成果是无形的数据，就认为数字劳动无须经验性的劳动资料。事

① 蓝江. 数字劳动、数字生产方式与流众无产阶级：对当代西方数字资本主义的政治经济学蠡探［J］. 理论与改革，2022（2）：60.
② 参见余斌. "数字劳动"与"数字资本"的政治经济学分析［J］. 马克思主义研究，2021（5）：79.

实上，数字劳动不可或缺的劳动工具如计算机等硬件设备、软件都是对象化劳动的产物，此外数字劳动的结果虽然可能是无形的数据，但是这些无形的数据需要以各种形式载入物质性设备输出才有意义。因此，计算机、数字设备与其相配套的软件系统仍然没有超出马克思所界定的"固定资本"范畴。数字劳动不断将物质性的劳动资料的使用量压低到最低水平，同时也将人所付出的直接劳动——活劳动的量压低到最低水平，符合马克思关于固定资本是提高剩余劳动对必要劳动比例的界定。所以说，数字劳动并没有超越马克思对劳动理论的阐释。但同时，数字劳动反而进一步印证了马克思关于资本的发展趋势的理论、关于固定资本发展趋势的理论。数字劳动在空间上不断压缩对象化劳动，已达到降低原材料等劳动资料消耗、人的活劳动消耗以提高剩余劳动比例的客观现实，与马克思所指出的固定资本技术发展不断压缩工人活劳动的论断相一致。只不过这种压缩是从劳动的外在层面，也就是活劳动领域之外进行的压缩。

数字劳动也存在着对活劳动领域的压缩。这种压缩就在于近年来兴起的人工智能技术。人工智能技术极大减少了人的活劳动消耗，意味着机器不仅从体力上实现了对人的替代，而且从智能上也实现了对人的替代。然而与数字劳动一样，人工智能技术也没有彻底超越马克思的劳动理论。甚至马克思在近二百年前就已经透过固定资本分析预测了这一现象："它们是人的手创造出来的人脑的器官；是对象化的知识力量。……不仅以知识的形式，而且作为社会实践的直接器官，作为实际生活过程的直接器官被生产出来。"① 人工智能本质上是对人的感性层面、知性层面上的概念、逻辑以及之间关系进行判断行为的模拟。目前为止，人工智能技术仍未超越知性层面，也无法自行产生概念，其进行判断与处理概念的速度却能以远高于人脑的速度进行。人工智能虽然不能替代人的理性思维，却能以更好的效率完成人的知性反思活动，由此导致机器能够以一种类似于人的思维方式介入劳动过程，从而进一步提高劳动效率，在时间层面上压缩人的活劳动。因此，人工智能作为一种模拟人思维的技术，本质不过是进一步提

---

① 马克思，恩格斯. 马克思恩格斯选集：第 2 卷 [M]. 中共中央马克思恩格斯列宁斯大林著作编译局，编译. 北京：人民出版社，2012：785.

高机器的自动化水平——由于人工智能能以更快速度做出近似人的判断，从而进一步替代控制机器的人的劳动——从活劳动领域本身开始压缩人的劳动时间。

由此不难看出，计算机技术虽然使现代人的劳动模式发生翻天覆地变化，但是无论是数字劳动还是人工智能技术，都是在资本主义生产方式之下，以缩减实体化的对象化劳动、活劳动，扩大劳动产品中剩余劳动比例为目标。但是这种劳动模式的变化又印证了马克思在《1857—1858 年经济学手稿》中所做的预言：固定资本（机器）完全是无意地使人的劳动缩减到最低限度，创造了人的劳动获得解放的条件。毫无疑问，在人类文明新形态中人的劳动将得到极大的解放，通过劳动形态变化透析马克思对人类文明新形态的建构，无疑是可行的。

五、《资本论》中的劳动批判与人类文明新形态的建构

不可否认，马克思主义经典文本中关于人类文明新形态的直接构想凤毛麟角，但马克思秉承"从批判旧世界中发现新世界"的理念，通过对资本主义生产方式基本矛盾的批判把握未来社会文明走向的关键。古典政治经济学家与古典哲学家都试图以非历史性思维把握资本主义现代文明的本质内涵。这种把握表现为将对象化劳动对活劳动的宰治，将资本剥削剩余劳动视为合理永恒，马克思对此指出："它们在资本主义生产过程中具有的为一定的历史时代所决定的社会性质，也就成了它们的自然的、可以说是一向就有的、作为生产过程的要素天生固有的物质性质了。"① 马克思从不以非历史的、既定的角度出发看待资本与劳动的关系问题，而是通过二者之间的对立，并探寻这种对立所隐含的内在现实矛盾，从而为人类文明的发展指明方向与道路。

如前文所述，马克思从历史角度把握对象化劳动与活劳动之间的对立关系，并且指出了这种对立关系根源于资本不断追求剩余价值最大化的矛

---

① 马克思，恩格斯. 马克思恩格斯文集：第 7 卷 [M]. 中共中央马克思恩格斯列宁斯大林著作编译局，编译. 北京：人民出版社，2009：935.

盾运动。这种运动必然导致凝结成固定资本的对象化劳动，必然造成人类自由活动时间的增加，由此资本在追求剩余价值的过程中，虽然是无意但又是不可避免地增加劳动者的自由时间，为人类从"必然王国"走向"自由王国"铺就道路，因此"这个自由王国只有建立在必然王国的基础上，才能繁荣起来。工作日的缩短是根本条件"①。就此我们不难发现，理解马克思对人类文明未来发展走向的思考，劳动是不可或缺的阐释前提。以劳动为视角，我们至少可以从所有制度改变、劳动形态转变、资本主义生产方式退场三个方面理解马克思对人类文明新形态建构的路径。

首先，在所有制度方面，众所周知，马克思主义以扬弃生产资料私有制为主要目标。生产资料私有制是对象化劳动得以转化为资本的基本条件，也是对象化劳动宰治人的活劳动的制度基础。资本正是通过垄断生产资料，从而迫使劳动者出卖自己的劳动力，进而得到能够剥削劳动者的剩余价值。因此，马克思在《资本论》中提出："设想有一个自由人联合体，他们用公共的生产资料进行劳动，并且自觉地把他们许多个人劳动力当作一个社会劳动力来使用。在那里，鲁滨逊的劳动的一切规定又重演了，不过不是在个人身上，而是在社会范围内重演。……劳动时间就会起双重作用。劳动时间的社会的有计划的分配，调节着各种劳动职能同各种需要的适当的比例。另一方面，劳动时间又是计量生产者个人在共同劳动中所占份额的尺度，因而也是计量生产者个人在共同产品的个人消费部分中所占份额的尺度"②。也就是说，新的生产资料所有制形态是与新的劳动形态相匹配的。只有在新的劳动形态中，人类社会才能将资本的独立性和个性变为作为主体的个人的独立性，从而"使人的世界和人的关系回归于人自身"，使劳动真正成为个人生命活动的重要组成部分，而不是资本吸取人剩余价值的工具。因此，人类文明新形态在制度层面上的演变的实质是要消灭剥削、消灭生产资料私有制度，以期从资本关系中解放人，从而使人的活劳动从对象化劳动的统治中解放出来。

---

① 马克思，恩格斯. 马克思恩格斯文集：第 7 卷 [M]. 中共中央马克思恩格斯列宁斯大林著作编译局，编译. 北京：人民出版社，2009：929.

② 马克思，恩格斯. 马克思恩格斯全集：第 23 卷 [M]. 中共中央马克思恩格斯列宁斯大林著作编译局，译. 北京：人民出版社，1972：95-96.

其次，从生产关系层面上，劳动形态的转变将是资本主义生产方式被新的生产方式取代的关键因素所在。马克思在《资本论》中指出："生产资料的集中和劳动的社会化，达到了同它们的资本主义外壳不能相容的地步。这个外壳就要炸毁了。"① 如前所述，对象化劳动作为固定资本不断在生产过程中压缩必要劳动的比重，在实现技术不断进步的同时也造成了生产资料的不断集中，社会分工的不断扩大，以及作为个体的人被"嵌入"到巨大的技术体系之中。但与此同时，对象化劳动在不断压缩必要劳动时间、使人的自由时间不断增加的背景下，一旦资本不能通过固定资本进一步吸纳被不断释放出来的个人自由时间，就意味着资本主义生产方式赖以维持的剩余价值生产接近极限，资本主义生产方式再也无法为社会的发展提供动力。资本控制人、对象化劳动控制活劳动的权力将会不断缩减。此时，社会财富"决不再是劳动时间，而是可以自由支配的时间"②。因此，新形态文明的社会生产方式在劳动形态的转变过程中实现了改变。在理论层面上，新形态文明以劳动者实现自身自由并以个人的自由发展作为社会生产力发展的动力；在价值层面上，新形态文明以马克思主义追求人的"自由解放"为价值旨趣，实现理论与实践在人的自由劳动过程中的统一。

最后，资本主义生产关系的"退场"与劳动形态的转变具有密切的联系。马克思在论证信用在资本主义生产方式中的作用时指出，信用发挥着双重作用：其一是将剥削行为发展为一种巨大"欺诈"制度，减少剥削阶级人数；其二是造成资本主义制度转向——"一种新生产方式的过渡形式"。后者发挥作用的主要形式便是股份公司的成立。在马克思看来，由于现代化生产规模惊人扩大，资本的集中使大型企业变成了社会的企业。生产规模的惊人扩大是为了获取更多的剩余价值，而在以"相对剩余价值生产"为主要形式的资本主义生产过程中，扩大生产规模的主要方式就是固定资本数量和质量的不断增大。这就要求在生产过程中不断投入更多的资本，而单个资本家所具有的资本已经不能满足固定资本规模扩大，资本

---

① 马克思，恩格斯. 马克思恩格斯全集：第23卷［M］. 中共中央马克思恩格斯列宁斯大林著作编译局，译. 北京：人民出版社，1972：831.
② 马克思，恩格斯. 马克思恩格斯选集：第2卷［M］. 中共中央马克思恩格斯列宁斯大林著作编译局，编译. 北京：人民出版社，2012：787.

家被迫采用联合的方式扩大投入生产过程中的资本规模，导致的是私人资本具有了"社会化特征"，由此，多个投资者联合出资所形成的"社会资本"与单个资本家所拥有的"社会资本"产生了对立，并且由于前者拥有更大规模的固定资本，具有更强的攫取剩余价值的能力，导致后者不断被前者所转化。由此引发的后果是有众多投资人的"社会资本"无法由某一个资本家所掌控，真正拥有资本控制权、执行资本职能的资本家转化为职业经理人，而其他资本家则退出了直接生产领域，成为单纯的食利者。如果联系《手稿》中马克思对劳动的对象化分析，就不难看出，劳动的不断对象化，资本追逐剩余价值的驱动力已经超出单个资本家所能控制的范围，成为凌驾于资本家与劳动者之上主导社会生产的力量。因此对象化劳动的不断集聚，将工人必要劳动时间压缩到了最短，同时也将资本家逐出了直接的生产管理过程。股份公司这种企业形式的出现使单个资本家被动退出生产管理过程，这为工人成立"合作工厂"奠定了基础。"合作工厂"是"股份公司"的进一步发展，在"合作工厂"中进一步扬弃了生产资料私有制，以及与之配套的雇佣劳动。于是证明：

> 大规模的生产，并且是按照现代科学要求进行的生产，没有那个雇用工人阶级的雇主阶级也能够进行；他们证明：为了有效地进行生产，劳动工具不应当被垄断起来作为统治和掠夺工人的工具；雇佣劳动，也像奴隶劳动和农奴劳动一样，只是一种暂时的和低级的形式，它注定要让位于带着兴奋愉快心情自愿进行的联合劳动。①

从中可以看出，马克思向我们展示的人类文明新形态中的劳动特征，即在扬弃了生产资料私有制以及雇佣劳动的基础上，并且在实现自由人联合占有生产资料前提下，劳动者自觉自愿的"联合劳动"。

人类文明新形态的创建必然与劳动问题相互联系。人类文明新形态以全新的劳动形态为核心建构。马克思在近两百年前已经通过深刻分析资本

---

① 马克思，恩格斯. 马克思恩格斯选集：第3卷 [M]. 中共中央马克思恩格斯列宁斯大林著作编译局，编译. 北京：人民出版社，2012：9.

主义生产方式中劳动内在矛盾及其发展，预见到了资本主义生产关系必然无法容纳人类自由劳动而走向解体，雇佣劳动必然为联合劳动所取代。在当今劳动具体形态发生重大变化的条件下，马克思对劳动的理解得到了更进一步的证明。从这个角度而言，马克思不仅是我们的"同时代人"，更是建构人类文明新形态的"工程师"。

综上所述，在《资本论》及其手稿中，马克思不但详细剖析了资本主义生产方式从产生到灭亡的整个过程，同时也勾勒了扬弃资本主义社会的人类文明新形态的大致轮廓。因此，《资本论》中的革命观，既包含了对资本主义社会生产关系的深刻批判，也探究了这种生产关系走向灭亡的必然性，同时还对资本主义社会灭亡之后人类文明形态的建构提出了设想。这其中涉及对人类社会关系演进的重要洞见，也就是人类文明新形态不仅涉及新的生产关系的建构，而且涉及新的伦理关系的建构。人类文明新形态中的伦理关系的最大特征，就是对资本主义社会伦理思想的根本前提——"利己主义"叙事的超越。

第二节　《资本论》对利己主义伦理学的超越

无产阶级革命是人类历史上最为广泛、深刻的社会变革，对人类伦理思想领域的革命意义也不言而喻。站在《资本论》寻求人类自由与解放的高度上，我们可以进一步理解《资本论》对现代伦理学发展的变革意义。通过对资本主义社会及其意识形态的深刻批判，《资本论》呈现出了一幅革新整个伦理学发展的"路线图"。在这幅宏伟的"路线图"中，我们可以发现马克思伦理思想对现代利己主义伦理学的批判超越。因此，马克思无产阶级革命思想并非"伦理无涉"，而是在其中孕育出了具有科学性、现实性与客观性的道德规范理论。

一、《资本论》与道德客观性问题

马克思的理论主要关注资本主义社会中生产关系的研究，并试图揭示劳动者被剥削和资本主义制度对人的束缚。马克思认为，扬弃资本主义制度不仅仅涉及经济层面问题，还涉及人类自我实现和彼此之间的关系问题。马克思认为，资本主义经济的规律与人的自由追求息息相关。他认为劳动者在资本主义社会中被剥削和奴役，这是由特定的生产关系和资本与劳动的对立跟冲突所导致的。这种对立不仅仅是经济的对立，也涉及人与人之间关系的对立。因此，对于捍卫劳动者权益和追求人的自由来说，仅仅进行经济层面的斗争是不够的，还需要关注社会和伦理层面的问题。在资本主义社会中，市民社会中的劳动与资本的对立是特定生产关系的产物，它反映了人与人之间特定条件下的矛盾。这种对立已经引入了伦理学研究的范畴，因为它牵涉人类自由和解放的实现。马克思揭示了资本主义生产方式的本质，提出了人类实现自由和解放的可行性，更进一步提出了建立一个消灭剥削和压迫的社会的愿景。

马克思主义的认识论确实强调了实践的重要性和人的思维与实践的关系。根据马克思主义的认识论观点，思维的真理性不能脱离实践来单独讨论，而是需要在实践中验证和证明。历史唯物主义也认为道德知识是与社会实践活动相关的，道德知识是在历史与社会的框架中发展和演变的。马克思主义承认道德知识在历史上有进步和发展的过程。历史唯物主义也强调了道德知识的相对性和历史性。它否定了绝对和永恒的真理作为道德知识的基础，认为道德观念是受到社会、经济和历史条件的影响而不断变化的，并且否认有绝对、永恒的真理来作为道德知识的基础——"一切以往的永恒真理的制造者或多或少都是蠢驴和骗子，全都陷入谬误……而他这个现在刚出现的预言家，却在提包里带着已经准备好的最后的、终极的真理，永恒道德和永恒正义"①。

经典理论家们认为道德知识与道德概念不是超历史的，恰恰相反是"历史的产物"——"平等的观念，无论以资产阶级的形式出现，还是以无产阶级的形式出现，本身都是一种历史的产物，这一观念的形成，需要一定的历史关系，而这种历史关系本身又以长期的已往的历史为前提。所以这样的平等观念什么都是，就不是永恒的真理"②。对于道德知识的客观性的证明，经典理论家们普遍认为需要对特定社会条件下的政治经济关系进行科学的分析。他们认为道德知识的客观性不是源于单纯的自然属性，也不是由道德谓词的外延决定，而是源于现实的社会关系，其中政治经济关系是核心。这种关系是人类在与自然事物打交道时从实践活动中衍生而来的。在这个意义上，马克思主义对道德知识客观性的证明更加注重现实感和历史感，相比于认知主义对道德客观性的证明更为强烈。马克思主义认为，道德知识的客观性是通过对现实社会关系的分析来证明的，这包括政治经济关系在内。马克思主义将道德知识置于社会历史的背景下，强调了它与特定社会条件和政治经济关系的联系，使其具有更加现实和历史的特点。因此，马克思主义对道德知识客观性的证明强调了社会实践和政治经济关系对道德的塑造作用，相比于认知主义的抽象论证更加贴近实际现实和历史发展的视角。因此经典理论家们得出结论："社会的公平或不公平，只能用一种科学来断定，那就是研究生产和交换的物质事实的科学——政治经济学。"③

《资本论》通过对资本主义经济体系的分析，揭示了劳动与资本之间的矛盾。这种矛盾不仅仅是在人的精神领域中存在，而且建立在客观社会规律之上的。马克思主义伦理学正是对这种客观规律的探索，以理解人与人之间关系的基础。将政治经济学批判与马克思主义伦理研究结合起来，可以使马克思主义伦理学具有更加批判性、革命性和建构性的价值。这种

---

① 马克思，恩格斯. 马克思恩格斯全集：第 20 卷 [M]. 中共中央马克思恩格斯列宁斯大林著作编译局，译. 北京：人民出版社，1971：98.

② 马克思，恩格斯. 马克思恩格斯全集：第 20 卷 [M]. 中共中央马克思恩格斯列宁斯大林著作编译局，译. 北京：人民出版社，1971：117.

③ 马克思，恩格斯. 马克思恩格斯全集：第 19 卷 [M]. 中共中央马克思恩格斯列宁斯大林著作编译局，译. 北京：人民出版社，1963：273.

结合可以帮助我们分析和批判资本主义社会中的不公正与剥削问题，同时为建立更加公正和平等的社会提供指导。然而，要注意的是，《资本论》是经济学著作，而不是直接关于伦理学的论述。虽然可以通过对其内容的解读和理解来拓展关于伦理学的思考，但对于马克思伦理学的探讨还需要参考其他马克思主义著作和学者的研究。

总而言之，将政治经济学批判与马克思主义伦理研究相结合，可以为我们理解人与人之间关系的客观基础提供一种框架。这种融合可以为我们理解资本主义社会中的道德和伦理问题提供更加深入的视角，同时为构建更加公正和平等的社会提供思考和指导。

二、超越"利己主义"伦理学的思想基础

我们之前探究了《资本论》在批判"主体形而上学"过程中的思想逻辑，但《资本论》对"主体形而上学"的批判是否意味着马克思反对"主体性"？事实上，是否承认"主体性"是当代社会与传统社会相区别的重要特征，早期马克思也深受青年黑格尔主义的影响，褒扬人的"自我意识"，寻求人的自由、独立与解放。虽然之后马克思与青年黑格尔派决裂，但是寻求人的自由与解放始终是马克思理论研究的最终极的价值旨趣，同时也贯穿了他研究的始终，《资本论》也不例外，但与早期单纯追求主体自我意识的解放不同，马克思从更为宏观的社会历史发展整体角度理解人的解放，因而，《资本论》在论述人类社会中交往关系的发展历史时，"他在"问题作为一个重要的背景，一直存在于马克思的研究当中。因此，《资本论》超越"利己主义"思想的基础就在于其对"他在"问题的剖析。

"他在"问题是伦理学研究的重要问题。古代形而上学在近代科学理性浪潮冲击下逐步瓦解，继而主体理性开始崛起。在古代本体论哲学的框架下，伦理学以"善"的概念作为核心，而"善"概念本身就是神的概念在伦理学上的显现，也就是说，追求善就是对神这一"绝对者"的追求。但近现代主体性哲学崛起之后，伦理学与本体论哲学的这种天然的"联姻"关系被打破，寻求主体之外的"绝对者"作为道德伦理的依据已经被

证明不可行。在主体性哲学的框架之内，人只有从自身之中寻找伦理规范与行为的依据。

康德首先意识到了在"神"这一绝对者"退场"之后伦理学所面临的困境。在理性主义与道德信仰之间的张力之中，康德选择了"自律"作为主体性哲学框架下人的道德意志的主要实现形式。康德认为"道德上的善"是一种"无条件的善"，也就是说人在进行道德行为活动时，不能受到经验性要素的影响。其理由是，如果人的道德行为受人内在的情感因素与外在的具体环境因素的影响，外在的经验性要素就会成为道德行为的条件，而道德是无条件的行为，如果道德行为有条件，就会成为功利性的行为。同时，康德认为"善"的承载者就是"人的意志"，而道德法则所要解决的问题不是实际的行动问题，而是人的道德意志问题。但我们不能将康德的意志与黑格尔的"精神"简单等同起来。利科认为："我们可以认为康德的意志概念是与确定事物过程的开端、有根有据地自身规定的能力对等的，我们曾说过，后者是自重的对象。"① 康德认为道德哲学的主要任务不是为道德行为制定具体的行为规范，而是为人的道德意志立法。意志作为一种实践理性，是所有理性的个体所共有的。但意志在现实中被各种经验性、感性的倾向所左右，使人的道德行为成为一种功利行为，失去了行为本身的道德属性。康德将道德批判视为个人有限的道德意志遵从自身的道德法则的过程，并依据这种道德法则而实现自律道德的"实践理性"。只有个人的道德意志实现了自律，才能祛除外在性的、经验性的、对象性的因素对人道德行为的影响，道德行为本身也才能成为纯粹的行为而到达义务，从而上升成为人们无条件的道德法则。

在确认了每个有理性的主体都会将道德作为理性行为的基础之后，主体性的伦理学所面临的问题就是如何处理主体自身与他者之间的关系。世间每一个有理性的人都是一个主体，主体之间如何实现相互之间的互动与交往？每一个有理性的人都存在于一个社会的共同体之中，那么每个主体之间的道德行为如何实现和谐互动？在功利主义者看来这个问题通过经济上与道德上的"看不见的手"解决——功利主义者相信人与人之间的自主

---

① 利科. 作为一个他者的自身 [M]. 佘碧平，译. 北京：商务印书馆，2013：305.

理性行为最终会使整个社会的福利水平不断前进。但在义务论和其他主体性伦理思想看来，这种想法将功利的实现与道德的实现简单等同起来，从而没有真正解决道德的基础问题。义务论倾向于用主体间性来解决这一问题，也就是说，将主体放置在他者同样的位置之上思考，或者换言之，将主体自身置于他者的环境之中，将别人当作自己，从而寻求自我与他人之间的沟通。这意味着在主体性社会寻求主体之间的平等要将他者自身作为另一个平等的主体来看待。

除了主体性问题之外，主体性哲学还要解决的问题在于公正制度，现代社会将制度理解为人类共同体所共同生活于其中的制度结构。这种结构和人与人之间的关系，也就是人际关系相关。在现代社会中，如何在尊重各个单个的主体的条件下建构社会制度，是政治哲学关系的首要问题。在主体性的社会中，公正问题是主体与他人之间的伦理关系中的首要问题。正义的观念来源于古代：一方面，可以理解为人与人之间关系的一种平等状态；另一方面，则是法权意义上的权利与义务。伦理学讨论的显然是前一个方面的问题。在资本主义社会原则框架之下，正义几乎等同于分配正义，这是因为资本化了的社会关系，只能以资本化的方式实现整个社会正义。但在这种正义的实现方式上，前马克思主义的伦理学存在着功利论与契约论之间的分歧，功利论将正义的实现等同于社会财富的增长，契约论将正义的实现视为正义原则的实现。二者之间的分歧极为明显，在功利论者看来，契约论的正义观念空洞抽象，而且其将整个社会的命运系于一些抽象且晦涩的原则之上，同时契约论者自己也无法证实这一原则能够保证人类社会朝着更为公正、繁盛的方向发展。同样对于契约论者而言，他们认为功利论者的正义观念在现代主体性社会条件下是行不通的，原因在于处于原初状态下每个理性的主体，首先考虑的都是自身的利益诉求，甚至是自身利益未来的发展，而不会首先从整个社会角度考虑问题，而功利论者所依赖的重要的论据——"看不见的手"更是缺乏现实依据。因此二者之间彼此都存在着难以达成共识的分歧。

如果我们从主体性哲学框架下理解这种分歧就会发现，近代主体形而上学的哲学阐释范式，使得在伦理学领域内同样存在着内在和外在的对立与冲突。功利论与契约论之间的对立同时也是哲学领域思维与存在对立关系在伦理学领域的具体体现。与主体性哲学面临的问题相似,现代伦理学也面临着如何突破人的道德意识与现实的道德规范之间的鸿沟的任务。也就是说,面临着人的内在道德意识与外在于人的道德规范之间如何沟通的问题。在资本主义社会,现实社会生产体制中的资本形而上学,导致了人在现实的关系中只能以商品、货币作为中介实现道德价值,而这种趋势反过来又加强了整个社会迈向资本形而上学的发展趋向。最终,"利己主义"叙事以资本形而上学为支撑,在资本主义社会思想领域取得了统治地位。

三、超越"利己主义"叙事的人类主体性

从文本角度来看,早期马克思受青年黑格尔派的影响,其人道主义思想对主体性问题非常关注。因此,在马克思的早期著作中对主体性的研究主要集中于《〈黑格尔法哲学批判〉导言》《1844 年经济学哲学手稿》《关于费尔巴哈的提纲》《德意志意识形态》等文本之中。

但在讨论问题之前,我们首先必须明确马克思是否是在传统哲学的框架内讨论主体性问题?答案明显是否定的,马克思在哲学领域掀起的哲学革命,明确指出:"人们迄今总是为自己造出关于自己本身、关于自己是何物或应当成为何物的种种虚假观念。他们按照自己关于神、关于模范人等等观念来建立自己的关系。他们头脑的产物就统治他们。他们这些创造者就屈从于自己的创造物。"[①] 马克思在这里明确否定了之前哲学所讨论的"虚假观念"——这样的虚假观念不仅存在于唯心主义哲学中,同样也存在于马克思之前的旧唯物主义哲学中。无论是马克思之前的唯物主义还是唯心主义,都被限制在某种形而上学的框架之内,虽然近代哲学抛弃了古代哲学的本体论研究范式,但取代外在于人的绝对实体是每个主体内在的自我意识与思想。传统哲学无论是唯物主义还是唯心主义,都难以摆脱这种框架的影响,包括马克思"一生与之对话"的黑格尔。黑格尔的主体性体现在"自我意识"的历史运动之中。如果我们站在传统内在性哲学的立

---

① 马克思,恩格斯. 马克思恩格斯全集:第 3 卷 [M]. 中共中央马克思恩格斯列宁斯大林著作编译局,译. 北京:人民出版社,1960:15.

场上去看待马克思对主体性问题的观点时，同样有可能陷入现代哲学的意识内在性框架之中，这样的解读无疑又将马克思哲学重新拉回到他所反对的"虚假观念"之中。换言之，就是再次将马克思哲学拉回到了自笛卡儿以来近代哲学的"我思"或"意识"的框架内，在此，现实与人的自我意识之间存在着难以逾越的鸿沟，人的自我意识被"封闭"在自身肉体之中。从这样的认识框架理解马克思的主体性哲学，无疑是错误的，西方马克思主义开创者卢卡奇承认，自己在早期犯过这样的哲学错误，而这种错误就体现在其重要著作《历史与阶级意识》之中，卢卡奇在该书 1967 年序言中将这一错误总结为"当时想要通过更新和发展黑格尔的辩证法和方法论来恢复马克思理论的革命本质的也许是最激进的尝试"①。与之相反，对马克思主体性哲学理解的另一个极端是过度强调"实践"的客观性，也就是将人的实践活动单纯理解为外在化的活动。即是从外在于人的自然界，以及人的行为的外在影响来理解实践活动，将实践活动理解为单纯抽象客观的、物质性的感性活动。这同样扭曲了马克思的原意，曲解了唯物史观论域内实践问题的客观性、物质性。马克思在《关于费尔巴哈的提纲》的开篇就将批判的矛头直指这种所谓的"旧唯物主义"："从前的一切唯物主义——包括费尔巴哈的唯物主义——的主要缺点是：对事物、现实、感性，只是从客体的或者直观的形式去理解，而不是把它们当作人的感性活动，当作实践去理解，不是从主观方面去理解。所以，结果竟是这样，和唯物主义相反，能动的方面却被唯心主义发展了，但只是抽象地发展了，因为唯心主义当然是不知道真正现实的、感性的活动的。"② 很明显，马克思在此批判了旧唯物主义将对"实践"的理解排除在对主体理解的范围之外，同时也就是将人的实践活动的"能动"方面抹杀了。由此可见，马克思不但强调实践中的主体性作用，更将其作为新旧唯物主义相互区别的主要标志。同时，马克思又认为唯心主义抽象地发展了能动的方面。也就是说，唯心主义作为一种主体性哲学，强调了人的自我意识、人

① 卢卡奇. 历史与阶级意识：关于马克思主义辩证法的研究 [M]. 杜章智，任立，燕宏远，译. 北京：商务印书馆，1999：16.
② 马克思，恩格斯. 马克思恩格斯全集：第 3 卷 [M]. 中共中央马克思恩格斯列宁斯大林著作编译局，译. 北京：人民出版社，1960：3.

的内在性问题，这种强调本身并没有错误，但是忽视了"现实的、感性的活动"本身，也就是抽象地从意识出发来认识外在的存在。因此唯心主义与旧唯物主义二者都犯了"形而上学"的错误，只不过一个强调"自我意识"的形而上学，一个强调"外在客观"的形而上学，一个过分强调实践的"主观性"，一个过分强调实践的"客观性"。

在明确了马克思之前的唯物主义与唯心主义哲学是如何囿于唯心主义框架之内的原因之后，就可以开始尝试理解马克思如何展开对二者的超越。马克思在《1844 年经济学哲学手稿》中就曾说明"因为在社会主义的人看来，整个所谓世界历史不外是人通过人的劳动而诞生的过程，是自然界对人说来的生成过程"①。马克思在此用"人""劳动"与"历史"三者之间的关系概括了历史唯物主义世界观：人通过自己的劳动"生成"了自然界，自己不可能自己生成自己。唯心主义所犯的错误是忽视了人通过物质性的感性实践活动"生成"了世界，只是将世界视为人的精神的产物；旧唯物主义所犯的错误同样是将自然界、人类社会的生成视为物质性、感性的活动产物。

马克思认为，人是历史活动的主体，所有的历史——包括自然史与人类史，都必须从人的历史性实践活动开始。但是，这个"人"既不是唯心主义所推崇的"先验的人""概念的人""精神的人"，也不是旧唯物主义"生物的人""机械的人""感性的人"。这意味着，马克思关于"人"的概念要比传统哲学更为复杂。马克思说得很清楚："整个历史也无非是人类本性的不断改变而已。"② 马克思认为人的本质不存在绝对的目标，人性是一个历史性的生成过程，并且受到客观环境——也就是一定社会历史阶段占统治地位的生产关系——的影响与制约。因此，人的本性既不是单纯生物本性、自然本性，同时也不是纯粹的精神本性，而是人与自然的互动活动——实践活动中产生的历史性的过程。

事实上，马克思认为无论是唯心主义还是旧唯物主义，其理论根源都

① 马克思，恩格斯. 马克思恩格斯全集：第 42 卷［M］. 中共中央马克思恩格斯列宁斯大林著作编译局，译. 北京：人民出版社，1979：131.
② 马克思，恩格斯. 马克思恩格斯全集：第 4 卷［M］. 中共中央马克思恩格斯列宁斯大林著作编译局，译. 北京：人民出版社，1958：174.

是一种意识形态偏见。这种偏见产生于对意识形态形成根源认识的不足。人的本性来源于人与外在于其自身的他人、社会与自然的实践活动过程。这种活动的客观性载体就是现实的社会关系。在马克思看来，社会是人与人组成的"共同体"，这个共同体的产生既不是单纯物质的产物也不是单纯精神的产物，而是在人与自然的互动过程中所形成的。人在这一过程中，一方面形成自然化的、社会化的思想观念，另一方面在自然界与人类社会中留下了自我意识的"痕迹"。同时，这种痕迹不仅是自身存留于社会、自然中的"明证"，也对社会上的其他人——也就是他者产生影响。在这里，我们就可以发现马克思历史唯物主义理论与伦理学的一个隐秘的连接点：他在问题。人是社会关系的总和，而社会关系又是在自我与他者之间的互动关系中形成的。因此，社会关系不仅是人的本质的载体，也是历史唯物主义伦理思想的载体。研究历史唯物主义伦理学的理论立足点，不能脱离开"社会关系"，也就是自我与他在之间的互动关系。由此可见，我们在讨论历史唯物主义的伦理学理论时，一个不可忽视的基础就是社会关系，而且是人与人之间现实的社会关系。马克思哲学相对于现代形而上学的突破之处，也在于对现实的物质性社会关系的理解。同样，对于马克思伦理学的革命性理解，也要放到自我与他在、主体与道德的理论视野中进行分析。

如前所述，马克思之后的伦理学与西方马克思主义的理论发展逻辑，都呈现出强烈地偏向于主体性哲学的趋势，这一趋势在现代伦理学中表现为"内在化""个人主义"的理论特征，在马克思主义哲学（西方马克思主义）研究中却表现为去政治经济学乃至于反政治经济学的研究趋势。从之前的分析中我们可以看出，马克思整个政治经济学批判的重要主题，是破除现实中的资本形而上学意识形态对人思维意识的钳制，通过现实批判实现无产阶级领导的社会革命。但马克思之后的西方马克思主义哲学却转向了文化批判、社会批判，这种转向不可避免地受到了主体性哲学的影响，从而直接从西方马克思主义理论中发展出反对马克思主义政治经济学批判的思想。因此，讨论马克思主义伦理学的时候，需要认真考虑马克思政治经济学批判与主体性哲学之间的关系问题。

马克思之后的现代主体性哲学的发展按照扎哈维的区分，可以依据对

"主体"或"自身"的不同理解,划分为以利科、麦金太尔为代表的"(1) 作为叙事建构(narrative construction)的自身";以及以胡塞尔为代表"(2) 作为体验维度的自身"。① "作为叙事建构的自身"将人的"主体"设定为由"叙事"建构起来的产物,认为人的"主体性"塑造主要受社会环境、语言结构的影响。主体的生成是一种被动的过程,是在外界影响下而构成的产物。如龚群教授在麦金太尔《伦理学简史》的"译者前言"中指出:"麦金太尔在本书中贯穿着一个基本思想:伦理(道德)与社会,伦理(道德)与社会生活、社会历史是内在相关的,对于历史上的伦理思想,我们不可能将其与它赖以产生的社会历史时代分离开来研究。一个时代、一个社会的伦理思想,一方面有着历史传统的承继性,另一方面,更重要的是要看到,它是作为供需者来满足那个时代的社会生活的需要。"② 也就是说,人的"主体"是一种历史传承与所处时代的外在环境建构而成的产物,不存在如现象学中所讨论的"先验自我"。而"作为体验维度的自身"则认为,"自我"是我们日常经验认识中的基础性的"被给予性",也就是说,人自身"主体"的建构不可能基于某些"杂多"的日常经验认知,而是将这些日常经验认识"统摄"起来的"第一人称被给予性维度"。这一维度既是人的知识得以构建的基础,也是人的"自身"建构自己的维度,也就是说人的"主体性"存在着一种先验的"基础",也就是先验"自我",这种"先验自我"对人的经验知识具有"逻辑先在性"。

这两种对"自身"的建构逻辑趋势交错贯穿于现代主体性哲学与伦理学的发展的始终。与此同时,自 20 世纪 70 年代之后所兴起的"实践理性"转向又对主体性哲学发展的这两种趋势造成了重要影响。众所周知,在哲学发展的历史上,研究路径发生过两次引人注目的研究转向:首先是从古代的"本体论哲学"转向近代"认识论哲学";再从近代"认识论哲学"转向"现代语言哲学""实践哲学"。这是现代哲学公认的整个哲学发展史上重要的三种哲学研究范式。而自 20 世纪 70 年代以来,西方哲学

---

① 扎哈维. 主体性和自身性:对第一人称视角的探究 [M]. 蔡文菁,译. 上海:上海译文出版社,2008:10.

② 麦金太尔. 伦理学简史 [M]. 龚群,译. 北京:商务印书馆,2003:3.

界又出现一种"实践理性转向"的趋势。然而,"实践"概念在西方哲学发展史上具有根深蒂固的传统,自古希腊哲学鼎盛时代开始一直到德国古典哲学时代,哲学家们一直重视对实践概念、实践理性的研究,为何却在20世纪晚期又再度兴起对所谓"实践理性"问题的研究?对于这个问题的回答,要从以下三个方面来看待。

首先,任何一种哲学史上的重大"转向"都代表一种对哲学范式的自身规范基础、思想前提、理论基础的阐释、批判与反思。也就是说,"实践理性转向"事实上是对之前哲学范式的基础的再一次深刻反思。"实践理性转向"所对应的是现代哲学的"语言学转向"。语言学转向的理论基础是对"认识论哲学"的再反思,也就是在"我思"基础上,从哲学研究所聚焦的"认识论基础"问题,后退到人的语言对世界的表达问题。而"实践理性转向"也是一种"倒退",也就是从语言哲学的基础——人类语言——倒退到人类语言产生的基础——"实践理性"之中。这证明现代西方哲学基本上认同了马克思有关语言诞生于"人的实践"这一论断,并不试图从人的实践所内含的"逻辑"中分析语言的基础问题。

其次,"实践理性转向"可以视为对现代哲学"语言哲学转向"的一次"反叛"。基于现代语言哲学范式所建构起来的逻辑实证主义哲学、元伦理学,是语言哲学的研究范式在哲学、伦理学研究领域的最典型代表。但是,逻辑实证主义囿于"物理语言"与"私人语言"相互分离的"二分法",否定了伦理学理论的科学性,认为伦理学难以成为哲学的研究对象;而元伦理学更是将伦理学研究限定于对抽象、琐碎的语言分析之中,忽视了对现实道德伦理问题、价值问题基础的反思与批判。这使得伦理学理论研究与现实应用伦理学之间产生了巨大的"鸿沟"。更为严重的是,元伦理学研究将研究领域严格限定于语言分析的抽象领域,对真理、道德原则、道德标准等问题的研究"莫衷一是",产生了各种各样对伦理学基础问题的看法,这些多种多样的看法既有虚无主义,又有实在论、独断论的色彩,不但没有确立伦理学与道德哲学的基础,反而加剧了对现代道德哲学根本问题的论争,从而大大削弱了现代伦理学的基础性、合法性。这些学术上的关于伦理学基础的理论争论、重大分歧,更进一步加剧了现代伦理学与道德哲学领域的"相对主义"倾向。

最后，"实践理性转向"并不能单纯视为对传统哲学"实践观"的"复兴"。如前所述，实践理性虽然是西方哲学的固有传统，但现代哲学、伦理学对实践概念的再度重视却有更深层次的理论内涵。现代实践理性转向不能简单视之为对"语言哲学范式"的单纯否定，而是现代"实践理性"为"语言哲学范式"澄明自身内涵创造了更好的条件。实用主义哲学的兴起就是这一趋势的标志。实用主义对现代西方哲学"实践理性转向"具有重要作用。特别是在二战后，实用主义开始与分析哲学相结合，产生了如"本体论承诺""译不准定理""实在论真理观"等一大批理论成果，从而在更深的层次上反思了实践概念、实践理性的内涵。可以说，分析哲学、科学哲学与语言哲学在经历了高度抽象反思的过程之后，在更高的层次上更进一步与实践概念实现了整合，造成了从 20 世纪后期开始持续至今的实践哲学"复兴"。

从现代主体性哲学所经历的纯粹"我思"的认识论哲学出发，再到 20 世纪初"内在化""抽象化"的逻辑实证主义、现象学，最后到 20 世纪晚期又重新走向"实践理性转向"的逻辑路径来看，现代主体性哲学从不断对内在性问题的反思中，不断向突破现代主体性形而上学"桎梏"的目标前进。因此，通过政治经济学批判我们不难发现：资本主义社会意识形态所推崇的"主体性"是囿于"利己主义"叙事框架之下的"伪主体性"；而《资本论》伦理维度对"利己主义"叙事的超越，才真正蕴含了实现人的自由解放的"人类主体性"。

四、《资本论》对利己主义的超越与人类文明新形态中的伦理学

《资本论》作为马克思政治经济学批判的巅峰之作，其理论意义已经完全超越了政治经济学领域。通过对社会关系的研究，马克思批判了当代资本主义社会人文社会科学的共同思想前提——利己主义。这一批判在伦理学领域体现得尤为明显。正如前面我们所论述的，《资本论》不是一本伦理学著作，但其中的政治经济学批判思想却从根本上揭示了现代伦理学的利己主义前提，以及基于它所建构的资本主义社会各种关系——包括伦

理关系。因此，被资产阶级意识形态奉为"绝对真理"的利己主义，在马克思看来不过是资本主义生产关系的意识形态"装饰品"。在《资本论》中，马克思通过揭示利己主义的现实根源——价值论，展现了利己主义是伴生于资本主义生产方式之中的"历史性叙事"本质。

马克思在《资本论》的开篇就言明："除了价值形式那一部分外，不能说这本书难懂。"① 马克思的价值理论长久以来引发了很多的争议与误解，而对其的解读，也存在着各种各样的理解范式。在本书中，依据充分理解《资本论》伦理维度的目的，我们有必要将其放在马克思批判理论、实践思维方式与辩证方法论的大背景下进行理解，也要结合马克思的历史唯物主义理论，理解其对古典政治经济学的深刻批判。唯有如此我们才能充分理解马克思价值理论的逻辑思路。

价值理论位于《资本论》的开篇，与政治经济学批判基础性概念"商品"紧密地结合在一起。这意味着马克思的价值理论是《资本论》批判资本主义社会现实生产关系的重要基础。而这种批判所针对的对象首当其冲是古典政治经济学家。古典政治经济学家所达到的最高水平，就是运用科学的方法考察了资本主义生产关系背后的"社会生理学"，并且提出的劳动价值论肯定了劳动在创造社会财富过程中的核心地位。但资本主义政治经济学家们就此止步，没有深入到劳动价值论背后的各种现实关系，比如抽象劳动与交换价值、剩余价值之间的关系等等。这导致了李嘉图没有能够真正理解资本主义社会劳动中劳动的历史形式与社会性质，也就是说资本主义政治经济学家自始至终没有能够理解现代工业社会之下人的劳动的价值结构，而只是将劳动视为一种固定的抽象概念。在古典政治经济学的背后，是传统哲学形而上学思维方式与本体论的研究视野，而不是历史唯物主义的历史与实践性的解释框架。

对劳动价值理解的不同，构成了传统哲学、古典政治经济学在理解个人自由与主体性问题时，与历史唯物主义理论的根本差异。在资本主义社会意识形态中，现代伦理学的核心围绕价值个体主义展开，对个人价值的

① 马克思，恩格斯. 马克思恩格斯全集：第 23 卷［M］. 中共中央马克思恩格斯列宁斯大林著作编译局，译. 北京：人民出版社，1972：8.

推崇一方面是启蒙运动之后时代精神的主流，另一方面是资本主义社会生产关系中，对自由劳动力的需求。这映射到社会现实就成为强调个人自由的价值观念，但这种强调却同现实中"物化"生产过程相冲突，也就是说，人的自由价值必须通过物化了的商品价值来实现。这种矛盾事实上和现代哲学中物质与精神之间巨大的"鸿沟"具有理论上的"同构性"，也就是说，人的价值在资本主义语境下也只能以物化——商品的形式表现出来，而不可能真正实现自己的价值。

马克思的政治经济学批判研究发端于考察资本主义社会劳动价值形成的历史与结构的社会基础。换言之，就是考察一个以货币、商品交换、抽象劳动与剩余价值为核心的经济体系得以形成的基础与历史结构条件，而正是这些结构与条件构成了现代性社会的现实基础。马克思发现，从传统政治经济学家到古典哲学家，都忽略了现代社会背后的核心社会关系：社会生产关系。而承载这样关系的现实载体就是人的社会劳动，并且这一社会关系构成了人类社会结构和权力结构的现实基础。正因为忽视了人类社会这一潜在的社会主体，无论是古典哲学家，还是古典政治经济学家，都将市民社会中的个人视为抽象的、孤立的个人。马克思指出：

> 被斯密和李嘉图当做出发点的单个的孤立的猎人和渔夫，是一种十八世纪鲁滨逊式故事的毫无想像力的虚构，这种鲁滨逊式的故事决不像文化史家设想的那样，仅仅是对极度文明的反动和想要回到被误解了的自然生活中去。同样，卢梭的通过契约来建立天生独立的主体之间的相互关系和联系的 contrat social〔社会契约论〕，也不是奠定在这种自然主义的基础上的。这是错觉，只是大大小小的鲁滨逊式故事的美学的错觉。这倒是对于十六世纪以来就进行准备、而在十八世纪大踏步走向成熟的"市民社会"的预感。在这个自由竞争的社会里，单个的人表现为摆脱了自然联系等等，后者在过去历史时代使他成为一定的狭隘人群的附属物。这种十八世纪的个人，一方面是封建社会形式解体的产物，另一方面是十六世纪以来新兴生产力的产物，而在十八世纪的预言家看来（斯密和李嘉图还完全以这些预言家为依据），这种个人是一种理想，它的存在是过去的事；在他们看来，这种个人

不是历史的结果，而是历史的起点。因为，按照他们关于人类天性的看法，合乎自然的个人并不是从历史中产生的，而是由自然造成的。这样的错觉是到现在为止的每个新时代所具有的。①

现代社会表面上看凸显了人的主体性与自由价值，但事实上却在现实中将人的价值抽象化、物化，以抽象的物质权力来统治人的活劳动。而古典政治经济学家所认为的"孤立的个人"幻象，事实上不过是人主体性、内在性的现代哲学框架在政治经济学研究领域的"投影"。人的现实价值被用现实的物的价值所衡量，最终物的力量甚至成为支配人的劳动的强大的异己力量。反过来说，近代哲学的内在性框架又以资本主义生产关系中扭曲、颠倒的生产关系为现实基础。在意识形态与现实生产关系的双重遮蔽中，人与人之间本来的社会关系被割裂，人的社会本性被遮蔽，而人的本质也被扭曲，从而构成了现代社会人"原子化"的生活方式，相互利用的生产方式，以及工具理性的交往方式。

资本主义生产方式的最大问题在于，它将人的需求化约为简单的经济需求，甚至是货币需求，从而将人化约为货币单位。功利主义将人类的社会活动的真实本性抽象成牟利活动，也就是所谓的经济人假设："国民经济学把劳动抽象地看作物；'劳动是商品'；价格高，就意味着对商品的需求很大；价格低，就意味着商品的供给很多；'劳动作为商品，其价格必然日益降低。'"② 这意味着，工人的劳动被抽象成了一定量的货币，更为重要的是，工人的劳动要被资本所掌控才能转化为货币。这意味着工人最终成为资本的奴隶，对自己的劳动没有支配权。这恰恰与市民社会所标榜的主体价值之间产生了巨大的张力。契约论代表人物卢梭与康德都对人的尊严进行了高度的强调，但人的尊严实现的前提是人本身能够掌握自己的社会生活，人与社会、个体与共同体、自我与他人之间不存在分裂。因此，康德认为道德法则作为普遍意志与人的个人意志相符，人的自由与伦

---

① 马克思，恩格斯. 马克思恩格斯全集：第 12 卷 [M]. 中共中央马克思恩格斯列宁斯大林著作编译局，译. 北京：人民出版社，1962：733—734.

② 马克思，恩格斯. 马克思恩格斯全集：第 42 卷 [M]. 中共中央马克思恩格斯列宁斯大林著作编译局，译. 北京：人民出版社，1979：60.

理道德的实现才有可能，这就是为什么康德的道德哲学强调"自律"——"自律"不是对自身的限制，而是对自身所认同的普遍意志的践行。因此个人在践行普遍意志不是依据外界奖惩规定等经验性要素，而是依据纯粹抽象的"绝对命令"，这种纯粹的抽象的"绝对命令"只有不带任何功利性的目的，才是在遵循自己的自由意志行事，才是真正自由自主的活动。康德希望对"自由"与"自律"的强调使人的道德生活保持某种纯粹性，但问题在于这种纯粹的道德生活最终也会因为其理论的抽象性而变得与人的现实生活遥不可及。因此，马克思则抓住了与康德不同的理论出发点：需求——这种需求不是功利主义者与古典政治经济学家们眼中的货币需求，而是以人的本性需求、感性需求与自我实现为中心的需求理论。在《资本论》中，马克思通过需求理论、价值理论将资本概念广阔的历史背景与制度框架呈现出来，批判资本通过生产关系对人的控制，从而揭示出在现代社会生产关系中劳动者与资本家不平等的关系，同时探索批判这种不平等关系背后的制度框架与历史规律。

《资本论》中的价值理论：一方面，揭示了资本主义价值论将人的劳动作为商品的价值本质；另一方面，揭示了在资本主义社会中，如何通过利己主义、功利主义伦理学与契约论，美化这种人的"物化"活动。换言之，利己主义表面上看似乎是人之本性，但抽象的人之本性事实上需要以人的现实历史性实践活动充实其内容，而人的实践活动都是追求价值的活动。马克思正是深入到资本主义生产方式最基底的价值论层面上，揭示了表面上"合乎人性"的利己主义，本质上却在现实中成为掩盖人与人之间不平等、劳动者与资本家之间不公平交易的"叙事"。因此，利己主义事实上在意识形态领域扮演了掩盖资本主义生产关系不公正、不平等的角色。从个人利己角度出发，资本家与劳动者之间的交易是公平的，但这种视角忽略了资本主义社会中，资本家垄断了生产资料，劳动者被迫向资本家"公平"地出卖劳动。故而，从外在形式上看，资本家与工人间的劳动力商品交易似乎是处于"天赋人权的真正伊甸园"；但在现实中却是，资本家作为货币与生产资料的所有者，"昂首前行"，而除了劳动一无所有的工人，却只能像被出卖了的商品一样，"任人蹂躏"。

由此可见，对利己主义的批判，是《资本论》乃至于整个政治经济学批判研究在意识形态领域所要面对的核心问题。《资本论》在现实领域所要完成的任务是对资本主义生产方式的批判。与之相对应，《资本论》在意识形态领域所面临的主要任务是对由资本主义生产方式而生、为资本主义生产方式而辩的"利己主义"的批判。据此而论，将《资本论》中隐含的伦理思想逻辑重新发掘、建构出来，就是马克思主义伦理学的主要任务之一。

那么，以扬弃"利己主义"为己任的马克思主义的"新伦理学"，应该具有什么样的特征？

首先，基于《资本论》与政治经济学批判思想所建构的"新伦理学"，应该是一种颠覆传统伦理学的利益主义范式，并且对其做出深刻批判的"革命性"伦理学。"新伦理学"从社会关系、社会共同体与人的社会生活相结合的视角展开伦理学的建构逻辑；这一逻辑从根本上改变了传统伦理学对"正义""价值""平等""自由"等伦理学基本概念的解释，这种改革不是取消这些概念的内涵，而是在祛除利己主义思想的影响下，重新建构这些概念的理论内容。"在马克思看来，人的现实生活和生存方式具有本体论上的优先地位，因此他所理解的主要是对社会生活和人的生存方式的批判活动。'在批判旧世界中发现新世界'，意味着哲学的职能在于通过对现存一切进行批判性的分析，去除一切意识形态的障蔽，显示现存一切的有限性与非完美性，从而使人们对自身的生存状态保持清醒的自我意识，或者说使人保持'自知之明'，它要求永远保持思维的怀疑能力，永不停止怀疑看似明晰与天经地义的东西。"① 马克思主义政治经济学的研究主要关注资本主义社会的生产方式和生活方式，揭示了资本主义经济体系中存在的剥削和不平等问题。通过对资本主义生产关系的批判，马克思从根本上质疑了资本主义社会的道德、伦理和价值观。他认为资本主义制度使人们产生了无止境追求利润和个人私利的价值观，使人们陷入了物质利益至上的竞争和剥削关系中。因此，马克思主义试图为人类社会提供一种新的世界观和伦理观，以超越这种剥削性的生活方式和伦理关系。马克思

---

① 贺来. "在批判旧世界中发现新世界"与哲学的当代合法性：马克思的"动词性"哲学观及其当代意义 ［J］. 吉林大学社会科学学报，2002（6）：40.

主义伦理学试图借鉴传统伦理学的思想基础，同时超越传统伦理学的限制，通过历史唯物主义的方法，考察人类社会生产力的发展与生产关系的变革，从而重新思考和构建人类社会的伦理观。马克思主义关注社会的阶级斗争和社会变革，认为社会进步与人类解放需要建立在消灭剥削和不平等基础上。这种批判性的结构使马克思主义伦理学能够提供对现存伦理关系的批判，并为构建具有更公正和平等的社会伦理观提供指导。

其次，基于《资本论》与政治经济学批判思想所建构的"新伦理学"，应该是一种对利己主义思想前提抱有深刻"批判性"的伦理学。贯穿于政治经济学批判乃至于整个历史唯物主义理论体系对伦理道德的批判是一种"后形而上学"批判，其批判"剑锋"之所指并不仅仅是资本主义的"道德教条"，更是这种"道德教条"之后"形而上学"的隐性思想前提。这一形而上学思维方式的特点在于，由于哲学思想既不像自然科学知识那样可以通过经验性的实验活动证实或证伪，也不像现实社会生活中的文化那样呈现出多元性与可变性，因此哲学理论只能通过在知识领域的自由思辨来证明自身。传统伦理思想长期植根于形而上学的基础之上，即使是在现代哲学"拒斥形而上学"的口号之下，现代伦理也难以摆脱以利己主义的"主体形而上学"为思想基础。马克思对形而上学的批判则是走在完全不同的理论路径之上，马克思不是将哲学看成建立在某种理论基础上的永恒不变的理论体系，而是将哲学看作一种永不停止的批判性活动，一种历史性的解构活动。而这种批判性活动的根基与标准也不在于普适、抽象的哲学原则，而在于人的历史性的实践活动。因此，如何在人的历史性实践活动中、在不断对现实的批判中，找到伦理学生长、发展的立足点与评判标准；或者说在现实社会关系中找到建构"人类文明新形态"中的伦理原则建构的客观基础，将是马克思主义伦理学研究的重要课题。

最后，基于《资本论》与政治经济学批判思想所建构的"新伦理学"，应该是一种超越利己主义的实践伦理学。历史唯物主义以实现人的自由解放为基本价值旨趣，作为"实践者"的马克思先于作为"观察者"的马克思。同时，伦理学自古以来就是以"应当"——也就是对人类行动、意志所欲求的理想目标进行研究的学问。因此，马克思主义理论必然需要建立一种超越利己主义的伦理原则体系，引导历史唯物主义者作为一名革命者所需要进行努力的方向，以及提供共产主义作为一种运动的所需要的内在动力。历史唯物主义的伦理思想恰恰是马克思主义避免重回"思辨哲学"、指明"革命哲学"前进方向的最根本保证。如何在马克思主义理论的"行动者维度""革命维度""实践维度"三者中，贯彻扬弃利己主义前提的理论目标，是马克思主义伦理学在未来发展需要特别注意的问题。

综上所述，对《资本论》伦理维度的展开与阐释，必须以扬弃"利己主义"为切入点。这种理论上的批判超越能够使我们真正认识到现实中内涵于资本主义生产关系中的不公平、不平等现象，同时也促使我们真正认识到现代人的生活与存在方式被"异化"的根源。马克思在他的时代想要解决的问题，正是我们这个时代每个人所面临的问题。从这个意义上说，马克思仍然是我们的"同时代人"。事实上，正是因为"利己主义"的历史性叙事，资本主义社会才建构出有关"私有权""财产权"的法权概念，并进一步衍生出诸如"平等""自由"等伦理叙事。因而，引言中所提到的"天下无贼"，在马克思、恩格斯看来绝不是美好的道德理想，而是对利己主义、财产权等资产阶级历史叙事的批判超越，每个人都应该寻求与获得人的"自由解放状态"。基于此，当我们再次回眸《资本论》对资本主义社会"利己主义"思想前提的批判时，就会发现其阐明马克思伦理思想的根本旨趣：

"任何解放都是使人的世界即各种关系回归于人自身。"①

---

① 马克思，恩格斯. 马克思恩格斯文集：第1卷［M］. 中共中央马克思恩格斯列宁斯大林著作编译局，编译. 北京：人民出版社，2009：46.

参考文献

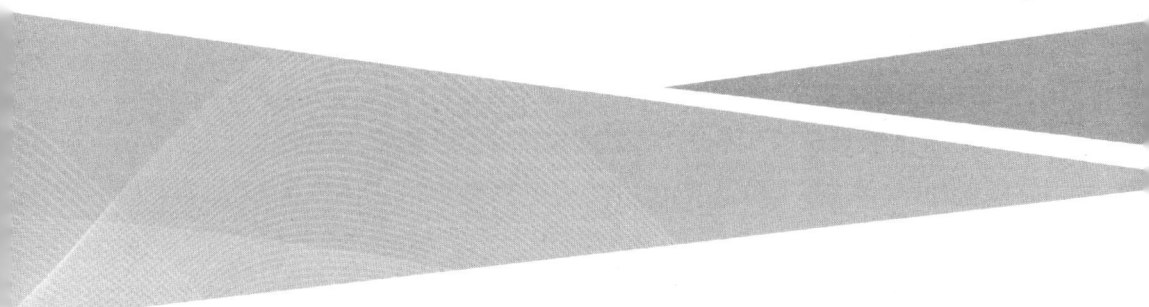

资本与伦理

——《资本论》对"利己主义"叙事的批判

［1］马克思，恩格斯. 马克思恩格斯选集：第 1 卷［M］. 中共中央马克思恩格斯列宁斯大林著作编译局，编译. 北京：人民出版社，2012.

［2］马克思，恩格斯. 马克思恩格斯选集：第 2 卷［M］. 中共中央马克思恩格斯列宁斯大林著作编译局，编译. 北京：人民出版社，2012.

［3］马克思，恩格斯. 马克思恩格斯选集：第 3 卷［M］. 中共中央马克思恩格斯列宁斯大林著作编译局，编译. 北京：人民出版社，2012.

［4］马克思，恩格斯. 马克思恩格斯选集：第 4 卷［M］. 中共中央马克思恩格斯列宁斯大林著作编译局，编译. 北京：人民出版社，2012.

［5］马克思. 资本论：第 1 卷［M］. 中共中央马克思恩格斯列宁斯大林著作编译局，译. 北京：人民出版社，2004.

［6］马克思，恩格斯. 马克思恩格斯文集：第 1 卷［M］. 中共中央马克思恩格斯列宁斯大林著作编译局，编译. 北京：人民出版社，2009.

［7］马克思，恩格斯. 马克思恩格斯文集：第 2 卷［M］. 中共中央马克思恩格斯列宁斯大林著作编译局，编译. 北京：人民出版社，2009.

［8］马克思，恩格斯. 马克思恩格斯文集：第 7 卷［M］. 中共中央马克思恩格斯列宁斯大林著作编译局，编译. 北京：人民出版社，2009.

［9］马克思，恩格斯. 马克思恩格斯全集：第 1 卷［M］. 中共中央马克思恩格斯列宁斯大林著作编译局，译. 北京：人民出版社，1995.

［10］马克思，恩格斯. 马克思恩格斯全集：第 2 卷［M］. 中共中央马克思恩格斯列宁斯大林著作编译局，译. 北京：人民出版社，1957.

［11］马克思，恩格斯. 马克思恩格斯全集：第 3 卷［M］. 中共中央马克思恩格斯列宁斯大林著作编译局，译. 北京：人民出版社，1960.

［12］马克思，恩格斯. 马克思恩格斯全集：第 4 卷［M］. 中共中央马克思恩格斯列宁斯大林著作编译局，译. 北京：人民出版社，1958.

［13］马克思，恩格斯. 马克思恩格斯全集：第 6 卷［M］. 中共中央马克思恩格斯列宁斯大林著作编译局，译. 北京：人民出版社，1961.

［14］马克思，恩格斯. 马克思恩格斯全集：第 12 卷［M］. 中共中央马克思恩格斯列宁斯大林著作编译局，译. 北京：人民出版社，1962.

［15］马克思，恩格斯. 马克思恩格斯全集：第 13 卷［M］. 中共中央马克思恩格斯列宁斯大林著作编译局，译. 北京：人民出版社，1962.

［16］马克思，恩格斯. 马克思恩格斯全集：第 19 卷［M］. 中共中央马克思恩格斯列宁斯大林著作编译局，译. 北京：人民出版社，1963.

［17］马克思，恩格斯. 马克思恩格斯全集：第 20 卷［M］. 中共中央马克思恩格斯列宁斯大林著作编译局，译. 北京：人民出版社，1971.

［18］马克思，恩格斯. 马克思恩格斯全集：第 23 卷［M］. 中共中央马克思恩格斯列宁斯大林著作编译局，译. 北京：人民出版社，1972.

［19］马克思，恩格斯. 马克思恩格斯全集：第 25 卷［M］. 中共中央马克思恩格斯列宁斯大林著作编译局，译. 北京：人民出版社，1974.

［20］马克思，恩格斯. 马克思恩格斯全集：第 26 卷（第一册）［M］. 中共中央马克思恩格斯列宁斯大林著作编译局，译. 北京：人民出版社，1972.

［21］马克思，恩格斯. 马克思恩格斯全集：第 26 卷（第二册）［M］. 中共中央马克思恩格斯列宁斯大林著作编译局，译. 北京：人民出版社，1973.

［22］马克思，恩格斯. 马克思恩格斯全集：第 26 卷［M］. 2 版. 中共中央马克思恩格斯列宁斯大林著作编译局，编译. 北京：人民出版社，2014.

［23］马克思，恩格斯. 马克思恩格斯全集：第 30 卷［M］. 中共中央马克思恩格斯列宁斯大林著作编译局，译. 北京：人民出版社，1974.

［24］马克思，恩格斯. 马克思恩格斯全集：第 30 卷［M］. 中共中央马克思恩格斯列宁斯大林著作编译局，译. 北京：人民出版社，1995.

［25］马克思，恩格斯. 马克思恩格斯全集：第 32 卷［M］. 中共中央马克思恩格斯列宁斯大林著作编译局，译. 北京：人民出版社，1998.

［26］马克思，恩格斯. 马克思恩格斯全集：第 42 卷［M］. 中共中央马克思恩格斯列宁斯大林著作编译局，译. 北京：人民出版社，1979.

［27］马克思，恩格斯. 马克思恩格斯全集：第 46 卷（上册）［M］. 中共中央马克思恩格斯列宁斯大林著作编译局，译. 北京：人民出版社，1979.

［28］亚里士多德. 亚里士多德全集：第 7 卷［M］. 苗力田，主编. 北京：中国人民大学出版社，1993.

［29］亚里士多德. 亚里士多德全集：第 8 卷 ［M］. 苗力田，主编. 北京：中国人民大学出版社，1994.

［30］亚里士多德. 亚里士多德全集：第 9 卷 ［M］. 苗力田，主编. 北京：中国人民大学出版社，1994.

［31］麦金太尔. 伦理学简史 ［M］. 龚群，译. 北京：商务印书馆，2003.

［32］穆勒. 功利主义 ［M］. 叶建新，译. 北京：中国社会科学出版社，2009.

［33］穆勒. 政治经济学原理 ［M］. 金镝，金熠，译. 北京：华夏出版社，2009.

［34］韦伯. 新教伦理与资本主义精神 ［M］. 赵勇，译. 西安：陕西人民出版社，2009.

［35］霍布斯. 利维坦 ［M］. 黎思复，黎廷弼，译. 北京：商务印书馆，1985.

［36］麦金太尔. 德性之后 ［M］. 龚群，戴扬毅，等译. 北京：中国社会科学出版社，1995.

［37］笛卡尔. 第一哲学沉思集：反驳和答辩 ［M］. 庞景仁，译. 北京：商务印书馆，1986.

［38］森，威廉姆斯. 超越功利主义 ［M］. 梁捷，等译. 上海：复旦大学出版社，2011.

［39］利奥塔. 后现代性与公正游戏：利奥塔访谈、书信录 ［M］. 谈瀛洲，译. 上海：上海人民出版社，1997.

［40］维特根斯坦. 哲学研究 ［M］. 汤潮，范光棣，译. 北京：生活·读书·新知三联书店，1992.

［41］维特根斯坦. 逻辑哲学论 ［M］. 王平复，译. 北京：九州出版社，2007.

［42］亚里士多德. 亚里士多德全集：第 10 卷 ［M］. 苗力田，主编. 北京：中国人民大学出版社，1997.

［43］黑格尔. 哲学史讲演录：第 3 卷 ［M］. 贺麟，王太庆，等译. 北京：商务印书馆，1959.

［44］黑格尔. 哲学史讲演录：第 4 卷［M］. 贺麟，王太庆，等译. 北京：商务印书馆，1978.

［45］黑格尔. 小逻辑［M］. 贺麟，译. 北京：商务印书馆，1980.

［46］黑格尔. 精神现象学：上卷［M］. 贺麟，王玖兴，译. 上海：上海人民出版社，2013.

［47］黑格尔. 精神现象学：下卷［M］. 贺麟，王玖兴，译. 上海：上海人民出版社，2013.

［48］黑格尔. 法哲学原理［M］. 范扬，张企泰，译. 北京：商务印书馆，1961.

［49］威廉斯. 伦理学与哲学的限度［M］. 陈嘉映，译. 北京：商务印书馆，2017.

［50］配第. 政治算术［M］. 陈冬野，译. 北京：商务印书馆，1978.

［51］森. 伦理学与经济学［M］. 王宇，王文玉，译. 北京：商务印书馆，2000.

［52］斯密. 道德情感论［M］. 谢祖钧，译. 西安：陕西人民出版社，2004.

［53］斯密. 道德情操论［M］. 蒋自强，钦北愚，朱钟棣，等译. 北京：商务印书馆，1997.

［54］斯密. 国民财富的性质和原因的研究：上卷［M］. 郭大力，王亚南，译. 北京：商务印书馆，1972.

［55］斯密. 国民财富的性质和原因的研究：下卷［M］. 郭大力，王亚南，译. 北京：商务印书馆，1972.

［56］李嘉图. 政治经济学及赋税原理［M］. 郭大力，王亚南，译. 北京：商务印书馆，1962.

［57］杜阁. 关于财富的形成和分配的考察［M］. 南开大学经济系经济学说史教研组，译. 北京：商务印书馆，1961.

［58］边沁. 道德与立法原理导论［M］. 时殷弘，译. 北京：商务印书馆，2000.

［59］休谟. 人性论［M］. 关文运，译. 北京：商务印书馆，1980.

［60］麦卡锡. 马克思与古人：古典伦理学、社会正义和 19 世纪政治
经济学［M］. 王文扬，译. 上海：华东师范大学出版社，2011.

［61］普特南. 理性、真理与历史［M］. 童世骏，李光程，译. 上
海：上海译文出版社，2016.

［62］普特南. 事实与价值二分法的崩溃［M］. 应奇，译. 北京：东
方出版社，2006.

［63］黑尔. 道德语言［M］. 万俊人，译. 北京：商务印书
馆，1999.

［64］阿伦特. 反抗"平庸之恶"［M］. 陈联营，译. 上海：上海人
民出版社，2014.

［65］布坎南. 马克思与正义［M］. 林进平，译. 北京：人民出版
社，2013.

［66］哈贝马斯. 交往与社会进化［M］. 张博树，译. 重庆：重庆出
版社，1989.

［67］哈贝马斯. 交往行动理论：第 2 卷［M］. 洪佩郁，蔺青，译.
重庆：重庆出版社，1994.

［68］哈贝马斯. 作为"意识形态"的技术与科学［M］. 李黎，郭官
义，译. 上海：学林出版社，1999.

［69］哈贝马斯. 重建历史唯物主义［M］. 郭官义，译. 北京：社会
科学文献出版社，2000.

［70］罗蒂. 偶然、反讽与团结［M］. 徐文瑞，译. 北京：商务印书
馆，2003.

［71］罗尔斯. 正义论［M］. 何怀宏，何包钢，廖申白，译. 北京：
中国社会科学出版社，2009.

［72］西梅尔. 货币哲学（一）［M］. 于沛沛，林毅，张琪，译. 北
京：中国社会科学出版社，2007.

［73］洛维特. 从黑格尔到尼采［M］. 李秋零，译. 北京：生活·读
书·新知三联书店，2006.

［74］萨伊. 政治经济学概论［M］. 陈福生，陈振骅，译. 北京：商
务印书馆，1963.

[75] 马尔萨斯. 人口原理 [M]. 陈小白, 译. 北京: 华夏出版社, 2012.

[76] 洛克. 政府论: 上篇 [M]. 瞿菊农, 叶启芳, 译. 北京: 商务印书馆, 1982.

[77] 洛克. 政府论: 下篇 [M]. 叶启芳, 瞿菊农, 译. 北京: 商务印书馆, 1964.

[78] 洛克. 人类理解论: 下卷 [M]. 关文运, 译. 北京: 商务印书馆, 1959.

[79] 福柯. 知识考古学 [M]. 谢强, 马月, 译. 北京: 生活·读书·新知三联书店, 2003.

[80] 哈维. 跟大卫·哈维读《资本论》: 第 1 卷 [M]. 刘英, 译. 上海: 上海译文出版社, 2013.

[81] 康德. 康德三大批判合集: 下卷 [M]. 邓晓芒, 译. 北京: 人民出版社, 2009.

[82] 康德. 未来形而上学导论: 注释本 [M]. 李秋零, 译注. 北京: 中国人民大学出版社, 2013.

[83] 齐泽克. 意识形态的崇高客体 [M]. 季广茂, 译. 北京: 中央编译出版社, 2001.

[84] 齐泽克. 延迟的否定: 康德、黑格尔与意识形态批判 [M]. 夏莹, 译. 南京: 南京大学出版社, 2016.

[85] 卢卡奇. 历史与阶级意识: 关于马克思主义辩证法的研究 [M]. 杜章智, 任立, 燕宏远, 译. 北京: 商务印书馆, 1999.

[86] 海德格尔. 德国观念论与当前哲学的困境 [M]. 庄振华, 李华, 译. 西安: 西北大学出版社, 2016.

[87] 海德格尔. 路标 [M]. 孙周兴, 译. 北京: 商务印书馆, 2014.

[88] 海德格尔. 存在与时间 [M]. 陈嘉映, 王庆节, 译. 北京: 生活·读书·新知三联书店, 2006.

[89] 尼采. 尼采生存哲学 [M]. 杨恒达, 等译. 北京: 九州出版社, 2003.

［90］费尔巴哈. 费尔巴哈哲学著作选集：上卷［M］. 荣震华，李金山，等译. 北京：商务印书馆，1984.

［91］费尔巴哈. 费尔巴哈哲学著作选集：下卷［M］. 荣震华，王太庆，刘磊，译. 北京：商务印书馆，1984.

［92］费尔巴哈. 宗教的本质［M］. 王太庆，译. 北京：商务印书馆，2010.

［93］阿多尔诺. 否定的辩证法［M］. 张峰，译. 重庆：重庆出版社，1993.

［94］列宁. 列宁全集：第23卷［23］. 中共中央马克思恩格斯列宁斯大林著作编译局，编译. 北京：人民出版社，1990.

［95］斯宾诺莎. 伦理学［M］. 贺麟，译. 北京：商务印书馆，1983.

［96］利科. 作为一个他者的自身［M］. 佘碧平，译. 北京：商务印书馆，2013.

［97］多尔迈. 主体性的黄昏［M］. 万俊人，朱国钧，吴海针，译. 上海：上海人民出版社，1992.

［98］哈耶克. 自由宪章［M］. 杨玉生，冯兴元，陈茅，等译. 北京：中国社会科学出版社，1999.

［99］诺奇克. 无政府、国家与乌托邦［M］. 何怀宏，等译. 北京：中国社会科学出版社，1991.

［100］萨特. 存在主义是一种人道主义［M］. 周煦良，汤永宽，译. 上海：上海译文出版社，1988.

［101］摩尔. 伦理学原理［M］. 长河，译. 上海：上海人民出版社，2005.

［102］赖欣巴哈. 科学哲学的兴起［M］. 伯尼，译. 北京：商务印书馆，1966.

［103］维特根斯坦. 逻辑哲学论［M］. 贺绍甲，译. 北京：商务印书馆，1996.

［104］斯蒂文森. 伦理学与语言［M］. 姚兴中，秦志华，等译. 北京：中国社会科学出版社，1991.

［105］胡塞尔. 现象学的观念［M］. 彭润金, 译. 北京：中国社会出版社, 1999.

［106］胡塞尔. 伦理学与价值论的基本问题［M］. 艾四林, 安仕侗, 译. 北京：中国城市出版社, 2002.

［107］胡塞尔. 笛卡尔沉思与巴黎讲演［M］. 张宪, 译. 北京：人民出版社, 2008.

［108］胡塞尔. 欧洲科学的危机与超越论的现象学［M］. 王炳文, 译. 北京：商务印书馆, 2001.

［109］胡塞尔. 胡塞尔选集：下［M］. 倪梁康, 选编. 上海：上海三联书店, 1997.

［110］舍勒. 资本主义的未来［M］. 罗悌伦, 等译. 北京：生活·读书·新知三联书店, 1997.

［111］舍勒. 舍勒选集［M］. 刘小枫, 选编. 上海：上海三联书店, 1999.

［112］舍勒. 伦理学中的形式主义与质料的价值伦理学：为一门伦理学人格主义奠基的新尝试［M］. 倪梁康, 译. 北京：生活·读书·新知三联书店, 2004.

［113］巴雷特. 非理性的人：存在主义哲学研究［M］. 段德智, 译. 上海：上海译文出版社, 1992.

［114］波兰尼. 科学、信仰与社会［M］. 王靖华, 译. 南京：南京大学出版社, 2004.

［115］伯曼. 一切坚固的东西都烟消云散了：现代性体验［M］. 徐大建, 张辑, 译. 北京：商务印书馆, 2013.

［116］詹姆士. 实用主义：一些旧思想方法的新名称［M］. 陈羽纶, 孙瑞禾, 译. 北京：商务印书馆, 1979.

［117］马尔库塞. 理性和革命：黑格尔和社会理论的兴起［M］. 程志民, 等译. 重庆：重庆出版社, 1993.

［118］马尔库塞. 单向度的人［M］. 刘继, 译. 上海：上海译文出版社, 1989.

［119］安德森. 西方马克思主义探讨［M］. 高铦, 文贯中, 魏章玲,

译. 北京：人民出版社，1981.

［120］鲍德里亚. 符号政治经济学批判［M］. 夏莹，译. 南京：南京大学出版社，2009.

［121］鲍德里亚. 生产之镜［M］. 仰海峰，译. 北京：中央编译出版社，2005.

［122］扎哈维. 主体性和自身性：对第一人称视角的探究［M］. 蔡文菁，译. 上海：上海译文出版社，2008.

［123］米勒. 当代元伦理学导论［M］. 2版. 张鑫毅，译. 上海：上海人民出版社，2019.

［124］塔克. 马克思主义革命观［M］. 高岸起，译. 北京：人民出版社，2012.

［125］张一兵. 回到马克思：经济学语境中的哲学话语［M］. 南京：江苏人民出版社，2013.

［126］白刚. 瓦解资本的逻辑：马克思辩证法的批判本质［M］. 北京：中国社会科学出版社，2009.

［127］张一兵，蒙木桂. 神会马克思：马克思哲学原生态的当代阐释［M］. 北京：中国人民大学出版社，2004.

［128］仰海峰. 《资本论》的哲学［M］. 北京：北京师范大学出版社，2017.

［129］万俊人. 现代西方伦理学史：上卷［M］. 北京：中国人民大学出版社，2011.

［130］姚大志. 罗尔斯［M］. 长春：长春出版社，2011.

［131］WILLIAMS B . Morality：An Introduction to Ethics［M］. New York：Harper and Row，1972.

［132］LUCKÁCS G . The young Hegel：Studies in the Relations Between Dialectics and Economics［M］. London：Merlin Press，1975.

［133］ROCKMORE T . Before and After Hegel［M］. Berkeley and Los Angeles：University of California Press，1993.

［134］RAILTON P. Fact，Values and Norms［M］. Cambridge：Cambridge University Press，2003.

［135］RAILTON P. Naturalism and Prescriptivity ［J］. Social Philosophy and Policy，1989，7（1）：151-174.

［136］吴晓明. 黑格尔法哲学与马克思社会政治理论的哲学奠基［J］. 天津社会科学，2014（1）：22-28.

［137］晚期海德格尔的三天讨论班纪要［J］. 费迪耶，等，辑录. 丁耘，摘译. 哲学译丛，2001（3）：52-59.

［138］蓝江. 数字劳动、数字生产方式与流众无产阶级：对当代西方数字资本主义的政治经济学蠡探［J］. 理论与改革，2022（2）：60-72.

［139］余斌. "数字劳动"与"数字资本"的政治经济学分析［J］. 马克思主义研究，2021（5）：77-86，152.

［140］贺来. "在批判旧世界中发现新世界"与哲学的当代合法性：马克思的"动词性"哲学观及其当代意义［J］. 吉林大学社会科学学报，2002（6）：34-42.